utb 6039

Eine Arbeitsgemeinschaft der Verlage

Brill | Schöningh – Fink · Paderborn
Brill | Vandenhoeck & Ruprecht · Göttingen – Böhlau · Wien · Köln
Verlag Barbara Budrich · Opladen · Toronto
facultas · Wien
Haupt Verlag · Bern
Verlag Julius Klinkhardt · Bad Heilbrunn
Mohr Siebeck · Tübingen
Narr Francke Attempto Verlag – expert verlag · Tübingen
Psychiatrie Verlag · Köln
Ernst Reinhardt Verlag · München
transcript Verlag · Bielefeld
Verlag Eugen Ulmer · Stuttgart
UVK Verlag · München
Waxmann · Münster · New York
wbv Publikation · Bielefeld
Wochenschau Verlag · Frankfurt am Main

Einführungen in die Geschichtswissenschaft

Neuere und Neueste Geschichte

Herausgegeben von Julia Angster und Johannes Paulmann

Band 4

Guido Thiemeyer

Geschichte der Europäischen Integration

Vandenhoeck & Ruprecht

Prof. Dr. Guido Thiemeyer ist Lehrstuhlinhaber für Neuere Geschichte an der Heinrich Heine-Universität Düsseldorf.

Online-Angebote oder elektronische Ausgaben sind erhältlich unter **www.utb.de**

Bibliografische Information der Deutschen Nationalbibliothek:
Die Deutsche Nationalbibliothek verzeichnet diese Publikation in der Deutschen Nationalbibliografie; detaillierte bibliografische Daten sind im Internet über https://dnb.de abrufbar.

Korrektorat: Vera M. Schirl, Wien
Umschlagabbildung: Volksabstimmung über den Beitritt Österreichs zur Europäischen Union.
© akg-images/brandstaetter images/Votava.
Umschlaggestaltung: siegel konzeption | gestaltung, Stuttgart
Satz: SchwabScantechnik, Göttingen
Druck und Bindung: CPI books GmbH, Birkstraße 10, D-25917 Leck
Printed in the EU.

Vandenhoeck & Ruprecht Verlage | www.vandenhoeck-ruprecht-verlage.com

UTB-Band-Nr. 6039
ISSN 2625-5162
ISBN 978-3-8252-6039-2

Vorwort zur Reihe

Die in dieser Reihe erscheinenden Einführungen in die Geschichtswissenschaft behandeln zentrale Themen der europäischen Geschichte vom ausgehenden 18. bis ins frühe 21. Jahrhundert in einer nationsübergreifenden Perspektive. Die Grundidee für die Reihe ist aus einer Erfahrung entstanden, die wir im Alltag der akademischen Lehre gemacht haben: Einführungsliteratur für Bachelor- oder Masterstudiengänge stellt in der Regel entweder Faktenwissen oder einen theoretischen Ansatz in den Mittelpunkt. Wir wünschten uns hier eine Verbindung zwischen diesen Ebenen, die wir in der akademischen Lehre ja regelmäßig leisten müssen. Die „Einführungen in die Geschichtswissenschaft" sollen daher beides miteinander verknüpfen: Die Bände bieten jeweils anhand spezifischer Gegenstände eine Einführung in die Geschichts*wissenschaft,* also in die Arbeitsweise, die Methodik und die Denkweisen des Fachs. Geschichtswissenschaft als universitäres Fach soll zum wissenschaftlichen Arbeiten befähigen, also dazu, selbst Fakten zu analysieren, sie zu deuten und darzustellen. Es geht darum, selbständig Erkenntnisinteressen zu formulieren, und hierfür ist ein Überblick über die Pluralität und den Wandel der Zugänge des Fachs, über die Theorieentwicklung und die jeweils angemessenen Methoden unabdingbar. Diese Arbeitsweise lässt sich jedoch am besten am konkreten Beispiel vermitteln. Die Reihe bietet daher eine problemorientierte Vermittlung von Inhalten und einen theoriegeleiteten Zugang zu wichtigen historischen Themen. Ihr Ziel ist eine Einführung in wissenschaftliche Zugänge und Methoden, in Forschungsstand und Forschungskontroversen, und damit in die Arbeitsweise und das Wesen von Geisteswissenschaft. Gedacht ist diese Reihe jedoch durchaus auch für Lehrende als Handreichung zur Vorbereitung von Seminaren oder einzelnen Sitzungen. Der Aufbau der Bände folgt daher jeweils der möglichen Struktur einer Seminarveranstaltung und bietet eine argumentative oder analytische Gliederung, die nach einer kurzen thematischen Einführung zunächst Kontroversen und Theorien der Forschung behandelt, Leitfragen entwickelt und diese dann an Beispielen in mehreren Kapiteln systematisch anwendet. Wir hoffen, damit einen sinnvollen Beitrag zu Lehre und Studium zu leisten.

Julia Angster und Johannes Paulmann

Inhalt

Vorwort zur Reihe 5

I. Einführung 9
Brexit: Der Austritt des Vereinigten Königreichs aus der Europäischen Union 9
Der Aufbau dieses Buches 13

II. Was ist Europäische Integration? 15
1. Politische, wirtschaftliche, gesellschaftliche und kulturelle Integration 16
2. Prozesse der Europäischen Integration 22
3. Antriebskräfte der Europäischen Integration 25
4. Forschungstendenzen 26

III. Themenfelder und Untersuchungsgegenstände 33
5. Europäische Integrationsprozesse im 19. Jahrhundert 33
Politische Integration im 19. Jahrhundert 35
Wirtschaftliche Integration im 19. Jahrhundert 43
Gesellschaftliche und kulturelle Integration im 19. Jahrhundert 45
Fazit 47
6. Die Europäische Integration in der Epoche der Weltkriege 49
Der Erste Weltkrieg 50
Die Pariser Vorortverträge und der Völkerbund 50
Europakonzeptionen 1933–1945 54
Wirtschaftliche Integration 59
Gesellschaftlich-kulturelle Integration 63
Fazit 66
7. Sicherheit und Frieden? Europäische Politische Integration 69
Die Nationalstaaten: Hegemonie und Gleichgewicht 70
Deutsch-französische Beziehungen und Europäische Integration 74
Ost-West-Konflikt 78
Die europäischen Organisationen als Akteure im internationalen System 82
Fazit 87
8. Gibt es ein Demokratiedefizit? Legitimationsmuster von supranationaler Herrschaft 89
Legitimationsstrategien der Europäischen Integration 1950–1958 90
Veränderungen in der Legitimationsstruktur 1958–2000 96
Ein neuer Ansatz: Der Verfassungskonvent 98

Die Frage nach der Europäischen Öffentlichkeit ... 102
Fazit ... 106
9. Eine immer engere Union?
Die Europäisierung der Mitgliedstaaten in der EG/EU ... 108
Europäische Parteiföderationen und europäischer Parlamentarismus 109
Verflechtung in Innen- und Außenpolitik:
Die Maßnahmen der EU-14 gegen Österreich im Jahr 2000 ... 115
Ein europäischer Rechtsverbund? ... 117
Verflechtungen der Außenpolitik der Mitgliedstaaten: EPZ und GASP 119
Transformation der politischen Systeme durch die Europäische Integration: Der deutsche Föderalismus ... 121
Interessenverbände ... 124
Fazit ... 126
10. Wachsender Wohlstand? Wirtschaftliche Integration ... 128
Wirtschaftliche Integration ... 128
Wirtschaftspolitische Integration ... 134
Ordnungspolitische Debatten in der EU ... 139
Die „Rettung des Nationalstaates" ... 143
Fazit ... 145
11. Was ist Europa? Die Frage nach der europäischen Identität ... 148
Essentialistische europäische Identität ... 149
Konstruktivistische europäische Identität ... 152
Identitätspolitik der EG/EU und des Europarates ... 156
Europa und die Welt ... 162
Fazit ... 164
12. Immer engere Verflechtung? Gesellschaft und Integration ... 167
Angleichungen ... 168
Verflechtungen ... 179
Fazit ... 186
13. Fallbeispiele der Integration ... 188
Europäische Währungsintegration: Die Geschichte des Euro ... 188
Europäische Verkehrspolitik: Grenzüberschreitender Verkehr ... 208

IV. Fazit ... 227

Literaturverzeichnis ... 231

Register ... 241

I. Einführung

Brexit: Der Austritt des Vereinigten Königreichs aus der Europäischen Union

Als am frühen Morgen des 24. Juni 2016 das Ergebnis des Referendums über die Mitgliedschaft des Vereinigten Königreiches in der EU bekannt wurde, war allen Beteiligten klar, dass es sich um eine Zäsur in der Geschichte der Europäischen Integration handelte. Entgegen den Erwartungen der Meinungsforschung hatte sich eine knappe Mehrheit (51,89 %) der Wähler für den „Brexit" entschieden. Zum ersten Mal in der Geschichte der Europäischen Union hatte sich ein Mitgliedstaat zum Austritt aus der Gemeinschaft entschlossen und zudem mit dem Vereinigten Königreich ein politisches und wirtschaftliches Schwergewicht. Weder die Europäische Union noch die britische Regierung waren auf ein solches Ergebnis vorbereitet. Der britische Premierminister David Cameron, der das Referendum lanciert hatte, trat kurz nach der Verkündung des Ergebnisses zurück. Es dauerte neun Monate, bis seine Nachfolgerin Theresa May am 29. März 2017 den Austrittsprozess auch rechtlich einleitete. Nach langen und zähen Verhandlungen und einem weiteren Regierungswechsel in London trat das Vereinigte Königreich zum 1. Januar 2021 aus dem gemeinsamen Binnenmarkt und der Zollunion aus.

Es ist aus geschichtswissenschaftlicher Sicht gewiss noch sehr früh für einen analytischen Zugang zu diesen Ereignissen. Eine fundierte Interpretation wird erst nach der Öffnung der Archive in dreißig Jahren möglich sein. Klar ist allerdings bereits jetzt, dass der „Brexit" die Geschichte der Europäischen Integration und den Beitritt des Vereinigten Königreiches zur Europäischen Gemeinschaft im Jahr 1973 in eine neue Perspektive rücken wird. Viele Ereignisse der Vergangenheit erlangen durch so fundamentale Wendungen, wie dem Austritt des Vereinigten Königreiches aus der EU, eine neue Deutung. In diesen Augenblicken wird deutlich, dass die Interpretation der Vergangenheit auch von den Strukturen der Gegenwart geprägt wird. Das von der EU selbst propagierte Ziel einer „immer engeren Union der Völker" ist durch die britische Entscheidung in Frage gestellt worden. Bislang wurde der Europäische Integrationsprozess davon geprägt, dass sich immer mehr Staaten an der Europäischen Integration beteiligten. Selbst als die EU im Vertrag von Lissabon mit Art. 50 die Austrittsoption eröffnete, geschah dies nicht in der Erwartung, dass ein Mitgliedstaat diese Option ziehen könnte. Das Motiv war vielmehr, so hat es einer der Architekten dieses Artikels bezeichnet, auf den Fall vorbereitet zu sein, dass in einem Land ein autoritäres Regime die Regierung übernehmen könne. An das Vereinigte Königreich allerdings dachte in diesem Zusammenhang niemand. Zudem wollte die Europäische Union der absurden Argumentation einiger Kritiker entgegentreten, sie sei ein auf Zwang basiertes Imperium vergleichbar mit der Sowjetunion.

Auch wenn die Archive noch verschlossen sind, gibt es erste Interpretationen des „Brexit“, die sich vor allem auf die Frage konzentrieren, wann die Entfremdung des Vereinigten Königreiches von der Europäischen Integration begann. So hat die britische Historikerin Anne Deighton argumentiert, dass die britischen Regierungen nach 1945 keine Antwort auf den Zusammenbruch des britischen Empire gefunden hätten. Eine Alternative habe sich zu Beginn der 1950er Jahre geboten, als Frankreich und die Bundesrepublik Deutschland das supranationale Europa auf den Weg brachten und das Vereinigte Königreich die Mitgliedschaft verweigerte. Auch bei der Gründung des Gemeinsamen Marktes 1957 hätte Großbritannien im Abseits gestanden. Dabei gab es im Rahmen der Europäischen Gemeinschaft für Kohle und Stahl und später in der Europäischen Wirtschaftsgemeinschaft durchaus die Möglichkeit für eine britische Führungsrolle – wenn man denn in London die Chance genutzt hätte. Als das Land dann 1973 in die Gemeinschaft eintrat, waren die entscheidenden Weichen in politischer und wirtschaftlicher Hinsicht bereits gestellt. Die von den Anhängern des „Brexit“ genutzten Schlagworte von der „globalen Führungsrolle“ Großbritanniens, dem „nationalen Interesse“ und der Idee, an die Stelle des gemeinsamen europäischen Marktes bilaterale globale Handelsabkommen zu setzen, verweisen darauf, so Deighton, dass wesentliche Teile der britischen Gesellschaft den Verlust des Empire und der globalen Führungsrolle des Landes nicht verarbeitet hätten. Noch weiter zurück greift Martin Conway in der Suche nach den Anfängen des „Brexit“. Er sieht den Austritt Großbritanniens aus der EU als das vorläufige Ende eines Prozesses der Entfremdung des Landes vom europäischen Kontinent, die in seinen Augen bereits in den 1930er Jahren begonnen hat. Die europäischen Gesellschaften machten in den 1930er Jahren angesichts der ideologischen Konflikte andere Erfahrungen als die britische und auch die europäischen Exilanten in London während des Krieges, so seine These, hätten eher die Differenzen zur britischen Elite als ein Zusammengehörigkeitsgefühl entwickelt. Diese Tendenzen hätten sich nach 1945 noch verstärkt. Der Potsdamer Historiker Dominik Geppert verweist auf einen anderen Aspekt: Die Briten traten der EG 1973 bei, ein Zeitpunkt, als die Gemeinschaft, bedingt durch die Ölpreiskrise und den Zusammenbruch des Währungssystems von Bretton Woods, in eine wirtschaftliche Rezession geriet. Im Gegensatz zu Frankreich, Italien und der Bundesrepublik Deutschland ist die Mitgliedschaft in der EG daher im Vereinigten Königreich nicht mit einer wirtschaftlichen Erfolgsgeschichte verbunden, sondern mit einer lang andauernden wirtschaftlichen und gesellschaftlichen Krise. Dies, so Geppert, sei die Erklärung dafür, warum die EU in der britischen Gesellschaft nicht die Reputation genießt, die sie in den anderen europäischen Staaten hat. Man könnte die Geschichte des „Brexit“ auch mit dem Europäischen Rat von Fontainebleau vom 25./26. Juni 1984 beginnen, als sich Großbritannien unter der Führung von Premierministerin Margaret Thatcher einen Rabatt in Bezug auf die Finanzierung der EG sicherte und damit eine Sonderrolle innerhalb der Gemeinschaft für sich beanspruchte. Verwiesen wird in diesem Zusammenhang aber auch auf den Vertrag von Maastricht vom 7. Februar 1992, als die Mitgliedstaaten der

EG dem Vereinigten Königreich eine „Opt-out-Klausel" zugestanden, gemäß der das Land nicht an der im Vertrag vereinbarten Europäischen Währungsunion teilnehmen musste. Aber nicht nur der Beginn des Brexit-Prozesses, auch sein Ende ist unklar. Mit dem am 1. Januar 2021 rechtlich vollzogenen Austritt des Vereinigten Königreiches aus dem Binnenmarkt und der Zollunion blieben wesentliche Fragen offen: Dies betrifft beispielsweise den Status von Nordirland und die Zollgrenzen zwischen dem EU-Mitglied Irland und dem Vereinigten Königreich. Auch die Fischereirechte in der Nordsee sind zwischen Frankreich und dem Vereinigten Königreich ungeklärt. Die Liste der offenen Fragen ließe sich noch fortsetzen. Es muss also offenbleiben, wann der Prozess des „Brexit" abgeschlossen sein wird und ob er sich überhaupt abschließen lässt. Alle diese Interpretationen der Geschichtswissenschaft beziehen sich auf die langfristigen Prozesse, die das Referendum vom Juni 2016 prägten. Die Erforschung der spezifischen politischen und gesellschaftlichen Strukturen in der Situation des Jahres 2016 können erst nach Öffnung der Archive in den Blick genommen werden.

Auch in den Sozialwissenschaften haben die Diskussionen darüber, wie der „Brexit" zu interpretieren ist, begonnen. In dieser Hinsicht stehen verschiedene Ansätze zur Debatte, die alle sicher keine alleinige Geltungsmacht beanspruchen, jedoch in ihrer Gewichtung umstritten sind. In diesem Zusammenhang wird erstens die Arbeitsmigration genannt, die auch von den Protagonisten des „Brexit" als wichtiges Argument angeführt wurde. Mit der Öffnung der europäischen Arbeitsmärkte 1992 waren in der Tat viele Menschen in das Vereinigte Königreich gekommen, um ihre Dienste dort anzubieten. Der Trend verstärkte sich mit dem Beitritt der osteuropäischen Länder in die EU, der 2004 begann. Im Gegensatz zu Deutschland und Frankreich öffnete die britische Regierung die Arbeitsmärkte ohne Übergangsfristen. Britische Handwerker sahen sich plötzlich der Konkurrenz von osteuropäischen Dienstleistern ausgesetzt, die ihre Arbeit zu geringeren Preisen anboten. Was die Nachfrager freute, war für die britischen Handwerksbetriebe eine existenzielle Bedrohung. Dabei war es gerade die britische Regierung unter Margaret Thatcher gewesen, die in den 1980er Jahren besonders stark auf die Öffnung der europäischen Märkte gedrängt und die EG vor allem als großen Binnenmarkt wahrgenommen hatte. Allerdings gab es in Großbritannien auch Verlierer dieses Prozesses, die auf die Schließung der Grenzen für Arbeiter aus anderen Ländern drängten. Die Einwanderung war aber nicht nur in wirtschaftlicher Hinsicht umstritten, viele Briten sahen sich – zweitens – auch in ihrer nationalen Identität bedroht. Die Europäische Integration nach dem Zweiten Weltkrieg hatte immer auch auf der Prämisse beruht, dass wirtschaftlicher Wohlstand und soziale Sicherheit wichtiger seien als die nationale Identität. Der Nationalismus galt vielen als Ursache der Weltkriege und erschien politisch und vor allem ökonomisch überholt. Es ist unter Ökonomen bis heute unzweifelhaft, dass der Austritt aus der EU zum Nachteil für große Teile der britischen Wirtschaft ist. Aber für die Anhänger des „Brexit" spielte dies offenbar keine entscheidende Rolle, weil sie nationale Identität gegenüber dem wirtschaftlichen und sozialen Wohlstand für wichtiger hielten. Der Vorrang nationaler Identität vor wirtschaftlicher und sozialer Sicherheit wird auch in anderen europäischen Ländern diskutiert. Eng verbunden mit diesen Argumenten ist drittens eine Interpretation, die den Brexit als spezifisch britische Spielart des europäischen Rechtspopulismus sieht. In allen europäischen Ländern entstanden seit den 2000er Jahren rechtspopulistische Bewegungen, die sich als Vertreter der wahren Interessen des Volkes und damit als Gegner der wirtschaftlichen, politischen und intellektuellen Elite gerierten. Insbesondere im britischen Fall wurde die EU als Ursprung der wichtigsten Probleme der britischen Politik angesehen, wobei auch hier die vermeintlich ungeregelte Einwanderung eine wichtige Rolle spielte. Typisch für den Populismus ist auch die starke innenpolitische Polarisierung, die durch die Brexit-Debatte ausgelöst wurde. Unterstützt wurde dies – viertens – durch eine Medienlandschaft in Großbritannien, die seit jeher stärker als andere europäische Medien euro-skeptisch eingestellt ist. Die politischen Euroskeptiker fanden in den britischen Medien einen Resonanzraum, den es in keinem anderen europäischen Staat gab.

Neben diesen Argumenten werden auch innenpolitische Probleme des Vereinigten Königreiches mit dem „Brexit" diskutiert. Hierzu gehört die Rolle des Nationalstaates im Kontext von Globalisierung und Europäisierung: Inwieweit können nationale Regierungen angesichts der steigenden Bedeutung von grenzüberschreitenden Märkten und globalen politischen Verflechtungen überhaupt noch überzeugend in die politischen und ökonomischen Prozesse eingreifen? Damit sind andere, ebenfalls weitreichende Fragen der britischen Politik verbunden: Der „Brexit" wurde eingeleitet durch ein Referendum (zudem noch mit sehr knappem Ausgang), ein Instrument, das in der Geschichte der britischen politischen Verfassung vor dem Hintergrund der Parlamentssouveränität eigentlich nicht vorgesehen ist. Das Unterhaus hat sich zwar später dem Votum angeschlossen, allerdings beeinflusst von dem Argument, dass es die Demokratie beschädigen würde, wenn das Parlament sich gegen das Ergebnis eines Referendums stellen würde. Ein anderes eng mit dem „Brexit"-Referendum verbundenes Problem sind die Konflikte zwischen den britischen Teilstaaten: Während England (abgesehen vom Großraum London) sich stark für den Austritt aussprach, plädierte die deutliche Mehrheit der Schotten für den Verbleib in der EU. Das Ergebnis hat die schottischen Debatten um einen Austritt aus der britischen Union neu belebt.

Der Aufbau dieses Buches

Wie ein Brennglas verdeutlicht daher die Debatte um den „Brexit" die komplexe Struktur der Europäischen Integration, die in diesem Band analysiert werden soll. Insofern eignet sich der „Brexit" sehr gut als Einstieg in dieses Buch, dessen Ziel es ist, eine Zwischenbilanz zu ziehen, und einen Überblick über die wichtigsten Debatten der Europäischen Integrationsforschung aus geschichtswissenschaftlicher Perspektive zu geben. Es versteht sich von selbst, dass es angesichts der Vielfalt keine Vollständigkeit geben kann. Es handelt sich nicht um einen Forschungsbericht, der den Debatten viel stärker in ihren Verästelungen nachgehen müsste. Die am Ende des Buches genannte Forschungsliteratur lädt dazu ein, diesen Verästelungen zu folgen.

Grundsätzlich ist der Band chronologisch strukturiert. Das erste Kapitel nach der definitorischen Eingrenzung im Kapitel II Was ist Europäische Integration? beginnt im frühen 19. Jahrhundert, als die Europäische Integration einsetzte. Nicht nur, dass mit der Zentralkommission für die Rheinschifffahrt 1815 die erste internationale Organisation im modernen Sinne gegründet wurde, auch wichtige Diskussionen um die Verflechtung von Wirtschaft und Staat, die die Debatten bis heute prägen, begannen hier. Insgesamt wird das 19. Jahrhundert inzwischen nicht mehr nur in ideengeschichtlicher Hinsicht als erste Phase der Europäischen Integration gesehen. Auch die Forschung über die Europäische Integration in der Epoche der Weltkriege hat sich in den letzten Jahren rasant entwickelt. Längst geht es nicht mehr nur um die Europa-Pläne dieser Zeit, sondern um die Frage der Kontinuität und Diskontinuität über die Epochengrenze von 1945 hinweg und auch um gesellschaftlich-kulturelle Verflechtungen in den Besatzungsgesellschaften des Zweiten Weltkrieges. Während der Weltkriege wurden zudem – insbesondere im Bereich der Infrastrukturen – Konzepte entwickelt und umgesetzt, an die in den 1950er Jahren sehr konkret angeknüpft wurde. Die Zeit zwischen 1945 und den frühen 2000er Jahren steht im Mittelpunkt der folgenden Kapitel 7 bis 12. Angesichts der Vielfalt der Perspektiven sind diese Kapitel in verschiedene Unterkapitel aufgeteilt, die einzelne Aspekte der Europäischen Integration beleuchten. Das gilt für die Rolle der nationalen Regierungen in der Integration, für die Wirtschaft, die Gesellschaft, aber auch für Fragen, die in den letzten Jahren immer wieder gestellt wurden. Hierzu gehört jene nach der Legitimation der Europäischen Organisationen, das Problem der europäischen Identität und die Frage nach den Auswirkungen der Europäischen Integration auf die europäischen Staaten und ihre Gesellschaften. In Kapitel 13 schließlich wird die Perspektive verändert. Analog zu den sozialwissenschaftlichen Politikfeldanalysen werden nun mit der Währungspolitik und der Verkehrspolitik zwei Teilbereiche der Integration vorgestellt. Ziel ist es, hier zu zeigen, wie eng die verschiedenen zuvor analytisch getrennt geschilderten Aspekte der Europäischen Integration in einem konkreten Politikfeld zusammenwirken. So kann im Bereich der Währungspolitik ebenso wie der Verkehrspolitik gezeigt werden, wie wirtschaftliche, politische, gesellschaftliche und kulturelle Kategorien in einem Politikfeld zusammenwirkten, sich wechselseitig beeinflussten und dynamisch entwickelten. Der Preis für diesen Perspektivwechsel sind allerdings einzelne Redundanzen, viele Argumente aus den vorherigen Kapiteln werden hier wieder auftauchen, nun allerdings mit konkretem Bezug zum jeweils beschriebenen Politikfeld.

II. Was ist Europäische Integration?

Der Begriff der Europäischen Integration wird in Wissenschaft und Öffentlichkeit in vielfacher Hinsicht verwendet. Oft wird hierunter der Prozess der Vereinigung Europas in verschiedenen Politikbereichen seit 1945 verstanden. Das allerdings ist eine grobe Vereinfachung. Ziel dieses Kapitels ist es, den Begriff der Europäischen Integration analytisch zu hinterfragen und einzuordnen. Am Ende wird nicht eine abschließende Definition stehen, die kann es nicht geben. Wichtig ist es vielmehr, das Bewusstsein dafür zu schaffen, dass je nach Perspektive die Begriffe „Europäische Integration" und „Europa" unterschiedliche Bedeutungen erlangen können. Im zweiten Abschnitt werden die Prozesse der Integration in den Fokus gestellt. Wann begann die Europäische Integration und wann endet sie? Schließlich soll ein kursorischer Überblick über die geschichtswissenschaftliche Forschung zur Europäischen Integration gegeben werden.

Seit mehr als zweihundert Jahren streiten Geographen darüber, wo der Mittelpunkt Europas liegt. 1775 berechnete ein polnischer Geograph, dass der im heutigen nordöstlichen Polen liegende Ort Suchowola den Mittelpunkt des Kontinents markiert. 1887 lokalisierten Geographen der Habsburger-Monarchie die Mitte Europas in einem Dorf namens Dilowe in der Nähe der Stadt Rachiw in der heutigen Ukraine unweit der rumänischen Grenze. Deutsche Geographen fanden den Mittelpunkt Europas um 1900 auf einem Platz in der Nähe der Frauenkirche in Dresden. Im 20. Jahrhundert wurde die Suche fortgesetzt. Zahlreiche Orte bezeichnen sich nun als Mittelpunkt Europas, vom estnischen Dorf Mönnust auf der Insel Saaremaa im Norden bis zum ungarischen Kremnické Bane als südlichstem Punkt. Abgesehen davon, dass der jeweils festgestellte Mittelpunkt des Kontinents oft im Heimatland der Geographen lag, ist es offenbar schwer, einen solchen überhaupt zu finden. Etwas einfacher ist es mit der Europäischen Union. Deren Mittelpunkt lag bis 2004 bei der belgischen Ortschaft Viroinval nahe der französischen Grenze. Mit der Osterweiterung wanderte der Mittelpunkt nach Osten und befand sich bis 2020 in Westerngrund in der Nähe von Aschaffenburg. Mit dem Austritt Großbritanniens befindet sich der geographische Mittelpunkt der Europäischen Union in der Gemeinde Veitshöchheim bei Würzburg.

1. Politische, wirtschaftliche, gesellschaftliche und kulturelle Integration

Diese wissenschaftlich gewiss nicht immer ernsthafte, aber touristisch durchaus bedeutsame Diskussion zeigt vor allem, dass die Grenzen Europas nicht in objektiver Weise zu benennen sind. Schon die rein geographische Beschreibung des Kontinents wirft Probleme auf. Im Westen und Norden sind die Grenzen Europas noch recht einfach, hier sind der Atlantische Ozean und das Nordmeer maßgebend. Auch im Süden kann das Mittelmeer als Grenze herangezogen werden. Schwieriger wird es bereits im Südosten: Gehören die westlichen Teile der Türkei noch zu Europa, oder ist das bereits Asien? Diese Frage erhebt sich umso dringlicher im Osten des Kontinents: Endet Europa tatsächlich am Ural? Dies würde bedeuten, dass der westliche Teil Russlands zu Europa gehören würde, die östlichen Landesgebiete aber nicht. Mit den Instrumenten der Geographie lässt sich Europa offenbar nicht eindeutig beschreiben.

Kaum anders wird die Situation, wenn man Europa unter politischen Aspekten betrachtet. Unter politischer Integration werden jene Prozesse verstanden, die zu einer formellen Institutionalisierung, das heißt zu einer internationalen Organisation oder einem multilateralen völkerrechtlichen Vertrag, und damit zu einer Konzentration von Macht führen. Internationale Organisationen sind also Bestandteil der internationalen Beziehungen und des Völkerrechts. Mit der politischen Europäischen Integration beschäftigen sich daher auch die Rechtswissenschaft, insbesondere das Europarecht und auch die Politikwissenschaft. Hinter der Gründung einer internationalen Organisation stehen immer politische Interessen und Entscheidungen von Regierungen. Die Akteure der politischen Integration sind Regierungen, internationale Organisationen, aber auch hohe Beamte, Parlamentarier oder politische Parteien. Die internationalen Organisationen in Europa haben unterschiedlichen Charakter. Zum einen gibt es intergouvernementale Organisationen, in denen die Regierungen der Nationalstaaten in konkreten Politikfeldern kooperieren, in ihrer nationalen Souveränität jedoch nicht eingeschränkt werden. Die Mitgliedstaaten haben daher in den entscheidenden Gremien ein Veto-Recht. Zum anderen ist die Europäische Union in wichtigen Teilbereichen eine supranationale Organisation, das heißt, die Mitgliedstaaten haben der Gemeinschaft wesentliche nationale Kompetenzen übertragen. Bei Abstimmungen gilt das Mehrheitsrecht, das heißt, ein Mitgliedstaat kann auch überstimmt werden. Die Europäische Union ging aus der 1952 gegründeten Montanunion und der 1958 gegründeten Europäischen Wirtschaftsgemeinschaft hervor. In dieser Zeit war „Europa“ in der Wahrnehmung oft identisch mit Westeuropa. Erst mit dem Ende des Ost-West-Konfliktes und dem Zusammenbruch des sowjetischen Imperiums wurde auch der Osten des Kontinents in diesen Prozess eingebunden. Die Grenzen der EU lassen sich auf den ersten Blick klar bestimmen. Allerdings gibt es eine Reihe von Territorien, die eng mit der EU und einzelnen ihrer Politikfelder verbunden sind, ohne Mitglied zu sein. Norwegen ist nicht Mitglied der Europäischen Union, hat aber dank eines Sondervertrages mit der EU Zugang zum Gemeinsamen Markt. Ähnlich ist die Situation der Schweiz. Die Eidgenossenschaft ist ebenfalls nicht Mitglied der EU, allerdings übernahm die Schweizer Regierung im Rahmen von bilateralen Verträgen bis vor kurzem wesentliche Bestandteile des Rechtssystems der EU, so auch das Abkommen von Schengen, das die Grenzkontrollen innerhalb der EU abschaffte. Die Türkei ist seit 1963 Mitglied des gemeinsamen europäischen Gütermarktes, allerdings nicht der Märkte für Kapital, Dienstleistungen und Arbeit. Noch einmal anders ist die Situation vieler ehemaliger Kolonien von Mitgliedstaaten der EU. Viele dieser meistens afrikanischen Staaten sind mit der EU über völkerrechtliche Verträge assoziiert und genießen einen Sonderstatus in den Beziehungen zur Gemeinschaft. Auch mit Staaten wie der Republik Moldau und Georgien hat die EU Assoziationsabkommen geschlossen.

Auch wenn sie dominant ist, die EU ist nicht die einzige internationale Organisation in Europa. Eine Pionierrolle übernahm der 1949 gegründete Europarat, in den vor allem die Europabewegung der 1940er Jahre große Hoffnungen setzte. Von zehn Staaten gegründet, umfasst der Europarat gegenwärtig 47 europäische Staaten. Seine Hauptaufgabe ist es gemäß der Satzung, „einen engeren Zusammenschluss unter den Mitgliedern zu verwirklichen". Konkret beschäftigt sich der Europarat insbesondere mit kulturpolitischen Fragen. Eine wichtige Rolle im Völkerrecht nimmt der Europäische Gerichtshof für Menschenrechte im Rahmen des Europarates ein. Nimmt man den Europarat zum Maßstab, so zählen die Republik Moldau (seit 1995), Georgien (seit 1999) und Aserbeidschan (seit 2001) zu Europa. Die Türkei ist ebenfalls Mitglied dieser Organisation, doch wurde dem Staat das Stimmrecht in der parlamentarischen Versammlung nach dem Militärputsch vom 12. September 1980 entzogen und erst nach den freien Wahlen 1984 wieder zurückgegeben. Russland wurde nach dem Angriff auf die Ukraine am 15. März 2022 aus dem Europarat ausgeschlossen.

Ein anderes Beispiel ist die 1949 gegründete NATO (North Atlantic Treaty Organisation). Sie besteht ebenfalls zum großen Teil aus europäischen Staaten und wurde zwischen 1999 und 2004 noch einmal erheblich erweitert. In der NATO spielen die USA eine Schlüsselrolle, vor allem wegen ihrer überragenden militärischen Bedeutung. Dennoch hat die NATO eine starke europäische Dimension, sie wird oft mit „dem Westen" – verstanden als Wertegemeinschaft – gleichgesetzt. Eine weitere internationale Organisation in Europa ist die Organisation for Economic Co-operation and Development (OECD), die aus der Marshallplan-Organisation hervorging. Sie umfasst heute 36 Mitgliedstaaten in Europa und Nordamerika.

Die Liste internationaler Organisationen in Europa könnte noch fortgesetzt werden. Insgesamt ist deutlich geworden, dass, auch wenn etwa die Europäische Union oder der Europarat immer wieder den Anspruch erhoben, „Europa" zu repräsentieren, es keine klaren Grenzen des Kontinents in politischer Hinsicht gibt. Es gibt allerdings einen Kern von Staaten, die in allen oder doch den meisten der genannten Organisationen vertreten sind.

Ähnlich komplex sind die wirtschaftlichen Grenzen Europas. Von wirtschaftlicher Integration spricht man, wenn Märkte über politische Grenzen hinweg miteinander verflochten sind. Märkte sind in der Ökonomie jene Orte, auf denen die Nachfrage nach einem Gut mit dem Angebot zusammentrifft. Durch Verhandlungen entsteht auf Märkten der Preis, zu dem gehandelt wird. Immer dann also, wenn Menschen über politische Grenzen hinweg miteinander Handel treiben, spricht man von wirtschaftlicher Integration. Das Ergebnis der wirtschaftlichen Integration ist der freie Austausch von Gütern, Arbeit, Kapital und Dienstleistungen über politische Grenzen hinweg. Akteure der wirtschaftlichen Integration sind daher auch die Akteure auf den Märkten: Anbieter von Gütern, Kapital, Arbeit und Dienstleistungen auf der einen Seite und Nachfrager nach diesen Gütern auf der anderen. Wirtschaftliche Integration ist sehr dynamisch. Transnationale Märkte können schnell entstehen, sich aber ebenso schnell wieder auflösen, wenn das Interesse der Menschen an einem Gut verschwindet. Bisweilen wird auch zwischen wirtschaftlicher und wirtschaftspolitischer Integration differenziert: Unter wirtschaftspolitischer Integration werden jene Aktivitäten von Regierungen und öffentlichen Administrationen verstanden, die dazu führen, dass es wirtschaftliche Integration gibt. Dies kann der Abbau von Zöllen an politischen Grenzen sein oder auch die Gründung einer internationalen Organisation zur Erleichterung des Handels. So haben beispielsweise die Staaten der Europäischen Wirtschaftsgemeinschaft 1957 einen gemeinsamen Markt gegründet, das heißt, die Handelsschranken an den politischen Grenzen wurden schrittweise abgebaut, so dass ab 1967 die Gütermärkte zwischen diesen Staaten völlig liberalisiert waren. Seit 1992 sind auch die Märkte für Kapital, Arbeit und Dienstleistungen innerhalb der EU völlig frei. Dafür haben diese Staaten einen gemeinsamen Außenzoll gegenüber Drittstaaten. Allerdings sind auch in diesem Fall die Grenzen fließend: 1960 wurde unter britischer Führung die European Free Trade Association (EFTA) als Freihandelszone gegründet. Nachdem wesentliche Mitglieder, vor allem das Vereinigte Königreich, 1973 zur EG beigetreten waren, bestand die EFTA nur noch aus Liechtenstein, Norwegen, der Schweiz und Island. Diese gründeten 1995 gemeinsam mit den EU-Staaten den Europäischen Wirtschaftsraum (die Schweiz gehört nicht dazu). So entstand ein äußerst kompliziertes Geflecht aus Binnenmarkt und Freihandelszone, das seine geographische Gestalt zudem immer wieder änderte. Ähnlich wie bei der politischen Europäischen Integration kann in wirtschaftlicher Hinsicht ein Integrationskern festgestellt werden, der den westlichen Teil des europäischen Kontinents mit den Benelux-Ländern, der Bundesrepublik Deutschland, Italien, Großbritannien und Frankreich umfasst. Er ist dadurch gekennzeichnet, dass in diesem Bereich der wechselseitige Handel über die Grenzen seit einigen Jahrzehnten stabil und ausgeglichen ist. Dagegen war der Handelsaustausch mit der Peripherie um diesen Raum asymmetrisch: Der europäische Kern exportierte immer mehr Kapital in die Peripherie als von dort importiert wurde, dagegen zog der Kern immer deutlich mehr Arbeitskräfte aus der Peripherie an als nach dort abwanderten. Man kann daher in wirtschaftlicher Hinsicht durchaus von einer Peripherie und einem Kern Europas sprechen. Die Fluidität der Grenzen in Europa gilt auch für die Wirtschaftsordnungspolitik. Oft wird Europa in dieser Hinsicht mit dem Sozialstaat identifiziert, der als typisch europäische Errungenschaft gilt. Dies ist insofern richtig, als tatsächlich nahezu alle europäischen Staaten im Vergleich zu anderen Wirtschaftsregionen der Welt ein Wirtschaftsmodell haben, in dem die staatlich garantierte soziale Sicherheit eine große Rolle spielt. Andererseits täuscht eine solche Beschreibung Europas darüber hinweg, dass die Ausgestaltung der nationalstaatlichen Wirtschaftssysteme jenseits dieser allgemeinen Übereinstimmung sehr unterschiedlich ist. „Europa" über wirtschaftsordnungspolitische Kriterien zu bestimmen, ist daher sehr schwierig, zumal diese auch immer in der Diskussion sind.

Ähnlich sind die Strukturen der gesellschaftlichen Integration. Hierunter versteht man die Verflechtung zivilgesellschaftlicher Akteure über politische Grenzen hinweg. Immer dann, wenn zivilgesellschaftliche Gruppen ohne wirtschaftliche Interessen Kontakte über Grenzen hinweg aufbauen, wird gesellschaftliche Integration betrieben. Bisweilen ist das mit der Institutionalisierung dieser Kontakte verbunden, das muss aber nicht sein. Wichtige Bereiche der gesellschaftlichen Integration in Europa betreffen den Sport, die Bildung oder auch das kulturelle Leben. Auch Reisen oder Städtepartnerschaften gehören in diesen Kontext. Alle diese Aktivitäten führten dazu, dass Menschen über politische Grenzen hinweg Kontakt zueinander aufnahmen. Ähnlich wie die wirtschaftliche Integration ist auch die gesellschaftliche Integration sehr dynamisch. Kontakte können ebenso schnell aufgebaut wie abgebrochen werden. Hauptakteure sind alle Mitglieder der Zivilgesellschaft, die nicht kommerzielle Interessen bei grenzüberscheitenden Kontakten verfolgen. So wie bei der wirtschaftlichen Verflechtung kann auch die gesellschaftliche Verflechtung über Grenzen von staatlichen Akteuren begünstigt und behindert werden. Beispielsweise hat sich der Austausch von Studierenden seit der Einführung des ERASMUS-Programms Ende der 1980er Jahre stark intensiviert. Umgekehrt können staatliche Regulierungen (beispielsweise im Vereinsrecht) grenzüberschreitende gesellschaftliche Kontakte auch behindern.

Immer wieder wurde in der Öffentlichkeit und in der Forschung darüber diskutiert, ob es eine europäische Gesellschaft gebe. Die Kriterien für eine solche können sehr verschieden sein: Ein wichtiges Kriterium sind gesellschaftliche Makrostrukturen, die sich in Konsum und Bildung, religiösen Praktiken und ethischen Werten, Berufswegen und familiären Strukturen erfassen lassen. Auch wenn es in den letzten dreißig Jahren Annäherungen gegeben hat, lassen sich in dieser Hinsicht verschiedene Räume in Europa ausmachen. Ein westeuropäischer Raum, der durch Großbritannien, die Benelux-Staaten, Skandinavien, die Bundesrepublik Deutschland und Frankreich gebildet wird, gilt als Schrittmacher der Integration. Hiervon unterschieden wird ein südeuropäisch-mediterraner Raum, der aus Portugal, Spanien, Italien und Griechenland besteht und den Schrittmachern mit geringem Abstand folgt. Schließlich gibt es einen ostmitteleuropäischen Raum, der bis nach Belarus und in die Ukraine reicht und auch den Balkan einschließt. Alle drei Räume entwickeln sich seit den 1990er Jahren in Bezug auf die gesellschaftlichen Strukturen rasant, ohne dass von einer europäischen Gesellschaft gesprochen werden könnte. Andererseits gibt es zwischen diesen drei Räumen auch gemeinschaftliche gesellschaftliche Strukturen, die sie von anderen Räumen etwa in Fernost, in Afrika oder den beiden Amerikas unterscheidet. Ein anderes, immer wiederkehrendes Argument gegen die Existenz einer europäischen Gesellschaft ist das Fehlen einer transnationalen europäischen medialen Öffentlichkeit. Hierunter versteht man einen durch Medien geschaffenen gemeinsamen Kommunikationsraum der Menschen, so wie er für moderne Nationen bedeutsam ist. Es gibt aber, so das Argument, keine transnationalen Medien in Europa und daher auch keine europäische Öffentlichkeit. Die wenigen Ausnahmen – etwa der deutsch-französische Fernsehsender ARTE – werden nur von einer Minderheit genutzt. So wie die vorangehenden Argumente ist auch dies richtig, bedarf aber der Differenzierung. Transnationale mediale Öffentlichkeiten existieren in Europa durchaus, allerdings temporär und oft ereignisbezogen. Beispiele sind große internationale Sportveranstaltungen, übernationale politische Ereignisse oder auch Katastrophen. Die neuere Forschung hat gezeigt, dass sie jeweils für einen gewissen Zeitraum einen transnationalen Kommunikationsrahmen schufen, ohne dass es hierfür transnationaler Medien bedarf. Das Problem für die hier im Zentrum stehende Frage, was denn „Europa" eigentlich ist, kann hierdurch allerdings auch nicht beantwortet werden.

In kultureller Hinsicht ist die Situation noch komplexer. Unter kultureller Integration versteht man die Debatte um die Identität Europas. Seit Jahrhunderten wird der Begriff „Europa" immer wieder mit Bedeutung versehen, ohne dass es bislang zu einer abschließenden Definition kam. Europa war für die einen Aufklärung und technischer Fortschritt, andere verstanden hierunter das Erbe von Antike und Christentum. Manche sehen Europa verwirklicht in Literatur, Kunst und Architektur, wieder andere verbinden mit Europa politische Werte. Letztlich geht es bei der kulturellen Integration also einerseits um eine Selbstdefinition der Europäer. Andererseits wurde Europa aber auch immer wieder von außen definiert. Afrikaner, Asiaten und Amerikaner benutzten den Begriff ebenso und belegten ihn wiederum mit verschiedenen Inhalten. Auch diese Diskussionen um die europäische Identität sind Bestandteil Europäischer Integration, weil es offenkundig ein großes Interesse von Menschen daran gibt, Europa zu definieren und mit Bedeutung zu versehen. Europa, so hat Wolfgang Schmale treffend formuliert, „ist da, wo Menschen von Europa reden und schreiben, wo Menschen Europa malen oder in Stein meißeln, oder anders ausgedrückt, wo Menschen Europa imaginieren und visualisieren, wo Menschen in Verbindung mit dem Namen und dem Begriff Europa Sinn und Bedeutung konstituieren."[1] Europa ist in kultureller Hinsicht damit das, was der Nationalismus-Forscher Benedict Anderson als „vorgestellte Gemeinschaft" beschrieben hat: Eine Gruppe von Menschen, die sich auf der Basis selbst gewählter Kriterien als Gemeinschaft empfindet und damit erst die Gemeinschaft konstruiert. Legt man diesen Ansatz zu Grunde, hat das für die Frage, was Europa sei, zwei Konsequenzen: Zum einen wird deutlich, dass es keine abschließende Definition von Europa geben kann. Seit der Entstehung des Begriffes in der Antike haben Menschen dem Begriff Europa immer wieder neue Bedeutungen gegeben und so wird es

1 Wolfgang Schmale, Geschichte Europas, S. 14.

auch in Zukunft bleiben, solange der Begriff benutzt werden wird. Jede Generation wird sich ihren Begriff von Europa machen. Zweitens kann es aber auch gleichzeitig verschiedene Deutungen von Europa geben. Was Europa bedeutet, ist also ein permanenter Aushandlungsprozess, in dem sich immer konkurrierende Deutungen gegenüberstehen. Damit sind wiederum bestimmte politische, wirtschaftliche oder auch kulturelle Interessen verbunden. Selbstverständlich lassen sich auch in kultureller Hinsicht keine klaren Grenzen Europas definieren.

Es versteht sich von selbst, dass die hier vorgenommenen begrifflichen Eingrenzungen heuristische Konstrukte sind, die dazu dienen, Europäische Integration als (geschichts-) wissenschaftlichen Forschungsgegenstand erst zugänglich zu machen. Tatsächlich sind wirtschaftliche, politische, gesellschaftliche und kulturelle Integration engstens miteinander verflochten, beeinflussen und bedingen einander.

2. Prozesse der Europäischen Integration

Die Frage, wann die Europäische Integration begann, hängt stark davon ab, welchen Begriff von Europäischer Integration man wählt. Es spricht aber viel dafür, dass die Europäische Integration, legt man die oben genannten vier Kategorien zu Grunde, um die Wende vom 18. zum 19. Jahrhundert begann. Diese Zeit war sehr stark geprägt von politischen, wirtschaftlichen und kulturellen Wandlungsprozessen und wird daher in der Geschichtswissenschaft als „Sattelzeit" bezeichnet, in der das moderne Europa entstand. Wichtig hierfür waren zwei Voraussetzungen: Einerseits begann die Durchsetzung des modernen Nationalstaates im Kontext der französischen und amerikanischen Doppelrevolution. Die Anhänger des Nationalprinzips traten nun mit dem Anspruch auf, dass die Nationalstaaten die Grundlage für die politische Organisation Europas waren. Sie verstanden darunter eine politische, wirtschaftliche und kulturelle Einheit, die territorial begrenzt war. Auch wenn sich diese Vorstellung von politischer Ordnung nicht vollständig umsetzen ließ, prägt sie seither in starkem Maße das europäische Politikverständnis. Andererseits veränderte sich mit der Industriellen Revolution und dem sich mit ihr durchsetzenden Kapitalismus in Europa die Organisation der Wirtschaft. Die Produktion wurde mechanisiert und spezialisiert, Rohstoffe wurden nun aus fernen Regionen herangeschafft, Fertigprodukte in anderen Regionen verkauft. Dies führte zu einer starken Ausweitung des Fernhandels. Auch das hiermit verbundene Prinzip des Kapitalismus setzte sich seither in Europa weitgehend durch. Beide Prozesse, die politisch-kulturelle Konzentration auf die Nation und die Entgrenzung der Wirtschaft, führten zu Konflikten, die durch neue Organisationen im 19. Jahrhundert geregelt werden mussten. Während das Nationalprinzip politische und kulturelle Grenzen definierte und markierte, drängte der Kapitalismus genau im Gegenteil auf Entgrenzung. Die meisten internationalen Organisationen des 19. Jahrhunderts entstanden daher im Bereich der Infrastrukturen. Der zunehmend transnationale Handel musste politisch-administrativ reguliert werden, damit er reibungslos funktionierte. Die internationalen Organisationen dienten daher dazu, die beiden Mega-Prozesse der Zeit, die Entstehung und Durchsetzung des Nationalstaates und die Entgrenzung der Wirtschaft, miteinander zu vereinbaren. Dies ist ein wichtiges Ziel der Europäischen Union bis in die Gegenwart. Ein konstituierendes Element der EU ist der Erhalt des Gemeinsamen Binnenmarktes, gleichzeitig sind die nationalen Regierungen „Herrinnen des Verfahrens" und bestimmen über den Europäischen Rat die EU-Politik in starkem Maße.

Nicht nur in Bezug auf die Strukturen, auch hinsichtlich der Ziele finden sich wichtige Kontinuitäten der Europäischen Integration vom frühen 19. Jahrhundert bis in die Gegenwart. Das 1815 etablierte „Konzert der Mächte" diente vor allem dem Ziel, einen großen Krieg zu verhindern. Hiermit war eine Institutionalisierung von Recht jenseits der Einzelstaaten verbunden, die in vielerlei Hinsicht im 20. Jahrhundert fortgesetzt und weiterentwickelt wurde. Es gab gleichwohl wichtige Unterschiede: Beteiligt waren im 19. Jahrhundert nur Großmächte, der Krieg an sich wurde nicht geächtet und die nationale Souveränität der Großmächte nicht eingeschränkt. Zudem waren die Integrationsschritte im 19. Jahrhundert nicht mit dem Wunsch nach einem europäischen Staat (wie auch immer strukturiert) verbunden. Von diesem sprachen im 19. Jahrhundert einige Intellektuelle, in der Politik der Regierungen spielte diese Vorstellung keine Rolle.

Eine neue Phase der Europäischen Integration begann mit dem Ersten Weltkrieg. In wirtschaftlicher Hinsicht war die Europäische Integration durch die Schließung der Grenzen bei Kriegsbeginn 1914 beendet worden. Es erwies sich auch in den 1920er und 1930er Jahren als schwierig, an die Vorkriegssituation anzuknüpfen. In politischer Hinsicht wurden die Institutionen wieder aufgegriffen und weiterentwickelt. Das gilt einerseits für den Völkerbund, der die Institutionalisierung internationaler politischer Kooperation mit dem Ziel des Friedenserhalts weiterentwickelte. Neu war in dieser Phase ein Motiv, das es im 19. Jahrhundert nicht gegeben hatte: Europäische Einigung wurde nun auch gefordert, um Europa eine Stimme in den neuen Strukturen der Weltpolitik zu geben. Der Aufstieg der USA, die Revolution in Russland und die Dekolonisierung waren hierzu der Hintergrund. Wichtig war auch – dies als Kontinuität vom 19. Jahrhundert – die technische Entwicklung vor allem der Infrastrukturen. Die europäischen Organisationen für die Binnenschifffahrt, den Straßenbau und die Eisenbahn wurden wieder aufgenommen und weitergeführt. Das gilt mit Einschränkungen auch für die Zeit des Zweiten Weltkrieges.

Das Ende des Krieges 1945 markierte einen weiteren Einschnitt in der Geschichte der Europäischen Integration. Drei Charakteristika prägten von nun an den Prozess: Zum einen spielten die USA in West- und die Sowjetunion in Osteuropa entscheidende Rollen für die Integrationsprozesse. Ohne die Konfrontation des Ost-West-Konfliktes hätte die Europäische Integration eine andere Form angenommen. Zum anderen konkurrierten in Westeuropa verschiedene Modelle Europäischer Integration und es war bis ca. 1970 nicht klar, welche konkrete Form die Europäische Integration annehmen würde. Das betraf verschiedene Organisationen, so gab es beispielsweise den Europarat, die Europäische Wirtschaftsgemeinschaft und auch die European Free Trade Association, die verschiedene Ansätze repräsentierten. Erst mit dem Haager Gipfel im Dezember 1969 und dem folgenden Beitritt Großbritanniens, Dänemarks und Irlands zur EG wurde klar, dass diese künftig eine dominante Rolle in der Europäischen Integration spielen würde. Man kann daher zwischen 1945 und 1970 von einer experimentellen Phase der Europäischen Integration sprechen. Schließlich setzte sich mit der Europäischen Gemeinschaft für Kohle und Stahl (1952) und der Europäischen Wirtschaftsgemeinschaft (1958) das Prinzip der Supranationalität durch. Das bedeutet, dass die Mitgliedstaaten Teile ihrer staatlichen Kompetenzen an die europäischen Organisationen delegierten. Durch die Rechtsprechung des Europäischen Gerichtshofes wurde diese Tendenz noch einmal verstärkt. Das Prinzip wurde zu Beginn der 1950er Jahre nicht erfunden, bereits im 19. Jahrhundert war es diskutiert und in Teilbereichen auch angewandt worden. Nun wurde es aber zu einem völkerrechtlich-politischen Charakteristikum der EG.

Die bislang letzte Phase der Europäischen Integration begann in den 1970er Jahren und dauert bis heute an. Sie war einerseits geprägt durch die starke Dominanz der EG, die sich ab 1992 als Europäische Union bezeichnete. Charakteristisch war, dass die EG/EU nun nicht mehr nur den Anspruch erhob, wirtschaftliche Probleme zu regeln, sondern auch wichtige politische Funktionen übernahm. Ihre institutionelle Struktur veränderte sich vor allem zwischen 1974 (Entstehung des Europäischen Rates der Staats- und Regierungschefs) und 2009 (Vertrag von Lissabon) grundlegend. Neben dem Europäischen Rat gewann auch das Europäische Parlament massiv an Bedeutung. Andererseits erweiterte sich die EG/EU in diesem Zeitraum stark. Aus den sechs Staaten des Jahres 1970 wurden bis heute 27. Die Europäische Union ist daher sehr viel heterogener und vielfältiger geworden. Schließlich hat sich auch die Rolle der EG/EU in der Welt verändert. Dies gilt auch für die internationale Handels- und Währungspolitik. Der Gemeinsame Europäische Markt und der Euro haben globale Bedeutung und gegenüber den USA, China und global operierenden Unternehmen auch ein erhebliches Machtpotential. Auch für afrikanische Staaten ist die EU ein wichtiger Akteur geworden.

3. Antriebskräfte der Europäischen Integration

Wodurch wurde die Europäische Integration vorangetrieben? Die Forschung hat aufbauend auf dem Konzept der „Forces Profondes" des französischen Historikers Pierre Renouvin auch für die Europäische Integration verschiedene Antriebskräfte und Motive herausgearbeitet, die diesen Prozess in den letzten 220 Jahren vorangetrieben haben. Diese Kräfte waren nicht immer gleichmäßig vorhanden, einige setzten erst spät ein, andere waren vorübergehend nicht so bedeutsam, bisweilen wirkten diese Kräfte auch gegensätzlich. Das erste wichtige Motiv ist das des Friedenserhalts. Europäische Integration wurde seit dem frühen 19. Jahrhundert genutzt, um gewaltsame Konflikte zwischen den beteiligten Staaten nach Möglichkeit zu verhindern. Ein zweites, eng mit dem Friedenserhalt verbundenes Motiv war die Lösung der Deutschen Frage. Diese bezieht sich auf die Tatsache, dass Deutschland (in welcher politischen Verfassung und welchen Grenzen auch immer) seit dem frühen 19. Jahrhundert aufgrund seiner politisch-ökonomischen Macht und seiner geographischen Lage eine potentielle Hegemonie in Europa ausübt, die allerdings von den anderen Staaten nicht ohne weiteres hingenommen wird. Gleichzeitig sind die deutschen Staaten immer zu schwach gewesen, um Europa – vergleichbar mit den USA auf dem nordamerikanischen Kontinent – zu führen. Aus diesem Dilemma der „halben Hegemonie" (Ludwig Dehio) war die Europäische Integration ein Ausweg. Ein drittes wichtiges politisches Motiv war die Selbstbehauptung Europas in der Welt. Nach dem Ersten Weltkrieg wurde es erstmals formuliert, als vielen Menschen in Europa klar wurde, dass der Kontinent seine im 19. Jahrhundert noch als selbstverständlich wahrgenommene Führungsrolle in der Welt verloren hatte. Mit den USA und der Sowjetunion entstanden zwei Staaten, die die alten europäischen Großmächte als globale Ordnungsmächte ablösten. Hieraus erwuchs die Erkenntnis, dass, wenn die europäischen Staaten noch eine Rolle auf der Ebene der Weltpolitik und der Weltwirtschaft spielen sollten, sie dies nur gemeinsam machen können. Nur zusammen entwickeln die europäischen Staaten ein Potential, das dem der USA, der damaligen Sowjetunion und dem heutigen China ebenbürtig ist. Auf dem wirtschaftlichen Sektor setzte sich im 19. Jahrhundert die Erkenntnis durch, dass der Freihandel und die wirtschaftliche Integration langfristig zu steigendem Wohlstand führten. Schon vor dem Ersten Weltkrieg gab es in Europa nur noch wenige Handelsbarrieren. In der Epoche der Weltkriege wurde der Freihandel als Gefahr gesehen. Nach 1945 begann wieder eine schrittweise Liberalisierung, die in den 1990er Jahren ihren Höhepunkt erreichte. Auch der Wunsch nach wirtschaftlichem Wohlstand war eine wichtige Antriebskraft der Europäischen Integration. Im gesellschaftlichen Bereich ist es der Wunsch der Menschen nach grenzüberschreitenden Kontakten, der die Integration vorantreibt. Dies können Reisen sein, das Bedürfnis, sich im Sport zu messen oder auch die Suche nach Bildung und wissenschaftlicher Erkenntnis. Schließlich gibt es offenbar ein Bedürfnis der Menschen nach europäischer Identität. Die Suche nach dem, was Europa ausmacht, gehört auch zu den Antriebskräften der Europäischen Integration. Neben diesen langfristig wirksamen Motiven und Antriebskräften der Europäischen Integration gibt es noch weitere, die allerdings punktuell wirksam waren.

4. Forschungstendenzen

Auch in Bezug auf die Forschung zur Europäischen Integration ist die Einteilung in eine politik-, wirtschafts-, gesellschafts- und kulturhistorische Forschung sinnvoll. Natürlich gilt auch hier, dass die Grenzen zwischen den Teildisziplinen der Geschichtswissenschaft fließend sind und dass sie sich wechselseitig beeinflussen.[2]

Die politikhistorische Europäische Integrationsgeschichte war in ihren Anfängen im Zweiten Weltkrieg eng mit der politischen Entwicklung des Kontinents verbunden und bisweilen auch normativ. Im Zentrum des Werkes von David Mitrany stand die Frage, wie nach dem Ende des Zweiten Weltkrieges der Frieden in Europa gesichert werden könnte.[3] Er plädierte dafür, dass eine internationale Organisation nicht nur Regierungen, sondern auch die Gesellschaften der Nationalstaaten miteinander verbinden müsste, um dieses Ziel zu erreichen. Dieses Konzept wurde als Funktionalismus bezeichnet. Die Verflechtung der nationalen Gesellschaften war ein politisches Programm, um den Frieden in Europa zu erhalten. Alternativ dazu wurde auch noch im Zweiten Weltkrieg das Konzept eines europäischen Föderalismus entwickelt. Im so genannten Manifest von Ventotene entwarfen Ernesto Rossi, Altiero Spinelli und Eugenio Colorni 1941 ein Programm für eine europäische Föderation zur Erhaltung des Friedens in Europa. Der Kerngedanke war, eine föderale Organisation zu schaffen mit einer vertraglich gesicherten Arbeitsteilung zwischen dem Gesamtstaat und den Teilstaaten. Die Diskussion zwischen Föderalisten und Funktionalisten prägte die europapolitischen Debatten der Nachkriegszeit und wirkte auch strukturierend auf die Forschung. In der Mitte der 1950er Jahre entstanden die ersten empirisch fundierten Untersuchungen über die Europäische Integration. Von großer Bedeutung war das Werk von Ernst B. Haas, der zeigen konnte, wie die von Mitrany angestrebte grenzüberschreitende Verflechtung gesellschaftlicher Akteure im Rahmen der Montangemeinschaft funktionierte.[4] Das Konzept wird seither als „Neofunktionalismus“ bezeichnet und wurde paradigmatisch für eine ganze Generation von Europa-Forschern. Der Kerngedanke war, dass die grenzüberschreitende Verflechtung von gesellschaftlichen Akteuren in einem Politikfeld auf andere Politikfelder überschwappt und daher in Zukunft zu einer vollständigen Integration führt. Die Entwicklung der Europäischen Gemeinschaft für Kohle und Stahl in den 1950er und frühen 1960er Jahren schien diese Annahme zu bestätigen.

Die als Krise empfundene Blockade der Europäischen Integration in den 1960er Jahren durch das gaullistische Frankreich führte zu einer Neuorientierung der politikwissenschaftlichen Europaforschung. Zum einen stellte Ernst B. Haas selbst

2 Neuere Forschungsüberblicke: Kiran Klaus Patel, Europäische Integrationsgeschichte auf dem Weg zur doppelten Neuorientierung, in: Archiv für Sozialgeschichte, Bd. 50 (2010), S. 595–642. Ders. Widening and Deepening? Recent Advances in European Integration History, in: Neue Politische Literatur, Bd. 64 (2019), S. 327–357.

3 David Mitrany, A Working Peace System. An Argument for the Functional Development of International Organisation, London 1943.

4 Ernst B. Haas, The Uniting of Europe. Political, Social and Economic Forces 1950–1957, Stanford 1958.

fest, dass der Neofunktionalismus dem komplexen Prozess der Integration nicht gerecht werde und ergänzt werden müsse.[5] Ähnlich argumentierte Stanley Hoffmann: Die von Haas beobachtete Verflechtung beziehe sich auf Politikfelder mit ökonomisch-technischem Charakter („Low Politics"). Für die Außen- und Sicherheitspolitik („High-Politics") gelten diese Annahmen, so Hoffmann, offenbar nicht.[6] Seit Mitte der 1960er Jahre entstanden zudem einige neo-marxistische Interpretationen der Europäischen Integration. Aus dieser Perspektive war Integration eine Reaktion der Nationalökonomien auf die Krise des Kapitalismus.[7]

Mit der Öffnung der Archive für die 1950er Jahre ab 1980 setzte eine neue Phase der europäischen Integrationsforschung ein, in der geschichtswissenschaftliche Methoden im engeren Sinne eine wichtigere Rolle spielten. Es war auch das Ende der politikwissenschaftlich geprägten Großtheorien zur Erklärung von Integration. Eine Pionierrolle in Deutschland übernahm der Saarbrücker Historiker Walter Lipgens, der in der zweiten Hälfte der 1960er Jahre erste quellengestützte Arbeiten zu den Europa-Plänen der Widerstandsbewegungen im Zweiten Weltkrieg und die Debatten um die Europäische Integration in der unmittelbaren Nachkriegszeit publizierte. In Frankreich gehörten Pierre Gerbet und Raymond Poidevin zu den Pionieren der geschichtswissenschaftlichen Europaforschung. Poidevin spielte auch eine wichtige Rolle bei der Gründung der Historiker-Verbindungsgruppe bei der Europäischen Kommission im Jahr 1982. Sie organisiert seither im Zweijahresrhythmus wissenschaftliche Tagungen, auf denen neue, aus archivalischen Quellen erarbeitete Erkenntnisse über die Geschichte der Europäischen Integration diskutiert wurden. Die Ergebnisse wurden in den Tagungsbänden und im Journal of European Integration History publiziert und schlugen jeweils erste Schneisen in ein neues Forschungsfeld.[8] In diesem Rahmen wurden Forschungen in den nationalen Archiven der europäischen Staaten unternommen und die politischen Entscheidungen zur europäischen Integration untersucht. Dominierten zunächst Studien zur Europapolitik einzelner Regierungen, so schlossen sich bald auch multiperspektivisch angelegte Monographien an, in denen die Interaktion zwischen den nationalen Regierungen und den europäischen Organisationen im Mittelpunkt stand. Besonderes Interesse fanden auch einzelne Politikfelder, vor allem die Agrarpolitik,[9] die

5 Ernst B. Haas, The Obsolescence of Regional Integration Theory, Berkeley 1975.

6 Stanley Hoffmann, Obstinate or Obsolete? The Fate of the Nation-State and the Case of Western Europe, in: Daedalus, Vol. 59/3 (1966), S. 862–915.

7 Frank Deppe (Hrsg.), Europäische Wirtschaftsgemeinschaft (EWG). Zur politischen Ökonomie der westeuropäischen Integration, Reinbek 1975.

8 http://eu-historians.org/?page_id=17 (18.2.2020).

9 Gilbert Noel, Du Pool Vert à la politique agricole commune, Paris 1988. Guido Thiemeyer, Vom Pool Vert zur Europäischen Wirtschaftsgemeinschaft. Europäische Integration, Kalter Krieg und die Anfänge der Gemeinsamen Europäischen Agrarpolitik, München 1999. Ann-Christina L. Knudsen, Farmers on Welfare. The Making of Europe's Common Agricultural Policy, Cornell 2009. Kiran Klaus Patel (Hrsg.), Fertile Ground for Europe? The History of European Integration and the Common Agricultural Policy since 1945, Baden-Baden 2009.

Kohle- und Stahlpolitik,[10] die Wettbewerbspolitik[11] oder auch die Währungspolitik.[12] Wichtigste Kategorie der politikhistorischen Europaforschung war zunächst die Außenpolitik der westeuropäischen Staaten. Im Mittelpunkt standen die Deutsche Frage, der Ost-West-Konflikt und die Selbstbehauptung Europas in der Welt. Viele Studien beschäftigten sich mit der jeweils nationalen Europapolitik, insbesondere die sechs Gründungsstaaten sind in dieser Hinsicht gut erforscht worden. Gefragt wurde aber auch nach der Rolle der USA für den Europäischen Integrationsprozess und nach den Beziehungen zum afrikanischen Kontinent. Als weiterer Schwerpunkt der politikhistorischen Europaforschung entwickelte sich die Frage nach der Rolle der politischen Parteien in der Europäischen Integration.[13] Zuletzt standen auch die europäischen Institutionen im Blickfeld politikhistorischer Europaforschung. Insbesondere die Europäische Kommission[14] und der Europäische Rat[15] fanden das Interesse der Historiker. Demgegenüber ist die Erforschung des Europäischen Gerichtshofes[16] und des Europäischen Parlamentes[17] noch in den Anfängen. Zudem gibt es inzwischen einige Studien zu einzelnen Persönlichkeiten der Europäischen Integration. Hierzu gehört vor allem der Franzose Jean Monnet, der als „Inspirateur" vielfach Einfluss auf die europapolitischen Initiativen der 1950er bis 1970er Jahre nahm. Auch Robert Schuman, Konrad Adenauer, Alcide de Gasperi, Max Kohnstamm und Walter Hallstein wurden biographisch erforscht. Seit etwa zehn Jahren wird unter dem Schlagwort der „Europäisierung" auch die Veränderung der politischen Systeme der Mitgliedstaaten der EG/EU genauer untersucht. Seit den 1980er Jahren, so die These, veränderten sich die Systeme stark, in den Politikwissenschaften wurde von einem Mehrebenensystem gesprochen, das aus mindestens drei politischen Ebenen bestehe, die sich wechselseitig beeinflussen. Dies sind die

10 Dirk Spierenburg, Raymond Poidevin, The History of the High Authority of the European Coal and Steel Community. London 1994. Andreas Wilkens, Le Plan Schuman dans l'Histoire. Intérêts nationaux et projet européen, Brüssel 2004.

11 Sibylle Hambloch, Europäische Integration und Wettbewerbspolitik: Die Frühphase der EWG, Baden-Baden 2009. Frank Pitzer, Interessen im Wettbewerb. Grundlagen und frühe Entwicklung der europäischen Wettbewerbspolitik 1955–1966, Stuttgart 2009.

12 Emmanuel Mourlon-Druol, A Europe Made of Money. The Emergence of the European Monetary System, Ithaca, London 2012.

13 Jürgen Mittag, Politische Parteien und Europäische Integration. Entwicklung und Perspektiven transnationaler Parteienkooperation in Europa, Essen 2006. Jenny Raflik, Guido Thiemeyer (Hrsg.), Les partis politiques européens face aux premières élections directes du Parlement Européen, Baden-Baden 2015.

14 The European Commission 1958–72. History and Memory of an Institution, Brüssel 2014. The European Commission. History and Memory of an Institution 1972–86, Brüssel 2014. The European Commission. History and Memory of an Institution 1986–2000, Brüssel 2019. (Zugänglich auch unter: https://op.europa.eu/en/publication-detail/-/publication/ebec8b45-1aab-4d57-887f-0da73489b19e. Katja Seidel, The process of politics in Europe. The rise of European elites and supranational institutions, London 2010.

15 Wolfgang Wessels, The European Council, Basingstoke 2016.

16 Kiran Klaus Patel, Hans Christian Röhl, Transformation durch Recht, Berlin 2020.

17 Ines Soldwisch, Das Europäische Parlament 1979–2004. Inszenierung, Selbst(er)findung und politisches Handeln der Abgeordneten, Stuttgart 2021.

supranationale europäische Ebene, die nationale und die regionale Ebene. Entscheidend ist, dass dieses System nicht hierarchisch ist und je nach Politikfeld anders funktioniert. Dies wiederum hatte starke Auswirkungen auf die nationalen politischen Systeme.[18] Der Schwerpunkt der politikhistorischen Integrationsforschung lag bislang eindeutig auf der EG/EU und ihrer Vorgeschichte. Andere europäische Organisationen wie beispielsweise der Europarat,[19] die Organisation für wirtschaftliche Zusammenarbeit, die Westeuropäische Union[20] und der Rat für gegenseitige Wirtschaftshilfe haben vergleichsweise wenig Aufmerksamkeit auf sich gezogen. Hier liegt ein weites, bislang nur spärlich beachtetes Forschungsfeld. Eine Ausnahme ist die Zentralkommission für die Rheinschifffahrt, die zunächst von der völkerrechtlichen Forschung, dann auch von der Geschichtswissenschaft untersucht wurde.[21] Gerade sie zeigt die ökonomische, politische und völkerrechtliche Kontinuität der Europäischen Integration vom frühen 19. Jahrhundert bis in die Gegenwart.

Die wirtschaftshistorische Europaforschung setzte etwas später ein. Insbesondere in den Wirtschaftswissenschaften wurden hierzu wichtige Grundlagen geschaffen.[22] Inzwischen gibt es auch einige Überblicksdarstellungen aus wirtschaftshistorischer Perspektive zur Europäischen Integration.[23] Aus dieser Sicht standen zunächst die Verflechtung der europäischen Märkte und die Auswirkungen der wirtschaftlichen Integration im Rahmen der EWG und der EFTA im Zentrum des Interesses. Ein anderer Aspekt in der Forschung war die Rolle von wirtschaftlichen Akteuren, vor allem Unternehmen, in der europäischen Integration.[24] Auch die Frage der Kontinuität und Diskontinuität von der Epoche des Internationalismus in der zweiten

18 Gabriele Clemens (Hrsg.), The Quest for Europeanization: Interdisciplinary Perspectives On a Multiple Process. Die Suche nach Europäisierung: Ein Komplexer Prozess in Interdisziplinärer Perspektive. Stuttgart 2017. Kiran Patel, Europäisierung wider Willen. Die Bundesrepublik Deutschland in der Agrarintegration der EWG 1955–1973, München 2009. Guido Thiemeyer, Die Bundesländer und die Entstehung des europäischen Mehrebenensystems 1950–1985, in: Vierteljahreshefte für Zeitgeschichte Bd. 65 (2017), S. 339–364. Laurence Badel, Stanislas Jeannesson, N. Piers Ludlow (Hrsg.), Les administrations nationales et la construction européenne. Une approche historique (1919–1975), Brüssel 2005.

19 Birte Wassenberg, History of the Council of Europe, Straßburg 2013.

20 Ralph Dietl, Emanzipation und Kontrolle. Europa in der westlichen Sicherheitspolitik 1948–1963. Eine Innenansicht des westlichen Bündnisses, 2 Bde., Stuttgart 2006/2007.

21 Martial Libera, Sylvain Schirmann (Hrsg.) La Commission centrale pour la navigation du Rhin. Histoire d'une organisation internationale, Paris 2017. Zentralkommission für die Rheinschifffahrt. 200 Jahre Geschichte. Unter der Leitung von Jean-Marie Woeling, Sylvain Schirmann und Martial Libera, Straßburg 2015.

22 Willem Molle, The Economics of European Integration. Theory, Practice, Policy, Aldershot 2006. Ulrich Brasche, Europäische Integration. Wirtschaft, Euro-Krise, Erweiterung und Perspektiven, Berlin Boston 2017.

23 Gerold Ambrosius, Wirtschaftsraum Europa. Vom Ende der Nationalökonomien, Frankfurt 2004. René Leboutte, Histoire économique et sociale de la construction européenne, Brüssel 2008.

24 Thomas Rhenisch, Europäische Integration und industrielles Interesse. Die deutsche Industrie und die Gründung der Europäischen Wirtschaftsgemeinschaft, Stuttgart 1999. Werner Bührer, Ruhrstahl und Europa. Die Wirtschaftsvereinigung Eisen- und Stahlindustrie und die Anfänge der Europäischen Integration 1945–1952, München 1986. Andreas Wilkens, L'Europe des ententes ou l'Europe de l'in-

Hälfte des 19. Jahrhunderts und der wirtschaftlichen Europäischen Integration in der zweiten Hälfte des 20. Jahrhunderts wurde systematisch untersucht.[25] In den letzten Jahren gibt es zwei gegenläufige Tendenzen in der wirtschaftshistorischen Europaforschung. Zum einen wurde die Rolle Europas im Kontext der Globalisierung und des Internationalismus intensiver untersucht.[26] Zum anderen interessierte sich die Wirtschaftsgeschichte für die regionale Integration in Europa – nicht nur im Rahmen der EG/EU.[27] Zudem ist die Bedeutung der Infrastrukturen des Verkehrs und der Kommunikation für die Europäische Integration intensiver erforscht worden. Auch hier hat die Forschung einerseits die Kontinuitäten vom 19. Jahrhundert bis in die zweite Hälfte des 20. Jahrhunderts hinein betont. Andererseits konnte gezeigt werden, dass die Europäische Integration der Infrastrukturen eigenen Entwicklungspfaden folgte, die insbesondere nach 1950 in Konkurrenz und Konfrontation mit den Institutionen der EWG/EG geriet.[28] Ein Forschungsdesiderat ist eine Untersuchung der ordnungspolitischen Kontroversen innerhalb der EG/EU. Erste Aufsätze hierzu liegen vor, eine systematische und quellenbasierte Untersuchung dieses umstrittenen Feldes steht noch aus.[29]

Die Geschichte der europäischen gesellschaftlichen Integration ist in den letzten zwanzig Jahren intensiv erforscht worden. Hierbei dominieren Arbeiten, die sich mit der transnationalen Verflechtung von gesellschaftlichen Akteuren beschäftigen. Ausgangspunkt dieses Ansatzes waren die deutsch-französischen Beziehungen. In den 1980er Jahren wurde die bis dahin stark politikhistorische Erforschung der deutsch-französischen Beziehungen mit der These konfrontiert, dass die entscheidenden Akteure der deutsch-französischen Verständigung nach 1945 nicht in den Regierungen zu sehen seien, sondern in den intensiven deutsch-französischen

tégration ? Les industries française et allemande et les débuts de la construction européenne, in: Eric Bussière, Michel Dumoulin (Hrsg.), Milieux économiques et intégration européenne en Europe occidentale au XXème siècle, Arras 1998, S. 267–283.

25 Christian Henrich-Franke, Gescheiterte Integration im Vergleich: Der Verkehr – ein Problemsektor gemeinsamer Rechtsetzung im Deutschen Reich (1871–1879) und der Europäischen Wirtschaftsgemeinschaft (1958–1972), Stuttgart 2012. Christian Henrich-Franke, Cornelius Neutsch, Guido Thiemeyer (Hrsg.), Internationalismus und Europäische Integration im Vergleich. Fallstudien zu Währungen, Landwirtschaft, Verkehrs- und Nachrichtenwesen, Baden-Baden 2007.

26 Gerold Ambrosius, Globalisierung. Geschichte der internationalen Wirtschaftsbeziehungen, Wiesbaden 2018. S. Brakman, Nations and Firms in the Global Economy, Cambridge 2006.

27 Marten Boon, Hein Klemann, Ben Wubs, Transnational Regions in Historical Perspective, New York 2020. Günther Schulz, Mark Spoerer (Hrsg.), Integration und Desintegration Europas. Wirtschafts- und sozialhistorische Beiträge. VSWG Beiheft 244, Stuttgart 2019. Ben Wubs, Ralf Banken (Hrsg.), The Rhine: A Transnational Economic History, Baden-Baden 2017.

28 Gerold Ambrosius, Christian Henrich-Franke, Integration of Infrastructures in Europe in Comparison, Berlin 2016. Andreas Badenoch, Andreas Fickers (Hrsg.), Materializing Europe. Transnational Infrastructures and the Project of Europe, Houndmills 2010. Wolfram Kaiser, Johan Schot, Writing the Rules of Europe, London 2014.

29 Hans Peter Ullmann, Unterschiedliche Schuldenkulturen als Bürde für „Maastricht"? in: Günther Schulz, Mark Spoerer (Hrsg.), Integration und Desintegration Europas, Stuttgart 2019, S. 215–228. Guido Thiemeyer, Economic models in France and Germany and the debates on the Maastricht Treaty, in: Journal of European Integration History, Bd. 19 (2013), S. 85–103.

gesellschaftlichen Verflechtungen, die bis in die 1920er Jahre zurückverfolgt wurden.[30] Seit den 1990er Jahren hat sich die europäische Gesellschaftsgeschichte stark ausdifferenziert. Zwei grundsätzliche Forschungstrends lassen sich identifizieren. Zum einen gibt es eine intensive Forschung zur zivilgesellschaftlichen transnationalen Verflechtung in Europa.[31] Zum anderen liegen inzwischen vergleichende Geschichten zu den europäischen Gesellschaften vor, die die Divergenzen und vor allem die Konvergenzen über die nationalen Grenzen hinweg herausarbeiten.[32] Darüber hinaus hat sich das Feld der Gesellschaftsgeschichte Europas breit ausgefächert. Interesse fanden insbesondere die Geschichte der Städtepartnerschaften,[33] das soziale Europa,[34] europäische Jugendkontakte[35] über die nationalen Grenzen hinweg sowie die sportlichen Kontakte.[36]

Einen regelrechten Boom erlebte in den letzten Jahren die kulturwissenschaftlich fundierte Europaforschung. Während die essentialistische Europaforschung bereits eine lange Tradition hat (vgl. Kap. 11), ist konstruktivistische Europaforschung ein neueres Phänomen.[37] Ein wichtiger Untersuchungsgegenstand waren die europäischen Erinnerungskulturen. Der Zweite Weltkrieg, so die These, habe in Europa eine Erinnerungsgemeinschaft geschaffen. Während bis in die 1960er Jahre hinein insbesondere die Erinnerung an die jeweils nationale Résistance gegen die nationalsozialistische Besatzungsherrschaft identitätsbildend wirkte, entwickelte sich seit den 1970er Jahren eine Erinnerungskultur, die den Mord an den europäischen Juden im Zweiten Weltkrieg in den Mittelpunkt stellt. Auch wenn der Völkermord unter deutscher Regie organisiert und realisiert wurde, wäre er in dieser Dimension nicht möglich gewesen ohne die zum Teil massive Kollaboration in vielen europäischen Ländern.[38] Insbesondere die jeweils eigene Rolle der nationalen Gemeinschaften

30 Hans-Manfred Bock, Kulturelle Wegbereiter politischer Konfliktlösung. Mittler zwischen Deutschland und Frankreich in der ersten Hälfte des 20. Jahrhunderts, Tübingen 2005. Hartmut Kaelble, Auf dem Weg zu einer europäischen Gesellschaft: Eine Sozialgeschichte Westeuropas 1880–1980, München 1987.

31 Überblick bei: Wolfram Kaiser, Transnational Networks in European governance: The informal Politics of Integration, in: Ders., Brigitte Leucht, Morten Rasmussen (Hrsg.), The History oft he European Union. Origins of a trans- and supranational polity, 1950–72, New York 2009, S. 12–33. Michael Gehler, Wolfram Kaiser, Brigitte Leucht (Hrsg.), Netzwerke im europäischen Mehrebenensystem von 1945 bis zur Gegenwart, Wien 2009.

32 Arnd Bauerkämper, Hartmut Kaelble (Hrsg.), Gesellschaft in der europäischen Integration seit den 1950er Jahren. Migration-Konsum-Sozialpolitik-Repräsentationen, Stuttgart 2012.

33 Corine Defrance, Tanja Herrmann, Pia Nordblom (Hrsg.), Städtepartnerschaften in Europa im 20. Jahrhundert, Göttingen 2020.

34 Didier Georgakakis, et al. (Hrsg.), Ein soziales Europa als Herausforderung. L'Europe sociale en question: Von der Harmonisierung zur Koordination sozialpolitischer Kategorien. De L'harmonisation à la coordination des catégories d'action publique. Frankfurt/Main, New York 2018.

35 Christina Norwig, Die erste europäische Generation. Europakonstruktionen in der Europäischen Jugendkampagne 1951–1958, Göttingen 2016.

36 Jürgen Mittag, (Hrsg.), Europäische Sportpolitik. Zugänge, Akteure, Problemfelder, Baden-Baden 2018.

37 Europäische Erinnerungsorte. Hrsg. von Pim den Boer, Heinz Duchhardt, Georg Kreis, Wolfgang Schmale, 3 Bde., München 2012.

38 Thomas Sandkühler, Das Fußvolk der „Endlösung". Nichtdeutsche Täter und die europäische Dimension des Völkermords, Darmstadt 2020.

am Völkermord wurde seit den 1970er Jahren kontrovers diskutiert. Auf europäischer Ebene entwickelte sich auf diese Weise eine Identitätskonstruktion, die den Kampf gegen Rassismus und Antisemitismus in den Mittelpunkt stellte und ihren Höhepunkt in der so genannten Stockholmer Erklärung des Internationalen Forums über den Holocaust vom 28. Januar 2000 fand. Zudem entstanden seit den 1990er Jahren in vielen europäischen Hauptstädten Gedenkstätten, die die Verantwortung des jeweiligen Landes für den Völkermord thematisierten. Die Forschungsliteratur zu den Erinnerungskulturen an den Zweiten Weltkrieg und den Völkermord in Europa ist in ihrer Vielfalt auch für Experten kaum noch zu überschauen.[39]

Der Zweite Weltkrieg und der Völkermord an den europäischen Juden haben die Erinnerungskulturen und ihre Erforschung in Europa in den letzten Jahren stark dominiert, allerdings gab es auch andere Narrative, denen nachgegangen wurde.[40] Hierzu gehörten die Abendland-Rhetorik, der Antikommunismus und auch der Antiamerikanismus. Auch Demokratiediskurse in Europa wurden intensiver erforscht.[41] Zu den wichtigen Akteuren in den Europadiskursen zählten aber nicht nur Intellektuelle und Medien, sondern auch die europäischen Organisationen. Diese entwarfen eine Europapropaganda, die in den letzten Jahren erforscht worden ist.[42]

Auch die postkoloniale Theorie ist inzwischen von der Europäischen Integrationshistoriographie rezipiert worden. Ausgangspunkt war hierfür vor allem das Buch von Dipesh Chakrabarty, das eine Außenperspektive auf die europäische Geschichte und Politik einforderte.[43] Lange Zeit war auch die Historiographie von der technisch-zivilisatorischen Überlegenheit Europas gegenüber anderen Kontinenten, vor allem den ehemaligen Kolonien ausgegangen. Diese Perspektive wurde in den letzten Jahren grundlegend in Frage gestellt. Im Mittelpunkt des Interesses standen nun die Verflechtungen Europas mit den vormaligen Kolonien. Europa, so die These, wurde von der außereuropäischen Welt ebenso beeinflusst und geprägt, wie umgekehrt. Die Welt wurde ebenso europäisiert wie Europa globalisiert wurde.[44]

---

39 Volkhard Knigge, Norbert Frei (Hrsg.), Verbrechen erinnern. Die Auseinandersetzung mit Holocaust und Völkermord, München 2002.

40 Ute Frevert, Eurovisionen. Ansichten guter Europäer im 19. und 20. Jahrhundert, Frankfurt 2003.

41 Hartmut Kaelble, Wege zur Demokratie. Von der Französischen Revolution zur Europäischen Union, München 2001. Guido Thiemeyer, Hartmut Ullrich (Hrsg.), Europäische Perspektiven der Demokratie. Historische Prämissen und aktuelle Wandlungsprozesse in der EU und ausgewählten Nationalstaaten, Brüssel u. a. 2005.

42 Gabriele Clemens (Hrsg.), Werben für Europa. Die mediale Konstruktion europäischer Identität durch Europafilme, Paderborn 2016. Alexander Reinfeld, Unter Ausschluss der Öffentlichkeit? Akteure und Strategien supranationaler Informationspolitik in der Gründungsphase der europäischen Integration 1952–1972, Stuttgart 2014.

43 Dipesh Chakrabarty, Provincializing Europe: Postcolonial Thought and Historical Difference, 2. Aufl., Princeton 2009.

44 Marie-Thérèse Bitsch, Gérard Bossuat, L'Europe unie et l'Afrique. De l'Idée d'Eurafrique à la convention de Lomé I, Baden-Baden 2005. Martin Rempe, Entwicklung im Konflikt. Die EWG und der Senegal 1957–1975, Köln Wien Weimar 2012. Maria Paula Diogo, Dirk van Laak, Europeans Globalizing. Mapping, Exploiting, Exchanging, New York 2016.

III. Themenfelder und Untersuchungsgegenstände

5. Europäische Integrationsprozesse im 19. Jahrhundert

Die Europäische Integration im 19. und 20. Jahrhundert stand im engen Zusammenhang mit den großen Megatrends dieser Zeit. Das waren im 19. Jahrhundert vor allem die Industrialisierung, die Entstehung der modernen Nation und eine beschleunigte technische Entwicklung.

Die Industrialisierung ist ein Prozess, der in England in der Mitte des 18. Jahrhunderts begann und im frühen 19. Jahrhundert auf Teile des westeuropäischen Kontinents übergriff. In der Mitte des 20. Jahrhunderts hatte diese Entwicklung ganz Europa erfasst. Die Industrialisierung war ein welthistorisches Ereignis, weil sie einerseits nicht nur den europäischen Kontinent betraf, sondern sich schrittweise auch auf andere Regionen der Welt ausweitete. Andererseits führte sie zu einer fundamentalen vor allem wirtschaftlichen, gesellschaftlichen und kulturellen Veränderung der Gesellschaften. Die Industrialisierung ist von drei wesentlichen Charakteristika gekennzeichnet: Typisch ist erstens ein sektoraler Wandel der Wirtschaftssysteme. Noch im frühen 19. Jahrhundert lebte der größte Teil der Menschen in Europa direkt oder indirekt vom primären Sektor, der Landwirtschaft. In der Industrialisierung nahm der Anteil der Menschen, die in der Industrie (sekundärer Sektor) arbeiteten beständig zu, während der Anteil der Beschäftigten in der Landwirtschaft zurückging. Im 20. Jahrhundert entwickelte sich der Dienstleistungssektor (tertiärer Sektor), die Beschäftigung in der Landwirtschaft und im Industriesektor ging seit den 1960er Jahren weiter zurück. Diese wirtschaftliche Entwicklung hatte weitreichende politische und gesellschaftliche Folgen. Zweitens ist die Industrialisierung mit einem starken Wachstum der wirtschaftlichen Produktivität und des Handels verbunden. Menschliche und tierische Arbeitskraft wurde schrittweise durch Maschinen ersetzt, statt der Einzelproduktion von Gütern setzte sich die Massenproduktion durch. Das wiederum senkte die Stückkosten für die Herstellung der Produkte. Gleichzeitig intensivierte sich der Handel. Industriebetriebe kauften Rohstoffe ein, verarbeiteten diese und verkauften sie wieder. Schließlich muss festgehalten werden, dass die Industrialisierung zwar ganz Europa (und auch weite Teile der Welt) erfasste, im Kern jedoch zunächst ein regionales Phänomen war. Ausgehend von Mittelengland griff sie zunächst auf Belgien, Nordfrankreich und das Rheinland über. Zudem war es ein dynamischer, aber nicht gradliniger Prozess: Starke Wachstumsphasen und Krisen lösten sich in den Regionen ab. Insgesamt war die Industrialisierung also ein europäisches Phänomen, allerdings mit deutlichen regionalen Unterschieden. Ohne die Industrialisierung ist die wirtschaftliche Europäische Integration weder im 19. noch im 20. Jahrhundert denkbar. Grenzüberschreitenden Handel hat es bereits zuvor gegeben, allerdings stiegen nun Volumen und Geschwindigkeit des Handels in starkem Maße an.

Das 19. und 20. Jahrhundert war die Zeit, die stark von der Vorstellung von der Nation geprägt war. Die Idee der modernen Nation entwickelte sich ausgehend von den Revolutionen in Nordamerika und in Frankreich unter Intellektuellen um die Wende vom 18. zum 19. Jahrhundert. In der Mitte des 19. Jahrhunderts wurde sie zum Massenphänomen in Europa, politische Herrschaft wurde nun zunehmend durch die Nation und im Namen der Nation gerechtfertigt.

Das Prinzip der Nation wurde unterschiedlich begründet. Im 19. Jahrhundert wurden oft die Sprache und eine gemeinsame Geschichte als Grundlage der Nation wahrgenommen (Kulturnation). Ebenfalls recht einflussreich war das republikanisch-französische Konzept der politischen Nation, das auch in anderen Nationalstaaten übernommen wurde. In der zweiten Hälfte des 19. Jahrhunderts gewann der ethnische Nationsgedanke an Bedeutung, der sich als besonders aggressiv herausstellen sollte. Alle diese Konzepte wurden zur Rechtfertigung des Nationalstaates herangezogen. Das Ideal des Nationalstaates war oft die „Souveränität", das heißt die möglichst weitgehende Unabhängigkeit von anderen Nationalstaaten. Europäische Integration und nationale Souveränität wurden oft als Gegensätze beschrieben. Tatsächlich jedoch sind sie komplementär und bedingen einander, wie im Folgenden noch zu zeigen sein wird.

Eng verbunden mit der Europäischen Integration ist auch die technische Entwicklung im 19. Jahrhundert. Diese ging einher mit der Ausdifferenzierung der Wissenschaft in diesem Zeitraum. Natur-, Sozial- und Ingenieurwissenschaften entstanden im 19. Jahrhundert als eigenständige Disziplinen und entwickelten bald den Anspruch, die Gesellschaft durch ihre Entwicklungen zu verbessern. Dies lässt sich besonders gut an den Infrastrukturen der Kommunikation und des Verkehrs ablesen. Zunächst auf nationaler Ebene entstanden Eisenbahngesellschaften mit Verkehrsnetzen, die bald auch grenzüberschreitend verknüpft wurden. Diese grenzüberschreitende Verflechtung erforderte eine Standardisierung in technischer, betrieblicher, administrativer und tarifärer Hinsicht. Dies war der Ursprung vieler internationaler Organisationen im 19. Jahrhundert in Europa, die oft in leicht veränderter Form im 20. Jahrhundert, zum Teil bis heute, weiterexistierten. Europäische Integration begann daher im Bereich der Infrastrukturen.

Diese Basisprozesse der Industrialisierung, Nationalisierung und Technisierung sind zum Teil gegenläufig. Während die Entwicklung der Wirtschaft und Technik zu einer immer engeren Verflechtung von Gesellschaften über politische Grenzen hinweg geprägt war, tendierte der Nationalismus zur Abgrenzung. Einerseits wurden also politische Grenzen immer durchlässiger, andererseits sollten sie die Abgrenzung von anderen Nationalstaaten betonen. Die Europäische Integration im 19. Jahrhundert war ein Versuch, diesen strukturellen Widerspruch zu überwinden.

Noch ein letzter Aspekt ist wichtig: Wenn hier von Europäischer Integration gesprochen wird, dann stammt dieser Begriff aus dem 20. Jahrhundert. Im 19. Jahrhundert gab es keinen vergleichbaren Begriff, die wirtschaftlich-gesellschaftliche Verflechtung und die aus ihr resultierenden internationalen Organisationen wurden in der zweiten Hälfte des 19. Jahrhunderts als „Internationalismus" bezeichnet.

Erst aus heutiger Perspektive und unter den Bedingungen der eingangs unternommenen begrifflichen Eingrenzungen wird daraus die Europäische Integration. Das bedeutet allerdings nicht, dass die europäischen Integrationsprozesse im 19. und 20. Jahrhundert identisch sind. Es gibt ebenso wichtige Gemeinsamkeiten wie Unterschiede zwischen beiden Jahrhunderten. Auch hierauf wird noch einzugehen sein.

Politische Integration im 19. Jahrhundert

Die politische Europäische Integration begann mit dem Wiener Kongress 1815. Dieser hatte 1814/1815 zwei Hauptaufgaben: Einerseits ging es darum, den Frieden nach den Napoleonischen Kriegen in ganz Europa wieder herzustellen und zweitens sollte ein internationales System geschaffen werden, das auch zukünftig große Kriege, das heißt Kriege unter Beteiligung mehrerer Großmächte, verhindert. Die aus dem Kongress hervorgegangene so genannte Wiener Ordnung beruhte auf drei Kernprinzipien: Zum einen auf dem Prinzip des Mächtegleichgewichts auf dem europäischen Kontinent, zum anderen auf der globalen englischen Seeherrschaft und schließlich auf dem Prinzip der Legitimität, worunter die Einigkeit zur Abwehr von republikanischen und nationalen Bewegungen in Europa verstanden wurde. Die Geschichtswissenschaft hat die Ergebnisse des Wiener Kongresses lange Zeit als restaurativ beschrieben. Das alte vorrevolutionäre europäische System sei wiederhergestellt worden. Dieses Urteil ist allerdings in den letzten Jahren stark revidiert worden.

In diesen Diskussionen ist der Begriff der „Friedenskultur" prominent geworden. Das vom Wiener Kongress eingeführte Mächtegleichgewicht war nicht einfach eine Wiederherstellung der Situation des 18. Jahrhunderts, so der Genfer Historiker Matthias Schulz, sondern es kennzeichnet den „Übergang von der ‚bellizistischen Disposition' des dynastischen Fürstenstaates zur neuen Friedenskultur des Wiener Staatensystems. […] Der Konzertbegriff steht somit primär für ein Verständnis von internationaler Politik als kommunikatives Handeln".[45] In den Jahren zwischen 1814 (Konferenz in Châtillon) und 1818 (Konferenz in Aachen) wurde ein mehrschichtiges institutionelles Rahmengerüst mit einem neuen Normenkatalog für das Verhalten von Diplomaten und Staatsoberhäuptern entworfen. Dieses institutionelle Rahmengerüst umfasste die so genannte Quadrupelallianz, den Deutschen Bund und das Europäische Konzert der Großmächte. Die Quadrupelallianz und der Deutsche Bund dienten dazu, eine französische (Quadrupelallianz) und deutsche (Deutscher Bund) potentielle Hegemonie in Europa zu verhindern. Prägend für das ganze 19. Jahrhundert wurde das so genannte Konzert der Mächte. Es schuf einen Rahmen, in dem sich die Großmächte zu einer neuen Form institutionalisierter Kooperation verständigten.

45 Matthias Schulz, Internationale Politik und Friedenskultur. Das Europäische Konzert in politikwissenschaftlicher Theorie und historischer Empirie, in: Wolfram Pyta (Hrsg.), Das europäische Mächtekonzert. Friedens- und Sicherheitspolitik vom Wiener Kongress 1815 bis zum Krimkrieg 1853, Köln Weimar Wien 2009, S. 41–57, hier S. 46/47.

Dies ging mit einer Tendenz zur Institutionalisierung in den zwischenstaatlichen Beziehungen einher, die es zwar bereits seit dem Westfälischen Frieden (1648) gegeben hatte, die nun aber eine neue Intensität und Dichte erreichte. Die wichtigsten Institutionen des Konzertes waren die Kongresse der Staatsoberhäupter, der Kongress der Außenminister der Staaten, Botschafterkonferenzen sowie europäische Kommissionen, die gemeinsame Spezialaufgaben übernahmen. Instrumente dieser Institutionen waren die Kollektivnote, gemeinsame Botschafterrepräsentationen aber auch militärische Interventionen. Ein Prinzip der neuen Institution war die Gleichberechtigung der Großmächte, in deren Kreis Frankreich seit 1818 wieder aufgenommen wurde. Hieraus ergab sich die völkerrechtliche Verpflichtung zur Kooperation. Insgesamt entstand so ein Direktorium für Europa, das auch für die kleinen Staaten verbindliche Entscheidungen zu konkreten Problemen von allgemeinem Interesse fällte. Das schloss klassische Großmachtpolitik nicht aus, ergänzte sie aber.

Es ist in der Forschung umstritten, wie lange das Konzert funktionierte. Anselm Doering-Manteuffel, Johannes Paulmann und Eckart Conze argumentieren, dass das Konzert nur bis zur Mitte des 19. Jahrhundert existiert habe. Zum einen hätte der in den 1840er Jahren als Massenphänomen durchbrechende Nationalismus die Kooperationsfähigkeit der Staaten in Frage gestellt, zum anderen sei mit dem Krimkrieg 1853 der große europäische Krieg entstanden, den das Konzert nicht habe verhindern können.[46] Demgegenüber vertreten Matthias Schulz und Dieter Langewiesche die These, dass das Konzert auch nach dem Krimkrieg, wenn auch unter veränderten Bedingungen, existierte und erst mit dem Beginn des Krieges von 1914 endete.[47]

Wie immer man dies bewerten mag, fest steht, dass auf dem Wiener Kongress 1815 ein internationales System geschaffen wurde, das in so starkem Maße wie nie zuvor politische Institutionen jenseits des Nationalstaates schuf. Warum war das Konzert so erfolgreich? Es funktionierte, weil die teilnehmenden Regierungen einerseits das gemeinsame Ziel verfolgten, einen großen europäischen Krieg zu verhindern. Dies war die gemeinsame Basis. Andererseits war das Konzert sehr flexibel und offen: In ihm wurden Staaten integriert, die in ideologischer Hinsicht vollkommen gegensätzlich waren, wie beispielsweise das liberale England und das autoritäre Russland. Entsprechend verschieden waren auch die Perspektiven auf das neue System und die damit verbundenen Erwartungen. Aus der Sicht des englischen Außenministers Viscount Castlereagh handelt es sich um ein „European Government […] giving to the Great Powers the efficiency and almost the simplicity of a single state".[48] Demgegenüber war das Konzert etwa aus der Perspektive

46 Eckart Conze, Konzertierte Sicherheit: Wahrnehmung und Wirkung des Wiener Kongresses im 19. und 20. Jahrhundert, in: Journal of Modern European History, Bd. 4 (2015), S. 439–446. Anselm Doering Manteuffel, Die deutsche Frage und das europäische Mächtesystem 1815–1871, München 2001.

47 Dieter Langewiesche, Der Wiener Kongress und die internationale Ordnung im 19. Jahrhundert, in: Thomas Just, Wolfgang Maderthaner, Helene Maimann (Hrsg.), Der Wiener Kongress. Erfindung Europas, Wien 2014, S. 14–33.

48 Castlereagh an Lord Liverpool, 20.10.1818, zit. nach: Matthias Schulz, Internationale Politik und Friedenskultur, S. 49.

des Fürsten Metternich ein Instrument, um nationale Bewegungen und potentielle Revolutionen zu bekämpfen. Schließlich war das System erfolgreich, weil es gelang, Konflikte innerhalb Europas an die Peripherie des Kontinents zu delegieren. Hierdurch, und das war ein Preis für den europäischen Frieden, entstanden außerhalb Europas Konfliktherde, die immer auf den Kontinent zurückzuschlagen drohten. Dies wurde in der Kolonialpolitik erfolgreich verhindert, der Balkan allerdings, auf den gerade in der zweiten Hälfte des 19. Jahrhunderts immer wieder Konflikte abgelenkt wurden, war 1914 der Auslöser des Weltkrieges. Die Flexibilität und die Offenheit des Konzerts der Mächte bezüglich der Ideologien und seines völkerrechtlich-politischen Charakters waren also ein wichtiger Grund für den Erfolg des Systems. Entscheidend für die Europäische Integration in dieser Phase war, dass auf dem Wiener Kongress formelle Institutionen jenseits des Staates entstanden. Die zentralen Motive für ihre Gründung waren politischer Natur, es ging darum, staatliche Macht einzudämmen und zu regulieren. Die Akteure dieses Integrationsprozesses waren Diplomaten und Außenpolitiker.

Doch stieß dieses Konzept insbesondere in der zweiten Hälfte des 19. Jahrhunderts auch an Grenzen. Die nun dominierenden Staatsmänner, Cavour, Napoleon III. und vor allem Otto von Bismarck sahen die europäischen Institutionen primär als Instrumente zur Durchsetzung nationaler Ziele. Prägnant brachte Bismarck dies in einem berühmten Zitat auf den Punkt: „Ich habe das Wort ‚Europa' immer im Munde derjenigen Politiker gefunden, die von anderen Mächten etwas verlangten, was sie im eigenen Namen nicht zu fordern wagten […].“[49]

Die Zentralkommission für die Rheinschifffahrt

Allerdings spielten bereits im frühen 19. Jahrhundert auch die Strukturen der Wirtschaft eine wichtige Rolle. Dies wird deutlich, wenn man die Konstruktion einzelner Institutionen des Wiener Kongresses genauer in den Blick nimmt. Eine war die Zentralkommission für die Rheinschifffahrt. Sie wurde auf dem Wiener Kongress gegründet und existiert bis heute. Die wichtigste Aufgabe dieser Organisation war es, die Freiheit für die Schifffahrt auf dem Rhein zu garantieren. Bereits 1804 hatten Frankreich und das Heilige Römische Reich Deutscher Nation einen Vertrag über die Schifffahrt auf dem Rhein geschlossen. In Artikel II dieses Vertrages wurde festgehalten, dass der Fluss zwar in Bezug auf die Souveränität die Grenze zwischen Frankreich und Deutschland bilde, dass er aber hinsichtlich der Schifffahrt und des Handels als gemeinsamer Strom betrachtet werden solle.[50] Aus diesem Grund sollte auch die Schifffahrt gemeinsamen Regeln unterworfen werden. Deren Einhaltung

49 Die Große Politik der Europäische Kabinette 1871–1914, Berlin 1922, Bd. 2, Dok. Nr. 256, Diktat des Reichskanzlers Fürsten von Bismarck, z. Z. Varzin, 9.11.1876, S. 88.

50 Projet de Convention sur l'octroi de navigation du Rhin. En exécution de l'article 39 du Recès de l'Empire Germanique ratifié par sa majesté Impériale l'Empereur des Romains le 27 avril 1803; signé le 15 Août 1804, in: Rheinurkunden, hrsg. von der Zentralkommission für die Rheinschiffahrt, Band I, München, Leipzig 1918, S. 6.

wurde von einer für das damalige Völkerrecht revolutionären, eigenständigen überstaatlichen Organisation überwacht, dem so genannten Octroi. Dieser hatte eigene Beamte, die durch entsprechende Uniformen an den Meldebüros des Octrois am Rhein zu erkennen waren. Zudem hatte der Octroi eine eigene, nur für die Rheinschifffahrt geschaffene Rechtsordnung mit einer von den Einzelstaaten unabhängigen Gerichtsbarkeit. Damit war (nach gegenwärtigem Forschungsstand: erstmals in der neueren Geschichte) eine internationale Organisation mit eigener Rechtspersönlichkeit entstanden. Mit dieser Organisation wurde der Rhein in Bezug auf die Schifffahrt aus der Souveränität der Anrainerstaaten ausgegliedert und einer neu gegründeten internationalen Organisation unterstellt.

Der Octroi wurde auf dem Wiener Kongress reformiert. Die wichtigste Veränderung war, dass nun alle Anrainerstaaten des schiffbaren Rheins in die Organisation aufgenommen wurden. Die damit geschaffene Zentralkommission für die Rheinschifffahrt wurde eine dauerhafte internationale Organisation mit Sitz in Mainz. Ihre Verwaltung wurde geleitet von einem auf Lebenszeit ernannten Oberinspektor und drei Unterinspektoren. Die Staaten waren in einer regelmäßig tagenden diplomatischen Konferenz mit je einem Vertreter repräsentiert. Beschlüsse wurden in diesem Gremium mit einfacher Mehrheit gefasst, allerdings konnte eine Regierung, sollte sie nicht einverstanden sein, von diesem Beschluss zurücktreten. Dies allerdings würde den Beschluss nicht blockieren. Damit wurde bereits auf dem Wiener Kongress eine internationale Organisation geschaffen, die wichtige Elemente dessen enthält, was im Völkerrecht des 20. Jahrhunderts als Supranationalität gelten sollte. Die Zentralkommission für die Rheinschifffahrt übernahm staatliche Aufgaben, Beschlüsse konnten mit Mehrheit gefasst und nicht durch einen Einzelstaat blockiert werden und das so gesetzte internationale Recht hatte unmittelbare Wirkung in den Mitgliedstaaten (hier also auf dem Rhein). Zudem blieb die eigene Gerichtsbarkeit für die Rheinschifffahrt im Kern erhalten.

Es stellt sich die Frage, warum die Delegierten auf dem Wiener Kongress eine solche Organisation gründeten. Die Quellen nennen zumindest zwei Argumente für den besonderen Charakter dieser internationalen Organisation im frühen 19. Jahrhundert, aber hier ist die Forschung erst am Anfang. Ein erstes Argument zielt auf den wachsenden grenzüberschreitenden Handel und Verkehr. Die Organisation des Octroi und auch die Verwaltung der Zentralkommission für die Rheinschifffahrt waren per Vertrag angehalten, Handel und Verkehr auf dem Rhein möglichst effizient, sicher und schnell zu organisieren. Das Ziel war also, den grenzüberschreitenden Handel zu erleichtern und zu beschleunigen. Um dies zu gewährleisten, so hielt Wilhelm von Humboldt in einer Aufzeichnung vom 3. Februar 1815 fest, mussten die Uferstaaten ihre Ansprüche auf den Rhein in politischer Hinsicht begrenzen.[51] Aus seiner Perspektive standen sich zwei Prinzipien gegenüber: Zum einen die gemeinsame internationale Verwaltung des Schifffahrtsweges im Sinne

51 Wilhelm von Humboldt, Mémoire préparatoire sur le travail de la commission de navigation, 3 février 1815, in: Rheinurkunden, Bd. I, S. 61.

der Wirtschaft, zum anderen der staatliche Anspruch auf Souveränität am Fluss. Die Struktur der Zentralkommission für die Rheinschifffahrt versprach, beide Prinzipien miteinander zu vereinbaren: Die Interessen des zunehmend intensiveren grenzüberschreitenden Handels und Verkehrs und das Prinzip der einzelstaatlichen politischen Souveränität.

Ein anderes Argument wurde in einem vom badischen Delegierten Karl Christian von Berckheim am 10. Februar 1815 vorgelegten Memorandum vorgebracht. Das Ziel der Zentralkommission, so von Berckheim, sei es, das allgemeine Interesse der Anrainerstaaten des Rheins zu vertreten. Aus diesem Grunde dürfe es in dieser Organisation keine Dominanz der großen Staaten geben. Jeder Staat solle vielmehr durch einen einzigen Vertreter in der Kommission repräsentiert werden, alle Staaten sollten also unabhängig von ihrer Größe gleichberechtigt sein.[52] Der Vertreter des Staates Baden formulierte damit zwei für die Frage der politischen Integration wichtige Gedanken, die für das frühe 19. Jahrhundert neu waren. Zum einen erklärt er, dass die internationale Organisation (hier die Zentralkommission für die Rheinschifffahrt) eine Organisation sei, die das gemeinsame Interesse der beteiligten Staaten vertrete. Zum anderen waren die internationalen Organisationen aus der Sicht der kleineren Staaten Instrumente zum Schutz vor der Hegemonie der Großmächte. Nicht allein die Machtpolitik, so die Überlegung, sollte entscheiden. Die internationale Organisation bot vielmehr durch das Völkerrecht fixierte Regeln der Beschlussfassung, die die Rechte auch der kleinen Staaten berücksichtigten. Die politische Integration diente in diesem Fall also dem Schutz und den Interessen der kleinen Staaten Europas, die sich sonst gegen die Interessen der Großmächte schwer durchsetzen konnten. Dies ist ein Argument, das nach 1945 auch für die Niederlande, Belgien und Luxemburg eine wichtige Rolle spielte.

Sicher muss berücksichtigt werden, dass die Regulierung der Rheinschifffahrt durch eine internationale Organisation im 19. Jahrhundert ein Randphänomen des internationalen Systems war. Gleichwohl zeigten sich hier erstmals jene Probleme, die im 20. Jahrhundert für Europa insgesamt relevant werden würden. Es ging darum, die sich unter dem Einfluss der Industriellen Revolution rasch internationalisierenden Handelsströme mit der ebenfalls im Entstehen begriffenen Vorstellung von der nationalen Souveränität der Staaten in Einklang zu bringen.

Technische Entwicklung von Infrastrukturen

Es gibt neben dem zunehmend intensiveren Verkehr und der Entstehung des als souverän vorgestellten Nationalstaates noch eine weitere wichtige Antriebskraft der Europäischen politischen Integration im 19. Jahrhundert, die Technik. Sie ist verbunden mit den vielfältigen technischen Innovationen der Zeit, die von einem Fortschrittsnarrativ begleitet wurde. Ideologisch wurde sie unterstützt von einer

52 Remarques concernant la convention à conclure d'un traité de commerce et de navigation sur le Rhin, par M. le Baron de Berckheim, plénipotentiaire de Bade, in: Rheinurkunden, Bd. 1, S. 73.

Geistesströmung, die die neue Technik und die Wissenschaft als Instrumente des Fortschritts begriff. Ein früher und prototypischer Vertreter dieses Ansatzes war der Franzose Michel Chevalier (1806–1879). Ausgebildet wurde er als Techniker in der Pariser École Polytechnique in den 1820er Jahren. Er schloss sich bald der liberalen Bewegung des Saint-Simonisme an. Der Saint-Simonismus war eine politisch-intellektuelle Bewegung, die prinzipiell für den Freihandel eintrat. Im Gegensatz zum Manchesterliberalismus sahen die Anhänger des Saint-Simonismus aber eine aktive Rolle des Staates vor, der vor allem für die Infrastrukturen des Wirtschaftens zu sorgen habe. Dies betraf Kanäle, Straßen und Eisenbahnlinien. Ziel des Saint-Simonismus wurde die Verbesserung der Gesellschaft durch ökonomischen und technischen Fortschritt. Chevalier entwarf bereits im frühen 19. Jahrhundert Pläne für eine Eisenbahnverbindung zwischen Lyon und Turin mit einem Tunnel durch die Alpen, der allerdings erst später gebaut werden sollte. Im Zweiten Kaiserreich unter Napoleon III. übernahm Chevalier auch politische Aufgaben und gewann so erheblichen Einfluss auf die Wirtschafts- und Infrastrukturpolitik Frankreichs in den 1850er und 1860er Jahren.

Unter dem Einfluss des Saint-Simonismus entstanden in den europäischen Staaten in der Mitte des 19. Jahrhundert sehr umfangreiche technische Systeme. Ein typisches Beispiel – bei weitem nicht das einzige – für die Europäische Integration dieses Typs ist die Entstehung der internationalen Telegraphie. Bereits im 18. Jahrhundert waren optisch-mechanische Telegraphen zur Kommunikation über große Distanzen genutzt worden. Entscheidend für die Internationalisierung dieser Technik wurde aber die Erfindung der elektromagnetischen Telegraphie in den 1830er Jahren. In den 1850er Jahren entstanden in England, Preußen, Frankreich und anderen europäischen Staaten elektromagnetische Telegraphennetze. An den nationalen Grenzen allerdings wurden sie unterbrochen. Dies lag zum einen daran, dass man verschiedene technische Standards nutzte, die nicht miteinander kompatibel waren, aber auch daran, dass die Telegraphengesellschaften von nationalen Verwaltungen betrieben wurden und ausschließlich für amtliche Nachrichten genutzt werden durften. Die Regierungen sahen in dieser Technik ein wichtiges Instrument der innerstaatlichen, auch militärischen Kommunikation. Depeschen, die über die politischen Grenzen versandt werden sollten, wurden im nationalen Netz bis an die Grenze geschickt, dort verschriftlicht und von einem Boten auf Papier über die Grenze gebracht. Anschließend wurde die Botschaft in das telegraphische System des Nachbarlandes eingegeben. Sehr bald entstand allerdings auch in privaten Wirtschaftskreisen die Forderung, die telegraphische Kommunikation grenzüberschreitend möglich zu machen. Das war auch für die staatlichen Telegraphenbehörden interessant, weil sich für sie ein lukratives Geschäftsfeld eröffnete. 1849 wurde die Telegraphie in Preußen zur allgemeinen Nutzung freigegeben, die anderen europäischen Staaten reagierten in ähnlicher Weise.

Die grenzüberschreitende Nutzung aber erforderte eine politische Regulierung. Wie sollten die Nutzungsgebühren verteilt werden? Welcher technische Standard würde verwendet werden? Diese Fragen mussten immer wieder neu beantwortet werden. Aus diesem Grunde wurde 1850 in Dresden der Deutsch-Österreichische Telegraphenverein gegründet. Ihm schlossen sich innerhalb weniger Jahre die meisten deutschen Staaten an. 1855 wurde der Westeuropäische Telegraphenverein von Frankreich, Belgien, der Schweiz, Sardinien-Piemont und Spanien gegründet. Am 17. Mai 1865 wurde schließlich die Union Télégraphique Internationale in Paris gegründet. England war kein Gründungsstaat, sondern trat erst 1870 bei, nachdem die englischen Unternehmen im Bereich der Telegraphie verstaatlicht worden waren. Die Union Télégraphique Internationale existiert bis heute als International Telecommunication Union unter dem Dach der Vereinten Nationen.

Die Entstehung der Internationalen Telegraphen Union ist typisch für die Entwicklung in allen Sektoren der entstehenden Infrastrukturen. Ähnlich entwickelten sich die Technische Einheit im Eisenbahnwesen und der Weltpostverein. Auch hier entstanden zunächst nationale Infrastrukturen, die dann in verschiedenen Schritten internationalisiert wurden. Zur gemeinsamen Verwaltung dieser Infrastrukturen wurden internationale Organisationen gegründet. Treibende Kraft hinter dieser Entwicklung waren einerseits wirtschaftliche Akteure, Unternehmer und Investoren, die an einer raschen, grenzüberschreitenden Kommunikation und am billigeren Transport interessiert waren. Andererseits spielten Techniker eine wichtige Rolle als grenzüberschreitend vernetzte Experten. Die traditionellen Akteure der Außenpolitik, Diplomaten und Militärs, sahen diese Entwicklung mit Skepsis, konnten sich der Dynamik aber nicht entgegenstellen.

Währungspolitische Integration im 19. Jahrhundert

Etwas anders als im Sektor der Infrastrukturen verlief die Integration der europäischen Währungen im 19. Jahrhundert. Zwischen 1865 und 1875 entstanden zwei internationale Währungsunionen und ein internationales Währungssystem, der internationale Goldstandard. Erstmals in der Geschichte vereinbarten Nationalstaaten im Dezember 1865 mit Hilfe eines völkerrechtlichen Vertrages die Fusion ihrer Währungen.

Die so genannte Lateinische Münzunion, wie sie zeitgenössisch genannt wurde, hat eine längere Vorgeschichte. Sie beginnt 1832, als der neu entstandene belgische Staat sich entschloss, das französische Währungssystem einzuführen. Es wurden nun Münzen geprägt, die Franc Belge genannt wurden und in Bezug auf Stückelung und Feingehalt Kopien der französischen Münzen waren. Das bedeutete für den alltäglichen Zahlungsverkehr, dass ein französischer Franc genau dem Wert eines belgischen Francs entsprach. Ähnlich war die Situation nach der Entstehung der Schweizer Eidgenossenschaft 1848. Nach längerer Debatte entschloss man sich auch in der Schweiz eine Währung einzuführen, die genau dem französischen System entsprach. Hierdurch entstand der Franc Suisse, der Schweizer Franken. 1861 wiederholte sich dieser Vorgang als der italienische Nationalstaat entstand. Die in Italien eingeführte Währung wurde zwar Lira genannt, aber sie war wie die Währungen Belgiens und der Schweiz eine exakte Kopie des französischen Franc. Damit war, ohne dass es eine Koordination der Regierungen gegeben hätte, eine Währungsunion zwischen

Frankreich, Belgien, der Schweiz und Italien entstanden. Die Münzen aller dieser Staaten wurden in allen anderen selbstverständlich genutzt und auch in den öffentlichen Kassen angenommen.

Diese Währungsunion geriet in der ersten Hälfte der 1860er Jahre in Schwierigkeiten. Auslöser waren größere Goldfunde in Kalifornien und Australien, die dazu führten, dass der Preis des gelben Metalls auf den Weltmärkten sank. Die Währungen der Lateinischen Münzunion allerdings basierten auf dem Bimetallismus, das heißt Gold und Silber dienten als Währungsmetalle, die dazu in einem fixen Austauschverhältnis standen. Bimetallistische Währungssysteme waren allerdings sehr empfindlich gegen Veränderungen des Wertverhältnisses zwischen Gold und Silber. Wenn der Wert eines Metalls stieg, versuchten die Menschen dieses Metall festzuhalten und nur noch im nun billigeren zu zahlen. Alle vier Staaten reagierten mit einer Änderung ihrer Währungsgrundlage, um dies zu verhindern, allerdings ohne jeweilige Absprache. Das führte dazu, dass die Währungen 1864 nicht mehr identisch waren, die bestehende Währungsunion war zerstört worden. Auf französische Initiative fand daher im Dezember 1865 in Paris eine Konferenz statt, auf der man sich auf eine neue Währungsunion einigte. Der Feingehalt und die Stückelung der Münzen aller vier Staaten wurde neu festgelegt und der Status quo ante wieder hergestellt. Neu war allerdings, dass dies nicht mehr durch stillschweigende Übernahme des französischen Standards durch die anderen Staaten geschah, sondern durch einen völkerrechtlichen Vertrag. In diesem wurden die Stückelung und der Feingehalt der Münzen fixiert. Zwar hatte es bereits zuvor vertraglich fixierte Währungsunionen in Deutschland und Italien gegeben, allerdings immer vor dem Hintergrund einer politischen Vereinigung der Teilstaaten in einem Gesamtstaat. Dies war bei der Lateinischen Münzunion nicht beabsichtigt. Frankreich, Belgien, die Schweiz und Italien planten keine politische Vereinigung. Die Lateinische Münzunion war die erste internationale Währungsunion, sie existierte de facto bis zum August 1914, als alle Mitgliedstaaten den Export von Edelmetall angesichts des Kriegsbeginns verboten. Nach dem Weltkrieg gab es Ideen, die Währungsunion wieder zu beleben, die allerdings an der völlig veränderten politischen und wirtschaftlichen Gesamtsituation der 1920er Jahre scheiterten. 1926 wurde das Bündnis daher auch formal beendet. Ähnlich war die Geschichte der Skandinavischen Münzunion zwischen Dänemark und Norwegen. Auch sie endete de facto mit dem Beginn des Weltkrieges 1914 und wurde formal 1924 aufgelöst.

Etwas anders strukturiert war der Internationale Goldstandard als Währungssystem des 19. Jahrhunderts. Er entstand dadurch, dass sich seit 1870 immer mehr Staaten dazu entschlossen, ihre nationale Währung durch eine bestimmte Menge Gold zu definieren. Hierdurch wurden die Währungen untereinander konvertibel. Unter liberalen Ökonomen gilt der Goldstandard bis heute als ideales internationales Währungssystem, weil die Währungen durch fixe, aber flexible Wechselkurse miteinander verbunden waren, es zu einem „automatischen" Zahlungsbilanzausgleich kam und die währungspolitische Autonomie der Staaten nicht eingeschränkt wurde. Allerdings war der Goldstandard unter den Zeitgenossen sehr umstritten, nicht zuletzt, weil die Währungen dadurch permanent deflationär waren. In politischer Hinsicht funktionierte der Internationale Goldstandard, weil die wichtigsten Handelsmächte der zweiten Hälfte des 19. Jahrhunderts, England und das Deutsche Reich, seit 1875 de facto auch die Länder der Lateinischen Münzunion den Goldstandard eingeführt hatten. Ökonomisch-politische Macht bestimmte daher auch das europäische Währungssystem.

Legt man die eingangs erläuterte Definition von politischer Integration als der Schaffung von Institutionen jenseits des Nationalstaates zu Grunde, dann war das europäische Konzert im 19. Jahrhundert eine Form von politischer Europäischer Integration. Es schuf verschiedene Institutionen, in deren Rahmen die Regierungen der Großmächte Entscheidungen trafen, die vom Grundsatz her für alle verbindlich waren. Nicht alle Zeitgenossen waren bereit, so weit zu gehen wie Castlereagh, und von einer europäischen Regierung zu sprechen. Aber alle waren überzeugt, dass es jenseits der Einzelstaaten einer politischen Institution bedürfe, um das zu realisieren, was der preußische Delegierte Wilhelm von Humboldt am Wiener Kongress folgendermaßen charakterisierte: Der Wiener Kongress sei „ein Komplex unterschiedlicher Unterhandlungen, die zu ebenso vielen Verträgen führen, und die untereinander keine andere Verbindung haben, als das gemeinsame Interesse Europas. Die europäische Frage findet sich in allen wieder.“[53] Das Konzert der Mächte war zwischen 1815 und 1914 eine politische Organisation jenseits der Einzelstaaten, mit dem Anspruch, über das „gemeinsame Interesse Europas“ zu verhandeln, und zu entscheiden. Eine vertiefte Erforschung der Funktionsweise dieser Organisation ist ein Forschungsdesiderat.

Wirtschaftliche Integration im 19. Jahrhundert

Auch in wirtschaftlicher Hinsicht nahm die Europäische Integration (verstanden als die grenzüberschreitende Verflechtung von wirtschaftlichen Märkten) in der zweiten Hälfte des 19. Jahrhunderts rasch zu. Insbesondere die zweite Hälfte des Jahrhunderts kann als eine Epoche des Freihandels bezeichnet werden. Das lag daran, dass es kaum politisch fixierte Handelsbeschränkungen gab. Eine zweite Ursache war die zunehmende grenzüberschreitende Arbeitsteilung. Wirtschaftliche Integration, so hatte bereits zeitgenössisch der englische Sozialphilosoph Herbert Spencer festgestellt, ist die immer enger und intensiver werdende Verbindung zwischen verschiedenen Industrieregionen.[54]

Das gilt zunächst für die Gütermärkte. Auch wenn man grundsätzlich von einer Freihandelsepoche sprechen kann, spielten Staaten und ihre Regierungen eine wich-

53 Über den Geschäftsgang des Kongresses. September 1814, in: Wilhelm von Humboldt. Gesammelte Schriften: Politische Denkschriften II. Band: 1810–1813, hg. von Bruno Gebhardt, Berlin 1903, Dok. Nr. XXXV, S. 163–172, hier S. 165 (https://archive.org/details/gesammelteschrif11humbuoft/page/172/mode/2up), (8.8.2022).

54 Herbert Spencer, A System of Synthetic Philosophy. Vol. 1: First Principles, 5. Auflage, London 1893, S. 327 f.

tige Rolle. Zwei Typen von staatlichen Regulierungen waren bestimmend für die Gütermärkte in der zweiten Hälfte des 19. Jahrhunderts. Zum einen gab es zahlreiche, oft bilaterale Handelsverträge zwischen Staaten. Von epochaler Bedeutung war der Cobden-Chevalier-Vertrag zwischen Frankreich und England vom 23. Januar 1860. Mit ihm wurden die Zölle im Güterhandel zwischen beiden Staaten nahezu vollständig abgeschafft. Zudem enthielt er eine Meistbegünstigungsklausel, die dazu führte, dass die Vereinbarungen dieses Vertrages auch für andere von Frankreich und England abgeschlossenen Handelsverträge galten. So entstand in Europa das von den Zeitgenossen so genannte Freihandelssystem, dem lediglich Russland und die Vereinigten Staaten von Amerika fernblieben. Erst zu Beginn der 1880er Jahre erhoben das Deutsche Reich und Frankreich wieder Zölle auf bestimmte Produkte, doch in einem – im Vergleich zum 20. Jahrhundert – sehr mäßigen Ausmaß. Dominiert wurde das „Freihandelssystem“ von Großbritannien, wo sich in der Mitte des 19. Jahrhunderts der Wirtschaftsliberalismus als Staatsdoktrin etabliert hatte. Durch seine wirtschaftliche und politische Bedeutung konnte Großbritannien das eigene System zum europäischen Standard machen.

Zum anderen gab es multilaterale Abkommen, die den Handel mit bestimmten Produkten regulierten, wie zum Beispiel die Internationale Zuckerkonvention von 1902. Angesichts der steigenden Überproduktion von Zucker in der zweiten Hälfte des 19. Jahrhunderts vereinbarten die großen Zuckerproduzenten der Welt (mit Ausnahme von Peru ausschließlich europäische Staaten), den Preiswettbewerb auszusetzen. Zuvor war es immer wieder zu ruinösem Preiswettbewerb gekommen, weil alle Staaten die heimische Zuckerindustrie durch Importverbote und Exportsubventionen unterstützt hatten. Mit der Konvention von 1902 wurde eine von den Staaten beschickte Delegiertenkommission mit Sitz in Brüssel eingerichtet, deren Aufgabe es war, den internationalen Zuckerhandel zu regulieren.

Im Gegensatz zu den Gütermärkten waren die europäischen Arbeitsmärkte vor 1914 völlig unreguliert. Zwar gab es in einigen europäischen Staaten Anreize für Auswanderer vor allem nach Übersee, aber die innereuropäische Migration von Arbeitskräften war völlig frei. Das hatte sicher damit zu tun, dass das System feudaler Abhängigkeiten der Vormoderne in manchen Regionen Europas noch bis in die Mitte des 19. Jahrhunderts fortdauerte und es deswegen keinen staatlichen Regulierungsbedarf gab. Unter diesen Bedingungen entstand zwischen 1890 und 1914 eine erste Welle der Massenmigration. Die Arbeiter kamen vor allem aus der östlichen und südlichen Peripherie Europas und strömten in die nun hoch industrialisierten Regionen in Schlesien, der Rhein-Ruhr-Region oder nach Belgien und Nordfrankreich. Auch wenn es keine zuverlässigen Statistiken gibt, kann man davon ausgehen, dass ihre Zahl in die Millionen geht. Man kann also sagen, dass die europäischen Arbeitsmärkte vor 1914 in hohem Maße grenzüberschreitend miteinander verflochten waren.

Ähnlich liberal organisiert waren auch die Kapitalmärkte vor 1914. Es waren vor allem private Kapitalgeber aus London und Paris, die in der zweiten Hälfte des 19. Jahrhunderts Kredite an öffentliche Nachfrager aus der europäischen Peripherie im Süden und Osten des Kontinents gaben. Mit dem Geld wurden meistens größere Infrastrukturprojekte finanziert. Kapitalverkehrsbeschränkungen gab es keine, auch wenn sie wie beispielsweise in Skandinavien immer wieder diskutiert wurden. Und doch gab es Interventionen von Staaten: Als Ägypten, das zuvor private Anleihen aufgenommen hatte, 1876 die Zahlungsunfähigkeit bekannt gab, wurde eine internationale Kommission eingerichtet, die die Finanzverwaltung des Landes vollständig übernahm. Ähnlich wurde im gleichen Jahr mit dem Osmanischen Reich verfahren. Auch in Griechenland wurde 1898 nach dem Staatsbankrott eine internationale Finanzkommission eingerichtet, deren Aufgabe es war, den Gläubigern ihr Kapital zurückzugeben, und gleichzeitig die griechische Finanzverwaltung zu reformieren. Während das erste Ziel erreicht wurde, blieb die Reform des griechischen Staates aus.

Grenzüberschreitende Märkte für Dienstleistungen spielten im 19. Jahrhundert noch keine große Rolle, jedenfalls lassen sie sich statistisch nicht nachweisen. Generell gilt für das 19. Jahrhundert, dass die statistischen Daten für den Außenhandel und damit die internationale Verflechtung der oben genannten Märkte keineswegs die Präzision aufweisen, wie in der zweiten Hälfte des 20. Jahrhunderts.

Gesellschaftliche und kulturelle Integration im 19. Jahrhundert

Vor allem in der ersten Hälfte des 19. Jahrhunderts entwickelte sich ein breiter Europadiskurs in den Medien. In kultureller Hinsicht verstand sich Europa im 19. Jahrhundert mit einer aus heutiger Perspektive erstaunlichen Selbstverständlichkeit als Einheit. Eine schier unüberschaubare Menge an Publikationen bezog sich auf den Europabegriff, man entwarf zum Teil sehr detaillierte politische Ordnungen und Utopien, die als „Europa" bezeichnet wurden. Ein einheitliches Europabild entstand hierbei gleichwohl nicht, der Begriff war vielmehr eine Projektionsfläche sehr unterschiedlicher Wünsche und Vorstellungen.[55] So behauptete beispielsweise der ehemalige Sekretär Napoleons I., Emmanuel Comte de Las Cases, der französische Kaiser habe einen europäischen Einheitsstaat auf der Basis einer europäischen Identität angestrebt. Daneben existierte die Vorstellung eines europäischen Bundesstaates, die Konrad Schmidt-Phiseldeck in einer umfangreichen Schrift propagierte. Sehr detailliert entwarf er Konzepte für eine europäische Währung, eine europäische Verfassung und ein gemeinsames Strafrecht. Auch Heinrich Heine gehörte zu den Europa-Enthusiasten der Zeit, das für ihn eine „Allianz der Nazionen" war. Dies traf sich mit den Vorstellungen des italienischen Nationalisten und Republikaners Giuseppe Mazzini. Letzterer gründet eine internationale Bewegung „Giovine Europa", nachdem er bereits zuvor die „Giovine Italia", eine Art Pressure-Group mit dem Ziel der Gründung eines italienischen Nationalstaates ins Leben gerufen hatte. Eine hohe Verbreitung hatte auch die Vorstellung eines europäischen Kongresses als einer

55 Claude D. Conter, Europakonstruktivisten und Modeeuropäer. Antriebskräfte des Europadiskurses zwischen 1815 und 1848, in: Ulrich Lappenküper, Guido Thiemeyer (Hrsg.), Europäische Einigung im 19. und 20. Jahrhundert. Akteure und Antriebskräfte, Paderborn u.a. 2013, S. 23–43.

Art Regierung Europas. Diese Idee war – wie bereits geschildert – selbst bis zum englischen Außenminister Castlereagh vorgedrungen, sie war unter Intellektuellen des frühen 19. Jahrhunderts weit verbreitet. Der französische Publizist Dominique Frédéric de Pradt sprach von einem europäischen Senat, der deutsche Schriftsteller Maximilian Langenschwarz von einer „gemeinsamen Regierung des Continents von Europa durch Congressbeschlüsse".[56] Das traf sich, wie bereits gezeigt, zum Teil mit der Wirklichkeit, hatte aber immer auch utopischen Charakter. Utopisch war auch die berühmte Rede des französischen Romanciers Victor Hugo anlässlich der Eröffnung des Pariser Friedenskongresses vom 21. August 1849. Auch Hugo warb für die „Vereinigten Staaten von Europa", vor allem mit dem Wunsch, dass Kriege zwischen den europäischen Mächten damit unwahrscheinlich werden würden.

Ähnlich wie die frühe Nationalbewegung wurde auch die Europarhetorik getragen von öffentlichen Intellektuellen, die eng über die politischen Grenzen hinweg vernetzt waren. Ihre Ideen allerdings stießen auf wenig Resonanz in der breiten Bevölkerung. Zum einen gab es keine tragfähige gemeinsame Europaidee. Europa war vielmehr ein Begriff, auf den nahezu alle politischen Ordnungsvorstellungen der Zeit übertragen werden konnten. Auch wenn die Diskussion sich um diesen Begriff drehte, gab es doch keine Einheit, sondern eine Vielzahl von unkoordinierten Vorstellungen und Äußerungen, die jeweils mit dem Europabegriff verknüpft wurden. Zweitens blieb die Debatte auf öffentliche Intellektuelle beschränkt. Größere Bevölkerungsgruppen wurden von den Publikationen nicht erreicht. Das lag zum Teil daran, dass immer noch die Mehrheit der Europäer in dieser Zeit Analphabeten waren und daher die Publikationen nicht lesen konnten. Es interessierte die meisten Menschen aber auch einfach nicht, weil sie ganz andere Probleme in ihrem Alltag hatten. Dennoch, so wie die modernen Vorstellungen von der Nation entstanden auch die Europavorstellungen in der ersten Hälfte des 19. Jahrhunderts.

In der zweiten Hälfte des 19. Jahrhunderts verlor die Europarhetorik an Bedeutung. Dafür rückte nun der „Internationalismus" in den Mittelpunkt der Diskussionen. Auch wenn die Internationalisten globalen Anspruch erhoben, blieb ihre Aktivität doch meistens auf Europa und die Vereinigten Staaten von Amerika beschränkt. Das betrifft beispielsweise die Wissenschaft. Seit den 1860er Jahren fanden bis zum Ersten Weltkrieg zahllose wissenschaftliche Kongresse zu höchst verschiedenen Themen statt. Oft fanden diese Kongresse gleichzeitig mit den Weltausstellungen statt, die ebenfalls vor allem in europäischen Städten organisiert wurden. Sie stehen damit paradigmatisch für die zunehmende Verflechtung der europäischen Wissenschaftler. Dies allerdings war nur die eine Seite der Medaille. Gleichzeitig waren die Wissenschaften auch maßgeblich an der Konstruktion der modernen Nationen beteiligt. Auch dies ist ein Beleg dafür, dass europäische Verflechtung und nationale Identität nicht notwendigerweise Gegensätze waren.

Ähnlich war die Situation bei den politischen Parteien. In allen europäischen Ländern entstanden seit den 1840er Jahren sozialistische Parteien, die den Anspruch

56 Zit. nach Ebd. S. 31.

erhoben, Bestandteil einer internationalen Arbeiterorganisation zu sein. Die am 28. September 1864 auf Anregung von Karl Marx gegründete Internationale Arbeiterassoziation löste sich gut zehn Jahre später wieder auf. An ihre Stelle trat 1889 die Zweite Internationale, die allerdings auch nie die in sie gesetzten Hoffnungen erfüllen konnte. Gleiches galt auch für das 1899 von den katholischen Arbeitern in Köln gegründete Internationale Sekretariat christlicher Gewerkschaften. Trotz aller Bemühungen blieb die internationale Verflechtung der nationalen Parteien trotz gleicher ideologischer Ausrichtung in den Anfängen stecken. Das lag nicht zuletzt daran, dass die politischen Parteien trotz ideologischer Gemeinsamkeiten ihre praktische Arbeit auf die sehr unterschiedlichen nationalen politischen Systeme ausrichten mussten.

Fazit

Es ist deutlich geworden, dass es bereits im 19. Jahrhundert Formen von europäischer Integration in politischer, wirtschaftlicher und gesellschaftlich-kultureller Hinsicht gab. Mit dem Wiener Kongress entstand eine internationale Ordnung, die auf verschiedenen Voraussetzungen basierte. Eine davon war das „Konzert der Mächte", eine politische Institution jenseits des Nationalstaates. Der Charakter des „Konzertes der Mächte" wandelte sich zwischen 1815 und 1914 stark, doch blieb das System auch nach dem Krimkrieg erhalten, wie die Kongresse von 1856, 1878 und die Berliner Afrika-Konferenz 1884/85 zeigten. Der englische Außenminister Castlereagh sprach 1818 von einer „europäischen Regierung"; dies allerdings blieb eine Einzelmeinung, die meisten Zeitgenossen wären gewiss nicht so weit gegangen.

Diese Tendenz des internationalen Staatensystems zur politischen Integration zeigt sich noch deutlicher in den verschiedenen internationalen Organisationen, die im 19. Jahrhundert entstanden. Die 1815 gegründete Zentralkommission für die Rheinschifffahrt war zweifellos diejenige unter ihnen, in der die Grundfragen der Europäischen Integration, die das 20. Jahrhundert prägen sollten, am deutlichsten zutage traten. Vor allem im Bereich der Infrastrukturen des Verkehrs und der Kommunikation lässt sich diese Institutionalisierung von politischen Beziehungen jenseits des Nationalstaates beobachten.

Dies verweist auf die wirtschaftliche Europäische Integration durch die Verflechtung von Märkten. Diese stieg für Güter, Kapital und Arbeit im 19. Jahrhundert stark an. Die Ursache hierfür lag einerseits in der Industrialisierung und andererseits – allerdings eng mit dieser verbunden – in der raschen Entwicklung der Verkehrs- und Kommunikationstechnik. Beides bedingte und beschleunigte einander: Die zunehmende Verflechtung der grenzüberschreitenden Märkte drängte zu einer Verbesserung der Technik und diese wiederum beschleunigte durch niedrigere Tarife und höhere Geschwindigkeiten den Handel. Beides führte wiederum zur politischen Integration: Es entstanden internationale Organisationen zur Standardisierung der Infrastrukturen oder zur Regulierung der Kapitalmärkte nach Staatsbankrotten. Insofern hingen auch im 19. Jahrhundert politische und wirtschaftliche Integration eng zusammen.

In Bezug auf die kulturelle und gesellschaftliche Integration lässt sich im frühen 19. Jahrhundert ein intensiver öffentlicher Europadiskurs feststellen. Dieser wurde ausschließlich von öffentlichen Intellektuellen getragen. Europa war in diesem Kontext eine Projektionsfläche utopistischer Visionen, die zudem sehr heterogen, bisweilen widersprüchlich waren. In der zweiten Hälfte des 19. Jahrhunderts entstand unter dem zeitgenössischen Schlagwort des „Internationalismus" eine zunehmende gesellschaftliche Verflechtung, die ebenfalls heterogen blieb.

Typischerweise waren diese politischen, wirtschaftlichen und kulturell-gesellschaftlichen Strukturen und Prozesse des 19. Jahrhunderts eng miteinander verflochten. Die europäischen Organisationen des 19. Jahrhunderts waren Instrumente, um die zunehmend grenzüberschreitenden Wirtschaftsbeziehungen mit dem Anspruch des entstehenden Nationalstaates auf Souveränität zu vereinbaren. Prinzipiell nämlich widersprachen sich diese Strukturen: Während die wirtschaftlichen Märkte zur zunehmenden Verflechtung tendierten, versuchten sich die gerade entstehenden Nationalstaaten voneinander abzugrenzen. Die Zentralkommission für die Rheinschifffahrt, der Internationale Telegraphen Verein, der Weltpostverein und alle anderen neu entstehenden internationalen Organisationen dienten dazu, beide Prozesse miteinander zu vereinbaren.

Diese neuen internationalen Organisationen traten alle mit einem grundsätzlich globalen Anspruch an. Das entsprach dem Selbstverständnis Europas im 19. Jahrhundert. Gleichzeitig blieb ihre Wirkung auf Europa und (teilweise) die Vereinigten Staaten beschränkt. Der globale Anspruch erklärt sich auch aus den Führungsrollen, die England in ökonomischer und Frankreich in politischer Hinsicht übernahmen. England dominierte Europa und die Welt im 19. Jahrhundert in ökonomischer Hinsicht und bestimmte die Regeln wirtschaftlicher Integration. Frankreich hingegen erhob den Anspruch politischer Führung auf dem Kontinent und sah sich in dieser Rolle ab 1871 zunehmend vom Deutschen Reich herausgefordert.

Neben den Großmächten spielten auch die kleinen europäischen Staaten eine Rolle im Integrationsprozess des 19. Jahrhunderts. Innerhalb der neu entstandenen internationalen Organisationen hatten sie eine starke, bisweilen gleichberechtige Position, die ihnen in der klassischen Diplomatie zu diesem Zeitpunkt nicht zugestanden wurde. Brüssel und Genf entwickelten sich neben London und Paris zu Zentren der internationalen Konferenzen. Internationale Organisationen waren im 19. Jahrhundert für die kleineren Staaten „Hintertüren zur Macht" (Madeleine Herren).

Die Europäische Integration des 19. Jahrhunderts entstand nicht nach einem Plan, sondern erfolgte weitgehend pragmatisch. Das bedeutet, dass die utopistischen Pläne, wie sie beispielsweise Konrad Schmidt-Phiseldeck oder Victor Hugo entwarfen, keine Relevanz für die konkreten politischen Schritte hatten. Es ging darum, gegebene politische Probleme zu lösen, die die Einzelstaaten allein nicht lösen konnten. Europäische Integration und nationales Interesse sind daher im 19. Jahrhundert keine Gegensätze, sondern ergänzen einander.

6. Die Europäische Integration in der Epoche der Weltkriege

In der Epoche der Weltkriege zwischen 1914 und 1945 veränderten sich die Bedingungen für die Europäische Integration in grundlegender Weise. Das europäische Staatensystem des 19. Jahrhunderts wurde schon durch den Ersten Weltkrieg erschüttert und wandelte mit den Pariser Friedensverträgen von 1919 seine Struktur. Zum einen weitete sich das Staatensystem ins Globale aus, die USA und eingeschränkt auch Japan wurden nun immer wichtigere Faktoren für die europäische Politik. Verstärkt wurde dieser Effekt durch die Dekolonisierung. Jedenfalls war Europa nicht mehr, wie noch im 19. Jahrhundert, das ökonomische und politische Zentrum der Welt. Vor allem die USA hatten in politisch-militärischer und ökonomischer Hinsicht ihr überragendes Potential erstmals entscheidend auf dem europäischen Kontinent eingebracht und blieben, der Politik des Isolationismus ab 1919 zum Trotz, von nun an ein wichtiger Akteur in der europäischen Politik. Zum anderen bildeten sich durch den Ausgang des Ersten Weltkrieges in Europa zwei bis in den Zweiten Weltkrieg hinein stabile antagonistische Blöcke. Auf der einen Seiten standen jene Staaten, die die Ergebnisse des Ersten Weltkrieges und der Pariser Vorortverträge von 1919 verteidigen und den Status quo zementieren wollten. Sie gruppierten sich um Frankreich und Großbritannien. Auf der anderen Seite stand eine Gruppe von revisionistischen Staaten, die vom Deutschen Reich und Italien dominiert wurde. Diese Gruppe strebte nach einer Revision der Ergebnisse des Weltkrieges. Auch wenn es insbesondere in der zweiten Hälfte der 1920er Jahre Kooperationsmöglichkeiten gab, blieb die Grundkonstellation bis in den Sommer 1939 bestehen.

Wichtiger als zuvor wurde nun die innenpolitische Struktur der europäischen Staaten. Nach 1918 gab es in Europa eine Welle der Demokratie, in der sich Staaten zu Republiken entwickelten. Das traf beispielsweise auf das Deutsche Reich zu, aber auch auf Österreich oder Italien. Gleichzeitig beeinflussten politische Ideologien stärker als im 19. Jahrhundert die Beziehungen der Staaten zueinander. Neben dem demokratisch-liberalen Modell anglo-amerikanischer und französischer Prägung existierten der autoritäre Staatssozialismus der Sowjetunion und rechtsgerichtete Diktaturen wie der deutsche Nationalsozialismus oder der italienische Faschismus. Diese politischen Ideologien hatten sehr viel stärkeren Einfluss auf die Wirtschafts- und Außenpolitik der europäischen Staaten als noch im 19. Jahrhundert.

Als langfristig bedeutsam für die Europäische Integration sollte sich zudem herausstellen, dass sich die Vorstellung von Staatlichkeit in Europa in der Epoche der Weltkriege veränderte. Spätestens ab 1916 hatten alle am Krieg beteiligten europäischen Staaten ihre Wirtschaft auf Kriegswirtschaft umgestellt, das heißt, die Regierungen griffen massiv in den Wirtschaftsprozess ein, um die Ressourcen in die kriegswichtige Industrie zu lenken. Der Staat wurde damit in Europa in einem viel stärkeren Maße als zuvor Akteur im Wirtschaftsprozess. Auch wenn man während des Krieges noch davon ausgegangen war, dass dies eine vorübergehende Maßnahme sei, zeigte sich nach 1918 schnell, dass eine Rückkehr zum System der Vorkriegszeit nicht möglich war. Ganze Wirtschaftssektoren (z. B. Verkehr, Landwirtschaft) wurden in den 1920er Jahren massiven staatlichen Regulierungen unterworfen, hinzu kam der Ausbau des Sozialstaates. Auch das hatte Auswirkungen auf die Europäische Integration. Die Zeitgenossen nahmen diese Veränderungen, wenn überhaupt, nur teilweise wahr. Denn gleichzeitig gab es auch Kontinuitäten. Viele der internationalen Organisationen des 19. Jahrhunderts nahmen ihre Arbeit nach 1918 wieder auf, wenn auch in verändertem internationalen Rahmen.

Der Erste Weltkrieg

Der Weltkrieg zwischen 1914 und 1918 markiert einen tiefen Einschnitt gegenüber der Europäischen Integration des 19. Jahrhunderts. Mit dem Beginn des Krieges wurden die europäischen Organisationen nicht aufgelöst, sondern meistens schlicht inaktiv. Gewiss gab es verschiedene Versuche, etwa der sozialistischen Parteien oder katholischen Kirche, über die Grenzen hinweg politische Friedensinitiativen zu starten. Diese blieben aber nicht zuletzt wegen des Charakters dieses Krieges wirkungslos. Die kulturelle und ökonomische Elite der Nationalstaaten bemerkte oft erst zu diesem Zeitpunkt, dass die hohe gesellschaftliche und ökonomische Verflechtung, die vor 1914 existiert hatte, nicht der Normalzustand war. Die riesigen Opfer und die unmittelbare Betroffenheit der Individuen beschleunigten den Nationalismus in der breiten Öffentlichkeit noch einmal. Die Nation wurde stärker denn je zum Bezugspunkt politischen Handelns. Gleichzeitig allerdings wurden durch den Krieg jene Fragen wieder aktuell, die bereits im 19. Jahrhundert die Europäische Integration geprägt hatten. Das betraf zum einen die Frage einer Friedensordnung für Europa. Wie sollte das europäische Staatensystem nach dem Ende des Konfliktes neu strukturiert werden? Eng damit verbunden war die Deutsche Frage. Wie sollte Deutschland nach dem Ende des Krieges in Europa eingegliedert werden? Schließlich erhob sich völlig neu die Frage, welche Rolle Europa nach dem Krieg in der Welt spielen würde. Der Weltkrieg hatte also in Bezug auf die Europäische Integration eine ambivalente Bedeutung: Zum einen wurden die politischen und wirtschaftlichen Strukturen der Integration des 19. Jahrhunderts zerstört, andererseits warf der Krieg mit großer Dringlichkeit die Fragen auf, die die Europäische Integration im 20. Jahrhundert prägen sollten.

Die Pariser Vorortverträge und der Völkerbund

Welche außen- und europapolitischen Ziele verfolgten die europäischen Regierungen nach 1918? Frankreich als dominierende kontinentale Großmacht strebte nach 1918 vor allem nach Sicherheit vor Deutschland. Die militärische Elite des Landes ebenso wie weite Teile der Öffentlichkeit traten für eine Zerschlagung des Deutschen Reiches und die Ausweitung Frankreichs bis zur Rheingrenze ein. Diese Vorstellungen waren auch in der politischen Führung des Landes weit verbreitet, traten aber nach der Ruhrkrise 1923 in den Hintergrund. In dieser Situation wurde klar, dass der wirtschaftliche Wiederaufbau des Landes ohne die Einbeziehung Europas, und das war in wirtschaftlicher und politischer Hinsicht nicht zuletzt das Deutsche Reich, unmöglich war. So entstand ein Dilemma für die französische Politik: Einerseits sollte Deutschland als Bedrohung für Frankreich ausgeschaltet werden, andererseits war ein wirtschaftlich prosperierendes Deutschland wichtig für den französischen Wiederaufbau.

Aus deutscher Sicht ging es nach 1919 primär darum, den Vertrag von Versailles zu revidieren. In diesem Ziel war sich die große Mehrheit der politisch Verantwortlichen über die Parteigrenzen hinweg einig. Differenzen bestanden in Bezug auf die Mittel, mit denen die Revision erreicht werden sollte. Auf der politischen Rechten träumte man Anfang der 1920er Jahre von einem deutsch-polnisch-russischen Bündnis gegen Frankreich. Andererseits hatte Reichsaußenminister Hermann Müller bereits im Sommer 1919 die Grundzüge einer deutschen Außenpolitik skizziert, die – entgegen dem Zeitgeist der frühen Weimarer Republik – dafür plädierte, den Vertrag von Versailles als Ausgangspunkt einer deutschen Revisionspolitik zu akzeptieren. Durch eine friedliche Verständigungspolitik und die wirtschaftliche Integration in Europa sollte die Großmachtstellung des Reiches wiederhergestellt werden. Dieses Konzept wurde in der Mitte der 1920er Jahre von Gustav Stresemann aufgegriffen.

Das Vereinigte Königreich strebte in dieser Phase ebenfalls nach einem deutsch-französischen Gleichgewicht, das, der Tradition des 19. Jahrhunderts folgend, als eine Voraussetzung für britische Weltpolitik angesehen wurde. Dies erschien umso wichtiger, als andere Akteure des „Konzerts der Mächte“ vor 1914, die Donaumonarchie und Russland, als Großmächte ausgefallen waren. Auch in den Niederlanden war man in Bezug auf die Deutschlandpolitik zwiespältig: Einerseits war ein wirtschaftlich offenes, prosperierendes Deutschland zentral für die niederländische Wirtschaft, andererseits bedrohte ein zu starkes Reich die politische Unabhängigkeit der Niederlande. Trotz dieser grundsätzlich vorhandenen Bereitschaft zur Verständigung blieb die konkrete Außenpolitik vor allem Frankreichs und des Deutschen Reiches bis 1924 in starkem Maße von der nationalistischen Stimmung in der Öffentlichkeit beider Länder beeinflusst.

Progressiv in Bezug auf die Europäische politische Integration waren die Vorstellungen des US-amerikanischen Präsidenten Woodrow Wilson. Schon in den berühmten 14 Punkten vom 8. Januar 1918 hatte er die Grundzüge einer europäischen Friedensordnung entworfen, die sich in wichtigen Punkten fundamental von der Vorkriegsordnung unterschied. Die wichtigsten Schlagworte waren die Transparenz der Diplomatie, wirtschaftlicher Freihandel sowie das, was später das „Selbstbestimmungsrecht der Völker“ genannt wurde.

Der Völkerbund wurde das Kernelement der neuen Weltordnung. Auch wenn er grundsätzlich globalen Anspruch erhob, war er doch im Kern eine europäische Organisation, zumal als die USA sich aus innenpolitischen Gründen kurz nach der Gründung zurückzogen. Der Völkerbund war in mancherlei Hinsicht die Fortsetzung des „Konzertes der Mächte“ aus dem frühen 19. Jahrhundert. Allerdings ging er in dem Bereich der Institutionalisierung von politischer Macht auf einer überstaatlichen Ebene sehr viel weiter als das „Konzert der Mächte". Institutionell im Zentrum stand der Völkerbundrat als Lenkungsausschuss, in dem die europäischen Großmächte (inklusive Japan, allerdings zu Beginn ohne das Deutsche Reich und Russland) vertreten waren, um Konflikte diplomatisch zu lösen. Mit dem Völkerbundrat wurde der Kongressgedanke der Wiener Ordnung aufgegriffen. Allerdings trafen sich die Vertreter der Großmächte nun vierteljährlich. Neu war die Völkerbundversammlung, in der sich alle Mitgliedstaaten einmal jährlich trafen. Zudem gab es einen Generalsekretär, der die neue permanente internationale Verwaltung leitete. Das war die im Vergleich zum „Konzert der Mächte" des 19. Jahrhunderts wesentliche Veränderung: Es gab nun eine internationale Organisation mit einer eigenen, dauerhaften Verwaltung und Repräsentanz. Auch in völkerrechtlicher Hinsicht war der Völkerbund innovativ. Mit ihm wurde erstmals das Prinzip der kollektiven Sicherheit institutionalisiert. Zudem hatte der Völkerbund umfassende Aufgaben. Sie betrafen die friedliche Konfliktregulierung, die Abrüstung und den Schutz von nationalen Minderheiten und auch wirtschaftliche Fragen. In der Forschung ist der Völkerbund lange Zeit sehr negativ bewertet worden, weil er angesichts der Herausforderungen der 1930er Jahre versagte. Das ist gewiss richtig, übersieht aber, dass der Völkerbund eine erhebliche Weiterentwicklung des Völkerrechts markiert, und dass er wichtige Elemente der politischen Integration Europas erstmals institutionell umsetzte. Die im Völkerbund gewonnenen Erfahrungen wurden nach dem Zweiten Weltkrieg im Rahmen der UNO und der Europäischen Integration genutzt.

Eine Weiterentwicklung der Grundideen des Völkerbundes fand sich bereits im Vertrag von Locarno vom 1. Dezember 1925. Hinter diesem Begriff stand ein ganzes Bündel von völkerrechtlichen Verträgen zwischen den europäischen Staaten. Einerseits garantierten sich Frankreich, Belgien und das Deutsche Reich die Unverletzbarkeit der bestehenden Westgrenzen Deutschlands. Andererseits schlossen Frankreich, Großbritannien, die Tschechoslowakei und Polen Beistandspakte, wobei das Deutsche Reich in diesem Fall die bestehenden Grenzen, insbesondere zu Polen und der Tschechoslowakei völkerrechtlich nicht anerkannte. Schließlich wurde die Aufnahme des Deutschen Reiches in den Völkerbund vorbereitet. Entscheidend für den europäischen Charakter der Verträge war, dass die bilateralen Vereinbarungen von den europäischen Großmächten (Ausnahme Sowjetunion) garantiert wurden. Sie bekamen daher einen multilateralen Charakter. Auch wenn der Völkerbund selbst in diesem Rahmen keine zentrale Rolle spielte, wurden doch die Grundideen dieser internationalen Organisation im Sinne politischer Europäischer Integration fortgeführt. Das Vertragspaket von Locarno löste konkrete Konflikte (vor allem zwischen dem Deutschen Reich und Frankreich) in gegenseitigem Einvernehmen. Das Konfliktlösungspaket wurde institutionell in einen völkerrechtlich gesicherten, multilateralen Rahmen eingebunden. Sonderinteressen (Deutscher Anspruch auf Revision der Grenzen im Osten, französische Sicherheitsbedürfnisse) wurde Rechnung getragen. Nationale Interessen wurden daher berücksichtigt und in die Gesamtlösung eingebaut. Zudem war auch die Weiterentwicklung des damit eingeschlagenen Weges vorgesehen. Im September 1925 schlug der französische

Finanzminister Louis Loucheur eine Weltwirtschaftskonferenz vor, die im Mai 1927 in Genf stattfand. Die europäischen Regierungen entsandten Wirtschaftsexperten, die über eine Standardisierung von Zöllen und anderen Handelsbedingungen in Europa verhandelten. Auch das bedeutete nicht, dass nationale Interessen irrelevant wurden. Während sich die deutsche und die britische Delegation für eine grundsätzliche Liberalisierung des Handels einsetzten, plädierten die Franzosen für eine politische Kontrolle der Außenhandelsbeziehungen. Politische Europäische Integration bedeutete auch hier nicht die Aufgabe nationaler Interessen, sondern die Suche nach einer gemeinsamen politischen Basis, die als völkerrechtlich-institutionelle Grundlage für weitere Verhandlungen genutzt werden konnte.

Zugleich wurden nämlich auch auf nationaler Ebene weitere wirtschaftliche und politische Europaprojekte entwickelt. Insbesondere im deutschen Auswärtigen Amt waren es Außenminister Gustav Stresemann und der Staatssekretär Carl von Schubert, die, im Anschluss an die bereits in den frühen 1920er Jahren von Hermann Müller entwickelten Vorstellungen, eine europäische Zollunion anstrebten. In einem Gespräch mit dem tschechoslowakischen Außenminister Edvard Beneš am 23. Mai 1928 entwarf von Schubert ein weitgefasstes europäisches Integrations-Programm. Sein Ziel, so von Schubert, sei ein „auf größter Basis erfolgende[r] wirtschaftlicher Ausgleich in Europa“. Es gehe dabei nicht um die Gründung von Kartellen, sondern um „Vereinigungen und Verständigungen größeren Stils. [...] Es klinge natürlich phantastisch, wenn man, wirtschaftlich gesprochen, von den Vereinigten Staaten von Europa sprechen wolle, letzten Endes sei dies aber gewissermaßen das Ziel. [...] Im Völkerbund würden derartige Ideen ja auch verfolgt, und man könne als Anfang mit der Weltwirtschaftskonferenz einigermaßen zufrieden sein. Nur müsse auf diesem Gebiete aller Orten sehr intensiv weiter gearbeitet werden, weil meines [i. e. von Schuberts, G. T.] Dafürhaltens sonst zu befürchten sei, dass einmal eine ganz unübersehbare Katastrophe in Europa eintreten würde.“[57] Noch konkreter wurde die französische Regierung. Am 5. September 1929 hielt Außenminister Aristide Briand eine Grundsatzrede vor der Versammlung des Völkerbundes, in der er eine „Europäische Union“ forderte. Seine Ideen wurden weiter ausgearbeitet und mündeten in ein Memorandum, das am 1. Mai 1930 den europäischen Partnern vorgelegt wurde. In dem „Memorandum über die Organisation einer europäischen Bundesordnung“ wurde ein Konzept für eine internationale Organisation vorgelegt, das sich von den bislang bekannten Plänen für die Europäische Integration dadurch unterschied, dass es von einem amtierenden Außenminister einer Großmacht vorgeschlagen wurde. Es handelte sich also nicht um einen theoretisch-intellektuellen Entwurf oder das Konzept einer oppositionellen Partei, sondern um ein politisches Programm der Regierung einer Großmacht. Ausdrücklich erklärte Briand seinen Vorschlag als Weiterentwicklung der bestehenden Organisationen. Der Völkerbund, die bereits erwähnte Genfer Wirtschaftskonferenz, aber auch die Interparlamentarische Union sah er als Wegbereiter seines Konzeptes.

57 Akten zur Deutschen Auswärtigen Politik, B, Bd. IX, S. 66 f.

Diese europapolitischen Konzepte scheiterten, weil sich in Berlin inzwischen ein grundlegender außenpolitischer Kurswechsel vollzogen hatte. Gustav Stresemann war gestorben, aber noch wichtiger war, dass die Regierung Hermann Müller am 30. März 1930 durch ein Präsidialkabinett unter Heinrich Brüning ersetzt worden war. Mit den Präsidialkabinetten begann eine neue deutsche Außenpolitik, die die Revision der Verträge von Versailles nicht mehr im Rahmen der Europäischen Integration, sondern durch Konfrontation erreichen wollte. Hieran sollte Adolf Hitler ab dem 30. Januar 1933 in noch radikalerer Weise direkt anknüpfen können.

Mit dem Briand-Plan von 1930 endete eine Phase Europäischer Integrationspolitik, die 1919 mit dem Völkerbund begonnen hatte. Sie war gekennzeichnet durch den Versuch, dauerhaften Frieden durch das Konzept der kollektiven Sicherheit und durch politisch gesteuerte ökonomisch-gesellschaftliche Verflechtung zu erreichen. Voraussetzung für diese Politik war die grundsätzliche Bereitschaft, auf Gewalt als Instrument zur Lösung von Konflikten zu verzichten, und das Völkerrecht in diesem Sinne weiterzuentwickeln sowie eine innenpolitische Basis, die auf einem republikanisch-demokratischen politischen System beruhte. Die Europaideen der 1920er Jahre entstanden vor dem Hintergrund einer doppelten Krisenerfahrung: Zum einen war Europa nicht mehr das unumstrittene Zentrum der Welt (Aufstieg der USA, der Sowjetunion und die beginnende Auflösung der Kolonialreiche), zum anderen hatte sich auch der Nationalstaat des 19. Jahrhunderts durch die wirtschaftlichen Konsequenzen des Weltkrieges verändert (vgl. Kapitel 10). Wichtig für das Verständnis dieser Politik ist, dass sie weder auf deutscher noch auf französischer Seite primär von europäischem Idealismus getragen wurde. Hermann Müller, Gustav Stresemann und auch Aristide Briand entwarfen die europäischen Konzepte, weil sie überzeugt waren, dass französische bzw. deutsche nationale Interessen sich in diesem Rahmen am besten vertreten ließen. Deutsches Ziel war die Revision wesentlicher Teile des Versailler Vertrages und die Wiedererrichtung einer deutschen Großmachtposition in Europa, französisches Interesse war die Sicherheit vor Deutschland durch die Einbindung des Reiches in konkrete politische Strukturen.

Europakonzeptionen 1933–1945

Mit dem Regierungsantritt Adolf Hitlers am 30. Januar 1933 begann eine neue außenpolitische Ära im Deutschen Reich. Sie war charakterisiert durch einen merkwürdigen Widerspruch in der Europapolitik. Zum einen lag der nationalsozialistischen Außen- und Kriegspolitik zwischen 1933 und 1945 keine Europakonzeption zu Grunde. Das lag vor allem daran, dass Adolf Hitler, der in Bezug auf die Außenpolitik die entscheidende Position innerhalb des NS-Regimes einnahm, ein affektives Misstrauen gegen den Begriff „Europa“ entwickelt hatte. Die Europäische Integration bezeichnete er 1928 als eine „phantastische, geschichtlich unmögliche Kinderei“.[58] Auch wenn er später immer wieder von Europa sprechen sollte, stand hinter diesem

58 G. L. Weinberg, Hitlers zweites Buch. Ein Dokument aus dem Jahre 1928, Stuttgart 1961, S. 129 f.

Begriff keine politische Konzeption. „Europa“ im Sinne eines politisch-ökonomischen Konzeptes spielte daher für die Außen- und Kriegspolitik des nationalsozialistischen Deutschlands keine Rolle. Zum anderen aber wurde im „Dritten Reich“ permanent unter dem Schlagwort des „Neuen Europa“ über die europäische Einigung nachgedacht. Intellektuelle, Journalisten, Ministerialbeamte, Parteifunktionäre und auch die SS-Bürokratie produzierten zwischen 1933 und 1945 eine Vielzahl von Europakonzeptionen ganz unterschiedlichen Zuschnitts. Auch wenn diese Pläne für die Außen- und Kriegspolitik des Reiches keine Relevanz hatten, haben neuere kulturhistorisch fundierte Forschungen die Bedeutung des Europadiskurses im nationalsozialistischen Deutschland in Bezug auf ihre gesellschaftskonstitutive Funktion als „Imagined Community“ interpretiert.[59] Ob sich dieser Ansatz durchsetzen kann, bleibt zunächst dahingestellt. Auch die Holocaustforschung hat in den letzten Jahren betont, dass der Völkermord nicht die bekannte Dimension hätte erreichen können ohne die massive Kollaboration von Regierungen, öffentlicher Verwaltung, der Polizei und auch der Zivilgesellschaft in Europa mit den Deutschen. Auch wenn die Verantwortung des nationalsozialistischen Deutschlands für dieses Verbrechen unbestritten ist, wird doch betont, dass der Völkermord an den Juden nicht nur in Bezug auf die Opfer, sondern auch hinsichtlich der Täter eine europäische Dimension hatte.[60]

Drei wichtige Europanarrative lassen sich im nationalsozialistischen Deutschland finden. Dominant waren wirtschaftlich akzentuierte Europapläne. Sie stammten vor allem, aber nicht nur, aus dem Reichswirtschaftsministerium. Am Tag des Waffenstillstandes mit Frankreich am 22. Juni 1940 beauftragte Hermann Göring Reichwirtschaftsminister Walther Funk damit, eine Konzeption für die wirtschaftliche Gestaltung Europas unter deutscher Herrschaft zu erarbeiten. Zu dieser Zeit entstand eine Vielzahl von Denkschriften, die sich mit der wirtschaftlichen Organisation Europas nach dem Krieg beschäftigten. Den Grundtenor hatte Walther Funk, Reichswirtschaftsminister und Reichsbankpräsident, vorgegeben. Es solle, so Funk in einer Rede vom 25. Juli 1940, pragmatisch vorgegangen und ein Gemeinschaftsgefühl zwischen den europäischen Völkern geschaffen werden. Dabei ließ er keinen Zweifel daran, dass die Wirtschaft der europäischen Länder auf die Bedürfnisse des Deutschen Reiches ausgerichtet werden müsste.

Ein zweites wichtiges Narrativ der Europapläne im nationalsozialistischen Deutschland setzte sich erst nach der Niederlage in der Schlacht um Stalingrad im Februar 1943 durch. Joseph Goebbels, Reichsminister für Volksaufklärung und Propaganda, der zuvor die öffentliche Diskussion um die Gestalt Europas nach dem erwarteten deutschen Sieg verboten hatte, sprach nun vom Krieg „Europas“ gegen

59 Johannes Dafinger, Dieter Pohl (Hrsg.), A New Nationalist Europe under Hitler. Concepts of Europe and transnational Networks in the National Socialist Sphere of Influence, 1933–1945, London, New York 2019, S. 7. Raimund Bauer, The Construction of a National Socialist Europe during the Second World War. How the New Order took Shape, London, New York 2020.

60 Thomas Sandkühler, Das Fußvolk der „Endlösung“. Nichtdeutsche Täter und die europäische Dimension des Völkermordes, Darmstadt 2020.

den Bolschewismus. Nur das Reich und seine Verbündeten in Europa, so die neue Parole, seien in der Lage, das „Abendland“ zu retten. Damit griff Goebbels die in den 1920er Jahre auf Seiten der politischen Rechten populäre Abendland-Rhetorik auf. Der Krieg gegen die Sowjetunion wurde zu einem europäischen Einigungskrieg stilisiert.

Drittens prägten einige Intellektuelle die Europadebatte im nationalsozialistischen Deutschland. Große Beachtung fand hier das 1939 publizierte Konzept über „Völkerrechtliche Großraumordnung und Interventionsverbot raumfremder Mächte“ des preußischen Staatsrats und Staatsrechtslehrers Carl Schmitt. Unter klarer Absage an die Entwicklung des Völkerrechts wie es sich zwischen 1919 und 1930 im Rahmen der Verträge über den Völkerbund, Locarno und den Briand-Kellogg-Pakt entwickelt hatte, plädierte Schmitt für eine Neuordnung Europas unter machtpolitischen Prämissen. Andere Autoren griffen auf die Reichsidee zurück und betonten die nicht-deutschen Freiwilligen, die sich etwa im Rahmen der Waffen-SS dem deutschen Kampf anschlossen. Hierhinter stand die Idee eines durch rassenideologische Kriterien geprägten Europas.

Nicht nur im Deutschen Reich, auch in den von der Wehrmacht besetzten Staaten wurde vielfach über Europa diskutiert. Das betraf zum einen die Kollaboration. Viele politisch Verantwortliche beispielsweise der Vichy-Regierung in Frankreich träumten von einer europäischen Einigung unter deutscher Führung, die Frankreich einen eigenständigen Platz im Machtgefüge des Kontinents zuweisen würde. Immer wieder forderten Philippe Pétain und Pierre Laval von der Berliner Regierung Initiativen für eine gemeinsame europäische Zukunft. François Darlan, der Minister für die Kriegs- und Handelsmarine in der französischen Vichy-Regierung, erklärte in einem Gespräch mit Hermann Göring am 1. Dezember 1941, dass die „einzig mögliche Politik für Frankreich heute in einer Annäherung an Deutschland und in einer Eingliederung in das neue Europa bestehe“.[61] Auch mit dem Nationalsozialismus sympathisierende französische Intellektuelle forderten immer wieder vergeblich ein deutsches Europakonzept. In Belgien, den Niederlanden und Norwegen entwarfen die Kollaborateure ebenfalls zum Teil umfangreiche Europa-Denkschriften. Alle liefen im Kern darauf hinaus, dem eigenen Staat in einem vom nationalsozialistischen Deutschland beherrschten Europa einen möglichst großen politischen Spielraum zu sichern. Auch der Führer der britischen faschistischen Bewegung, Sir Oswald Mosley, stilisierte sich rückblickend als Europäer. „I now feel equally at home in England, France and Germany; in a sense all Europe is my home. In seventeen years of living in Europe, [...] I have become fully and completely a European.“[62] Etwas anders akzentuiert waren die Vorstellungen der italienischen Regierung. Auch im faschistischen Italien wurden seit den 1920er Jahren immer wieder Konzepte für eine politisch-ökonomische Einheit Europas dis-

61 ADAP 1918–1945, Serie D, Band 13,2, Dok. Nr. 529, Aufzeichnung des Gesandten Schmidt, 3.12.1941, S. 751.

62 Oswald Mosley, My Life, London 1968, S. 431.

kutiert, das faschistische Italien versuchte sich sogar zum Vorkämpfer für ein neues aus Nationalstaaten bestehendes Europa zu machen. Wiederholt drängten die Spitzen des faschistischen Italien in Gesprächen mit der deutschen Regierung darauf, die Bevölkerung der besetzten Länder nicht zu unterdrücken. Der „Duce" setzte sich im Januar 1940 bei Hitler dafür ein, dass ein kleiner polnischer Staat erhalten bleiben müsse. Die europäischen Länder, so Mussolini, dürften nicht wie Kolonien behandelt werden. Intern erklärte er, dass man die europäische Einigung nicht auf Hass aufbauen könne. „Die Deutschen erweisen sich als schlechte Psychologen und schlechte Politiker. Wir Italiener können und müssen sie wissen lassen, dass sie uns für die neue Organisation Europas nötig haben."[63] Bei dem Treffen Mussolinis mit Hitler in Schloss Kleßheim bei Salzburg im April 1943 versuchte der italienische Diktator Hitlers Unterstützung für eine Europadeklaration zu gewinnen, die den europäischen Staaten für die Zeit nach dem Krieg ihre Unabhängigkeit und Gleichberechtigung zusicherte. Hitler und Reichsaußenminister Joachim von Ribbentrop allerdings gingen hierauf nicht ein. Erneut zeigte sich, dass der deutsche Diktator keine Europa-Vision hatte, die über eine auf Gewalt basierende deutsche Hegemonie über den Kontinent hinausgegangen wäre.

Dabei hätte es im Sommer 1940, nach dem Waffenstillstandsabkommen mit Frankreich, durchaus die Möglichkeit einer Europäischen Integration unter deutscher Führung gegeben. Die meisten europäischen Regierungen erwarteten geradezu eine Neuordnung Europas und waren (mit Ausnahme Großbritanniens) bereit, die deutsche Hegemonie zu akzeptieren, wenn sie die Aussicht auf Bewahrung ihrer politischen, wirtschaftlichen und kulturellen Eigenständigkeit erhalten hätten. Viele politische Akteure in Europa erhofften sich geradezu eine Überwindung der Unsicherheit der 1930er Jahre. Für eine geschickt agierende, die Interessen der europäischen Regierungen einbeziehende und auf dem völkerrechtlichen Status der 1920er Jahre aufbauende deutsche Politik hätte sich ein erheblicher Gestaltungsspielraum für Europa geboten. Dies allerdings entsprach nicht dem politischen Denken Adolf Hitlers. Am 31. Juli 1940, fünf Wochen nach dem Waffenstillstand mit Frankreich, unterrichtete er die Wehrmachtführung über seinen Entschluss zum Angriff auf die Sowjetunion.

Nicht nur im deutschen Machtbereich und im Kontext der Kollaboration, sondern auch in den Widerstandsbewegungen Europas gegen den Nationalsozialismus spielte die Europaidee eine wichtige Rolle. Europavorstellungen fehlten in kaum einer politischen Konzeption, die ab 1941 von den zahlreichen Widerstandsbewegungen für eine Zeit nach dem Krieg entworfen wurden. Das galt für den deutschen Widerstand ebenso wie für den europäischen. Helmuth James von Moltke, einer der zentralen Akteure des so genannten Kreisauer Kreises, schwebte ein europäischer Bundesstaat auf christlicher Basis vor. Auch im sozialdemokratischen Exil in Lon-

63 Benito Mussolini zum italienischen Industriellen Pirelli, Juni 1942, zit. nach Hans Werner Neulen, Europa und das 3. Reich. Einigungsbestrebungen im deutschen Machtbereich 1939–1945, München 1987, S. 188f.

don entstanden Pläne für eine europäische Föderation. Aus der Sicht der deutschen Sozialdemokraten war Europa vor allem durch die Ideale der republikanischen Demokratie, durch Rechtsstaatlichkeit und individuelle Freiheit sowie durch grenzüberschreitenden Handel geprägt. Überhaupt entwickelte sich London zwischen 1939 und 1945 zu einem Kristallisationspunkt für politisch-ökonomische Europapläne. Nachdem die deutsche Wehrmacht wesentliche Teile Europas unter ihre Kontrolle gebracht hatte, flohen die gegenüber dem Nationalsozialismus skeptisch eingestellten politischen Kräfte dieser Länder nach London, wo sie mit Hilfe der britischen Regierung eine Exil-Organisation aufbauten. Oft standen sie in direktem Kontakt zu den ab 1941 ebenso zahlreichen Widerstandsbewegungen gegen den Nationalsozialismus in den besetzten Ländern. In diesem Kontext entstand eine Vielzahl von Europaplänen ganz verschiedenen Zuschnitts. Trotz dieser Heterogenität lassen sich drei Kernelemente dieser Europavorstellungen identifizieren:

Zum einen spielte erneut die deutsche Frage eine zentrale Rolle. In nahezu allen Konzeptionen ging es darum, wie Deutschland nach dem Krieg in eine europäische Gesamtordnung eingegliedert werden könnte ohne dass es noch einmal zur Gefahr für die Unabhängigkeit des ganzen Kontinents werden würde. Die Antworten hierauf waren sehr verschieden, sie schwankten zwischen der Idee der Zerschlagung des Reiches und der Einrichtung von Kleinstaaten wie vor 1870 bis zu Europa-Föderationsplänen, in denen ein vereinigter deutscher Staat eine eigenständige Rolle spielen würde. Zum anderen war der wirtschaftliche Aspekt dominant. Mit Hilfe einer künftigen europäischen Organisation sollte eine Weltwirtschaftskrise, wie sie ab 1929 entstanden war, verhindert werden. Eine koordinierte und integrierte Wirtschaftspolitik versprach aus der Sicht der meisten Akteure den europäischen Wohlstand zu generieren. Spätestens ab 1943 kam ein weiterer Punkt hinzu, das Europa der „Dritten Kraft". Hierunter verstand man eine Selbstbehauptung Europas gegenüber der Sowjetunion einerseits und den USA andererseits. Ab 1943 zeichnete sich ab, dass beide Mächte eine herausragende Rolle für die europäische Zukunft spielen würden. Demgegenüber galt es europäische Interessen zu wahren. Schließlich spielte vor allem bei den kleinen europäischen Staaten der Gedanke eine Rolle, dass man sich zusammenschließen müsse, um eine Hegemonie der Großmächte zu verhindern. In diesem Sinne entstand am 23. Januar 1942 der Vertrag zwischen den Londoner Exilregierungen der Tschechoslowakei und Polens mit dem Ziel, nach dem Krieg eine gemeinsame Außen-, Verteidigungs- und Wirtschaftspolitik zu betreiben. Bereits am 15. Januar 1942 war ein ähnlicher Vertrag zwischen den Exilvertretern Jugoslawiens und Griechenlands entstanden. Auch der Vertrag zwischen Belgien, Luxemburg und den Niederlanden über eine Wirtschafts- und Zollunion vom 5. September 1944 gehört in diesen Zusammenhang.

Allerdings wurden in diesen Verträgen auch schon die Grenzen der Kooperation unter den Exilregierungen und den damit verbundenen Europakonzepten deutlich. Sie blieben abhängig von den Auffassungen der Regierungen der USA, Großbritanniens und der Sowjetunion. In den USA gab es während des Krieges keine konkreten Europapläne und Stalin stand den ostmitteleuropäischen Plänen ablehnend gegenüber. Auch wenn Churchill in einer Rede am 21. März 1943 erstmals von einem „Europarat" sprach, meinte er damit eine Unterorganisation der in Vorbereitung befindlichen Vereinten Nationen. Entscheidend war, dass keine der Großmächte die Europakonzeptionen der Europäischen Exilregierungen unterstützte. Gleiches galt auch für die Pläne der Widerstandsbewegungen. Hinzu kam, dass der Begriff „Europa" mit sehr verschiedenen Vorstellungen belegt wurde. Auf einer abstrakten Ebene konnten sich die Widerstandsbewegungen durchaus auf dieses Ziel einigen. Sollte es aber um die konkrete politische Ausgestaltung gehen, so war klar, dass die Vorstellungen weit auseinandergehen würden.

Wirtschaftliche Integration

Der Erste Weltkrieg setzte der hohen wirtschaftlichen Verflechtung zwischen den europäischen Staaten in der zweiten Hälfte des 19. Jahrhunderts ein abruptes Ende. Mit dem Beginn des Krieges im August 1914 wurden die Handelsbeziehungen zwischen den Staaten mit einem Schlag zerschnitten. Ab 1916 begannen alle beteiligten Regierungen mit dem Umbau von der Friedens- auf die Kriegswirtschaft, das heißt Konsum- und Investitionsgüter wurden – zumal für den Export – kaum noch hergestellt. Stattdessen wurden die Investitionen in die kriegsrelevante Industrie gelenkt, die die nationale Wirtschaft stärken sollte. Nach dem Ende der Kampfhandlungen 1918 gelang es nicht, an die Freihandelsepoche vor 1914 anzuknüpfen. Die wirtschaftliche Verflechtung zwischen den europäischen Staaten stieg zwar bis 1928 leicht an, erreichte aber erst um 1970 wieder das Niveau von 1913. Mit der Weltwirtschaftskrise von 1929 bis 1936 ging das Handelsvolumen zwischen den europäischen Staaten erneut stark zurück.

Was waren die Gründe für die zurückgehende Verflechtung der Wirtschaft in der Epoche der Weltkriege? Zum einen spielte die allgemeine politische Situation eine Rolle. Der Nationalismus erlebte in Europa nach dem Weltkrieg einen Höhepunkt und prägte auch das System der Wirtschaft und des Handels. Zwischen 1914 und 1924 und dann wieder ab 1929 schotteten die europäischen Staaten ihre Binnenmärkte mit hohen Zöllen gegen die ausländische Konkurrenz ab. Nationale Anbieter von Produkten wurden damit gegenüber Ausländischen bevorzugt und nationale politische Ziele standen über dem Anspruch, die Bevölkerung mit Gütern und Dienstleistungen aus dem Ausland zu versorgen. Das faschistische Italien und das nationalsozialistische Deutschland strebten ab den 1930er Jahren gar eine Autarkie an, das heißt den völligen Verzicht auf den Außenhandel. Zum anderen gab es kein funktionierendes internationales Währungssystem mehr. Der Goldstandard war 1914 zusammengebrochen, alle Versuche vor allem der britischen Regierung, das System nach 1918 wiederherzustellen, scheiterten vollkommen. Alle europäischen Währungen verloren in der ersten Hälfte der 1920er Jahre als Konsequenz der Kriegsfinanzierung über die Notenpresse drastisch an Wert, im Deutschen Reich brach das Währungssystem 1923 sogar völlig zusammen. Auch das verhinderte den grenzüberschreitenden Handel.

Gleichwohl gab es neue Ansätze zur wirtschaftlichen Integration. Eine besondere Form grenzüberschreitender wirtschaftlicher Verflechtung war die 1926 gegründete Internationale Rohstahlgemeinschaft. Diese war ein Kartell der Stahlproduzenten aus dem Deutschen Reich, Frankreich, Belgien und dem Saarland. Die Stahlunternehmen aus Österreich, Ungarn und der Tschechoslowakei traten 1927 bei. Die Unternehmen vereinbarten eine grenzüberschreitende Kooperation, mit der der Wettbewerb auf den europäischen Stahlmärkten ausgeschaltet werden sollte. Es handelte sich um ein Produktionskartell, in dem sich die beteiligten Konzerne auf Produktionsmengen einigten, um eine Überproduktion und den damit verbundenen Verfall der Preise zu verhindern. Federführend waren der Luxemburger Émile Mayrisch und der deutsche Fritz Thyssen. Trotz einiger Schwierigkeiten, die nicht zuletzt durch die Weltwirtschaftskrise ab 1929 ausgelöst wurden, bestand die Kooperation zwischen den Stahlkonzernen bis zum Beginn des Zweiten Weltkrieges 1939. Die Internationale Rohstahlgemeinschaft wurde in den 1950er Jahren oft als Vorläufer der Europäischen Gemeinschaft für Kohle und Stahl (EGKS) interpretiert. Dies ist allerdings falsch. Zum einen war die EGKS eine von Regierungen gegründete Organisation, während die Rohstahlgemeinschaft von Unternehmen gegründet wurde. Zum anderen waren auch die Ziele vollkommen verschieden: Während die Rohstahlgemeinschaft eine grenzüberschreitende Kooperation zur Begrenzung des Wettbewerbs im Sinne der Stahlkonzerne zum Ziel hatte, wurde mit der EGKS die Konkurrenz unter den Unternehmen durch einen gemeinsamen Markt beflügelt. Schließlich verfolgten die beteiligten Regierungen mit der EGKS sehr weitreichende (außen-)politische Ziele, die die Rohstahlgemeinschaft nicht hatte. Transnationale Kartelle gab es auch in anderen Wirtschaftssektoren, beispielsweise in der Rheinschifffahrt der 1930er Jahre.

Mehr als die Internationale Rohstahlgemeinschaft gehört das Alliierte Seetransport-Komitee, das in der Endphase des Ersten Weltkrieges am 3. November 1917 gegründet wurde, in die Vorgeschichte der Europäischen Gemeinschaft für Kohle und Stahl (EGKS). Es war eine von den Regierungen Frankreichs, der USA, Italiens und Großbritanniens gegründete Organisation, die das Ziel verfolgte, den Einsatz des verfügbaren Schiffstransportvolumens zu optimieren. Dabei handelte sich um eine von Experten dominierte internationale Organisation, die über die nationalen Ministerien in direkter Verbindung zu den Regierungen der Alliierten stand. Sie verfügte daher über sehr viel weiter reichende Kompetenzen als die meisten internationalen Organisationen des 19. Jahrhunderts. Parallel zum Seetransport-Komitee gab es in der Endphase des Weltkrieges Komitees für Nahrungsmittel, Nachschub und die internationale Blockade gegen die Mittelmächte. Kernidee war es, den Einsatz der vorhandenen Ressourcen im Transportsektor durch administrative Steuerung zu optimieren. Eine ähnliche Funktion sollte – neben anderen – ab 1952 die „Hohe Behörde" der EGKS übernehmen. Auch in personeller Hinsicht bestand eine Kontinuität: Jean Monnet, der später das Konzept der supranationalen EGKS entwerfen sollte, war der französische Vertreter im Seetransport-Komitee. Der englische Vertreter war Arthur Salter, ein Beamter des britischen Schifffahrtsministeriums.

Rückblickend betonte Salter die durch das Komitee geschaffenen neuen Strukturen: Es sei besonders effizient gewesen in seiner Arbeit, weil es in unmittelbarer Verbindung zu den nationalen Ministerien stand. Es waren aus seiner Sicht eben keine Diplomaten, die die internationale Kooperation leiteten, sondern überstaatlich organisierte Experten. Durch dieses Prinzip, so Salter, wurden die nationalen Administrationen nicht übergangen oder abgeschafft, sondern „sie wurden von der neuen internationalen Organisation durchdrungen".[64]

Kerngedanken dieses Konzeptes wurden nach dem Ersten Weltkrieg in den Völkerbund integriert. Dieser beanspruchte, einige der Aufgaben der internationalen Organisationen des 19. Jahrhunderts vor allem im Bereich der Infrastrukturen und des Verkehrs zu übernehmen. Vom 10. März bis zum 24. April 1921 fand in Barcelona eine vom Völkerbund organisierte Verkehrskonferenz statt, auf der die Staaten des Völkerbundes und einige weitere versuchten, die internationale Kooperation im Bereich der Verkehrsinfrastrukturen zu vertiefen. Man einigte sich auf die Erleichterung des Durchgangsverkehrs und andere Regelungen, die im Kern bereits im 19. Jahrhundert bestanden hatten. Die Aktivitäten des Völkerbundes erwiesen sich allerdings auch in diesem Sektor als sehr kompliziert. Dies hatte verschiedene Ursachen. Eine lag darin, dass für die grenzüberschreitende Verflechtung der Infrastrukturen bereits internationale Organisationen aus dem 19. Jahrhundert existierten. So beschäftigte sich die Verkehrskonferenz von Barcelona auch mit dem grenzüberschreitenden Verkehr auf internationalen Flüssen wie der Donau und dem Rhein. Für beide Wasserwege existierten aber mit der Zentralkommission für die Rheinschifffahrt und der Europäischen Donaukommission bereits Organisationen, die sich mit denselben Fragen beschäftigten. Die Zentralkommission für die Rheinschifffahrt sollte auf der Basis des Vertrages von Versailles grundlegend reformiert werden. Sie wies jede Zuständigkeit des Völkerbundes für die Binnenschifffahrt zurück. Es entstand also eine Konkurrenzsituation zwischen dem Völkerbund und den bereits existierenden internationalen Organisationen. Ein anderes Problem war, dass die technisch-administrativen Experten, die sich mit den Fragen der Infrastrukturen beschäftigten, eine Politisierung ihrer Arbeit ablehnten. Als es auf der Barcelona-Konferenz keine Einigung im Bereich der grenzüberschreitenden Kooperation der Eisenbahnen gab, gründeten die (zumeist staatlichen) Eisenbahngesellschaften am 17. Oktober 1922 den Internationalen Eisenbahnverband (Union internationale des chemins de fer). Dabei berief man sich ausdrücklich auf den Vertrag über die Technische Einheit im Eisenbahnwesen vom 16. Mai 1886. Obwohl man sich ein Jahr später auch im Rahmen des Völkerbundes einigte, spielte dieser fortan bei der Verwaltung des grenzüberschreitenden Eisenbahnverkehrs keine Rolle mehr. Die Akteure im Bereich der internationalen Infrastrukturen sahen sich selbst als unpolitische Experten. Aus ihrer Sicht funktionierte die technisch-

64 Arthur Salter, Allied shipping control. An experiment in international administration, London, New York 1921, S. 259, zit. nach Wolfram Kaiser, Johan Schot, Writing the Rules for Europe. Experts, Cartels and International Organisations, Basingstoke, New York 2014, S. 65.

administrative grenzüberschreitende Kooperation am besten, wenn macht- oder wirtschaftspolitische Faktoren ausgeschlossen wurden. Andererseits waren die internationalen Organisationen auch im technischen Sektor kein politisches Vakuum: Immer ging es auch um Macht und um wirtschaftliche Verteilungsfragen. Die internationalen Organisationen der Infrastrukturen wurden damit von zwei Elementen geprägt: Zum einen spielten machtpolitische Fragen eine Rolle, andererseits gab es aber auch eine hohe Pfadabhängigkeit in administrativer, technischer und personeller Hinsicht. Das bedeutet, dass, selbst wenn sich die Regierungen nicht auf konkrete politische Schritte einigen konnten, die Integrationsprozesse im Bereich der Infrastrukturen trotzdem weiterliefen.

Diese Kontinuität von machtpolitischen und technisch-administrativen Strukturen wurde insbesondere beim Austritt des Deutschen Reiches aus der Zentralkommission für die Rheinschifffahrt im März 1936 deutlich. Seit 1920 war unter den Regierungen erfolglos über eine neue Satzung für die Zentralkommission verhandelt worden. Im Frühjahr 1936 einigten sich die Delegierten Frankreichs und des Deutschen Reiches auf eine Lösung, den so genannten „Modus Vivendi", der den deutschen Regierungsinteressen am Rhein sehr weit entgegenkam. Als der neue Vertrag jedoch Adolf Hitler zur Genehmigung vorgelegt wurde, lehnte der „Führer" nicht nur den Vertrag ab, sondern wies Außenminister Konstantin von Neurath zudem an, den Austritt des Deutschen Reiches aus der Zentralkommission für die Rheinschifffahrt vorzubereiten. Die Experten des Auswärtigen Amtes und des Reichsverkehrsministeriums wiesen vergeblich darauf hin, dass der Vertrag im starken Interesse des Reiches sei und dass ohne grenzüberschreitende Kooperation der Rhein nicht vollständig als Wasserstraße genutzt werden könne. Ein Austritt sei nicht zuletzt zum Schaden der deutschen Rheinschifffahrt. Hitler jedoch ließ sich nicht umstimmen. Aus seiner Sicht war die Zentralkommission für die Rheinschifffahrt ein Bestandteil des Vertrages von Versailles und daher ein Instrument zur Diskriminierung und Einbindung Deutschlands. Am 14. November 1936 trat das Deutsche Reich auf Weisung Hitlers aus der Zentralkommission für die Rheinschifffahrt aus, obwohl alle deutschen Experten für das neue Abkommen eingetreten waren. Auch die Interessenverbände der deutschen Binnenschifffahrt protestierten gegen diese Entscheidung. Um die Rheinschifffahrt fortzusetzen, wurden das badische Wirtschaftsministerium und die Rheinstrombauverwaltung Koblenz mit der Repräsentation für den deutschen Teil des Stromes beauftragt.

Diese Episode zeigt zweierlei: Zum einen ließen sich machtpolitische Fragen und die grenzüberschreitende Verflechtung der Infrastrukturen nicht mehr voneinander trennen. Wirtschaftspolitik und Außenpolitik verschmolzen zunehmend miteinander. Zum anderen gab es eine – politikwissenschaftlich gesprochen – hohe Pfadabhängigkeit der Institutionen im Bereich der Infrastrukturen. Obwohl das Reich 1936 formal aus der Zentralkommission für die Rheinschifffahrt austrat, wurden die technischen Fragen weiterhin mit deutschen Experten geklärt, allerdings außerhalb der Institutionen der ZKR. So einigte man sich auf Konferenzen, die 1937 und 1938 in Düsseldorf und Köln stattfanden, auf eine neue Verkehrsordnung auf dem

Rhein, die von Rotterdam bis Basel gelten sollte. Auch wenn das Reich also 1936 formal ausgetreten war, blieb es auf der Expertenebene Mitglied der „Rheingemeinschaft", wie sich die Experten selbst nannten.

Diese Pfadabhängigkeit zeigte sich erneut unter den Kriegsbedingungen. Im Zweiten Weltkrieg entstanden weitere institutionelle Strukturen wirtschaftlicher Integration. Ein anderes Beispiel ist der Europäische Post- und Fernmeldeverein, eine internationale Organisation, die durch vierzehn staatliche Postadministrationen im Oktober 1942 in Wien gegründet wurde. Vorangegangen waren bilaterale Verhandlungen zwischen Italien und dem Deutschen Reich, die dann auf andere europäische Staaten ausgeweitet wurden. Ziel war eine europäische Konvention für grenzüberschreitende Standards im Telefon- und Briefverkehr. Auch neutrale Staaten wie die Schweiz und Spanien (die den Vertrag allerdings nicht unterzeichneten) waren eingeladen. Ab 1943 wurden auch die französischen und belgischen Postverwaltungen in die Verhandlungen integriert. Allein dies zeigt die Spannungen, die den Europäischen Post- und Fernmeldeverein charakterisierten. Auf der einen Seite trafen sich Experten, deren Ziel ein grenzüberschreitendes System der Post- und Telekommunikation war. Diese kannten sich zum Teil seit Jahren und hatten schon in den 1920er Jahren zusammengearbeitet, um den internationalen Postverkehr zu organisieren. Sie sollten sich auch in den 1950er Jahren wieder treffen. Wie im Bereich der Binnenschifffahrt und der Eisenbahn verstanden sie sich als unpolitische Experten. Andererseits wurden die Verhandlungen durch die ideologischen und politischen Spannungen während des Krieges beeinflusst. Das betraf die ideologischen Gegensätze, aber auch die Machtfrage. Es blieb außer Frage, dass der Europäische Post- und Fernmeldeverein stark durch das Deutsche Reich dominiert werden würde.

Dieses Spannungsfeld zwischen politisch-ökonomischen Machtfragen und technisch-administrativer Expertise blieb ein wichtiges Thema für internationale Organisationen in diesem Sektor.

Gesellschaftlich-kulturelle Integration

Lange Zeit galt die Zwischenkriegszeit in der Forschung als eine Epoche, in der die gesellschaftliche Verflechtung Europas im Vergleich zu den Jahren vor dem Ersten und nach dem Zweiten Weltkrieg stark zurückging. In der Tat waren die 1920er und 1930er Jahre eine Zeit des zum Teil aggressiven Nationalismus in Europa, dem jede transnationale Kooperation der Zivilgesellschaft zu widersprechen schien. Andererseits waren gerade die 1920er Jahre eine Zeit lebhafter Debatten um den Europabegriff, der zwar wie bereits im 19. Jahrhundert oft sehr wenig konkret war, aber gleichzeitig eine intellektuelle Faszination ausübte. Die Europadebatten waren eine Reaktion auf das Krisenempfinden, das die europäische Bevölkerung in den 1920er Jahren erfasst hatte. Der Erste Weltkrieg, die Revolution in Russland, der folgende Bürgerkrieg in Osteuropa und das erste aktive Eingreifen der USA in Europa hatten das Selbstverständnis der Europäer massiv in Frage gestellt. Der Augsburger

Historiker Florian Greiner hat mit Blick auf das Deutsche Reich drei verschiedene intellektuelle Europadiskurse ausgemacht, die sich durchaus auch im transnationalen Kontext finden lassen, also nicht nur für Deutschland charakteristisch sind. Von großer Bedeutung war zum Ersten die Abendlandbewegung. Diese war ein locker organisiertes Netzwerk von Intellektuellen, deren gemeinsame Basis die Vorstellung von einer Neuerschaffung Europas auf katholisch-konservativen Grundlagen war. Oft wurde das mittelalterliche Europa und seine Doppelherrschaft weltlicher und kirchlicher Kräfte als Vorbild genommen – wenn auch in romantisch verklärter Perspektive. Zentrum der Bewegung war in Deutschland die Zeitschrift Abendland, die zwischen 1926 und 1930 erschien. Autoren waren oft dem Zentrum nahestehende Intellektuelle und Politiker vornehmlich aus Bayern und dem Rheinland. Viele von ihnen wurden in der Zeit des Nationalsozialismus inhaftiert oder schlossen sich dem Widerstand an. Nach dem Krieg wurde die Zeitschrift wiederbegründet und 1958 eingestellt. Insbesondere in den 1950er Jahren gehörten viele westdeutsche, französische, italienische und auch spanische Intellektuelle und Politiker der Abendlandbewegung an oder standen ihr nahe.

Geistig durchaus verwandt mit der Abendlandbewegung war zweitens die Paneuropa-Union des österreichischen Kosmopoliten Richard Coudenhove-Kalergi. Er konnte sich mit den konservativ-katholischen Ideen der Abendland-Aktivisten durchaus identifizieren, war in politischer Hinsicht aber wesentlich konkreter. Das von Coudenhove-Kalergi am 1. Mai 1924 publizierte „Europäische Manifest“ vereinigte pazifistische Gedanken mit der Idee der „Dritten Kraft“. Er forderte den Zusammenschluss aller demokratischen Staaten Kontinentaleuropas zu einem politischen und wirtschaftlichen Zweckverband. Dieser Zweckverband sollte einerseits einen weiteren großen militärischen Konflikt und damit die Selbstzerstörung Europas verhindern, andererseits ein mächtiger Akteur in der Weltpolitik sein. Coudenhove sah die europäischen Staaten von zwei Seiten bedroht: Das bolschewistische Russland verunsicherte weite Teile des Bürgertums und die vermeintlich zügellos kapitalistischen USA waren auf der politischen Linken ein Horrorszenario. Ein europäischer Zweckverband würde als sozialstaatlich abgefederte Marktwirtschaft eine dritte Kraft in der Weltpolitik bilden und das Überleben Europas angesichts dieser Bedrohungen sichern. Die Paneuropa-Union veranstaltete verschiedene internationale Kongresse in Wien, Berlin und Basel, um dieses Programm zu popularisieren.

Ein weiteres breit diskutiertes Thema war in der Zwischenkriegszeit „Mitteleuropa“. Der Begriff hatte bereits im frühen 19. Jahrhundert und in der deutschen Kriegszieldebatte während des Ersten Weltkrieges eine zum Teil prominente Rolle gespielt und war insbesondere von Friedrich Naumann vertreten worden. Stärker als die oben genannten Konzeptionen baute er auf wirtschaftliche Strukturen auf. Da das Deutsche Reich das ökonomische Zentrum Europas war, kam Deutschland somit strukturell die Führung des Kontinents zu. Zahlreiche Ökonomen unterstützen das Konzept auf einer europäischen Wirtschaftstagung, die 1925 in Wien stattfand. Die wichtigste Gemeinsamkeit mit den Konzepten von Paneuropa war die Ablehnung des Kommunismus sowjetischer Prägung und die wirtschaftliche Einigung Europas.

Eine durchaus ähnliche Perspektive hatte die Europadebatte in den sozialistischen Parteien. Die deutsche SPD hatte in ihr Heidelberger Programm von 1925 erstmals die „Schaffung der europäischen Wirtschaftseinheit" und „die Bildung der Vereinigten Staaten von Europa" als politisches Ziel aufgenommen. Notwendig erschien den Sozialdemokraten Europa vor allem aus wirtschaftlichen und friedenspolitischen Gründen. Es sollte auf einem Ausgleich zwischen Deutschland und Frankreich beruhen. Demgegenüber blieb die konkrete Kooperation zwischen den sozialistischen Parteien in Europa in der Zwischenkriegszeit allerdings weit zurück. Das betraf nicht nur die Sozialdemokraten, sondern auch die konservativen, katholischen und liberalen Parteien. Auch die Gewerkschaften hatten die Notwendigkeit einer europäischen Organisation der Wirtschaft durchaus anerkannt und gefordert. Allerdings blieb auch hier die konkrete Politik hinter diesen allgemeinen Formulierungen weit zurück.

Stärkere Bestrebungen in grenzüberschreitender gesellschaftlicher Verflechtung finden sich in anderen Bereichen. Im Vergleich zu anderen in dieser Zeit waren insbesondere die deutsch-französischen Gesellschaftsverflechtungen hoch. Das war oft auf die private Initiative einzelner Akteure zurückzuführen. So entstand 1926 das „Deutsch-Französische Studienkomitee", das vom französischen Publizisten Pierre Viénot und dem luxemburgischen Stahl-Industriellen Émile Mayrisch organisiert wurde. Im Studienkomitee trafen sich an den deutsch-französischen Beziehungen interessierte Teile der jeweiligen Elite, Intellektuelle, Industrielle, Journalisten und Hochschullehrer. Sie verstanden sich als Mittler zwischen den Kulturen. Ihr Ziel war es, die nach dem Ersten Weltkrieg auf beiden Seiten dominante negative Perspektive auf den jeweils anderen zu überwinden. In der deutschen Öffentlichkeit dominierte zu dieser Zeit das nationalistische Bild des Erbfeindes und auch das in Frankreich dominierende Deutschlandbild war vor allem negativ konnotiert. In die gleiche Richtung arbeitete auch der Publizist Otto Grautoff. Er gründete 1928 die Deutsch-Französische Gesellschaft mit dem Ziel, die Kulturbeziehungen zwischen Frankreich und dem Deutschen Reich zu verbessern. 1933 musste Grautoff emigrieren und die Deutsch-Französische Gesellschaft wurde aufgelöst. Erst nach dem Zweiten Weltkrieg entstanden in Deutschland auf zivilgesellschaftliche Initiative viele neue deutsch-französische Gesellschaften.

Auch das nationalsozialistische Deutschland und das faschistische Italien bemühten sich während des Weltkrieges um eine europäische Organisation der Jugendbewegung. Im September 1942 fand in Wien ein von beiden Regierungen organisierter Kongress von insgesamt 14 Jugendverbänden statt, auf dem ein „Europäischer Jugendverband" gegründet wurde. Dieser allerdings konnte keine Wirksamkeit erlangen. Zum einen wurde durch den Ausgang des Krieges die ideologische Grundlage entzogen, zum anderen aber war der Kongress selbst innerhalb der NS-Eliten höchst umstritten.

Nicht nur Intellektuelle, sondern auch die breitere Öffentlichkeit machte in den 1920er und 1930er Jahren erstmals europäische Erfahrungen durch den sich entwickelnden Tourismus. Das Prinzip der Pauschalreise hatte der Brite Thomas Cook zwar bereits im 19. Jahrhundert entwickelt, es wurde aber in den 1920er Jahren erheblich erweitert. Möglich wurde dies vor allem durch die rasante Entwicklung des grenzüberschreitenden Verkehrs mit der Eisenbahn. Internationale Zugverbindungen wurden schneller und billiger. Gleichzeitig gab es die Idee, auch Menschen mit einem geringeren Einkommen am Tourismus teilhaben zu lassen. In vielen europäischen Großstädten entstanden in den 1920er Jahren Reisebüros für Arbeiter oft mit politisch-pazifistischem Hintergrund. Noch bedeutsamer waren die staatlichen Reiseveranstalter. Im faschistischen Italien wurde 1925 „Opera Nazionale Dopolavoro" gegründet, eine Freizeit- und Erholungsorganisation für Menschen mit geringerem Einkommen. Im nationalsozialistischen Deutschland wurde 1933 nach italienischem Vorbild die Organisation „Kraft durch Freude" gegründet, die ebenfalls den Tourismus für breitere Bevölkerungsschichten erschließen sollte. Viele Menschen machten durch diese Organisation ihre ersten Auslandserfahrungen. Nach dem Zweiten Weltkrieg wurde das Konzept von privatwirtschaftlich orientierten Unternehmen, wie dem französischen Club Méditerranée, aufgegriffen und weitergeführt.

Fazit

Die Epoche der Weltkriege erweist sich insgesamt als ein Katalysator des Europäischen Integrationsprozesses, in dem viele Entwicklungen des 19. Jahrhunderts aufgenommen und an die neuen Strukturbedingungen Europas angepasst wurden. Mit Beginn des Krieges 1914 wurden viele der internationalen Organisationen inaktiv, sie lösten sich in aller Regel aber nicht auf. Nach 1918 begannen sie ihre Arbeit wieder, nun aber in einem völlig anderen Rahmen. Die Entwicklung war ambivalent. Zum einen wurden wesentliche neue Institutionen der Integration geschaffen und in völkerrechtlicher Hinsicht auf neue Grundlagen gestellt. Andererseits war die Epoche in starkem Maße durch eine neue und besonders aggressive Welle des Nationalismus geprägt. Diese Ambivalenz zeigte sich besonders deutlich im Völkerbund, der einerseits – vor allem aus französischer Sicht – ein Instrument war, um das Deutsche Reich zu dominieren, andererseits aber auch bahnbrechende Innovationen im Völkerrecht verankerte. Der Völkerbund war trotz seines globalen Anspruchs im Kern eine europäische Organisation. Bis 1923/24 dominierte in Frankreich noch der Wunsch, den Völkerbund zu einem Instrument französischer Hegemonie in Europa zu gestalten, ab Mitte der 1920er Jahre leitete Paris einen Kurswechsel ein, in dem die Ideen der Europäischen Integration eine wichtige Rolle spielten. Zwischen 1924 und 1930 gab es daher eine intensive Phase der politischen, wirtschaftlichen und gesellschaftlichen Integration, die durch den Sturz der Regierung Müller und den Beginn der Präsidialkabinette in Deutschland beendet wurde. Zwischen 1930 und 1942 spielte die Europäische Integration kaum eine Rolle, weil der Zentralstaat Europas, das Deutsche Reich, eine skrupellos-nationalistische Außenpolitik betrieb, und kooperative Instrumente selbst in administrativ-technischer Hinsicht ablehnte. Erst in der Mitte des Zweiten Weltkrieges begannen im Rahmen der Kollaboration, der Exilregierungen und Widerstandsbewegungen neue Europadebatten. Sie hatten keine unmittelbaren konkreten Folgen, weil die politischen Entscheidungen in dieser Phase zwischen Moskau, London und Washington fielen. Dort aber gab es in der Endphase des Zweiten Weltkrieges kein Interesse an Europäischer Integration. Dennoch wurden die Europadebatten in der Epoche der Weltkriege wichtig für die Zeit nach 1945. Zum einen wurden in (West-)Deutschland und Frankreich die politischen Konzepte der 1920er Jahre von Briand, Stresemann und Müller wieder aufgegriffen und in internationalen Organisationen realisiert. Zweitens wurde auch das wirtschaftliche Konzept einer europäischen Zollunion wieder aufgegriffen und mündete in die verschiedenen wirtschaftlichen Integrationsräume der 1950er Jahre. Drittens wurden auch die technischen Kooperationen insbesondere im Sektor der Infrastrukturen fortgeführt. Schließlich knüpfte man in den 1950er Jahren vielfältig an die Europadiskurse der 1920er Jahre an, wobei vor allem die christliche Abendland-Idee und das Konzept der „Dritten Kraft“ eine wesentliche Rolle spielten.

In struktureller Hinsicht spielten die Regierungen in Frankreich und dem Deutschen Reich eine Schlüsselrolle in der Europäischen Integration der Epoche. Unmittelbar nach Ende des Ersten Weltkrieges begannen in Paris und Berlin Diskussionen über die Rolle des eigenen und jeweils anderen Landes in Europa und immer nahm die Europäische Integration eine zentrale Funktion ein. Zwischen 1924 und 1930 konvergierten die deutschen und französischen Vorstellungen über die Europäische Integration, ab 1930 lehnte die neue Reichsregierung diese Politik ab. Zweitens spielte der Völkerbund eine wichtige Rolle. Dies nicht nur in politischer Hinsicht – erstmals gab es eine internationale Verwaltung mit dem Anspruch zentrale außenpolitische Fragen zu gestalten – sondern auch in wirtschaftlicher und gesellschaftlicher Hinsicht. In diesen Bereichen geriet der Völkerbund in Konkurrenz zu den bereits existierenden internationalen Organisationen, beispielsweise der Zentralkommission für die Rheinschifffahrt oder dem Internationalen Eisenbahnverband. Beide lehnten den Anspruch des Völkerbundes, in ihre Zuständigkeitsbereiche einzugreifen, vehement und erfolgreich ab. Drittens spielten wirtschaftliche Akteure eine große Rolle, allen voran die westeuropäische Stahlindustrie, aber auch Verkehrsunternehmen. Sie vereinbarten transnationale Kartelle, um den von ihnen als ruinös wahrgenommenen Wettbewerb auszuschalten. Und schließlich waren Intellektuelle bedeutsam, die sich an der Grenze zwischen Politik und Kultur bewegten und sich für die bilaterale Verständigung vor allem zwischen Deutschland und Frankreich einsetzten. Insbesondere Richard Coudenhove-Kalergi konnte durch seine Aktivitäten eine breite europäische Öffentlichkeit erreichen, etwas, das den Europaaktivisten des 19. Jahrhunderts noch versagt geblieben war.

Nimmt man schließlich die Motive für die Europäische Integration in der Epoche der Weltkriege in den Blick, so zeigt sich in politischer Hinsicht erneut die starke Bedeutung des Friedensmotives. Es galt, wie schon im 19. Jahrhundert, eine europäische Staatenordnung zu entwerfen, die Sicherheit vor einem neuen großen Krieg bieten würde. Der Völkerbund, die Locarno-Verträge und der Briand-Kellogg-Pakt hatten primär diesen Hintergrund. Zudem spielte die Deutsche Frage eine wichtige

Rolle. Europäische Integration diente nicht zuletzt der Einbindung des als potentiell gefährlich wahrgenommenen Reiches. Erstmals tauchte zudem ein Motiv auf, das für die Zeit nach 1945 große Bedeutung erlangen würde, die Idee der „Dritten Kraft". Sie wurde sehr prominent von Richard Coudenhove-Kalergi vertreten, der nach dem Ersten Weltkrieg Russland und die Vereinigten Staaten als globale Konkurrenten Europas wahrnahm. Auch in den Widerstandsbewegungen des Zweiten Weltkrieges war dieses Motiv dominant.

In wirtschaftlicher Hinsicht gab es das Bemühen, einen europäischen gemeinsamen Gütermarkt analog zur Situation vor 1914 zu schaffen. Allerdings scheiterten alle Ansätze einerseits an den wirtschaftlichen Folgen des Weltkrieges und dann an jenen der Weltwirtschaftskrise ab 1929. Gleichwohl gab es verschiedene Formen wirtschaftlicher Integration: Die bereits erwähnten transnationalen Kartelle, das vom Deutschen Reich oktroyierte Währungssystem und auch der Europäische Post- und Fernmeldeverein sind Beispiele dafür, dass die wirtschaftspolitischen Integrationsprozesse weitergingen. Das Motiv der Vereinheitlichung von Güter- und Kapitalmärkten blieb daher erhalten.

Die Motive gesellschaftlich-kultureller Integrationsprozesse in der Epoche der Weltkriege lassen sich nicht auf einen Begriff reduzieren. Wichtig war das europäische Krisenbewusstsein, das vor allem durch die Wahrnehmung der Andersartigkeit neuer Weltmächte, der USA und der entstehenden Sowjetunion genährt wurde. Die Idee der „Dritten Kraft" Europas in der Weltpolitik hatte in diesem Krisenbewusstsein eine wichtige Wurzel. Zudem dominierte gerade in Intellektuellen-Kreisen ein pazifistisch-europäischer Idealismus, der zum Teil christliche, zum Teil historische Dimensionen hatte und auch eine Reaktion auf die Krisenerfahrung Europas war. Der Begriff „Europa" wurde in diesem Rahmen als Gegenentwurf zum Nationalstaat gedeutet, mit dem Konflikte in politischer, gesellschaftlicher und wirtschaftlicher Hinsicht überwunden werden sollten.

7. Sicherheit und Frieden? Europäische Politische Integration

Dieses Kapitel beschäftigt sich mit den nationalen Regierungen und den internationalen Organisationen als Akteuren in der Europäischen Integration, es geht also um die politische Integration. Entgegen einem bis in die Gegenwart verbreiteten Narrativ und der Erwartung vieler Akteure in der Frühphase der Europäischen Integration führte der Europäische Integrationsprozess nicht zur Auflösung der Nationalstaaten. Im Gegenteil, die nationalen Regierungen waren und sind wichtige Akteure im Prozess und dies, obwohl sie wesentliche Kompetenzen an die supranationalen europäischen Organisationen abgetreten haben. Gleichwohl bleibt ihre Rolle wichtig. Sie haben nach wie vor wesentliche exklusive Zuständigkeiten (z. B. Außenpolitik, Sozialpolitik) und sind zudem am Willensbildungsprozess innerhalb der europäischen Organisationen entscheidend beteiligt. Daher gab es auch weiterhin die klassischen Außenbeziehungen zwischen den europäischen Staaten, die nun allerdings durch die supranationalen Organisationen in einen besonderen völkerrechtlichen Rahmen eingebunden wurden. Eine Sonderrolle spielte in diesem Kontext das deutsch-französische Verhältnis. Im ersten Teil dieses Kapitels steht daher die Europapolitik wichtiger Nationalstaaten im Zentrum des Interesses.

Das europäische Staatensystem war ein Subsystem des globalen Staatensystems. Dieses wurde zwischen 1945 und 1990 stark geprägt durch den Ost-West-Konflikt, die globale Auseinandersetzung zwischen den USA und der Sowjetunion auf politischer, militärischer, wirtschaftlicher und weltanschaulicher Ebene. Europa war ein wichtiger Kristallisationspunkt dieses Konfliktes, weil die Grenze zwischen den beiden Blöcken durch die Mitte des Kontinents lief. Ein Sonderproblem des Ost-West-Konfliktes war die Deutsche Frage. Sie stellte sich in doppelter Hinsicht: Aus europäischer Sicht ging es primär darum, den deutschen Staat so in das System zu integrieren, dass er nicht erneut aggressiv werden konnte. Aus deutscher Sicht ging es dagegen vor allem darum, die durch den Ost-West-Konflikt bedingte Teilung des Landes zu überwinden. Die Deutsche Frage ist engstens mit dem Prozess der Europäischen Integration nach 1945 bis in die Gegenwart verbunden und steht im Mittelpunkt des zweiten Teils dieses Kapitels.

Mit der Gründung der Europäischen Gemeinschaft für Kohle und Stahl (1952) und der Europäischen Wirtschaftsgemeinschaft (1958) wurden zwei internationale Organisationen geschaffen, die durch ihre Beschlüsse selbst Recht setzen konnten. Das Europarecht ist eine besondere Form des Völkerrechts. Es führte dazu, dass einerseits die internationalen Organisationen in Europa (allen voran EG und EU) sehr viel stärker als andere internationale Organisationen eigenständige Akteure im internationalen System wurden. Es entstand in der EG/EU ein eigenständiges politisches System, das als Mehrebenensystem bezeichnet wird. Die Konsequenzen dieses neuen politischen Systems werden im dritten Teil des Kapitels behandelt.

Die Nationalstaaten: Hegemonie und Gleichgewicht

Die französischen Interessen in der Europäischen Integration sind seit 1945 recht konstant. Zum Ersten ist die Europäische Integration aus französischer Sicht ein Instrument, um die Deutsche Frage zu lösen, zum Zweiten soll eine europäische Machtpolitik dazu dienen, auf weltpolitischer Ebene jenen Einfluss zu gewinnen, den Frankreich im Vergleich zum 19. Jahrhundert durch die beiden Weltkriege verloren hatte. Schließlich geht es Frankreich aus wirtschaftspolitischer Sicht darum, staatliche Aufgaben an die europäischen Organisationen zu delegieren, um den französischen Nationalstaat zu entlasten.

Die Deutsche Frage war für die französische Außenpolitik nach 1945 zunächst dominant. Da ab 1947 klar war, dass sowohl die USA als auch Großbritannien unter den Bedingungen des Ost-West-Konfliktes die Gründung eines westdeutschen Staates anstrebten, suchte man in Paris nach Strukturen, um Sicherheit vor diesem deutschen Staat zu erlangen. Die Europäische Integration war eine Antwort hierauf. Im Wahlkampf brachte der spätere sozialistische Ministerpräsident Guy Mollet diesen Aspekt im Dezember 1955 auf den Punkt: „Wenn wir in den nächsten fünf Jahren kein Mittel gefunden haben, Deutschland in ein europäisches System zu integrieren, dann wird es von neuem einen deutsch-sowjetischen Pakt unterzeichnen. Die europäischen Gefühle seiner augenblicklichen Führer, Dr. Adenauer oder Ollenhauer, stelle ich nicht in Zweifel. Sie repräsentieren 80 Prozent der öffentlichen Meinung. Aber was geschieht an dem Tag, an dem Russland [sic!] Deutschland Absatzgebiete öffnen wird, wenn wir bis dahin keinen gemeinsamen europäischen Markt haben?“[65] Hier wurde der „Rapallo-Komplex“ der französischen Elite erneut hervorgerufen, die französische Angst vor einem aus wirtschaftlichen und politischen Interessen entstandenen deutsch-sowjetischen Pakt nach dem Vorbild von 1922. Europäische Integration diente dazu, Deutschland an den Westen zu binden. Dieses Motiv gilt im Kern bis in die Gegenwart. Neben dem deutschen Problem verfolgte die französische Regierung auch das Ziel, über die Europäische Gemeinschaft jenen Einfluss in der Welt wiederzuerlangen, den Frankreich in der ersten Hälfte des 20. Jahrhunderts verloren hatte. Obwohl formal Siegermacht des Zweiten Weltkrieges und Mitglied des UN-Sicherheitsrates, war Frankreich seit dem Zweiten Weltkrieg nur noch eine Mittelmacht auf globaler Ebene. Mit Hilfe der Europäischen Gemeinschaften und der EU konnte die französische Regierung das wirtschaftliche Ungleichgewicht zwischen dem eigenen Land und den USA ausgleichen. Schließlich waren auch binnenwirtschaftliche Motive wichtig. Die Organisationen der Europäischen Integration wurden auch genutzt, um wichtige Sektoren der französischen Wirtschaft zu modernisieren. Das betraf zunächst den Kohle- und Stahlsektor, dann auch die Landwirtschaft und die Infrastrukturen des Landes. Das größere ökonomische Potential der Gemeinschaft wurde genutzt, um

65 Le Figaro, 15.12.1955, zit. nach: Deutsche Übersetzung in Bundesarchiv Koblenz, B136/3624-1.

vor allem in diesen Bereichen Projekte zu realisieren, die mit nationalen Mitteln nicht oder nur unter gewaltigen Anstrengungen hätten umgesetzt werden können.

Ganz anders war die britische Perspektive auf die Europäische Integration. Bis in die zweite Hälfte der 1950er Jahre ging die britische außenpolitische Elite davon aus, dass Großbritannien die bis zum Ersten Weltkrieg eingenommene Rolle als Weltmacht wiedererlangen würde. Zwar unterstützten die Regierungen in London die kontinentaleuropäischen Einigungsbemühungen, Großbritannien aber würde sich nicht in diese Prozesse einbinden lassen. Im Gegenteil, mit dem Projekt der European Free Trade Association (EFTA) wurde ab 1959 sogar ein auf den Freihandel beschränktes Alternativprojekt initiiert. Erst nach dem Debakel der Suez-Krise 1956 setzte sich in London langsam die Erkenntnis durch, dass die Voraussetzungen für eine britische Weltmachtpolitik angesichts der überragenden Dominanz der USA und der Sowjetunion in der Weltpolitik nicht mehr gegeben waren. Der erste Beitrittsantrag der britischen Regierung zur Europäischen Wirtschaftsgemeinschaft vom August 1961 markierte daher einen tiefgreifenden Kurswechsel in der britischen Europapolitik. Gleichwohl konnte Großbritannien wegen der französischen Opposition der Europäischen Gemeinschaft erst 1973 beitreten. Dennoch blieb die britische Europapolitik vor allem durch wirtschaftliche Motive geprägt. Es ging um den Zugang zum Gemeinsamen Markt; politische Ziele, wie sie Frankreich und die Bundesrepublik Deutschland verfolgten, waren demgegenüber in London nachrangig. Insbesondere in den 1980er Jahren trieb die britische Regierung unter der Führung von Margaret Thatcher als Ergänzung des Güterbinnenmarktes die Liberalisierung der Märkte für Kapital, Dienstleistungen und Arbeit voran. Eine darüber hinausgehende politische Integration, wie sie Frankreich und die Bundesrepublik Deutschland anstrebten, wurde in London skeptisch gesehen. Der Europäischen Währungsunion blieb Großbritannien ebenso fern wie der Abschaffung der Personenkontrollen an den Binnengrenzen der EU (so genannte Schengen-Abkommen). Die Motive für die britische Zurückhaltung in der politischen Integration sind verschieden: In außenpolitischer Hinsicht war die Deutsche Frage für Großbritannien nicht so akut wie für Frankreich. Eine supranationale Einbindung (mit der Konsequenz der Selbsteinbindung wie in Frankreich geschehen) war für Großbritannien nicht akzeptabel. Hier spielte auch die enge politisch-kulturelle Bindung an die USA eine Rolle („Special Relationship"). In innenpolitischer Perspektive war die in der Verfassungsgeschichte des Landes tief verwurzelte Parlamentssouveränität wichtig. Die britische Öffentlichkeit und die politische Elite des Landes hatten große Schwierigkeiten zu akzeptieren, dass die Europäische Union Recht setzt, das unmittelbare Wirkung in Großbritannien hatte, ohne dass das britische Parlament dem zustimmen musste. Vor allem der Europäische Gerichtshof, der weitreichende Urteile in dieser Frage fällte, wurde sehr kritisch gesehen. In wirtschaftlicher Hinsicht blieb für Großbritannien, der Tradition des 19. Jahrhunderts folgend, das Freihandelsparadigma dominant. Zwar wurden auch hier nach 1945 Schlüsselindustrien verstaatlicht, die Freihandelsidee blieb aber wichtig für das britische ökonomische Selbstverständnis und wurde insbesondere in der Ära

Thatcher erneut stark betont. Deswegen fand der Gemeinsame Markt der EU in Großbritannien auch Unterstützung, andere wichtige Sektoren der Gemeinschaftspolitik, insbesondere die gemeinsame Agrarpolitik, wurden sehr kritisch gesehen. Die Idee der wirtschaftlichen Freiheit spielte auch bei der Osterweiterung der EU 2004 eine Rolle. Im Gegensatz zu den meisten kontinentaleuropäischen Staaten, die Übergangsregelungen einführten, öffnete Großbritannien seinen Arbeitsmarkt unmittelbar für Arbeitskräfte aus Osteuropa. Dies setzte Briten auf dem heimischen Arbeitsmarkt massiv unter Druck, hier liegt eine der Ursachen für die EU-Skepsis, die zum Brexit-Votum führte.

Noch einmal anders war die Perspektive der Bundesrepublik Deutschland auf die Europäische Integration. In politischer Hinsicht war diese für die Adenauer-Regierung in den 1950er Jahren ein Instrument, „um überhaupt wieder in die Außenpolitik hineinzukommen“[66], wie der Kanzler in einem Brief an Wirtschaftsminister Ludwig Erhard formulierte. Die Mitwirkung in der Europäischen Gemeinschaft für Kohle und Stahl und in der Europäischen Wirtschaftsgemeinschaft war für die junge Bundesrepublik gleichsam die Anerkennung als souveräner, gleichberechtigter Staat in der westlichen Welt. Dem französischen Einbindungswunsch entsprach zudem ein deutsches Konzept der Selbsteinbindung in Europa. Diese wurde eine im Kern bis heute von allen Bundesregierungen unabhängig von der parteipolitischen Zusammensetzung zu Grunde gelegte außenpolitische Maxime. Die Bundesrepublik Deutschland wird – zumal seit der Vereinigung der beiden deutschen Staaten 1990 – als die strukturelle Führungsmacht Europas angesehen. Das hängt mit der demographischen Größe, mit der geografischen Lage und – daraus resultierend – mit ihrer großen Wirtschaftskraft zusammen. Allerdings ist die Bundesrepublik, auch wenn sie in dieser Hinsicht allen anderen Staaten in Europa überlegen ist, zu schwach, um eine von allen akzeptierte Führungsrolle in Europa einzunehmen. Das liegt auch an ihrer militärischen Zurückhaltung, die wiederum innenpolitisch bedingt ist. Die „halbe Hegemonie“ (Ludwig Dehio mit Blick auf das Deutsche Reich von 1871) der Bundesrepublik Deutschland besteht also darin, dass sie als zu stark wahrgenommen wird, um sich als gleicher Staat unter gleichen in Europa einzuordnen und als zu schwach, um eine für alle anderen überzeugende Führungsrolle auf dem Kontinent einnehmen zu können. Die Lösung dieses Dilemmas, das schon für das Kaiserreich galt, lag seit 1949 in der Selbsteinbindung in europäischen Organisationen. Im Rahmen der Europäischen Integration mit ihren rechtlich und institutionell fixierten Entscheidungsfindungsprozessen kann die Bundesrepublik ihre Interessen leichter durchsetzen als in einem System unabhängiger Staaten. Hinzu kommt auch für die deutsche Seite ein Argument, das bereits für Frankreich eine Rolle spielte: Die Bundesrepublik ist trotz ihrer relativen Größe in Europa ein Staat, der auf weltpolitischer Ebene angesichts der Dominanz der USA, der Sowjetunion (Russlands) und Chinas nur geringen Einfluss hat. Nur im euro-

66 Konrad Adenauer an Ludwig Erhard, 13.4.1956, in: Konrad Adenauer, Briefe 1955–1957. Rhöndorfer Ausgabe. Bearbeitet von Hans Peter Mensing, Berlin 1998, S. 184–189, hier S. 189.

päischen Rahmen konnte die Bundesregierung Einfluss auf weltpolitischer Ebene ausüben. In wirtschaftspolitischer Hinsicht setzte sich die Bundesregierung ähnlich wie Großbritannien grundsätzlich für eine liberale europäische Wirtschaftsordnung ein. Das entsprach auch den Interessen der wettbewerbsfähigen deutschen Wirtschaft. Im Gegensatz zu London allerdings galt in Bonn und Berlin im Zweifel ein Vorrang der politischen Interessen vor den wirtschaftlichen Prinzipien. Dies führte nicht selten zu erheblichen innerdeutschen Diskussionen vor allem zwischen Bundeskanzleramt und Auswärtigem Amt auf der einen und Bundeswirtschaftsministerium, Finanzministerium und Bundesbank auf der anderen Seite. Um außenpolitische Ziele zu erreichen, waren die Bundeskanzler oft bereit, zum Teil weitreichende wirtschaftliche Zugeständnisse zu machen. Das betraf sowohl die europäische Wirtschaftsordnung als auch die Finanzierung der Gemeinschaft, zu der die Bundesrepublik auch aufgrund ihrer relativen wirtschaftlichen Größe einen hohen Beitrag leistete. Andererseits war durch diese so genannte Nettozahlerposition auch der politische Gestaltungsspielraum der Bundesregierung innerhalb der Europäischen Gemeinschaften immer sehr groß.

In Italien war die Ausgangssituation ähnlich: Auch für die Regierung in Rom ging es in den 1940er und 1950er Jahren darum, wieder als gleichberechtigtes Mitglied in die Staatengemeinschaft aufgenommen zu werden. Italien war Gründungsmitglied des Europarates, der Europäischen Gemeinschaft für Kohle und Stahl sowie der Europäischen Wirtschaftsgemeinschaft. Die Integration in die westliche Welt war den Regierungen in Rom auch deshalb besonders wichtig, weil Italien bis in die 1990er Jahre eine sehr starke und einflussreiche kommunistische Partei hatte. Europäische Integration diente daher auch dazu, das republikanisch-marktwirtschaftliche System des Landes zu festigen. In machtpolitischer Hinsicht waren die Europäischen Gemeinschaften ein Instrument für die italienischen Regierungen, um eine deutsch-französische Dominanz abzuwehren. Die enge deutsch-französische Kooperation wurde insbesondere von den kleineren Staaten immer als Bedrohung wahrgenommen, weil sie sich ausgeschlossen fühlten. Europäische Integration diente hier dazu, die eigenen Interessen angesichts der Dominanz der beiden Großen einzubringen. Italien war zudem eine treibende Kraft bei der Entstehung der Europäischen Regionalpolitik. Im Rahmen der Regionalförderung erhoffte man sich in Rom eine Unterstützung für die Entwicklung der südlichen Landesteile. Während der Norden Italiens in Bezug auf das Pro-Kopf-Einkommen zu den reichsten Regionen des Kontinents gehört, zählt der Süden zu den ärmsten Regionen.

In den Niederlanden, Belgien und Luxemburg dominierten wirtschaftliche Interessen. Für alle drei Staaten, aber vor allem für die Niederlande, war der zoll- und barrierefreie Zugang zum deutschen Markt von großer Bedeutung. Die Regierung in Den Haag verfolgte daher primär wirtschaftliche Interessen innerhalb der Europäischen Integration. Gleichwohl gab es auch politische Motive: Insbesondere kleinere Staaten in Europa waren bis in die Mitte des 20. Jahrhunderts immer von der Dominanz der Großmächte in ihrer Existenz bedroht. Sie galten insbesondere bis 1914 nur als minderwertige Subjekte des Völkerrechts, ihr Territorium konnte verkleinert werden, bisweilen wurden sie gar (wie z. B. Polen im 18. und 19. Jahrhundert) ganz aufgelöst. Vor allem die Europäische Wirtschaftsgemeinschaft und später die EU boten einen besonderen völkerrechtlichen und politischen Rahmen, in dem die kleineren Staaten ihre Interessen besser vertreten konnten als in einem System, in dem die Großmächte dominierten. Dieser Gedanke spielte auch für die ostmitteleuropäischen Staaten nach dem Zusammenbruch der sowjetischen Vorherrschaft in den 1990er Jahren eine wichtige Rolle. Auch diese Staaten versuchen angesichts der weiterhin als Bedrohung wahrgenommenen russischen Politik, ihre nationale Unabhängigkeit durch die Mitgliedschaft in der Europäischen Union (und der NATO) zu verteidigen.

Dabei spielte noch ein weiterer Aspekt von nationalem Interesse eine Rolle: In diesen Staaten ging es nach dem Zusammenbruch des autoritären Sozialismus darum, ein neues demokratisch-liberales politisches System zu etablieren. Die Unterstützung der EU für demokratisch-marktwirtschaftliche Systeme war daher von großer Bedeutung für die nationale Politik. Dies war ein Motiv, das bereits in den 1970er Jahren für Länder wie Portugal, Spanien und Griechenland wichtig gewesen war. Auch in diesen Ländern waren autoritäre Regime zusammengebrochen und die neuen demokratischen Kräfte suchten die Unterstützung der Europäischen Gemeinschaft für die Demokratisierung des Landes.

Insgesamt wird damit deutlich, dass die Europäische Integration im nationalen Interesse der Mitgliedstaaten war. Alle Regierungen verfolgten in diesem Prozess eigene Ziele, die durchaus verschieden waren. Die Europäischen Organisationen schufen politische Strukturen, in denen diese Interessen zum Ausgleich gebracht wurden. Allerdings basierte die politische Europäische Integration auf vier Voraussetzungen: Erstens war eine liberal-demokratische innenpolitische Struktur notwendig, wobei Unterschiede zwischen den politischen Systemen der Mitgliedstaaten möglich waren. Zweitens, und eng damit verbunden, war ein liberal-marktwirtschaftliches Wirtschaftssystem wichtig, innerhalb dessen allerdings starke staatliche Interventionen zulässig waren. Drittens bedeutete die Integration in Europa den Verzicht auf militärische Gewalt zur Lösung von außenpolitischen Problemen zwischen den Staaten und die Anerkennung eines über den Nationalstaaten stehenden supranationalen Europarechts. Und schließlich musste es in den Mitgliedstaaten eine solide politische Mehrheit für diese Positionen geben.

Deutsch-französische Beziehungen und Europäische Integration

In seiner berühmten Züricher Rede vom 19. September 1946 erklärte Winston Churchill, dass die „Vereinigten Staaten von Europa“ durch ein enges deutsch-französisches Bündnis geschaffen werden müssten. Damit griff er ein Projekt auf, das bereits in der Zwischenkriegszeit vielfach gefordert worden war. In der Tat wurde die deutsch-französische Achse entscheidend für die Europäische Integration nach 1945. Auf beiden Seiten des Rheins setzten sich nach 1945 jene Kräfte durch, die die jeweils eigenen nationalen Interessen nicht durch die Konfrontation mit dem anderen definierten, sondern die Sicherheit durch enge Kooperation erreichen wollten. Das hatten in der Zwischenkriegszeit bereits Hermann Müller und Gustav Stresemann auf deutscher und Aristide Briand auf französischer Seite versucht. Langfristig betrachtet wurde damit nach 1945 der für das europäische Staatensystem im 19. und frühen 20. Jahrhundert charakteristische deutsch-französische Gegensatz überwunden.

Die Deutschlandpolitik rückte nach der Befreiung von deutscher Herrschaft 1944 in das Zentrum der außenpolitischen Debatten in Frankreich. Insgesamt lassen sich für die Zeit zwischen dem Zweiten Weltkrieg bis heute in Frankreich drei deutschlandpolitische Konzeptionen erkennen. Gemeinsames Ziel dieser Konzeptionen war es, einen weiteren Krieg mit dem Nachbarn jenseits des Rheins zu verhindern, und Sicherheit vor Deutschland zu erlangen. Typisch ist, dass alle drei Konzeptionen nicht exklusiv verfolgt, sondern parallel diskutiert und zum Teil auch umgesetzt wurden. Die erste Konzeption wurde in der ersten Phase der französischen Außenpolitik nach der Befreiung des Landes noch unter der Leitung von Charles de Gaulle entworfen und knüpfte in starkem Maße an die Traditionen des 19. Jahrhunderts an. Es ging darum, einen erwarteten neuen deutschen Staat durch Bündnisse mit der Sowjetunion (Vertrag vom 10. Dezember 1944) und Großbritannien (Vertrag von Dünkirchen, 4.3.1947) zu kontrollieren. Dieses Konzept allerdings verlor angesichts der Strukturen des Ost-West-Konfliktes gegen Ende der 1940er Jahre an Bedeutung, auch wenn es – etwa in der Phase der deutschen Einheitsverhandlungen 1990/91 – immer wieder in die Diskussion gebracht wurde. Eine zweite Konzeption zur Lösung des deutschen Problems aus französischer Sicht bestand in einer engen bilateralen Verbindung beider Länder auf politischer, wirtschaftlicher und gesellschaftlicher Ebene. Auch diese Möglichkeit war von de Gaulle bereits in der zweiten Hälfte der 1940er Jahre angedeutet worden. Konkret wurde sie erstmals durch die deutsch-französischen Wirtschaftsverträge vom 19. Oktober 1954, durch die beide Länder auf enge Weise wirtschaftlich miteinander verflochten wurden, und durch den so genannten Elysée-Vertrag vom 22. Januar 1963. Hieraus entwickelte sich eine institutionelle Verflechtung zwischen beiden Staaten, die keineswegs nur die höchsten Regierungskreise einband, sondern auch die nationalen Verwaltungen und die Gesellschaft. Das deutsch-französische Jugendwerk geht auf diesen Vertrag zurück. Seither sind beide Länder in engster Weise miteinander verbunden, was Frankreich die Sicherheit vor einer deutschen Hegemonie gab. Schließlich gab es das Konzept der Einbindung Deutschlands im multilateralen Rahmen der Europäischen Integration. Dieses Konzept wurde seit 1948 intensiv in der französischen Regierung diskutiert. Der im Mai 1949 gegründete Europarat sollte die Bundesrepublik Deutschland in einen institutionellen Rahmen einbinden, der nationale Alleingänge des östlichen Nachbarn verhindern würde. Mit der Europäischen Gemeinschaft für Kohle und Stahl (EGKS) im April 1952 und der Europäischen Wirtschaftsgemeinschaft (Januar 1958) wurden erstmals politische und ökonomische Strukturen geschaffen, die Frankreich und die Bundesrepublik Deutschland mit anderen Staaten auf gleichberechtigter Ebene zusammenband. Bis heute ist die französische Europapolitik im Rahmen der EU stark durch dieses Motiv geprägt.

Auf bundesdeutscher Seite waren die Beziehungen mit Frankreich für Konrad Adenauer, der die Bonner Außenpolitik in den 1950er Jahren stark prägte, der „Angelpunkt“ seiner Außenpolitik, wie er selbst 1949 formulierte.[67] Ohne Ausgleich mit Frankreich, so meinte der erste Bundeskanzler, könne es keine friedliche europäische Staatenordnung geben. Vom ersten Tag seiner Kanzlerschaft an umwarb er daher die französische Regierung, in der ein enges Bündnis mit Deutschland in den 1950er Jahren noch umstritten war. Die enge Anbindung an Frankreich blieb eine außenpolitische Maxime der Bundesrepublik Deutschland bis heute. Alle Bundesregierungen bemühten sich um gute Beziehungen zum westlichen Nachbarn. Dabei gab es durchaus Opposition gegen diesen Ansatz: Bundeswirtschaftsminister Ludwig Erhard beispielsweise war gegen eine enge Anlehnung an Frankreich und präferierte – gemeinsam mit anderen Spitzenpolitikern aus der CDU – eine Orientierung an den USA. Der Streit zwischen „Atlantikern“ und „Gaullisten“ bestimmte die deutschen Diskussionen um die Außenpolitik in den frühen 1960er Jahren.

Dabei waren die deutsch-französischen Beziehungen zwischen 1949 und heute keineswegs frei von Problemen und Krisen. Eine wichtige Auseinandersetzung betraf die Wirtschaftspolitik innerhalb der Europäischen Gemeinschaften und der EU. Während Frankreich, der republikanischen Tradition des Landes folgend, eine politische Kontrolle des Wirtschaftsprozesses bevorzugte, präferierte die Bundesrepublik tendenziell eine Autonomie wirtschaftlicher Märkte gegenüber politischen Institutionen. Die Europäische Union und ihre Vorläuferorganisationen waren daher immer auch Kompromisse, die von beiden Ideologien beeinflusst wurden. So war die Gemeinsame Agrarpolitik oder auch die Regionalpolitik der EG/EU stark von französischen Vorstellungen geprägt. Deutsche Vorstellungen hingegen beeinflussten die Wettbewerbspolitik und die Geldpolitik. Gegner der Europapolitik auf beiden Seiten des Rheins sahen daher in den europäischen Organisationen immer eine Bedrohung nationaler Identität. Deutsche liberale Wirtschaftspolitiker und wichtige Teile der Medien kritisierten immer die dirigistische europäische Agrarpolitik. Auf französischer Seite polemisierten überzeugte Republikaner gegen die Autonomie der Europäischen Zentralbank und ihre Verpflichtung auf die Geldwertstabilität. Nationale Identität wurde in beiden Ländern immer mit einem Wirtschaftsmodell verbunden, das durch Kompromisse mit anderen Modellen in Gefahr zu sein schien. Dabei war, legt man fundamentale Daten der Wirtschaftspolitik (Wirtschaftswachstum, Inflationsrate, Staatsquote) in beiden Ländern zwischen 1950 und heute zu Grunde, die konkrete Wirtschaftspolitik erstaunlich ähnlich. Die Debatten um die (vermeintlich bedrohte) Wirtschaftsordnung in beiden Ländern war daher eher eine Diskussion um nationale Identitäten als um konkrete Wirtschaftspolitik.

Ein anderer wichtiger Streitpunkt zwischen Frankreich und Deutschland ist die Verteidigungspolitik. Für die französische politische Elite und die Öffentlichkeit

67 Interview mit „Die Zeit“ vom 3.11.1949, in: Die Bundesrepublik Deutschland und Frankreich. Dokumente 1949–1963, hrsg. von Horst Möller und Klaus Hildeband, Bd. 1, München 1997, S. 59–63, hier S. 59.

sind Militäreinsätze in anderen Teilen der Welt etwas Selbstverständliches. Das betraf in den 1950er und 1960er Jahren auch Kolonialkriege, die allerdings auch in Frankreich innenpolitisch umstritten waren. Seit den 1970er Jahren gab es zahlreiche französische militärische Interventionen, vor allem in Afrika. Im Rahmen der Verfassung der Fünften Republik kann der Präsident die Armee kurzfristig für Einsätze mobilisieren. In der Bundesrepublik hingegen sind Militäreinsätze der Bundeswehr immer sehr umstritten und höchst unpopulär. Bis in die Mitte der 1990er Jahre war die deutsche Armee nur zu humanitären Einsätzen ohne Waffengebrauch eingesetzt worden. Seit dem Urteil des Bundesverfassungsgerichtes über Auslandseinsätze der Bundeswehr von 1994 gibt es auch Kampfeinsätze (beispielsweise in Afghanistan oder auf dem Balkan). Diese müssen aber vom Bundestag beschlossen werden, allen Einsätzen geht daher eine umfangreiche öffentliche Debatte voraus. Eine seit Mitte der 1990er Jahre angestrebte gemeinsame deutsch-französische Verteidigungspolitik ist daher nie über symbolische Ansätze hinausgekommen. Auch in anderen Bereichen gibt es wiederkehrende Probleme: Das betrifft beispielsweise die Sprachkenntnisse in beiden Ländern. Sowohl in Deutschland als auch in Frankreich wird seit den 1950er Jahren mehr oder weniger erfolglos darüber diskutiert, wie man die deutsche Sprache in Frankreich, bzw. das Französische in Deutschland stärken könnte. Während sich die Fremdsprachenkenntnisse der Bevölkerung in beiden Ländern seit den 1950er Jahre grundsätzlich stark verbesserten, blieb der relative Anteil des Deutschen in Frankreich und des Französischen in Deutschland konstant.

Die deutsch-französischen Beziehungen werden seit den 1950er Jahren auch in starkem Maße medial kommuniziert. Insbesondere die Treffen zwischen den Staatspräsidenten und den Bundeskanzlern wurden immer wieder an markanten Punkten der deutsch-französischen Geschichte präsentiert. Adenauer und de Gaulle feierten eine gemeinsame Heilige Messe in der Kathedrale von Reims, Helmut Schmidt und Valery Giscard d'Estaing trafen sich ebenso in Aachen wie Angela Merkel und Emmanuel Macron, Helmut Kohl und François Mitterrand inszenierten die deutsch-französische Verständigung in Verdun. Diese symbolische Politik verfolgte ein doppeltes Ziel: Zum einen wird der deutschen und französischen Öffentlichkeit die Bedeutung der Beziehungen zum jeweils anderen Staat deutlich gemacht. Dies stärkt auch die zivilgesellschaftlichen und wirtschaftlichen Beziehungen zwischen beiden Staaten. Zum anderen sind die Bilder auch ein starkes Signal nach außen: Sie signalisieren den anderen europäischen Regierungen das enge deutsch-französische Bündnis als Machtfaktor in Europa, dem sich die kleineren Staaten schwer entziehen können.

Das enge deutsch-französische Bündnis war entscheidend für die Europäische Integration. Ohne die enge Kooperation der beiden größten Staaten Kontinentaleuropas wäre es nicht zur politischen Integration gekommen. Vor allen wichtigen Entscheidungen auf europäischer, multilateraler Ebene fanden bilaterale deutsch-französische Abstimmungen statt, die dann auch die europäischen Diskussionen dominierten. Auch wenn die Bedeutung der deutsch-französischen Kooperation seit den 1990er Jahren durch das Anwachsen der EU auf 27 Mitgliedstaaten relativiert wurde, hat sich an dieser Konstellation nichts Grundlegendes geändert.

Aus diesem Grunde wird die enge deutsch-französische Kooperation beispielsweise in Großbritannien, Italien und den Niederlanden, aber auch in Polen immer mit Skepsis gesehen. Hier war die Europäische Integrationspolitik auch immer ein Instrument, um eine zu deutliche deutsch-französische Hegemonie in Europa zu verhindern.

Ost-West-Konflikt

Das Europäische Staatensystem zwischen 1945 und 1990 und die deutsch-französischen Sonderbeziehungen waren ein Subsystem des globalen Staatensystems. Es war in diesem Zeitraum entscheidend geprägt durch den Ost-West-Konflikt. Hierunter versteht man die globale Konfrontation zwischen den beiden von den USA auf der einen und der Sowjetunion auf der anderen Seite geführten Blöcken. Der Konflikt wurde auf politischer, wirtschaftlicher und auch ideologischer Ebene ausgetragen und strukturierte die Weltpolitik und damit auch Europa in der Zeit zwischen 1945 und 1990. Begonnen hatte der Ost-West-Konflikt bereits im Jahr 1917, als mit dem Eingreifen der USA in den Ersten Weltkrieg und mit der russischen Oktoberrevolution die Voraussetzungen für den Konflikt geschaffen wurden. Als einer der ersten formulierte Richard Coudenhove-Kalergi deswegen in der Mitte der 1920er Jahre die These, dass sich „Europa" angesichts der Dominanz der beiden großen weltpolitischen Akteure zusammenschließen müsse, um seine Interessen auf globaler Ebene zu wahren. Bereits in der Zwischenkriegszeit formierten sich in allen europäischen Staaten politische Kräfte, die sich entweder am autoritären sozialistischen Modell der Sowjetunion oder am liberal-marktwirtschaftlichen System der USA orientierten. Ausgelöst durch den deutschen Angriff auf die Sowjetunion und die Kriegserklärung an die USA im Jahr 1941 standen sich beide Supermächte ab 1945 in Europa unmittelbar gegenüber und prägten daher bis 1990 das politische, wirtschaftliche und gesellschaftliche Leben auf dem Kontinent. Europa, das noch im 19. Jahrhundert in der Selbstwahrnehmung das Zentrum der Welt gewesen war, wurde damit zu einem Objekt der Weltpolitik. Beide Supermächte prägten auch die Europäische Integration in spezifischer Weise.

Die US-amerikanische Europapolitik verfolgte verschiedene Ziele und war deswegen nicht immer einheitlich – bisweilen gar widersprüchlich. Ein wichtiges Ziel war der wirtschaftliche Wiederaufbau des Kontinents nach dem Zweiten Weltkrieg. Dies konnte nach amerikanischem Verständnis nur unter liberal-marktwirtschaftlichen Bedingungen erfolgen. Der im Juni 1947 angekündigte Marshallplan unterstützte daher jene europäischen Länder mit Krediten, Sachhilfen und Lebensmitteln im Wert von ca. 14 Mrd. US-Dollar, die bereit waren, eine marktwirtschaftliche Ordnung einzuführen. Die Bedeutung der Hilfe für den europäischen Wiederaufbau ist in der Geschichtswissenschaft umstritten. Einige Historiker argumentieren, dass sich Westeuropa auch ohne die US-Hilfe wirtschaftlich rasch erholt hätte. Auch die in den 1950er Jahren entstandenen westeuropäischen Organisationen wurden von den USA massiv unterstützt. Vor allem die Europäische Gemeinschaft für Kohle und Stahl und auch die Europäische Wirtschaftsgemeinschaft sollten die marktwirtschaftlichen und demokratischen Systeme in den Mitgliedsländern festigen. In den 1960er Jahren allerdings veränderten sich die Wirtschaftsbeziehungen zwischen den USA und den Europäischen Gemeinschaften. Angesichts der wirtschaftlichen Erholung sahen sich die EWG und die Mitgliedgliedstaaten nun als eigene Akteure in der Weltwirtschaft. Aus Hilfsempfängern waren aus US-Perspektive Konkurrenten geworden. Das zeigte sich am Beispiel der Agrarpolitik (Kap. 10) und auch in der Währungspolitik (Kap. 13). Der europäische Luftfahrtkonzern Airbus wurde mit Unterstützung der Regierungen gegründet, um das US-amerikanische und sowjetische Monopol auf dem Markt der zivilen Luftfahrt zu brechen. Im März 2013 verhängte die EU-Kommission eine Strafe gegen den amerikanischen Softwarekonzern Microsoft in Höhe von 561 Mio. €. Microsoft hatte gegen die Wettbewerbsregeln der EU verstoßen und akzeptierte die Strafe, um weiterhin Zugang zum wichtigen europäischen Markt zu haben. Allerdings blieben Westeuropa und die USA trotz dieser Konkurrenz auf einigen Märkten auch wichtige Handelspartner und die Wirtschaftsbeziehungen zwischen beiden Ländern sind nach wie vor sehr intensiv.

Ein zweites wichtiges Ziel US-amerikanischer Europapolitik war die politische Stabilisierung Europas. Sie hatte eine innen- und außenpolitische Komponente. Außenpolitisch ging es darum, Westeuropa gegen eine mögliche sowjetische Aggression zu schützen und eine deutsche Hegemonie in Europa zu verhindern. Auch aus diesem Grund förderten die US-Regierungen die Europäische Gemeinschaft für Kohle und Stahl und die Europäische Wirtschaftsgemeinschaft. Noch wichtiger war in dieser Hinsicht aber die 1949 gegründete NATO. Sie war formal ein Verteidigungsbündnis, das jedem Mitgliedstaat, der angegriffen werden sollte, die Unterstützung aller anderen zusagte. Zugleich aber war die NATO auch immer ein Instrument, um die 1956 wieder gegründete deutsche Armee in internationale Strukturen einzubinden und damit zu kontrollieren. Innenpolitisch zielte die US-Politik in den 1950er Jahren darauf ab, demokratische Systeme in Westeuropa zu erhalten und zu stärken. Das Ziel war es, links- und rechtsextreme Parteien von der Regierung fernzuhalten, und gemäßigte demokratische Kräfte zu unterstützen. Vor allem in Italien und in der Bundesrepublik Deutschland war dieses Motiv wichtig. Allerdings gab es auch hier Konflikte: Sie zeigten sich, als die USA sich im Zusammenhang mit der Suezkrise im Herbst 1956 gemeinsam mit der Sowjetunion gegen die britisch-französische Politik am Suezkanal stellten. In den 1960er Jahren wurde die US-Kriegführung in Vietnam von weiten Teilen der europäischen Öffentlichkeit sehr kritisch gesehen und auch der NATO-Doppelbeschluss Ende der 1970er Jahre stieß auf Widerstand. Militärische Interventionen der USA auf dem Balkan 1999, in Afghanistan (2001) oder im Irak (2003) waren in Europa ebenfalls sehr umstritten. Gleichwohl wurde die NATO als Bündnis niemals grundsätzlich in Frage gestellt. Im Gegenteil, nicht selten schufen gerade die Konflikte mit den USA jene Situationen, in denen sich die europäischen Regierungen darauf verständigten, die Europäische Integration zu vertiefen. Gerade die Konkurrenz zu den USA wurde so als Argument für die Europäische Integration benutzt.

Drittens ging es der US-Regierung darum, Europa für die amerikanische Massenkultur zu öffnen. Auch das wurde in den USA als Bestandteil von Sicherheitspolitik gesehen. In diesem Kontext spielten politische Werte wie individuelle Freiheit, aber auch Konsumgewohnheiten und Protestkulturen eine wichtige Rolle. Man kann daher durchaus von einer Amerikanisierung Europas sprechen, denn diese Prozesse fanden auch in Ostmitteleuropa nach 1990 ihre Fortsetzung. Entscheidend in dieser Hinsicht war auch die US-amerikanische Kommunikationspolitik in Europa: Der Marshallplan war nicht nur ein wirtschaftliches und politisches Instrument, er wurde begleitet von einer umfangreichen und sehr effektiven Propaganda, die für die amerikanischen Werte warb. Das amerikanische Engagement in der ersten Berlin-Krise 1947/48 war ebenso bedeutsam wie die Inszenierung des Besuches von Präsident John F. Kennedy in Berlin 1963. So wie das deutsch-französische Bündnis setzten auch die USA bewusst auf die Inszenierung von Politik durch symbolische Akte, die dazu beitrugen, die nach 1945 noch weit verbreitete europäische Skepsis in Bezug auf die amerikanische Lebensweise zu überwinden. Gewiss betrieben die USA insbesondere in den 1950er Jahren in Europa Hegemonialpolitik, aber diese wurde von den westeuropäischen Regierungen und der Gesellschaft in ihrer großen Mehrheit akzeptiert und sogar begrüßt. „Empire by Invitation" heißt daher auch treffend das grundlegende Buch des norwegischen Historikers Geir Lundestad über die amerikanische Europapolitik nach dem Zweiten Weltkrieg.

Die Perspektive der Sowjetunion auf die Europäische Integration wurde ähnlich wie die der USA von ideologischen, machtpolitischen und wirtschaftlichen Motiven bestimmt. Auch wenn nicht alle Fragen restlos geklärt sind, weil die Archive nicht vollständig ausgewertet werden konnten, geht die Forschung davon aus, dass die Europapolitik der Sowjetunion nach 1945 im Kern defensiv war. Ein überraschender Angriff von Westen wie im Juni 1941, der die Existenz des Staates in Frage gestellt hatte, sollte für die Zukunft ausgeschlossen werden. Die grundsätzlich defensive Ausrichtung schloss taktische politische Wendungen und begrenzte offensive Militäreinsätze nicht aus. Um die Sicherheit zu gewährleisten, annektierte die Sowjetunion 1945 die unmittelbar angrenzenden westlichen Staaten, insbesondere die Staaten des Baltikums, das östliche Polen, Bessarabien und die nördliche Bukowina. Westlich hiervon schloss sich eine Kette von Staaten von der Ostsee bis auf den Balkan an, die formal unabhängig waren, aber unter direkter sowjetischer Kontrolle standen. Im Zentrum Europas plante Stalin eine weitere Kette von unabhängigen Staaten nach finnischem und österreichischem Vorbild. Dieses mit unterschiedlicher Intensität beherrschte westliche Glacis sollte der Sowjetunion Sicherheit geben. Hauptziel sowjetischer Europapolitik war es daher, die durch den Zweiten Weltkrieg in Europa entstandenen Grenzen zu erhalten. Die Westmächte und die USA allerdings verweigerten diesen Grenzen die völkerrechtliche Anerkennung und forderten die Neuordnung Europas durch einen Friedensvertrag mit Deutschland.

Die mit dem Marshallplan und der OEEC beginnende Europäische Integration wurde in Moskau als aggressiver Akt der Vereinigten Staaten angesehen. Auch der Europarat, die Europäische Gemeinschaft für Kohle und Stahl und die Europäische

Wirtschaftsgemeinschaft, das hat der Historiker Wolfgang Müller auf der Basis der Akten aus der Moskauer Regierung erarbeitet, wurden als gegen die Sowjetunion gerichtet wahrgenommen. Außenminister Molotow wurde in dieser Hinsicht stark von der durch Lenin vorgegebenen Interpretation geprägt. Lenin hatte zu Beginn des Ersten Weltkrieges geschrieben, dass „Vereinigte Staaten von Europa" angesichts der dominierenden nationalen Interessen der Großmächte unmöglich zu realisieren seien. Wenn es zu internationalen Zusammenschlüssen komme, dann seien dies kurzfristige internationale Monopole. Eben dies waren in der Wahrnehmung von Außenminister Molotow die europäischen Organisationen der 1950er Jahre. Die sowjetische Führung sah die europäische Integration als ein von den USA gesteuertes Projekt, das die westeuropäische Wirtschaft auf einen weiteren Krieg gegen die Sowjetunion vorbereiten sollte. Ein wichtiges Ziel sowjetischer Politik war es daher, die westeuropäische Integration zu behindern. Zu diesem Zweck sollten insbesondere die Europaskeptiker in Frankreich, Italien und in der Bundesrepublik Deutschland unterstützt werden. Auch die so genannten Stalin-Noten zu Beginn der 1950er Jahre, in denen die Sowjetregierung einen neutralen deutschen Staat aus einer Vereinigung der Bundesrepublik Deutschland und der DDR vorschlug, gehören in diesen Kontext. Ob dieser Vorschlag ein nur taktisch gemeintes Störmanöver oder ein ernstgemeintes Konzept war, ist in der Forschung allerdings weiterhin umstritten.

Eine weitere Reaktion der Sowjetregierung auf die Europäische Integration waren eigene Integrationsbemühungen in Osteuropa. 1947 wurde das Informationsbüro der Kommunistischen und Arbeiterparteien gegründet. Vertreten waren die kommunistischen Parteien aus den osteuropäischen Staaten, aber auch aus Frankreich. Das Ziel war es, den Führungsanspruch der KPdSU zu untermauern. Als Reaktion auf den amerikanischen Marshallplan wurde 1949 der Rat für gegenseitige Wirtschaftshilfe (RGW) gegründet. Ziel war es, die Wirtschaftspläne der sozialistischen Staaten zu koordinieren und eine arbeitsteilige Produktion zu vereinbaren. In politischer Hinsicht diente auch der RGW dazu, die wirtschaftliche und politische Hegemonie der Sowjetunion in Osteuropa zu sichern. Dem entsprach auf militärischer Ebene der am 14. Mai 1955 gegründete Warschauer Pakt. Auch er stand unter unmittelbarer Kontrolle des sowjetischen Generalstabs. Formal gegen eine mögliche militärische Aggression aus Westeuropa gerichtet, wurde die Militärorganisation allerdings vor allem innerhalb des sowjetisch dominierten Osteuropas zur Niederschlagung von Volksaufständen eingesetzt.

So wie die USA wirkte auch die Sowjetunion indirekt auf den europäischen Einigungsprozess. Ein wichtiges Argument für die Europäische Integration zwischen 1950 und 1990 war, dass die westeuropäischen Staaten sich angesichts der sowjetischen Bedrohung zusammenschließen müssten. Dies spielte bei der Entstehung der NATO eine zentrale Rolle, aber auch für die Europäische Wirtschaftsgemeinschaft. So bezeichnete der für die Europapolitik verantwortliche deutsche Staatssekretär im Auswärtigen Amt, Walter Hallstein, die Europäische Integration als den „Ausdruck der Lebensnotwendigkeit Europas unter den gegenwärtigen Verhältnissen. Europa kann politisch und wirtschaftlich nur leben, wenn es sich einigt. Für Deutschland wie für alle anderen Staaten ist nicht die Frage, [ob] sie nationalstaatlich bleiben oder sich integrieren wollen, sondern nur wohin sie sich integrieren wollen: in die freie Gemeinschaft der Europäischen Integration oder in eine östliche."[68] Hier zeigt sich der Einfluss des Ost-West-Konfliktes auf die Europäische Integration besonders deutlich. Aus der Sicht Hallsteins zwang die Hegemonie der USA im Westen und der Sowjetunion im Osten des Kontinents alle europäischen Staaten zur Integration in eines der von den Supermächten geführten Bündnisse. Diese Struktur blieb zumindest aus osteuropäischer Sicht auch nach dem Ende des Ost-West-Konfliktes 1990 bestehen. Das wichtigste Argument für die ostmitteleuropäischen Staaten für den Beitritt zu NATO und EU war die dort empfundene Bedrohung durch Russland.

Neben der von Hallstein erläuterten Option der europäischen Staaten sich entweder für die westliche oder die östliche Hegemonialmacht entscheiden zu müssen, gab es aber auch die Idee des Europas der „Dritten Kraft" zwischen den beiden Blöcken. Die Europäische Integration wurde hier damit begründet, dass kein europäischer Staat allein über das militärische und wirtschaftliche Potential der beiden Supermächte verfügte. Gemeinsam allerdings konnten die europäischen Nationalstaaten ein Potential abrufen, das ihnen einen gleichberechtigten Platz zwischen den Weltmächten sicherte. Die Rolle der beiden Supermächte war daher ambivalent: Einerseits förderten sie die jeweilige Integration in ihrem Einflussbereich, andererseits führten sie durch die Hegemonie den Europäern die Notwendigkeit der Zusammenarbeit vor Augen. Dieses Argument wird bis heute verwendet, insbesondere im militärischen Bereich. Hier sind die europäischen Staaten oft bei Einsätzen auf die Unterstützung der USA angewiesen, die allerdings eigene Interessen verfolgen.

Die europäischen Organisationen als Akteure im internationalen System

Stärker als jemals zuvor entwickelten sich die internationalen Organisationen in Europa nach 1945 zu Akteuren im internationalen Staatensystem. Dies gilt insbesondere für die EG/EU und ihre Vorläuferorganisationen. Zu unterscheiden ist zwischen der Rolle der EG/EU für das europäische System (Binnenperspektive) und ihrer Rolle für die Weltpolitik (Außenperspektive).

Innerhalb Europas waren die europäischen Organisationen vor allem Instrumente zur Lösung von Konflikten. Ein wichtiges Motiv für ihre Gründung war der Friedenserhalt. Robert Schuman betonte in seiner berühmten Pressekonferenz vom 9. Mai 1950, dass es das Ziel seines Vorschlages für eine Europäische Gemeinschaft für Kohle und Stahl sei, „Krieg zwischen Frankreich und Deutschland nicht nur undenkbar, sondern materiell unmöglich zu machen".[69] Der Frieden sollte

68 Politisches Archiv des Auswärtigen Amtes, Abt. 2, AZ 225–10-01, Bd. 900. Aufzeichnung zur europäischen Integration für die Sitzung des Auswärtigen Ausschusses, 3. Mai 1955.

69 Erklärung Robert Schumans vom 9. Mai 1950, zit. nach: https://www.robert-schuman.eu/de/doc/questions-d-europe/qe-204-de.pdf (5.11.2020).

durch eine enge politische, wirtschaftliche und gesellschaftliche Verflechtung der Mitgliedstaaten gesichert werden. Dieser Gedanke spielte auch bei der Europäischen Wirtschaftsgemeinschaft und später bei der Gründung der Europäischen Union eine Schlüsselrolle. Das durch die Verträge geschaffene Völkerrecht sollte den Frieden sichern. Insofern knüpfte die Europäische Integration nach 1945 an die Entwicklung des Völkerrechts seit 1815 an. Auch das Konzert der Mächte im 19. Jahrhundert, das System des Völkerbundes, die Verträge von Locarno und der Briand-Kellogg-Pakt hatten ein multilaterales System des Völkerrechts entworfen, dessen Hauptziel es war, militärische Konflikte in Europa zu verhindern. Allerdings gingen die nun gegründeten Organisationen einen wesentlichen Schritt weiter. Im Gegensatz zum Völkerbund und auch der UNO, und das war grundlegend neu, konnte die Montanunion ebenso wie die EWG und die EU in bestimmten, durch die Verträge festgelegten Politikbereichen selbst Recht setzen. Grundlage ist das durch die europäischen Verträge geschaffene, dann weiterentwickelte spezielle Völkerrecht (Europarecht). Die Europäische Integration schuf daher keinen Frieden, indem sie Konflikte zwischen den europäischen Staaten verhinderte oder gar abschaffte. Konflikte zwischen den Mitgliedstaaten bestanden und bestehen weiterhin. Allerdings wurde mit dem Europarecht ein Instrument geschaffen, um diese Konflikte durch politische Verhandlungen und supranationale Gerichtsbarkeit zu lösen. Militärische Gewalt, bis 1945 eine immer präsente Option bei zwischenstaatlichen Konflikten in Europa, wurde hierdurch verhindert. Lösungen für Konflikte wurden seit 1945 oft in wochenlangen Verhandlungen zwischen den Mitgliedstaaten ausgehandelt. Das wirkte – zumal in der medialen Zuspitzung – oft ineffizient und schwerfällig, erwies sich aber in Bezug auf den Konfliktausgleich zwischen Staaten als sehr wirksam. Die Europäische Union ist bis heute ein stark auf Konsens abzielendes System, das sich in diesem Punkt entscheidend vom Europäischen Staatensystem bis 1945 und dem globalen System unterscheidet. Die europäischen Organisationen von der Montanunion bis hin zur Europäischen Union sind aus dieser Perspektive ein auf einer besonderen Form des Völkerrechts basierendes, dezentrales, transnationales Verhandlungssystem.

Damit allein wären die europäischen Organisationen allerdings unzureichend beschrieben. Das Europarecht hatte nämlich eine viel stärkere Dynamik als das klassische Völkerrecht. Dadurch, dass die Montangemeinschaft, die EWG und auch die EU nach einem in den Verträgen beschriebenen Verfahren selbst Recht setzen konnten, das in den Mitgliedstaaten unmittelbare Wirkung hat (Supranationalität), wurden sie zu eigenständigen Akteuren im Staatensystem. Auch wenn die Mitgliedstaaten eine wichtige Stimme im politischen Prozess hatten, konnten die Institutionen der Gemeinschaft den Integrationsprozess stark vorantreiben. Das galt insbesondere für die Europäische Kommission, vor allem unter der Führung von Walter Hallstein (Amtszeit von 1958–1967) und Jacques Delors (1985–1995). Auch das Europäische Parlament nahm traditionell eine integrationsfreundliche, antreibende Rolle ein. Vor allem aber der Europäische Gerichtshof ist hier zu nennen, der durch verschiedene Entscheidungen das Europarecht weiterentwickelte und den Primat des europäischen Rechts vor dem nationalen Recht in den Mitgliedstaaten durchsetzte. Nicht zuletzt durch diese im Vergleich zu anderen internationalen Organisationen sehr weitreichenden Kompetenzen der EG/EU und die hierdurch erzeugte Dynamik entwickelte sich seit den 1960er Jahren ein neues politisches System, das eine enge Verbindung zwischen den Systemen der Mitgliedstaaten und den europäischen Institutionen schuf. Politologen sprechen seit den 1980er Jahren von einem Europäischen Mehrebenensystem, in dem politische Kompetenzen auf regionaler, nationaler und europäischer Ebene verteilt werden. Diese drei Ebenen sind eng miteinander verflochten und nicht hierarchisch. Je nach Politikfeld wandeln sich die Zuständigkeiten, zudem gibt es Politikfelder, in denen die Verflechtung besonders hoch ist (z. B. Währungs- und Agrarpolitik), während sie in anderen geringer ist (z. B. Sozialpolitik). Konflikte zwischen den Akteuren in diesem System laufen daher auch nicht immer unbedingt entlang der nationalen Grenzen, sondern es bilden sich auch transnationale Koalitionen. Fest steht jedenfalls, dass sich das europäische Staatensystem unter diesen Bedingungen in den letzten fünfzig Jahren massiv verändert hat und auch weiterhin verändern wird, weil diese Dynamik systemimmanent ist. Es ist ein neues politisches System „sui generis“ entstanden, in dem die Nationalstaaten nicht aufgelöst wurden, aber in zuvor ungekannter Weise miteinander verflochten wurden.

Angesichts des seit den 1960er Jahren massiv angestiegenen Einflusses der Europäischen Gemeinschaften und der EU auf die Politik in Europa ist die Frage aufgeworfen worden, inwiefern die EG/EU imperialen Charakter hat. Für eine imperiale Rolle spricht, dass die Europäischen Organisationen – wenn auch nicht allein – Schöpfer und Garanten einer politischen Ordnung waren. Die Europäische Kommission, die sich als „Hüterin der Verträge“ versteht, intervenierte oft und zum Teil massiv in die Politik der Mitgliedstaaten und beeinflusste deren politische Systeme. Das führte nicht selten zu Konflikten mit den nationalen Regierungen. Diese Interventionen bezogen sich in der Vergangenheit vor allem auf Fragen der wirtschaftlichen und politischen Ordnung. Auch prozesspolitische Fragen wurden aufgeworfen: Die Mitgliedstaaten mussten jedes nationale Gesetz darauf überprüfen, ob es den europäischen Regulierungen entspricht. Seit den 1970er Jahren verstand sich die EG/EU auch als Hüterin der Demokratie in Europa. So unterstützte die EG in den 1970er Jahren den politischen Wandel von der autoritären Diktatur zum demokratischen System in Spanien, Portugal und Griechenland. Ähnlich wurde ab 1990 mit den ostmitteleuropäischen Staaten verfahren. Gewiss wurde diese Politik von der großen Mehrheit der Bevölkerung in diesen Staaten unterstützt, insofern war auch das ein „Empire by Invitation“.

Eng mit der Frage der Hegemonialmacht ist auch die Außenperspektive verbunden, die Tatsache, dass die EG/EU ein Faktor in der Weltpolitik ist. Die EU versuchte immer wieder in ihrer Peripherie zu intervenieren. Das betraf zum einen die südliche und östliche Peripherie der Gemeinschaft. Insbesondere im Mittelmeerraum und im östlichen Europa (Ukraine, Belarus) unterstützte die EU liberale, demokratiefreundliche Kräfte der Zivilgesellschaft. Dies wurde als aktive Sicherheitspolitik verstanden. Demokratisch verfasste Nachbarstaaten, so die Überzeugung, sind keine Bedrohung für die eigene Sicherheit und zudem attraktive Handelspartner. Mit der Türkei wurde am 12. September 1963 ein Assoziierungsabkommen geschlossen, das dem Land den Zugang zum europäischen Gütermarkt öffnete und eine Beitrittsperspektive bot. Allerdings ist die Mitgliedschaft der Türkei in der EG/EU bis heute umstritten und wurde daher nicht realisiert.

Etwas anders ist die Situation in Norwegen. Bereits viermal hat das Land Beitrittsanträge eingereicht, die aber aus verschiedenen Gründen abgelehnt wurden. Hinzu kamen zwei Referenden über die Mitgliedschaft, die von der norwegischen Bevölkerung knapp abgelehnt wurden. Norwegen ist daher kein Mitgliedsland der EG/EU geworden. Allerdings ist die norwegische Wirtschaft stark am Zugang zum Binnenmarkt interessiert. Norwegen erhielt daher einen Zugang zum europäischen Binnenmarkt, muss dafür allerdings einerseits akzeptieren, dass es über die Regeln nicht wie alle anderen Mitglieder mitbestimmen kann und andererseits einen erheblichen so genannten Kohäsionsbeitrag an die Gemeinschaft zahlen muss. Ähnlich war die Situation der Schweiz und Liechtensteins. Auch die Alpenstaaten waren wirtschaftlich abhängig vom Zugang zum EG/EU-Binnenmarkt, eine volle Mitgliedschaft wurde allerdings von der Bevölkerung mehrheitlich abgelehnt. 1972 schlossen die Schweiz und die EG ein bilaterales Freihandelsabkommen. Die Schweiz übernahm seither wesentliche Elemente des EU-Rechts in einem System bilateraler Abkommen und zahlte so wie Norwegen einen Beitrag für den Zugang zum Binnenmarkt. So ist sie de facto in den Binnenmarkt integriert, auch wenn sie formal kein Mitgliedstaat ist und keine politischen Mitspracherechte hat. Beide Beispiele zeigen, dass europäische Staaten, die formell nicht zur Gemeinschaft dazugehören in wirtschaftlicher und politischer Hinsicht abhängig von der Politik der EG/EU sind.

Gegen eine hegemoniale Rolle der EG/EU allerdings spricht, dass die Gemeinschaft keine Militärmacht ist und eine Außen- und Sicherheitspolitik nur rudimentär ausgebildet wurde. Seit Beginn der 1970er Jahre gab es die Bemühungen der Europäischen Gemeinschaft um eine Europäische Politische Zusammenarbeit (EPZ) in der Außenpolitik. Das Ziel war eine engere Verzahnung der außenpolitischen Entscheidungen der Mitgliedstaaten durch intergouvernementale Zusammenarbeit. In einigen Bereichen funktionierte dies recht gut, in anderen nicht. Nach der von der EU als eigenes Scheitern empfundenen Militärintervention der NATO unter Führung der USA im Kosovokrieg 1999 wurde auf dem Europäischen Rat von Köln der Aufbau einer militärischen Komponente beschlossen. Zwar gab es militärische Einsätze im Rahmen der Gemeinsamen Außen- und Sicherheitspolitik (GASP). Der erste fand 2003 in Mazedonien statt, es folgten weitere Einsätze auf dem Balkan und in Afrika. Es handelte sich hierbei nicht um Kampfeinsätze, sondern um Interventionen zur Absicherung von Friedensverhandlungen. In militärischer Hinsicht ist die EU trotz aller Bemühungen auf der globalen Ebene nur sehr eingeschränkt handlungsfähig, abhängig von der NATO und damit von den USA. Allerdings stellt sich grundsätzlich die Frage, ob es sinnvoll ist, die EU mit den Kategorien der klassischen Imperien zu beschreiben. Die EU übt imperiale Herrschaft offenkundig nicht in einer Weise aus, die – ähnlich wie Großbritannien im 19. oder die USA im 20. Jahrhundert – sich mit einem Zentrum-Peripherie-Modell beschreiben ließe. Weiterführend könnte es sein, nach den konkreten Bedingungen der Machtausübung durch die EU zu fragen. Diesbezüglich ist die historische Forschung aber noch ganz am Anfang.

Demgegenüber ist die hegemoniale Rolle der EG/EU in der Weltwirtschaftspolitik seit den 1960er Jahren recht deutlich. Das begann mit der Gemeinsamen Agrarpolitik, mit der die EG ein Weltakteur auf den Märkten für Nahrungsmittel und landwirtschaftliche Produkte wurde. Von Beginn an betrieb die EG im Agrarsektor eine protektionistische Politik, die darauf abzielte, den europäischen Markt für landwirtschaftliche Produkte gegen die globale Konkurrenz abzuschotten. Zugleich aber war die Gemeinschaft ein führender Exporteur von Agrarprodukten. Das führte zu Konflikten mit den USA und anderen großen Akteuren auf den Weltmärkten für landwirtschaftliche Produkte. Erst seit Beginn der 1990er Jahre akzeptierte die EU langsame Schritte für eine Liberalisierung der Weltagrarmärkte. Die protektionistische Agrarpolitik stand in Gegensatz zur übrigen Handelspolitik der EG. Insbesondere in den Verhandlungen im Rahmen des Allgemeinen Zoll- und Handelsabkommens (General Agreement on Tariffs and Trade, GATT) vertrat die Brüsseler Kommission einen liberalen Ansatz. In der so genannten Kennedy-Runde der GATT-Verhandlungen zwischen 1964 und 1967 repräsentierte die EG-Kommission die Gemeinschaft, die Mitgliedstaaten waren nicht präsent. Das bedeutete allerdings nicht, dass sie keinen Einfluss hatten. Insgesamt drängte die EG gemeinsam mit den USA in dieser Runde auf eine Liberalisierung der weltweiten Märkte für industrielle Produkte. Die Zölle wurden als Ergebnis der Kennedy-Runde erheblich gesenkt. Die EG war seit den 1960er Jahren gemeinsam mit den USA der einflussreichste Akteur in der Welthandelspolitik. Es gab allerdings auch Ausnahmen. Insbesondere in den Verhandlungen mit Japan, dem wichtigsten Aufsteiger in der Weltwirtschaft der 1970er Jahre scheiterte die EG-Kommission. Das lag zum einen daran, dass – im Gegensatz zu den Agrarfragen und der Politik im GATT – keine Einigkeit unter den Mitgliedstaaten bestand. Während Großbritannien, die Niederlande und die Bundesrepublik einen liberalen Kurs einschlugen, plädierten Italien und Frankreich für eine protektionistische Politik gegenüber Japan. Die japanische Regierung bevorzugte deswegen auch bilaterale Verhandlungen mit den einzelnen Mitgliedstaaten und konnte so verhindern, dass die ungleich mächtigere EG-Kommission die Verhandlungen führte. Seit den 2000er Jahren übernahm China die Rolle als wichtigste Handelsmacht in Fernost und betrieb eine ähnliche Politik in Bezug auf die EU wie zuvor Japan.

Eine besondere Rolle nahm die Europäische Gemeinschaft gegenüber dem afrikanischen Kontinent ein. Das lag vor allem daran, dass einige wichtige Mitgliedstaaten der EG ehemalige Kolonialmächte waren, die daher eine besondere Beziehung zum afrikanischen Kontinent hatten. Zudem prägte der deutliche ökonomische Unterschied zwischen den Ländern die Beziehungen. Bereits in den 1920er Jahren entstanden verschiedene Pläne für eine engere europäisch-afrikanische Verflechtung, die im französischen Sprachraum als „Eurafrique" bezeichnet wurden. Im Kern ging es hierbei darum, Afrika als wirtschaftlichen Ergänzungsraum für Europa auch angesichts der Schwäche des alten Kontinents zu erhalten. Nach 1945 war die Situation anders. Der Prozess der Dekolonisierung hatte nun massiv an Bedeutung gewonnen. Seit den 1950er Jahren plädierten daher vor allem die französische und belgische Regierung dafür, die verschiedenen überseeischen Gebiete mit der EG zu assoziieren. Hierhinter stand der Gedanke, dass sich die EG an den erwarteten hohen Kosten für die Entwicklung der afrikanischen Länder beteiligen sollte. Dies aber stieß insbesondere bei der Bundesregierung und der Regierung der Niederlande auf Widerstand. Mit dem Abkommen von Yaoundé vom 20. Juli 1963 sollte eine Freihandelszone zwischen 18 afrikanischen Staaten und der EWG geschaffen werden. Allerdings dominierten hier die EWG-Interessen. Die Gemeinschaft wollte zwar einerseits eine neue Assoziation mit den ehemaligen Kolonien schaffen, andererseits aber achtete man sehr darauf, dass in Afrika keine Konkurrenz zu den europäischen Volkswirtschaften entstand. In den 1970er Jahren änderte sich das Verhältnis erneut. Die europäische Öffentlichkeit drängte nun stärker auf eine Gleichberechtigung der afrikanischen Staaten, auch die EG-Kommission unter der (wenn auch kurzen) Leitung von Sicco Mansholt war nun bestrebt, die Interessen der afrikanischen Staaten stärker zu berücksichtigen. Hinzu kam, dass die Verhandlungsposition der afrikanischen Staaten durch Rohstofffunde (vor allem Erdöl) sich gegenüber den europäischen Staaten, die auf Energieimporte angewiesen waren, deutlich verbessert hatte. Das Abkommen von Lomé vom 28. Februar 1975 öffnete den europäischen Markt für die Exporte der afrikanischen Staaten, verzichtete aber auf Gegenpräferenzen. Die Handelsvereinbarungen wurden durch allgemeinpolitische Abkommen ergänzt: Die afrikanischen Staaten erhielten aus dem Europäischen Entwicklungsfonds direkte Unterstützung für den Aufbau ihrer Landwirtschaft. Zudem sollten demokratische und rechtstaatliche Strukturen aufgebaut werden. Dieser Aspekt wurde im Cotonou-Abkommen zwischen der EU und den so genannten AKP-Staaten vom 23. Juni 2000 noch einmal verstärkt. Die EG/EU war jedenfalls für die afrikanischen Staaten ein wichtiger Faktor.

Fazit

Zusammenfassend kann festgehalten werden, dass die Europäische Integration, hier vor allem die Europäische Union und ihre Vorläuferorganisationen, das europäische Staatensystem nach 1945 grundlegend veränderte. Im 19. Jahrhundert noch war Europa das politische und wirtschaftliche Zentrum der Welt gewesen. 1945 war der Kontinent vom Subjekt der Weltpolitik zu ihrem Objekt geworden. Wesentliche europäische Angelegenheiten wurden nun in Moskau und Washington entschieden. Die Sowjetunion und die USA wirkten in starkem Maße bei der Europäischen Integration in ihrem jeweiligen Machtbereich mit. Ihre Rolle war ambivalent: Einerseits förderten und steuerten sie aktiv die Integrationsbemühungen der europäischen Regierungen, andererseits führte die Dominanz der neuen Weltmächte den europäischen Staaten ihre Machtlosigkeit vor Augen und förderte damit den Wunsch zum Zusammenschluss. In jedem Fall war der Ost-West-Konflikt ein wichtiger politischer Katalysator der Europäischen Integration.

Zweitens wurden die europäischen Organisationen ab 1945 in so starkem Maße wie nie zuvor selbst Akteure im Staatensystem. Vor allem die Europäische Union und ihre Vorläuferorganisationen wirkten in doppelter Weise: Die Europäischen Organisationen wirkten nach innen, wo sie durch ihre Möglichkeit der Rechtsetzung selbst zum Motor der Integration wurden. Das Europarecht als besondere Form des Völkerrechts hat ein neues und weltweit einzigartiges System politischer Herrschaft geschaffen, das die Akteure in doppelter Weise bindet. In vertikaler Hinsicht sind europäische, nationale und regionale Politik auf das engste miteinander verflochten, ohne dass es eine Hierarchie gibt. Auch in horizontaler Hinsicht sind die nationalen Regierungen miteinander auf das Engste verbunden, so eng, dass ein kurzfristiger Austritt aus dem Verbund kaum möglich ist. Aber auch nach außen, in der Weltpolitik wurden die EU und ihre Vorläuferorganisationen eigene Akteure. Das betraf vor allem die Handels- und Entwicklungspolitik, in diesem Feld agierte die EG/EU als Weltmacht. Im politisch-militärischen Bereich hingegen spielte sie eine geringe bis gar keine Rolle.

Das bedeutete aber nicht, dass das europäische Staatensystem nicht mehr existieren würde. Im Gegenteil, das seit der Entstehung der Staaten virulente Problem einer Friedensordnung für Europa stellte sich auch nach 1945. Die Europäische Integration schuf nach 1945 eine neue Friedensordnung. Diese basierte zum einen auf einer historisch gesehen neuen Form der deutsch-französischen Kooperation. Zweitens wurden die seit 1815 existierenden Strukturen des Völkerrechts aufgegriffen und mit dem Europarecht eine neuartige Form des internationalen Rechts geschaffen, das Konflikte zwischen den Mitgliedstaaten der EU und ihren Vorläuferorganisationen durch strukturierte Verhandlungen und verbindliche, internationale Gerichtsbarkeit löste.

8. Gibt es ein Demokratiedefizit? Legitimationsmuster von supranationaler Herrschaft

Eine der wichtigsten politischen Kontroversen um die Europäische Integration drehte sich in den vergangenen Jahren um das so genannte Demokratiedefizit der Europäischen Union. Auch wenn es bereits zuvor Diskussionen über dieses Problem gegeben hatte, nahm diese Debatte seit dem Vertrag von Maastricht 1992 an Fahrt auf und ist bis in die Gegenwart nicht beendet. Im Kern geht es um die Frage, wie die politischen Entscheidungen der Europäischen Union legitimiert sind. Ausgelöst wurde die Diskussion durch einen Widerspruch. Zum einen versteht sich die Europäische Gemeinschaft seit den frühen 1970er Jahren als Motor der Demokratisierung in Europa. In dem am 14. Dezember 1973 veröffentlichten „Dokument über die Europäische Identität" erklärte die Gemeinschaft, dass „die Grundsätze der repräsentativen Demokratie, der Rechtsstaatlichkeit, der sozialen Gerechtigkeit […] sowie der Achtung der Menschenrechte als die Grundelemente der europäischen Identität" anzusehen seien.[70] Auch die 1993 als „Kopenhagener Kriterien" publizierten Aufnahmebedingungen für neue Staaten in die Europäische Union nannten ausdrücklich eine demokratische und rechtsstaatliche Ordnung als Voraussetzung. Zudem war die Demokratisierung in den Außenbeziehungen der EU ein wichtiges Element. Demgegenüber genügte das Institutionengefüge der EU selbst nicht den demokratischen Ansprüchen, die sie an die Mitgliedstaaten stellte. Drei Argumente wurden genannt: Erstens wurde darauf hingewiesen, dass es kein europäisches Staatsvolk gibt und damit die entscheidende Grundlage für eine demokratische EU fehle. Zweitens war die Stellung des Europäischen Parlamentes im Institutionengefüge gemessen an den Standards des nationalen Parlamentarismus schwach, auch wenn sich diese in den letzten dreißig Jahren massiv verändert hat. Drittens galt das europäische Mehrebenensystem, das sich seit 1952 schrittweise entwickelt hatte und dabei keinem verfassungsrechtlichen Konzept folgte, als intransparent und bürokratisch. Die politischen Strukturen und Prozesse waren selbst für informierte Beobachter schwer zu durchschauen und behindern so die gewünschte Partizipation.

In diesem Kapitel geht es um die geschichtswissenschaftliche Suche nach den Ursachen dieses Demokratiedefizits. Warum wurde die demokratische Legitimation der europäischen Organisationen zumindest in den Anfangsjahren so wenig berücksichtigt? Welche anderen Legitimationsstrukturen gab es für die europäischen Organisationen und wie veränderten sich diese? Im ersten Abschnitt wird ein Blick auf die Regierungskonferenzen in der Gründungsphase der Europäischen Gemeinschaften geworfen. Hierbei soll insbesondere herausgearbeitet werden, warum das Europäische Parlament in der Europäischen Gemeinschaft für Kohle und Stahl und

70 Dokument über die europäische Identität (Kopenhagen, 14. Dezember 1973), https://www.cvce.eu/de/obj/dokument_uber_die_europaische_identitat_kopenhagen_14_dezember_1973-de-02798dc9-9c69-4b7d-b2c9-f03a8db7da32.html (26.11.2020).

auch der Europäischen Wirtschaftsgemeinschaft eine so schwache Position gegenüber anderen Institutionen erhielt. Dann wird der Versuch einer europäischen Verfassungsgebung zu Beginn der 2000er Jahre untersucht. Der EU-Verfassungsvertrag scheiterte 2005 an Referenden in den Niederlanden und Frankreich. Schließlich soll ein Blick auf die Einstellung der europäischen Öffentlichkeit zur Europäischen Integration seit den 1950er Jahren geworfen werden.

Legitimationsstrategien der Europäischen Integration 1950–1958

Die Entstehung der europäischen Organisationen nach 1945 war geprägt von den Regierungen der Nationalstaaten und von Diplomaten. Transnationale Netzwerke gesellschaftlicher Akteure spielten zwar eine Rolle, waren aber nicht entscheidend für die institutionelle Ausgestaltung der Gemeinschaft. Die Verhandlungen fanden zunächst ausschließlich zwischen den Regierungen und den Ministerialverwaltungen in so genannten Regierungskonferenzen statt. Das begann mit der Organisation for European Economic Co-operation (OEEC), der auf Initiative der USA 1948 gegründeten Organisation zur Verteilung der Marshallplan-Hilfe. In diesem Rahmen wurde zwischen den beteiligten 16 Regierungen über wirtschaftliche Integration durch Zollabbau verhandelt. Auch die Verhandlungen über den Europarat, der im Mai 1949 gegründet wurde, fanden ausschließlich zwischen den Regierungen statt. Gleiches gilt für die Europäische Gemeinschaft für Kohle und Stahl, die auf den Vorschlag des französischen Außenministers Robert Schuman vom 9. Mai 1950 zurückgeht. An diesem Beispiel lassen sich die Debatten um die Legitimation der frühen Organisationen anschaulich zeigen. Schuman hatte in der Pressekonferenz lediglich eine „Hohe Behörde“ als Institution für die „erste Etappe der europäischen Föderation“ vorgeschlagen.[71] Unmittelbar nach Bekanntwerden des Projektes begann die Diskussion um die institutionelle Ausgestaltung der Montangemeinschaft. Der niederländische Verhandlungsführer Dirk Spierenburg forderte am 24. Mai 1950 in einem Gespräch mit Jean Monnet, dass die von Schuman so genannte Hohe Behörde nicht allein über die Kohle- und Stahlpolitik bestimmen dürfe, sonst, so Spierenburg, drohe eine „völlige Diktatur über die Kohle- und Stahlindustrie“.[72] Die nationalen Regierungen müssten in der institutionellen Struktur der Montangemeinschaft Platz finden. Auch die belgische Regierung forderte, die nationalen Regierungen angemessen an der Politik der Montangemeinschaft zu beteiligen. Spierenburg setzte sich daher während der Verhandlungen immer wieder für eine starke Rolle des Ministerrates im Institutionengefüge der EGKS ein.

71 Schuman Erklärung vom 9. Mai 1950, in: https://europa.eu/european-union/about-eu/symbols/europe-day/schuman-declaration_de (27.11.2020).

72 Hans Jürgen Küsters, Die Verhandlungen über das institutionelle System zur Gründung der Europäischen Gemeinschaft für Kohle und Stahl, in: Klaus Schwabe (Hrsg.), Die Anfänge des Schuman-Plans 1950/51, Brüssel u. a. 1988, S. 73–102, hier S. 79.

Auch von anderer Seite wurden Bedenken gegen die starke Dominanz der Hohen Behörde geäußert. Etienne Hirsch und André Philip, enge Mitarbeiter Monnets, brachten die Idee einer parlamentarischen Versammlung ein, der die Hohe Behörde rechenschaftspflichtig sein sollte. Diese Versammlung sollte aus Abgeordneten aus den Parlamenten der Mitgliedstaaten bestehen. Monnet wies dies zunächst zurück. Eine parlamentarische Versammlung war aus seiner Sicht nicht notwendig. Später gab der französische Delegationsleiter in diesem Punkt nach. Am 21. Juni 1950 präzisierte Monnet die französischen Vorstellungen in einem Gespräch mit Walter Hallstein. Da die „Hohe Behörde Souveränitätsrechte der verschiedenen Staaten in sich vereine, und da man sie nach demokratischer Auffassung nicht ohne Kontrolle arbeiten lassen dürfe, hätten die französischen Initiatoren an die Errichtung einer Kontrollinstanz gedacht, die aus Vertretern der verschiedenen Parlamente gebildet werde.“[73] Die nationalen Parlamente sollten die Mitglieder nur für ein Jahr wählen, so entstünden keine Abhängigkeitsverhältnisse. Dies sei ein „Ansatz zu einem späteren europäischen Parlament“.[74] Zunächst sollte die Versammlung aber keine Entscheidungsbefugnis und keine Exekutivfunktion erhalten. Die Hohe Behörde war jedoch verpflichtet, der Versammlung jährlich Rechenschaft über die Geschäftsführung abzulegen. Sollte dieser Bericht nicht überzeugen, könne die Versammlung die Abberufung der Hohen Behörde beschließen. Auch wenn Monnet und Schuman selbst dieser Vorstellung gegenüber reserviert blieben, war damit der Vorschlag einer parlamentarischen Kontrolle der Hohen Behörde in der Diskussion und wurde insbesondere von der deutschen Delegation unterstützt.

Auch wenn es innerhalb der Bundesregierung durchaus andere Vorstellungen gab, wurde die deutsche Position stark von den föderalistischen Plänen Walter Hallsteins geprägt. Er entwickelte in den Verhandlungen das Konzept einer Zweistaatenkammer, in der die Gemeinsame Versammlung mit dem Ministerrat zu einem Kongress nach US-amerikanischem Vorbild zusammengelegt werden würde. Zudem plädierte die deutsche Delegation für einen europäischen Gerichtshof mit der Aufgabe, das supranationale Recht weiterzuentwickeln und allfällige Konflikte innerhalb der Montangemeinschaft durch Rechtsprechung zu lösen.

Die institutionelle Struktur der Montangemeinschaft war schließlich ein Kompromiss aus den drei Ansätzen: Die französische Delegation setzte die starke Position der Hohen Behörde durch, der aber auf niederländischen Wunsch ein Ministerrat entgegengestellt wurde. Auch eine parlamentarische Versammlung, die der ursprüngliche Plan Monnets und Schumans gar nicht vorgesehen hatte, wurde ebenso wie ein Gerichtshof auf deutschen Wunsch hinzugefügt. Die verschiedenen institutionellen Vorstellungen entsprachen den politischen Interessen der Verhandlungspartner: Die französische Regierung strebte nach politischer Kontrolle der westeuropäischen und deutschen Kohle- und Stahlindustrie. Hierzu wurde die Hohe Behörde benötigt, ein

73 Akten zur Auswärtigen Politik der Bundesrepublik Deutschland 1949/50. Dok. Nr. 73, Besprechung mit dem Vorsitzenden der Konferenz über den Schuman-Plan, Monnet, in Houjarry, 21. Juni 1950, S. 193.

74 Ebd.

Ministerrat oder ein Parlament waren aus dieser Perspektive zumindest zu diesem Zeitpunkt überflüssig. Aus niederländischer Sicht diente die Montanunion als erster Schritt zu einer allgemeinen Handelsliberalisierung in Europa. Hierzu bedurfte es der Hohen Behörde, die allerdings von den nationalen Regierungen kontrolliert werden sollte. Ein Parlament war auch aus dieser Sicht nicht notwendig. Für die bundesdeutsche und die italienische Delegation schließlich war die Montanunion der erste Schritt zu einem europäischen Föderalstaat nach US-amerikanischem Vorbild. Es waren daher sehr verschiedene Ziele, die mit dem institutionellen Gefüge der Montanunion zu einem Kompromiss verschmolzen wurden. Geprägt wurden die Verhandlungen durch die nationalen Regierungen, die diese als Bestandteil der Außenpolitik betrachteten.

Dieses Muster setzte sich fort in den Verhandlungen über die Europäische Wirtschaftsgemeinschaft und Euratom, die nach der Konferenz von Messina am 1./2. Juni 1955 begannen. Zunächst wurde ein Expertenausschuss unter der Leitung von Paul-Henri Spaak damit beauftragt, die Grundlinien für eine europäische Wirtschaftsgemeinschaft zu erarbeiten. Der so genannte Spaak-Bericht lag am 21. April 1956 vor und bildete die Grundlage für die im Sommer 1956 beginnenden Regierungsverhandlungen. Die sechs beteiligten Regierungen entsandten höhere Beamte nach Brüssel, die den Vertrag ausarbeiten sollten. Zudem wurden die Außenminister regelmäßig zu Konferenzen zusammengerufen, um die strittigen Fragen zu entscheiden. In institutioneller Hinsicht war schnell klar, dass man auf den Institutionen der Montanunion aufbauen wollte. Das bedeutete, dass auch Euratom und die Europäische Wirtschaftsgemeinschaft jeweils aus einer Hohen Behörde (die nun Europäische Kommission genannt wurde), einer parlamentarischen Versammlung und einem Gerichtshof bestehen sollten. Erneut gingen die Regierungen mit konkreten verfassungsrechtlichen Vorstellungen in die Verhandlungen, die sich allerdings leicht verschoben hatten. Damit standen erneut im Kern drei verschiedene Optionen für die institutionelle Gestaltung zur Debatte.

Die französische Regierung strebte für die Europäische Wirtschaftsgemeinschaft eine starke Stellung des Ministerrates gegenüber der Kommission und dem Parlament an. Hinter dieser Forderung stand die französisch-republikanische Form des (wirtschafts-)politischen Denkens, der zufolge wirtschaftliche Entscheidungen politisch legitimiert sein müssen. Das sollte durch eine starke Rolle der demokratisch gewählten Regierungen innerhalb der Wirtschaftsgemeinschaft geschehen. Die Stellung der parlamentarischen Versammlung hingegen konnte aus dieser Perspektive schwach sein, die demokratische Legitimation erhielt die Europäische Wirtschaftsgemeinschaft nicht durch ihr Parlament, sondern durch die nationalen Parlamente.

Ganz anders war die niederländische Perspektive auf die Gemeinschaft. Die Regierung in Den Haag, die noch in den Verhandlungen über die Montanunion eine dominierende Rolle der nationalen Regierungen verlangt hatte, drängte nun auf eine starke Rolle der Europäischen Kommission. Die Regierung der Niederlande war vor allem an einer Freihandelszone in Europa interessiert, die der exportorientierten niederländischen Wirtschaft die Absatzmärkte sichern würde. In institutioneller Hinsicht plädierte die Regierung in Den Haag für eine starke Europäische Kommission, die den Wettbewerb innerhalb der Zollunion überwachen sollte. Der Ministerrat sollte demgegenüber eine geringere Rolle spielen. Ein Parlament war aus niederländischer Sicht nicht notwendig. Diese Position war in starkem Maße vom technokratischen Internationalismus geprägt. Dessen Kerngedanke war, dass Entscheidungen zum Allgemeinwohl unabhängig von politischen Mehrheiten im Parlament oder in der Regierung durch Experten getroffen werden sollten.

Die Bundesregierung hingegen orientierte sich in den Brüsseler Verhandlungen unter dem Einfluss von Walter Hallstein weiterhin am föderalistischen Staatsmodell. Aus dieser Perspektive sollte ein europäisches Parlament die Tätigkeit der Wirtschaftsgemeinschaft demokratisch kontrollieren. Gleichwohl signalisierte die Bundesregierung von Beginn an, dass sie in dieser Hinsicht sehr kompromissbereit agieren würde.

Erneut waren die europäischen Institutionen also durch einen politischen Kompromiss entstanden, in dem sehr verschiedene wirtschafts- und außenpolitische Ziele ebenso wie verschiedene staatstheoretische Konzepte miteinander verbunden wurden. Bis zum Dezember 1956 einigte man sich darauf, dass der Ministerrat die „großen wirtschaftspolitischen Entscheidungen“ treffen sollte, während die Europäische Kommission die Einhaltung der Vertragsbestimmungen überwachen und „gewisse sekundäre Entscheidungsbefugnisse“ erhalten sollte. Zudem sollten die großen Staaten im Ministerrat ein höheres Stimmengewicht erhalten als die kleinen Staaten.

Da die Konstruktionen der Europäischen Integration der 1950er Jahre auf komplizierten politischen Kompromissen basierten, die durch verschiedene staatstheoretische und ökonomische Leitbilder einerseits, außen- und wirtschaftspolitische Ziele der beteiligten Regierungen andererseits geprägt wurden, erhielten die europäischen Organisationen hybride Legitimationsstrukturen. Diese entsprachen daher auch nicht den Legitimationsstrukturen der Nationalstaaten. Ausgehend von den den Verhandlungen zu Grunde liegenden Vorstellungen und Interessen der Regierungen lassen sich vereinfachend drei verschiedene Legitimationsstrukturen unterscheiden, die als intergouvernementalistisch, technokratisch und föderalistisch bezeichnet werden können.

Die intergouvernementalistische Legitimationsvorstellung beruhte auf der Idee, dass internationale Organisationen ihre Legitimation von den nationalen Regierungen erhalten. Ihre Anhänger betonten daher den intergouvernementalen Charakter der europäischen Organisationen und die Kooperation zwischen den Nationalstaaten. Aus dieser Perspektive waren die Montanunion und die Europäische Wirtschaftsgemeinschaft internationale Organisationen in der Tradition des Völkerrechts aus dem 19. Jahrhundert. Die Verträge wurden daher auch als klassische völkerrechtliche Verträge interpretiert, die Regierungen untereinander schließen. Zentrale Institution der Gemeinschaften musste aus dieser Sicht der Ministerrat sein, der ab 1969 zudem noch durch das später „Europäischer Rat“ genannte Gremium der Staats- und Regierungschefs ergänzt wurde. In diesem intergouvernementalen Teil der Gemeinschaft waren die nationalen Regierungen die entscheidenden Akteure, die auf nationaler Ebene durch demokratische Wahlen ihre jeweilige Legitimation fanden. Anhänger des intergouvernementalistischen Legitimationsmodells wiesen seit 1945 darauf hin, dass der Nationalstaat die Grundlage der europäischen Gemeinschaften bleiben müsse, weil nur auf dieser Ebene die demokratische Legitimation gewährleistet würde. Es gebe, so die These, keinen europäischen Demos und daher auch kein Fundament für eine europäische Demokratie. Legitimation können aus dieser Perspektive nur die Nationalstaaten gewähren. Paradigmatisch wurde diese Position vom französischen Staatspräsidenten Charles de Gaulle in der Pressekonferenz vom 5. September 1960 vertreten: „In der Realität", so de Gaulle, „sind es die Staaten, so unterschiedlich sie auch sind, die alle ihre eigene Seele, ihre eigene Geschichte, ihre eigene Sprache, ihr Schicksal, ihre Größe und ihre Ziele haben, die das Recht haben zu befehlen und zu handeln. Es ist ein Irrglauben anzunehmen, dass man etwas Effizientes und von den Menschen akzeptiertes jenseits des Staates herstellen kann."[75] Eine über die EWG hinausgehende Vertiefung der supranationalen Europäischen Integration lehnte de Gaulle deswegen ab. Neben de Gaulle und seinen Anhängern war die britische Regierung seit den 1970er Jahren die wichtigste Vertreterin dieser Position.

Die technokratische Legitimationsstrategie wurde während der Verhandlungen über die Montanunion von Frankreich und bei den EWG-Verhandlungen von den Niederlanden vertreten. Im institutionellen Zentrum dieser Argumentation standen die „Hohe Behörde" der Montangemeinschaft und die „Europäische Kommission" der Wirtschaftsgemeinschaft. Diese Institutionen setzten sich aus wirtschaftlichen Experten zusammen, die von den Regierungen ernannt wurden. Ihre Legitimation bezogen sie aber nicht aus der Zustimmung der Regierungen oder des Wahlvolkes, sondern aus ihrer Expertise. Ihre Aufgabe sollte es sein, aus wirtschaftlicher Perspektive richtige Entscheidungen zu fällen und umzusetzen. Die Bürger würden ihre Zustimmung nachträglich geben, da die Politik der Kommission ihren langfristigen Interessen diene. Hinter dieser Argumentation stand eine politische Vorstellung, die sich bis in die antike Staatsphilosophie Platons zurückverfolgen lässt. Auch Platon sah das Allgemeinwohl gesichert durch die Expertise der Regierenden. Die Könige sollten Philosophen sein, das heißt, sie sollten Einsicht in die Komplexität der Probleme haben und auf der Basis ihrer Expertise entscheiden. Die Vorstellung von der technokratischen Expertise in internationalen Organisationen spielte bereits im 19. Jahrhundert eine wichtige Rolle. Experten für Währungen, Eisenbahn-, Post- und Telegraphentechnik hatten die internationalen Organisationen in den entsprechenden Feldern im Auftrag der Regierungen geleitet. Nach 1945 waren der Franzose Jean Monnet und der Niederländer Sicco Mansholt von diesen Ideen beeinflusst. Monnet hatte seine erste außenpolitische Erfahrung im Internationalen Schiffskomitee während des Ersten Weltkrieges gemacht, als er mit einer Gruppe von Wirtschafts- und Logistikexperten den Nachschub der Alliierten auf der Transatlantikroute organisierte. Unter den Bedingungen des Krieges konnten die Experten weitgehend unabhängig von den Regierungen und demokra-

75 Charles de Gaulle, Conférence de Presse, 5 septembre 1960, in: Charles de Gaulle, Discours et Messages, Vol. 3: Avec le renouveau 1958–1962, Paris 1970, S. 244–246, hier S. 244/245 (Übersetzung G.T).

tischer Zustimmung komplexe Logistikprobleme effizient lösen. Ähnliches schwebte auch dem niederländischen Landwirtschaftsminister Sicco Mansholt vor. In einer internen Aufzeichnung argumentierte Mansholt 1953 für die Unabhängigkeit der Hohen Behörde: „Nur auf diese Weise kann vermieden werden, dass Entscheidungen, welche erwünscht und erforderlich sind, auf das Veto von einem oder mehreren Teilnehmern scheitern. [sic!]“[76] Mansholt sprach vor allem von dem Einfluss der Interessenverbände im landwirtschaftlichen Sektor, die aus seiner Sicht Entscheidungen verhinderten, die ökonomisch notwendig seien. Wenn aber ein unabhängiges Expertengremium diese Entscheidungen träfe, dann würde eine solche politische Blockade nicht mehr möglich sein. Internationale Organisationen waren aus dieser Sicht Agenturen, die öffentliche Güter für Staaten und ihre Bevölkerung bereitstellten. Legitimiert wurden sie durch das Ergebnis.

Die föderalistische Legitimationsstrategie wurde in den 1950er Jahren vor allem von der deutschen und der italienischen Delegation vertreten. Visionen von einem europäischen Föderalstaat hatte es bereits vor 1945 in vielfältiger Weise gegeben, als politisches Konzept einer Regierung war dies allerdings neu. Es war vor allem der deutsche Delegationsleiter bei den Verhandlungen über die Montangemeinschaft, Walter Hallstein, der durch die Idee eines europäischen Bundesstaates nach US-amerikanischem Vorbild geprägt wurde. Hallstein gestaltete als Staatssekretär im Auswärtigen Amt bis 1957 die Europapolitik der Bundesrepublik Deutschland maßgeblich, weil er das Vertrauen von Bundeskanzler Konrad Adenauer genoss, der auch Außenminister war. Hallstein plädierte für eine starke Rolle eines europäischen Parlamentes in der Montanunion: „Wir haben daran gedacht, den Ministerrat mit der Assemblée Commune zu einer Art Kongress im Sinne des amerikanischen Staatsrechts zusammenzufassen, bestehend aus einem Staatenhaus und einem nationalen Parlament, also hier einem supranationalen europäischen Parlament [...].“[77] Legitimation sollte die Gemeinschaft erhalten durch die parlamentarische Zustimmung auf teilstaatlicher und europäischer Ebene. Allerdings konnte sich Hallstein mit diesem staatsrechtlichen Konzept gegen die französischen und niederländischen Vorstellungen nicht durchsetzen. Der europäische Föderalismus blieb auch das deutsche Leitbild bei den Verhandlungen über den Gemeinsamen Markt zwischen 1955 und 1957. Allerdings hatte Adenauer die Anweisung gegeben, den anderen Delegationen in diesen Fragen entgegenzukommen und nicht auf der föderalistischen Konstruktion der EWG zu bestehen. Das Ergebnis war, dass die EWG, so wie Euratom und die Montangemeinschaft, zwar eine parlamentarische Versammlung erhielt, diese allerdings – entgegen den Vorstellungen der Föderalisten – mit sehr geringen Kompetenzen ausgestattet wurde.

76 Memorandum über die Landwirtschaftsintegration (1953), in: Themenportal Europäische Geschichte, 2008, www.europa.clio-online.de/quelle/id/q63-28471.

77 Akten zur Auswärtigen Politik der Bundesrepublik Deutschland 1949/50. Dok. Nr. 99. Besprechung beim Vorsitzenden der Konferenz über den Schuman-Plan, Monnet, in Paris, 27. Juli 1950, S. 283, Fußnote 3.

Veränderungen in der Legitimationsstruktur 1958–2000

Allerdings kann eine Diskussion der politischen Legitimation der Europäischen Gemeinschaften nicht bei den Verträgen der 1950er Jahre stehen bleiben, da sich zwischen dem Inkrafttreten der römischen Verträge 1958 und dem Vertrag von Maastricht 1992 das Institutionengefüge der Europäischen Gemeinschaft stark veränderte. Aus der Perspektive der Legitimität politischen Handelns sind drei Aspekte wichtig. Erstens gewann die parlamentarische Legitimation durch die Gemeinsame Versammlung deutlich an Gewicht, zweitens wurde auch die intergouvernementale Legitimation durch die Entstehung des Europäischen Rates der Staats- und Regierungschefs gestärkt und schließlich gewannen auch technokratische Legitimationselemente an Einfluss.

Die Gemeinsame Versammlung der Montanunion war von Beginn an anders strukturiert als die anderen internationalen Versammlungen des Europarates und der Westeuropäischen Union. Zwar wurden die Abgeordneten auch hier nicht direkt gewählt, sondern aus den nationalen Parlamenten entsandt. Die Abgeordneten organisierten sich aber nicht nach nationaler Zugehörigkeit wie in anderen transnationalen parlamentarischen Versammlungen, sondern in politischen Fraktionen. Ab 1953 gab es eine christdemokratische, eine sozialistische und eine liberale Fraktion. Dieses Prinzip wurde auch nach 1958 beibehalten und sorgte für engere Kontakte zwischen den Delegierten innerhalb ihrer parteipolitischen Familien und unabhängig von der nationalen Zugehörigkeit. Zudem entwickelten die Abgeordneten ein starkes Selbstbewusstsein gegenüber der Europäischen Kommission und dem Ministerrat. Das äußerte sich zunächst darin, dass sich die Versammlung ab 1962 selbst als Europäisches Parlament bezeichnete. Dies stieß auf den Widerstand der Kommission und auch einiger Mitgliedstaaten. Gleichwohl setzte sich das Parlament durch: Der Begriff „Europäisches Parlament" wurde seit der Einheitlichen Europäischen Akte vom 1. Juli 1987 in den Verträgen verwendet. Gleichzeitig nahmen die Kompetenzen der Versammlung schrittweise zu. Ab 1972 hatte sie auch ein eingeschränktes Budgetrecht, das heißt, sie hatte Einfluss auf die Finanzen der Europäischen Gemeinschaft. Noch entscheidender war die erste Direktwahl des Europäischen Parlamentes im Juni 1979. Damit wurde eine lange und nachdrücklich gestellte Forderung des Parlamentes selbst erfüllt. Durch die Direktwahl wurde die Legitimation des Parlamentes verstärkt. Das zeigte sich in dem fortan gezeigten Selbstbewusstsein der Parlamentarier gegenüber den anderen europäischen Institutionen. Mit der Einheitlichen Europäischen Akte erhielt das Parlament erstmals legislative Kompetenzen, die mit den Verträgen von Maastricht, Amsterdam, Nizza und Lissabon sukzessive erweitert wurden. Dies führte dazu, dass das Europäische Parlament der Gegenwart gegenüber der Gemeinsamen Versammlung der 1950er Jahre massiv an Einfluss gewonnen hat. Im Rahmen des so genannten ordentlichen Gesetzgebungsverfahrens der EU ist das Parlament gleichberechtigt mit dem Rat an der Gesetzgebung beteiligt.

Mit der Direktwahl des Europäischen Parlamentes 1979 ging auch eine strukturelle Veränderung der europäischen Parteiensysteme einher. Auch wenn es bereits im 19. Jahrhundert und in der Zwischenkriegszeit lockere transnationale Kooperationsformen der politischen Parteien gegeben hatte, waren diese bis in die 1970er Jahre primär national orientiert. Im Vorfeld der Europawahl vom Juni 1979 bemühten sich die nationalen Parteien um transnationale Parteiföderationen, um ihre Wahlchancen bei der Europawahl zu verbessern. Diese Parteiföderationen funktionieren zwar wegen der besonderen Struktur des Europäischen Parlamentes anders als die nationalen Parteien, haben aber eine wichtige Funktion innerhalb des entstehenden europäischen Mehrebenensystems. Im Rahmen der Europäischen Volkspartei (christlich-konservative Parteien, EVP), der Sozialdemokratischen Partei Europas (SPE) und der Liberalen (European Liberal Democrats, ELD) entstanden grenzüberschreitende Netzwerke und Kontakte, die wiederum die Arbeit der nationalen Parteien und Parlamente veränderte. Insgesamt kann von einer Europäisierung des Parteiensystems gesprochen werden (vgl. Kap. 9). Welche Auswirkungen dies auf die Arbeit der nationalen Parlamente hatte, ist offen und ein Forschungsdesiderat.

Trotz dieses massiven Bedeutungsgewinns des Europäischen Parlamentes und der transnationalen Parteiföderationen funktioniert das Europäische Parlament sehr viel anders als nationale Parlamente. Das beginnt mit den Wahlen, die nicht nach einem einheitlichen, sondern nach je eigenem, nationalem Wahlrecht durchgeführt werden. Dieses unterscheidet sich zwischen den EU-Mitgliedstaaten erheblich. Zudem ist die Stimmengewichtung verschieden. Die Stimme eines deutschen Wählers zählt wegen der hohen Bevölkerungszahl der Bundesrepublik Deutschland und ihrer vergleichsweise kleinen Repräsentanz im Europäischen Parlament weniger als die Stimme eines luxemburgischen Wählers (degressive Repräsentativität). Schließlich wurden Europawahlen von den Wählern bislang vor allem aus der nationalen Perspektive betrachtet, das heißt im Wahlkampf spielten oft nationale Themen und nicht europäische Fragen die entscheidende Rolle. Europawahlen wurden daher als zweitrangige nationale Wahlen bezeichnet und hatten einen Testwahlcharakter für die nationalen Parteien. Alles dies führt dazu, dass die parlamentarische Legitimation der Europäischen Union trotz des massiven Bedeutungsgewinns des Europäischen Parlamentes unvollständig blieb.

Auch die intergouvernementale Legitimation änderte sich: Am 1. und 2. Dezember 1969 fand in Den Haag ein Treffen der Staats- und Regierungschefs der Europäischen Gemeinschaft statt. Das Treffen markiert einen Wendepunkt in der Geschichte der Gemeinschaft, weil hier wesentliche Konflikte gelöst wurden und die EG sich damit zum wichtigsten Forum europäischer Integration entwickelte. Erstens beschloss man die Vertiefung der Gemeinschaft durch die Absicht, bis 1979 eine Wirtschafts- und Währungsunion zu begründen. Zweitens wurde die Aufnahme zu Beitrittsverhandlungen mit Großbritannien, Irland, Dänemark und Norwegen beschlossen, die 1973 zur ersten Erweiterung der Gemeinschaft führten. Schließlich wurden die Finanzen der Gemeinschaft neu geordnet. Aus diesem Format der „Gipfeltreffen" entwickelte sich, angetrieben durch verschiedene Initiativen unter anderen von Jean Monnet, das Konzept des Europäischen Rates der Staats- und Regierungschefs. Monnet hatte eine europäische Regierung vor Augen. Tatsächlich entwickelte sich der Europäische Rat zu jener Institution, die die großen politischen Leitlinien für die Europäische

Gemeinschaft/Europäische Union entwickeln sollte. Mit der Einheitlichen Europäischen Akte vom 1. Juli 1987 wurde der Europäische Rat erstmals in den Vertrag aufgenommen, wenn auch zunächst nicht als Institution der Gemeinschaft. Mit dem Vertrag von Maastricht vom 7. Februar 1992 wurde der Europäische Rat eine Institution der Gemeinschaft. Die Europäische Kommission und noch mehr das Europäische Parlament hatten diese Entwicklung skeptisch verfolgt. Der Europäische Rat stärkte die intergouvernementale Legitimationsstruktur der Europäischen Gemeinschaft.

Eine besondere Rolle spielt in diesem Kontext der Europäische Gerichtshof (EuGH). Bereits die Montanunion hatte auf Drängen der deutschen Delegation unter Walter Hallstein einen Gerichtshof erhalten und mit dem Vertrag über die Europäische Wirtschaftsgemeinschaft war auch diese Institution übernommen worden. Der Europäische Gerichtshof entwickelte durch seine Rechtsprechung eine eigene Dynamik im Europäischen Integrationsprozess. Vor allem zwei Urteile sind in diesem Zusammenhang von Bedeutung: Mit der Van-Gend-&-Loos-Entscheidung vom 5. Februar 1963 erklärte der Europäische Gerichtshof, dass das europäische Recht ein eigene, von den nationalen Rechtsystemen unabhängige Rechtsordnung sei. Damit ist das Europarecht kein klassisches Völkerrecht, weil die Rechtssubjekte nicht nur die Staaten, sondern auch die Individuen in den Staaten sind. Am 15. Juli 1964 ging der EuGH noch einen Schritt weiter. In der Entscheidung Costa/Enel stellte er den grundsätzlichen Vorrang des Gemeinschaftsrechts vor dem nationalen Recht fest. Beide Entscheidungen wurden von den nationalen Regierungen und den Verfassungsgerichten im Prinzip akzeptiert. Gleichwohl entstand ein latenter Konflikt zwischen nationalem und europäischem Recht, der immer wieder aufbricht. Wichtig für die hier interessierende Frage nach der Legitimität ist, dass mit dem EuGH ein Akteur maßgeblich in den Integrationsprozess eingriff, der durch das technokratische Legitimationskonzept getragen wurde. Die Richter des EuGH sind Rechtsexperten, die zudem nicht in der Öffentlichkeit tagen. Das soll ihre Unabhängigkeit vor allem von den Regierungen ihrer Herkunftsländer stärken.

Ein neuer Ansatz: Der Verfassungskonvent

Die hybride Legitimationsstruktur der Europäischen Gemeinschaft wurde in den 1980er Jahren erstmals Gegenstand breiterer öffentlicher Kritik. Die historische Erforschung dieser Zusammenhänge steht wegen der erst kürzlich zugänglich gewordenen Quellen allerdings erst in den Anfängen. Die neue europäische Legitimitätsdebatte hatte aus heutiger Sicht verschiedene Ursachen. Erstens weitete die Europäische Gemeinschaft mit der Einheitlichen Europäischen Akte vom 1. Juli 1987 ihre Kompetenzen deutlich aus. Die Vollendung des Binnenmarktes, der ab 1992 nicht nur den Gütermarkt, sondern auch die Märkte für Dienstleistungen, Arbeit und Kapital umfasste, führte zu einer sichtbaren Veränderung der Wirtschaftsordnung der Mitgliedstaaten. Deutlich wurde dies nicht zuletzt in den Vorbereitungen auf die Währungsunion, die mit dem Vertrag von Maastricht vom 7. Februar 1992 beschlossen wurde. Jetzt entstand in allen Mitgliedstaaten zum Teil massive Kritik an der hybriden Legitimationsstruktur der Europäischen Union. Französische Republikaner sahen die politische Grundlage des Staates durch die „Globalisierung" und den „Neoliberalismus" in Gefahr. In Deutschland argumentierten liberale Ökonomen genau umgekehrt, indem sie darauf verwiesen, dass das deutsche liberale Wirtschafts- und Währungsmodell durch den Interventionismus der Europäischen Union in Frage gestellt würde. Die Regierungen Großbritanniens und Dänemarks beanspruchten so genannte Opt-out-Klauseln und entzogen sich so der ordnungspolitischen Umgestaltung der Staaten zumindest für einige Zeit.

Zweitens veränderte sich die Bedeutung des Begriffes „Demokratie" für die Europäische Gemeinschaft. In dem am 14. September 1973 in Kopenhagen verabschiedeten „Dokument über die europäische Identität" erklärte die Gemeinschaft, dass „die Grundsätze der repräsentativen Demokratie, der Rechtsstaatlichkeit, der sozialen Gerechtigkeit, die das Ziel des wirtschaftlichen Fortschritts ist, sowie der Achtung der Menschenrechte als die Grundelemente der europäischen Identität" anzusehen seien.[78] Die Durchsetzung und Erhaltung der Demokratie wurde damit zu einem Ziel der Europäischen Gemeinschaft. Dazu passte, dass sie in den 1970er Jahren aktiv dazu beitrug, demokratische Strukturen in ehemaligen autoritären Staaten wie Spanien, Portugal und Griechenland durchzusetzen. Zugleich begann auch der EuGH, seine Rechtsprechung auf den Schutz der demokratischen Grundrechte auszuweiten. Das war eine Aufgabe, die in den 1950er Jahren der Europarat und die Europäischen Menschenrechtskommission übernommen hatten. Der Begriff der Demokratie hatte allerdings in den 1950er Jahren eine ganz andere Rolle gespielt. Es ging weniger um die Legitimation von Herrschaft als vielmehr um die Abgrenzung vom sowjetischen Machtbereich. Der dort verwendete Begriff der „Volksdemokratie" wurde abgelehnt. Stattdessen sprach man im Westen von der „wirklichen Demokratie" – wenn auch vor allem auf nationaler Ebene. Der Begriff hatte in öffentlichen Debatten, zumal wenn es um die Europäische Integration ging, keine prominente Bedeutung. Die Demokratie wurde mit der nationalen Politik verbunden, nicht mit der europäischen.

Allerdings hatte die Hinwendung der Europäischen Gemeinschaft zum Demokratiebegriff und den Menschenrechten in den 1970er Jahren nicht beabsichtigte Konsequenzen: Kritik entstand dadurch, dass die Gemeinschaft die Kriterien der von ihr nun als Element europäischer Identität definierten Demokratie selbst nur teilweise erfüllte und stattdessen in mancher Hinsicht auf andere, technokratische und intergouvernementale Legitimationsquellen zurückgriff. Dies traf auf eine europäische Öffentlichkeit, die in stärkerem Maße als in den 1950er Jahren auf die demokratische Legitimation von politischer Herrschaft auch auf europäischer Ebene achtete. So prognostizierte der deutsche linksliberale Intellektuelle Hans Magnus Enzensberger in einem Aufsatz von 1989 eine Legitimationskrise der europäischen Organisationen: „Erst nach 1992 wird den Bürgern ein Licht aufgehen [...]. Spätestens dann werden die Leute begreifen, dass das Brüsseler Projekt, bei dem ihnen

78 https://www.cvce.eu/de/obj/dokument_uber_die_europaische_identitat_kopenhagen_14_dezember_1973-de-02798dc9-9c69-4b7d-b2c9-f03a8db7da32.html.

jede Mitsprache verweigert wird, ihre sozialen Rechte, ihre Umwelt und ihre Kultur bedroht. Es ist absehbar, dass dann der stillschweigende Vorbehalt in offenen Widerstand umschlägt."[79] Offensichtlich hatte sich in den 1970er Jahren mit dem Demokratieverständnis auch der Anspruch an politische Herrschaft verändert. Über die genauen Hintergründe wissen wir bislang allerdings wenig.

Drittens veränderte sich die Gemeinschaft durch die Erweiterungen. 1973 traten Dänemark, Irland und Großbritannien bei, 1981 Griechenland, 1986 Spanien und Portugal. Nach dem Ende des Ost-West-Konfliktes begann eine neue Erweiterungsrunde, so dass die Gemeinschaft 2018 27 Mitgliedstaaten hatte. Das führte dazu, dass es mehr tiefgreifende Meinungsverschiedenheiten zwischen den Regierungen gab. Zudem stärkte dies die Rolle der Vetospieler, die Kompromisse so lange blockieren konnten, bis sie Kompensationen in Form von Sondersubventionen erhalten hatten. Die EU wurde daher in der Öffentlichkeit oft als zerstritten und handlungsunfähig wahrgenommen.

Die breite Kritik führte auf politischer Ebene zu einer umfassenden Debatte um die Reform der Europäischen Union. Sie wurde eröffnet vom deutschen Außenminister Joschka Fischer, der in einer Rede in Berlin am 12. Mai 2000 für einen institutionellen Umbau der EU plädierte. Sein Ziel war die „Vollendung der Integration in einer europäischen Föderation".[80] Fischer sprach sich dafür aus, das Europäische Parlament in ein Zweikammersystem umzubauen. Die erste Kammer sollte sich aus Delegierten der nationalen Parlamente zusammensetzen und die zweite Kammer dem US-amerikanischen Senat oder dem deutschen Bundesrat modellhaft als Staatenkammer nachempfunden werden. Wenige Wochen später hielt der französische Staatspräsident Jacques Chirac eine Rede vor dem Bundestag in Berlin. Er beklagte ebenfalls das demokratische Defizit der Europäischen Union und plädierte dafür, die Demokratie in Europa, „insbesondere das Europäische Parlament und die einzelstaatlichen Parlamente" mit mehr „Leben zu füllen."[81] Der britische Premierminister Tony Blair griff am 6. Oktober 2000 mit einer Rede in Warschau in die Debatte ein und forderte eine europäische Freihandelszone mit einer starken Europäischen Kommission mit unabhängigen, freien Nationen. Schließlich publizierte die Europäische Kommission ein Weißbuch, in dem auch sie eine Reform des politischen Systems der EU anmahnte. Die Kommission plädierte dafür, „zwei Filter" der Unionspolitik zu stärken: Zum einen „den des Allgemeininteresses auf der Ebene der Kommission und den der demokratischen – europäischen und nationalen – Vertretung auf Ebene des Europäischen Parlamentes und des Rates".[82]

79 Hans Magnus Enzensberger, Brüssel oder Europa – eins von beiden, in: Ders., Der fliegende Robert. Gedichte, Szenen, Essays, Frankfurt a. M. 1989, S. 117–125, hier S. 124.

80 Joschka Fischer, Vom Staatenbund zur Föderation – Gedanken über die Finalität der Europäischen Integration. Rede am 12.5.2000 in der Humboldt-Universität zu Berlin, in: Hartmut Marhold (Hrsg.), Die neue Europadebatte. Leitbilder für das Europa der Zukunft, Bonn 2001, S. 41–54, hier S. 54.

81 Jacques Chirac, Unser Europa. In: Hartmut Marhold (Hrsg.), Die neue Europadebatte. Leitbilder für das Europa der Zukunft, Bonn 2001, S. 284–294.

82 Europäische Kommission, Europäisches Regieren – Ein Weißbuch, Brüssel 2001, S. 11.

Unter dem Eindruck dieser Diskussionen beschloss der Europäische Rat von Laeken am 14./15. Dezember 2001, die Europäische Union durch einen neuen Vertrag weiterzuentwickeln. Die EU sollte effizienter, transparenter und demokratischer werden, zugleich sollte die Verteilung der Kompetenzen zwischen Mitgliedstaaten und der EU klarer abgegrenzt werden. Entscheidend war, dass die Vertragsrevision nicht mehr auf einer Regierungskonferenz ausgehandelt werden sollte, sondern durch einen Europäischen Konvent. Dieses Instrument war auf der europäischen Ebene bereits zwischen Dezember 1999 und Oktober 2000 erfolgreich angewandt worden. Unter der Leitung des vormaligen deutschen Bundespräsidenten Roman Herzog wurde die Charta der Grundrechte der Europäischen Union durch einen Konvent erarbeitet. Nach diesem Muster sollte erneut ein europäischer Konvent zusammentreten und eine europäische Verfassung erarbeiten, die den Vertrag von Amsterdam ersetzen sollte. Das war das zweite neue Element. Es war nicht mehr von einem Vertrag die Rede, sondern von einer Verfassung. Viele Regierungen hatten diesen Begriff bis dahin vermieden, weil eine Verfassung das zentrale Rechtsdokument eines Staates ist. Der Europäische Konvent tagte vom 28. Februar 2002 bis zum 19. Juli 2003 unter dem Vorsitz des vormaligen französischen Staatspräsidenten Valéry Giscard d'Estaing. Ihm gehörten neben zwei Vizepräsidenten fünfzehn Vertreter der europäischen Regierungen, dreißig Mitglieder der nationalen Parlamente, sechzehn Mitglieder des Europäischen Parlamentes und zwei Vertreter der Europäischen Kommission an. Hinzu kamen noch Repräsentanten der damaligen Beitrittskandidaten der EU, die allerdings kein Stimmrecht hatten. Die Parlamente nahmen daher eine starke Rolle in den Verhandlungen ein. Zudem fand der Konvent im Gegensatz zu den Regierungskonferenzen in der Öffentlichkeit statt. Arbeitspapiere waren ebenso zugänglich wie die Plenarsitzungen des Konvents. Zudem wurde die Arbeit des Konventes von einer breiten Debatte in Wissenschaft und Medien über den Sinn und Umfang der Europäischen Union begleitet. Damit brach die Europäische Union mit der Tradition der Regierungskonferenzen, die in Stile diplomatischer Verhandlungen von Experten unter Ausschluss der Öffentlichkeit getagt hatten. Der vom Konvent erarbeitet Vertrag über eine Verfassung der Europäischen Union wurde am 4. Oktober 2003 einer Regierungskonferenz vorgelegt und am 17./18. Juni 2004 vom Europäischen Rat verabschiedet.

Anschließend musste der Verfassungsvertrag von den Mitgliedstaaten ratifiziert werden. Je nach nationalem Recht geschah dies entweder durch die Zustimmung des Parlamentes oder durch ein Referendum. Nachdem bereits zehn Mitgliedstaaten die EU-Verfassung ratifiziert hatten, lehnten 55,7 Prozent der französischen Wahlbevölkerung den Vertrag in einem Referendum am 29. Mai 2005 ab. Das kam insofern überraschend, als in Umfragen wenige Wochen vor dem Referendum noch eine stabile Mehrheit für die europäische Verfassung eingetreten war. Wahlanalysen zeigten, dass die Motive für die Ablehnung verschieden waren: Vor allem von der Linken wurde kritisiert, dass der Verfassungsvertrag zu wenige Aussagen über die soziale Dimension der EU machte. Zudem zeigte sich, dass vor allem die Landbevölkerung den Vertrag abgelehnt hatte, während die Mehrheit der städtischen Bevölkerung zugestimmt hatte. Schließlich hatten einige Franzosen das Referendum nach eigenem Bekunden genutzt, um ihrer allgemeinen Unzufriedenheit mit Staatspräsident Chirac Ausdruck zu verleihen. Wenige Tage darauf fand auch in den Niederlanden ein Referendum statt. Hier lehnten 61,5 Prozent der Wahlberechtigten den Vertrag ab. Auch in den Niederlanden war die Stimmung unmittelbar vor dem Referendum umgeschlagen. Die Motive der Verfassungsgegner waren etwas anders als in Frankreich: Viele erklärten, sie fühlten sich nicht ausreichend über den Vertrag informiert, manche hatten Angst vor dem Verlust nationaler Souveränität und schließlich wurde auch hier eine generelle Opposition gegen die Regierung von Premierminister Jan Peter Balkenende genannt. Nachdem die Niederlande und Frankreich den Vertrag abgelehnt hatten, wurde der Ratifikationsprozess nicht weiter fortgeführt.

Mit dem Scheitern des Verfassungsvertrages setzte eine gewisse Ratlosigkeit in der EU ein. Um dem nach der Osterweiterung entstandenen Reformbedarf gerecht zu werden, begannen erneut Regierungsverhandlungen, die schließlich in den Vertrag von Lissabon mündeten. Damit war die EU praktisch wieder auf das alte Verfahren der Vertragsrevision zurückgekommen. Der Vertrag von Lissabon nahm zwar wesentliche inhaltliche Elemente des Verfassungsvertrages auf, ersetzte den alten Vertrag aber nicht in der Weise wie es der Verfassungsvertrag gemacht hätte. Auch der Vertrag von Lissabon konnte nur mit Schwierigkeiten ratifiziert werden. Diesmal war es die irische Bevölkerung, die den Vertrag in einem Referendum am 12. Juni 2008 mehrheitlich ablehnte. Erst nachdem der Europäische Rat der irischen Regierung in einzelnen Punkten entgegengekommen war, akzeptierte eine Mehrheit am 2. Oktober 2009 den Vertrag von Lissabon.

Mit dem Vertrag von Lissabon endete eine Phase der Europäischen Integrationsgeschichte, die gekennzeichnet war durch den Versuch, die Gemeinschaft auf eine neue legitimatorische Grundlage zu stellen. Sie begann mit der Einheitlichen Europäischen Akte von 1987, der in relativ kurzer Zeit immer wieder neue Reformen der vertraglichen Grundlage folgten. Der Höhepunkt dieser Entwicklung war der gescheiterte Verfassungsvertrag. Trotz dieser Suche nach neuen Legitimationsquellen blieb die EU bis heute bei der aus staatstheoretischer Sicht als unbefriedigend empfundenen hybriden Legitimationsstruktur, in der sich demokratisch-föderale, intergouvernementale und technokratische Elemente vermischen.

Die Frage nach der Europäischen Öffentlichkeit

Als ein wichtiger Grund für das demokratische Defizit der Europäischen Union wird nach wie vor das Fehlen einer transnationalen europäischen Öffentlichkeit genannt. Mit diesem Problem haben sich die Rechtswissenschaften, die Medienwissenschaften und auch die Soziologie seit den 1990er Jahren intensiv beschäftigt. In den letzten Jahren ist die Frage auch in den Fokus der geschichtswissenschaftlichen Forschung gerückt, allerdings gibt es noch keine Überblicksdarstellung. Eine Öffentlichkeit wird in den Sozial- und Rechtswissenschaften als wesentliche Voraussetzung für demokratische Systeme angesehen. Der Begriff wird vielfältig verwendet, ohne dass es eine gemeinsame begriffliche Basis gibt. Oft wird er normativ verwendet, wobei insbesondere die demokratietheoretischen Modelle von Jürgen Habermas oder Niklas Luhmann als Ausgangspunkte gewählt werden. Gemessen an diesen Begriffen von Öffentlichkeit wird die transnationale Öffentlichkeit in Europa als unzureichend und unvollständig interpretiert und daraus der Schluss gezogen, dass, solange keine transnationale Öffentlichkeit in Europa existiert, auch kein demokratisches Gemeinwesen entstehen kann. Die Europäische Union hat also – legt man dieses Kriterium zu Grunde – ein Demokratiedefizit.

In den Geschichtswissenschaften dominiert hingegen die empirische Herangehensweise an mediale Öffentlichkeiten. Hierunter wird eine von Medien getragene grenzüberschreitende Kommunikationsgemeinschaft verstanden. Die erste transnationale europäische Öffentlichkeit in diesem Sinne lässt sich um die Wende vom 18. zum 19. Jahrhundert nachweisen. Zunächst in Frankreich, Deutschland und England, dann aber auch in Südeuropa diskutierten organisatorisch ungebundene Privatleute über öffentliche Fragen. Die gemeinsamen Sprachen der Zeit waren Französisch und Latein. Es handelte sich allerdings um eine kleine Elite, breite Debatten scheiterten an nicht vorhandenen gemeinsamen Medien und der hohen Zahl an Analphabeten zu dieser Zeit. Aus diesem Grund hatte diese frühe transnationale Öffentlichkeit auch nur begrenzten Einfluss auf politische Entscheidungen. Nach der Revolution von 1848 veränderte sich die Struktur der europäischen Öffentlichkeit. Es entstanden die Frühformen von politischen Parteien und Interessenverbänden, die Zeitungen wurden zu Massenmedien und nahmen über Grenzen und Sprachen hinweg aufeinander Bezug. Politische Parteien begannen, sich in lockerer Weise auch transnational zu verknüpfen. Eine wichtige Voraussetzung war die sich rasch entwickelnden Infrastrukturen der Kommunikation wie der Telegraf oder das Telefon, die eine schnelle Verständigung auch über politische Grenzen hinweg ermöglichten. Nach dem Ersten Weltkrieg veränderte sich die Struktur der europäischen Öffentlichkeit erneut. Das hatte einerseits mit der (vorübergehenden) Durchsetzung des Demokratieprinzips in den europäischen Nationalstaaten zu tun. Weite Teile der nationalen Gesellschaften wurden nun in den politischen Prozess eingebunden und artikulierten sich in der Öffentlichkeit über Medien. Andererseits setzte ein europäischer Selbstverständigungsprozess ein, den es in dieser Form vor 1914 nicht gegeben hatte. Ausgelöst wurde er durch das Krisenempfinden in Europa, das in der Selbstwahrnehmung nun nicht mehr das Zentrum und Vorbild für die Welt war. Neue Großmächte mit neuen politischen Ideologien entstanden außerhalb Europas und die europäischen Kolonialreiche lösten sich langsam auf. Die Frage, was Europa sei und für welche Werte der Kontinent stehe, wurde daher intensiv diskutiert. Zudem spielten erneut neue Medien eine Rolle: Seit der Mitte der 1920er Jahre setzte sich mit dem Rundfunk ein neues Leitmedium durch. Nach 1945 veränderte sich die europäische Öffentlichkeit erneut fundamental: Wieder wurde die Demokratie die Grundlage der politischen Ordnung auf nationaler Ebene, zunächst in West- ab 1990 auch in Osteuropa. Eine Bildungsexpansion eliminierte den Analphabetismus in Europa weitgehend, so dass nun breite Bevölkerungsschichten Zugang zu Medien hatten. Diese Medien waren stark auf die Nationalstaaten fokussiert und konstruierten die Nationen zu einem guten Teil selbst. Drei Ebenen von transnationaler medialer Öffentlichkeit lassen sich seither identifizieren: Die erste, einfachste Ebene war erreicht, wenn die nationalen Medien gleichzeitig über dieselben Themen berichteten. Das geschah einerseits durch große Veranstaltungen und Ereignisse wie z. B. Olympische Spiele, die zum Teil direkt im Fernsehen übertragen wurden, und durch politische Ereignisse wie Papstwahlen. Begünstigt wurde diese transnationale Öffentlichkeit auch dadurch, dass mit den europäischen Organisationen vor allem in Brüssel ein medialer Fokus geschaffen wurde. Europäische Ratstagungen, Europawahlen und Ähnliches generierten eine parallele Berichterstattung. Eine zweite Ebene war erreicht, wenn die nationalen Medien Bezug auf auswärtige Medien nahmen. Nationale Journalisten beobachteten die Berichterstattung ihrer ausländischen Kollegen und publizierten Kommentare aus fremdsprachigen Zeitungen oder Fernsehsendungen in den eigenen Medien. Die dritte, intensivste Ebene von transnationaler Öffentlichkeit wurde erreicht, wenn es transnationale Debatten in den Medien gab, wenn ein nationales Medium eine Diskussion auslöste, auf die im Ausland unmittelbar eingegangen wurde. Bisweilen versuchten einzelne Intellektuelle, wie z. B. Jürgen Habermas, solche Debatten zu generieren, indem sie die Artikel zum gleichen Zeitpunkt in verschiedenen nationalen Medien platzierten. Diese Versuche, transnationale Öffentlichkeiten über die Medien zu erzeugen, waren allerdings nur begrenzt erfolgreich. Gleiches gilt auch für Medien, die sich als transnational positionierten, wie z. B. der deutsch-französische Fernsehsender ARTE oder die englischsprachige Tageszeitung „The European".

Eine mediale Öffentlichkeit in diesem Sinne beruht auf verschiedenen Strukturen. Erstens ist eine gemeinsame Sprache notwendig, in der sich die Menschen verständigen können. Dies ist in den klassischen Nationalstaaten in der Regel die nationale Sprache, allerdings gibt es auch demokratische Staaten die vielsprachig sind, wie beispielsweise die Schweiz, Belgien oder Spanien. Entscheidend ist in diesen Fällen, dass man sich auf eine oder mehrere Sprachen verständigt, die alle sprechen, bzw. verstehen. Während bis 1945 Französisch die Lingua franca in Europa war, hat sich seit 1945 das Englische durchgesetzt. Die Fremdsprachenkenntnisse in Europa haben sich nach dem Zweiten Weltkrieg gegenüber dem 19. Jahrhundert deutlich verbessert, so dass sich vor allem jüngere Leute problemlos auf Englisch verständigen können, das gleichwohl für die meisten eine Fremdsprache bleibt. Zweite Voraussetzung für eine transnationale Öffentlichkeit sind Medien der Kommunikation. Das können klassische Medien sein (Zeitungen, Radio, Fernsehen, Internet), aber auch Musik, Film, Theater und die bildende Kunst. Insbesondere im Internet spielen nationale Grenzen nur noch eine untergeordnete Rolle. Wichtig sind schließlich gemeinsame politische und gesellschaftliche Institutionen. So hat die Entwicklung der Europäischen Union als politisches Zentrum massiv dazu beigetragen, dass europäische Medien aus Brüssel über Vorgänge in der EU berichteten. Auch Verbände fokussieren ihre Arbeit zunehmend auf die Brüsseler Institutionen, vor allem in den Bereichen, in denen die Gemeinschaft die politische Kompetenz besitzt, wie z. B. in der Agrar- oder Wettbewerbspolitik. Sozialverbände hingegen konzentrieren sich auf nationale Institutionen, weil dieser Politikbereich weitgehend national bestimmt wird.

Wenn man nach den Inhalten transnationaler Debatten fragt, so unterscheiden sich diese ebenfalls stark von nationalen Öffentlichkeiten. Transnationale Öffentlichkeiten sind stärker fragmentiert. In der Forschung spricht man daher von Teilöffentlichkeiten. So gibt es eine intensive Kommunikation beispielsweise zwischen den Wissenschaftlern einer Disziplin über Grenzen hinweg. Gleiches gilt für die Anhänger von Fußballmannschaften, die sich durch die europäischen Wettbewerbe kennengerlernt und miteinander vernetzt haben. Auch die Marketingspezialisten für bestimmte Produkte kennen die europäische Konkurrenz und die anderen Anbieter, die sie auf internationalen Messen treffen. Politische Debatten hingegen wurden deutlich seltener im transnationalen als im nationalen Rahmen geführt. Insgesamt kann festgehalten werden, dass es seit dem frühen 19. Jahrhundert eine transnationale Öffentlichkeit in Europa gibt, die aber anders strukturiert ist als die nationalen Öffentlichkeiten. Das hängt mit der Mehrsprachigkeit zusammen, mit den Medien, die ihre wichtige Basis auf der nationalen Ebene haben, aber auch mit den Inhalten der Debatte.

Etwas anders ist die Perspektive, wenn man die Einstellungen der Bürger der europäischen Staaten zur Integration in die Analyse einbezieht. Die gängige These lautet, dass die Europäische Integration ein Elitenprojekt gewesen sei, das lange keine demokratische Grundlage hatte. Unterstützend wird darauf verwiesen, dass die frühen europäischen Organisationen, der Europarat ebenso wie die Europäische Gemeinschaft für Kohle und Stahl, von den Regierungen ausgehandelt und gegründet wurden. Die Bürger seien an diesen Prozessen nicht beteiligt gewesen. Auch die zahlreichen Demonstrationen für die europäische Einheit, die Ende der 1940er und Anfang der 1950er Jahre organisiert wurden, seien vor allem von einer kleinen intellektuellen Elite getragen worden. Die breite Bevölkerung habe keinen Bezug zu Europa gehabt. In den 1960er Jahren sei die emotionale Bindung an Europa auch in der Elite verloren gegangen. Das hatte vor allem damit zu tun, dass die Vorstellungen von Europa, die die Protagonisten der Europabewegung in den 1950er Jahren entworfen hatten, mit der politischen Realität der Europäischen Wirtschaftsgemeinschaft wenig gemein hatten.

Dem hat der Berliner Historiker Hartmut Kaelble auf der Basis der im Eurobarometer publizierten Meinungsumfragen entgegengehalten, dass die Zustimmung zur Europäischen Integration in der Bevölkerung trotz des demokratischen Defizits konstant hoch blieb. Er wies nach, dass die Erwartungen der Bürger an die europäischen Organisationen der 1950er Jahre – Frieden und wirtschaftlicher Wohlstand – sehr wohl von der europäischen Gemeinschaft erfüllt worden seien. Eine demokratische Teilhabe sei in den 1950er und 1960er Jahren gar nicht gefordert worden. Dieser Anspruch habe sich erst in den 1970er Jahren entwickelt und sei mit der Direktwahl zum Europäischen Parlament ab 1979 zumindest in Ansätzen auch realisiert worden. Hierdurch ist auch das Vertrauen der Bürger in die europäischen Organisationen nicht kontinuierlich gesunken, wie oft unterstellt wird.

Kaelble kann zeigen, dass es durchaus Vertrauenskrisen gab, vor allem in den größeren politischen und wirtschaftlichen Krisen Europas. Danach stieg das Vertrauen der Menschen in die Gemeinschaften aber wieder an, so dass sich insgesamt eine Auf- und Abbewegung beobachten lässt. Auch das Engagement der Menschen für Europa war Konjunkturen unterworfen. Jedenfalls lässt sich nicht sagen, dass es grundsätzlich zurückging. Die geschichtswissenschaftliche Forschung über diese Zusammenhänge ist allerdings noch in den Anfängen.

Fazit

Gibt es also ein Demokratiedefizit in der Europäischen Union? Aus geschichtswissenschaftlicher Sicht muss diese Frage differenziert betrachtet werden. Es gab und gibt drei verschiedene Legitimationsmuster für die Politik der Europäischen Union und ihrer Vorgängerorganisationen. Erstens spielte das intergouvernementalistische Legitimationskonzept eine Rolle. Es ging davon aus, dass die europäischen Organisationen internationale Organisationen im Sinne des klassischen Völkerrechts sind. Diese erhalten ihre Legitimation durch die Regierungen der Nationalstaaten und durch das Völkerrecht. Die zentralen Akteure sind in diesem Konzept die Mitgliedstaaten und ihre Regierungen. Einer demokratischen Legitimation jenseits des Nationalstaates bedurfte es in diesem Konzept nicht. Vertreten wurde diese Konzeption während der Verhandlungen über die Europäische Gemeinschaft für Kohle und Stahl von der niederländischen Regierung, in den Verhandlungen über die Europäische Wirtschaftsgemeinschaft und in der Regierungszeit von Charles de Gaulle von Frankreich, später von Großbritannien.

Zweitens war das technokratische Legitimationskonzept wichtig. Es hatte bereits im Internationalismus des 19. Jahrhunderts eine wichtige Rolle gespielt, als es um die administrative und technische Verflechtung der grenzüberschreitenden Infrastrukturen ging. Die Politik der europäischen Organisationen wurde in diesem Konzept durch die Expertise der Akteure gerechtfertigt. Diese handelten nach dieser Auffassung im Sinne des Allgemeinwohls, sie produzierten ein öffentliches Gut und waren daher durch das Ergebnis ihrer Politik legitimiert. In den Politikwissenschaften spricht man daher von einer Output-Legitimation. In der Entstehungsphase von EGKS und EWG wurde dieser Ansatz von Jean Monnet auf französischer und Sicco Mansholt auf niederländischer Seite vertreten. Beide plädierten für eine starke Rolle der Hohen Behörde und der Europäischen Kommission, damit diese möglichst unabhängig von den Regierungen und der öffentlichen Meinung im Sinne des Allgemeinwohls agieren könne.

Schließlich gab es das demokratisch-föderalistische Legitimationskonzept. Es spielte ebenfalls eine zentrale Rolle in der Geschichte der Europäischen Integration und wurde vor allem von der deutschen und der italienischen Regierung favorisiert. In diesem Konzept ging man davon aus, dass die Verträge eine klare Aufgabenteilung zwischen nationalstaatlicher und europäischer Ebene garantieren würden. Beide Ebenen müssten daher parlamentarisch kontrolliert werden. Die Europäischen Gemeinschaften waren aus dieser Perspektive die Vorstufe zu einem europäischen Föderalstaat.

Hieraus ergeben sich vier Konsequenzen:

1. Die europäischen Organisationen sind bis heute Kompromisse zwischen diesen politischen Konzeptionen. Keine Legitimitätsstrategie hat sich daher vollständig durchsetzen können. Die politische Legitimation der Europäischen Union ist bis heute hybrid. Die Europäische Union ist nämlich kein Nationalstaat. Das deutsche Bundesverfassungsgericht hat die EU in seinem Maastricht-Urteil vom 12. Oktober 1993 als „Staatenverbund" bezeichnet und damit deutlich gemacht, dass die EU Elemente des klassischen Staates mit jenen einer internationalen Organisation vermischt. Aus diesem Grund können die Ansprüche an demokratisches Regieren, die für Staaten gelten, nur bedingt auf die EU übertragen werden.
2. Allerdings bleibt festzuhalten, dass die Europäischen Gemeinschaften selbst von demokratischen Staaten gegründet wurden und die Demokratie eine wichtige Voraussetzung hierfür war. Nur demokratische Staaten konnten eine Gemeinschaft wie diese gründen. Insofern gehören Demokratie und Europäische Integration eng zusammen, die Demokratie war die Voraussetzung für die Europäische Integration.
3. Wichtig zum Verständnis ist zudem, dass die Gemeinschaften in ein dynamisches politisches System eingebettet waren, das sich seit 1950 stark verändert hat. Das betraf das strukturelle Umfeld Europas, das betraf aber auch die Strukturen der Gemeinschaften selbst. Nicht nur die inneren und äußeren Strukturen der Gemeinschaften veränderten sich seit 1950, auch der Anspruch an demokratische Partizipation nahm zu. Seit den 1970er Jahren forderten gesellschaftliche Gruppen in Europa eine größere Partizipation – auf nationaler wie europäischer Ebene. In der Gründungsphase der Europäischen Gemeinschaften in den 1950er und 1960er Jahren spielte deren demokratische Legitimation noch keine große Rolle, der Begriff der Demokratie war anders besetzt. Der Anspruch der Öffentlichkeit an eine demokratische EU ist seither massiv angestiegen und auch der Begriff der Demokratie hat sich gegenüber den 1950er Jahren verändert. Vor allem der Bedeutungsgewinn des Europäischen Parlamentes lässt sich so erklären. Eine vertiefte Erforschung dieser Vorgänge steht allerdings noch aus.
4. Schließlich unterscheiden sich auch die Voraussetzungen für die Demokratie auf nationaler und europäischer Ebene. Es gibt durchaus eine transnationale europäische Öffentlichkeit, sie ist aber anders strukturiert als die nationalen Öffentlichkeiten.

Die EG/EU mit ihrer hybriden Legitimitätsstruktur musste sich mit diesen Wandlungsprozessen in den 1970/1980er Jahren schwertun. Sie reagierte, indem sie das Instrument der Regierungskonferenzen durch die Konventsmethode ersetzte. Trotz aller Bemühungen um Partizipation und Transparenz scheiterte dieser Versuch an den ablehnenden Referenden in Frankreich und den Niederlanden. Der Vertrag von Lissabon wurde als Konsequenz wieder mit der herkömmlichen Regierungskonferenz vorbereitet. Seither hat niemand mehr eine Revision der Verträge mit dem Ziel der Demokratisierung der EU gewagt.

9. Eine immer engere Union? Die Europäisierung der Mitgliedstaaten in der EG/EU

Der Prozess der politischen Europäischen Integration wurde nicht nur von den Regierungen der Nationalstaaten vorangetrieben. Diese waren zweifellos wichtige Akteure, aber die Besonderheit des europäischen Integrationsprozesses entstand dadurch, dass dieser auch auf anderen politischen Ebenen stattfand. Innen- und Außenpolitik der Staaten sind in der Europäischen Integration auf so enge Weise miteinander verbunden, dass jenseits des Nationalstaates ein neues politisches System entstand. In diesem System sind neben den nationalen Regierungen jene politischen Akteure von Bedeutung, die zwar in enger Beziehung zur Regierungsebene stehen, aber gleichzeitig in der Zivilgesellschaft verwurzelt sind. Dies sind zum Beispiel politische Parteien, Interessenverbände, öffentliche Unternehmen, Gewerkschaften und Arbeitgeberorganisationen. Bereits die politikwissenschaftliche Theorie des (Neo-)Funktionalismus hatte seit den 1940er Jahren auf die Bedeutung der Zivilgesellschaft im Europäischen Integrationsprozess hingewiesen und ihr sogar die entscheidende Rolle zugebilligt. Die immer engere transnationale Verflechtung von Zivilgesellschaften, so hatte beispielsweise David Mitrany argumentiert, werde die politische Integration nach sich ziehen und sei damit der eigentliche Motor Europäischer Integration.[83] Er postulierte einen „spill over“ der Europäischen Integration: Wenn die transnationale Verflechtung in einem gesellschaftlichen Sektor begonnen habe, dann werde sie auch auf die Nachbarsektoren übergreifen und so schließlich zur grenzüberschreitenden Verflechtung aller europäischen Gesellschaften führen. Auch wenn sich diese These nicht bestätigt hat, weil es den unterstellten Automatismus nicht gibt, ist die Bedeutung der zivilgesellschaftlichen Akteure für den Integrationsprozess in der Forschung inzwischen unbestritten. Die damals zwischen Realisten und Funktionalisten umstrittene Frage, wem die entscheidende Rolle im Integrationsprozess zukomme, den Regierungen oder den gesellschaftlichen Akteuren, spielt heute keine Rolle mehr. Vielmehr zeigte sich, dass mit der Europäischen Integration ein ganz neues politisches System entstanden ist, das als Mehrebenensystem bezeichnet wird. Das europäische Mehrebenensystem ist durch zwei Charakteristika gekennzeichnet: Zum einen werden politische Entscheidungen auf mindestens drei politischen Ebenen verhandelt. Es gibt die supranationale europäische Ebene, die nationale und die regionale Ebene. Je nach Politikbereich kann auch noch eine kommunale Ebene hinzukommen. Entscheidend ist, dass es keine klare Hierarchie zwischen den Ebenen gibt, sondern je nach Politikfeld wechselnde Zuständigkeiten. Zum anderen ist es typisch für das Mehrebenensystem, dass es keine klaren Grenzen zwischen Regierungsakteuren und der Zivilgesellschaft gibt. Auch hier gilt, dass es je nach Politikfeld andere Akteurskonstellationen gibt, innerhalb derer die politischen Entscheidungen vorbereitet und ausgehandelt werden.

83 David Mitrany, A Working Peace System. An Argument for the Functional Development of International Organization, London 1943.

Die damit verbundene Transformation der europäischen Nationalstaaten wird seit einigen Jahren als Europäisierung bezeichnet, wobei der Begriff allerdings in verschiedenen Kontexten verwendet wird.

Das Thema kann hier nur exemplarisch behandelt werden. Im ersten Teil des Kapitels wird es um die grenzüberscheitende Verflechtung von politischen Parteien gehen. Diese begann zwar bereits im 19. Jahrhundert, beschleunigte sich aber nach 1945 und insbesondere in den 1970er Jahren stark. Das hatte mit der Entstehung des europäischen Parlamentarismus zu tun, aber auch mit der zunehmenden politischen Verflechtung der Regierungen untereinander. Der zweite Abschnitt untersucht den Prozess der Europäisierung am Beispiel der Europäischen Politischen Zusammenarbeit (EPZ). Diese begann in den frühen 1970er Jahren und hatte eine gemeinsame europäische Außenpolitik zum Ziel. Dieses wurde zwar bis heute nicht erreicht, gleichwohl veränderte der Prozess wesentliche Felder der Außenpolitik nachhaltig. Schließlich wird ein Phänomen in den Blick genommen, das in den letzten Jahren unter dem Begriff der Europäisierung verstärkt untersucht wurde. Welche Auswirkungen hatten die supranationale Integration und die Entstehung des europäischen Mehrebenensystems auf die politischen Systeme der Mitgliedstaaten? Diese Frage wird anhand von zwei Beispielen erörtert, der (Verfassungs-)Gerichtsbarkeit und an den Auswirkungen der Europäischen Integration auf den deutschen Föderalismus.

Europäische Parteiföderationen und europäischer Parlamentarismus

Die Anfänge der transnationalen Kooperation von politischen Parteien in Europa liegen vor dem Ersten Weltkrieg. Bereits mit der Entwicklung moderner Massenparteien in der zweiten Hälfte des 19. Jahrhunderts entstanden erste grenzüberschreitende Verbindungen. Diese wurden von einzelnen Persönlichkeiten getragen und beschränkten sich auf regionale grenzüberschreitende Kontakte oder den Austausch von (Zeitungs-) Informationen. Eine institutionalisierte und beständige grenzüberschreitende Kooperation mit dem Ziel einer politischen oder wirtschaftlichen Einigung Europas gab es nicht. Eine Ausnahme war die Sozialistische Internationale. Die erste wurde 1864 als „Internationale Arbeiterassoziation“ von Karl Marx gegründet und zerbrach zu Beginn der 1870er Jahre. 1889 wurde sie als „Sozialistische Internationale“ wiederbelebt und existierte bis in den Ersten Weltkrieg hinein. Allerdings blieb trotz dieser frühen institutionellen grenzüberschreitenden Kooperation die Arbeit der sozialistischen und sozialdemokratischen Parteien vorwiegend auf den nationalen Rahmen beschränkt.

Das änderte sich nach dem Ersten Weltkrieg nicht grundlegend. Auch in der Zwischenkriegszeit gab es bilaterale Kontakte etwa zwischen den deutschen Sozialdemokraten und der britischen Labour Party. Es ging um wechselseitige Informationsbesuche und um den Austausch von Publikationen. Ähnlich war die Situation bei den konservativ-katholischen und den liberalen Parteien. 1925 wurde ein Secrétariat International des Partis Démocratiques d'Inspiration Chrétienne (SIPDIC) als transnationale Organisation der katholischen Parteien gegründet. Ein Jahr zuvor war in Genf die „Entente Internationale des Partis Radicaux et de Partis Démocratiques

Similaires" der liberalen Parteien ins Leben gerufen worden, die in den folgenden Jahren verschiedene internationale Kongresse abhielt. Doch blieben diese Organisationsformen weitgehend inhaltsleer. Das hatte verschiedene Ursachen: Zum einen war die Zeit zwischen 1918 und 1945 der Höhepunkt des europäischen Nationalismus, der durch die Weltkriege aggressiv aufgeladen worden war und grenzüberschreitende Kontakte erschwerte. Insbesondere der Vertrag von Versailles und seine Interpretation führten zu großen Differenzen zwischen den deutschen Parteien und jenen des Auslands. Hinzu kamen auch ideologische Differenzen. Diese betrafen insbesondere die sozialistischen und liberalen Parteien. Schließlich war das Ziel der Arbeit politischer Parteien der Einfluss im Parlament oder in der Regierung. Beides gab es auf der internationalen Ebene nicht und deswegen blieb der Schwerpunkt der parteipolitischen Arbeit das nationale Parlament und der Nationalstaat. Auch im Zweiten Weltkrieg änderte sich diese Struktur nicht grundlegend. Die Widerstandsbewegungen gegen den Nationalsozialismus und den Faschismus waren in der Regel überparteilich organisiert. Selbst die verschiedenen Parteien und Regierungen, die sich im Londoner Exil wiederfanden, kooperierten nur in begrenztem Maße.

Dies änderte sich nach 1945 grundlegend und das lag vor allem an den gewandelten politischen Rahmenbedingungen Europas. Erstens wirkte der Ost-West-Konflikt auch auf das Parteiensystem, indem der Antikommunismus in Westeuropa eine gemeinsame Basis für Sozialdemokraten, Liberale und christlich-konservative Parteien wurde. Der Kampf gegen den Kommunismus relativierte die Bedeutung der bis dahin dominierenden ideologischen Differenzen. Angesichts der Bedrohung durch die Sowjetunion, so die Wahrnehmung, dürfe man sich keine fundamentalen Konflikte innerhalb des westlichen Lagers leisten. Zweitens verlor der Nationalismus im Vergleich zur Zwischenkriegszeit an Bedeutung. Die politische Elite Europas zeigte sich angesichts der Erfahrungen der beiden Weltkriege nun grundsätzlich zur grenzüberschreitenden Zusammenarbeit bereit und das wirkte sich auch auf die Arbeit der europäischen Parteien aus. Der Nationalismus galt nun als eine der Ursachen der Weltkriege. Drittens entstanden nach 1945 die ersten übernationalen parlamentarischen Versammlungen. Die Westeuropäische Union, der Europarat, die NATO und auch die Europäische Gemeinschaft für Kohle und Stahl hatten parlamentarische Versammlungen, die innerhalb dieser Organisationen zumindest anfangs nur beratende Funktion ausübten. Sie setzten sich zusammen aus Delegierten der nationalen Parlamente der beteiligten Staaten, die mit Doppelmandaten ausgestattet wurden. Der Einfluss dieser parlamentarischen Versammlungen innerhalb der internationalen Organisationen blieb formal begrenzt. Allerdings schufen sie grenzüberscheitende Kontakte zwischen den europäischen Parlamentariern. Das galt insbesondere für die Gemeinsame Versammlung der Europäischen Gemeinschaft für Kohle und Stahl, in der sich die Fraktionen nach parteipolitischer Ausrichtung formierten. Es gab eine sozialistische, eine christlich-konservative und eine liberale Fraktion. In den anderen Versammlungen gruppierten sich die Delegierten nach dem nationalen Prinzip. Wichtig waren diese Versammlungen, weil sie strukturierte Foren für europäische Kontakte zwischen den nationalen Parlamentariern boten.

Es entstanden grenzüberschreitende Netzwerke von Parlamentariern mit gleicher oder ähnlicher parteipolitischer Ausrichtung. Hinzu kam, dass die Akteure durch die Doppelmandate auch eine Verbindung zwischen internationalem und nationalem Parlamentarismus schufen. Die Abgeordneten der internationalen Versammlungen brachten ihre dort erworbenen Erfahrungen und Erkenntnisse in die nationale Parlamentsarbeit ein, die damit eine europäische Komponente erhielt. Schließlich entstanden nach 1945 auch verschiedene transnationale Parteiorganisationen. Die Christdemokraten gründeten 1947 die „Nouvelles Equipes Internationales" als europäischen Dachverband ihrer Parteien. Auch die sozialistischen und sozialdemokratischen Parteien gründeten nach 1945 verschiedene Internationale Büros. Hierzu gehörte die 1951 in Frankfurt/Main wiedergegründete Sozialistische Internationale und die bereits 1947 gegründete Sozialistische Bewegung für die Vereinigten Staaten von Europa. Beide konnten allerdings kaum inhaltliche Impulse geben. Ähnlich ging es den liberalen Parteien. Die Liberale Internationale wurde 1947 in London gegründet, 1952 entstand der Mouvement Libéral pour l'Europe Unie in Brüssel. Zwischen beiden Organisationen entwickelte sich ein Konkurrenzverhältnis.

Die Situation veränderte sich stark mit dem Beschluss der Europäischen Gemeinschaft vom 20. September 1976 das Europäische Parlament direkt wählen zu lassen. Die erste Direktwahl fand im Juni 1979 statt. (Vgl. Kap. 8) Dies führte zu einer Professionalisierung der europäischen Parlamentsarbeit und zu einem neuen Selbstbewusstsein des Parlamentes gegenüber der Europäischen Kommission und dem Rat. Aus der Sicht der Parteien aber war es nun notwendig, dass sich die lockeren transnationalen Parteiföderationen weiterentwickelten. Es mussten gemeinsame Europawahlprogramme entwickelt werden, die Arbeit in den Fraktionen des Europäischen Parlamentes wurde stärker zentralisiert und die Parteivorsitzenden trafen sich zu regelmäßigen Absprachen. Gerade die so genannten Parteiführerrunden gewannen so an Bedeutung, denn die Vorsitzenden der Parteien waren oft auch Regierungschefs oder Oppositionsführer in ihren Heimatländern. Die Gremien der europäischen Parteiföderationen wurden nun auch wichtig für die dominierenden Personen in der nationalen Parteipolitik. Vor den Sitzungen des Europäischen Rates trafen sich die Parteivorsitzenden, um eine gemeinsame Strategie festzulegen. Auf diese Weise verschmolzen die Parteiföderationen und die Politik im Europäischen Rat. Insbesondere der deutsche Bundeskanzler Helmut Kohl nutzte die so genannten Parteiführerkonferenzen der EVP in den 1980er und 1990er Jahren zur Vorbereitung der Sitzungen des Europäischen Rates und auch sein sozialdemokratischer Nachfolger Gerhard Schröder bediente sich dieses Forums bei den Sozialdemokraten. Es war daher auch der Europäische Rat, auf dessen Initiative der Art. 191 in den Vertrag von Maastricht aufgenommen wurde, der die Bedeutung der politischen Parteien für die Europäische Integration betonte und ihnen die Aufgabe zuwies, „ein europäisches Bewusstsein herauszubilden und den politischen Willen der Bürger der Union zum Ausdruck zu bringen."

Die europäischen Parteiföderationen begannen sich daher im Vorfeld der europäischen Parlamentswahl von 1979 zu verändern. Die christdemokratischen Parteien in der Europäischen Gemeinschaft gründeten 1976 die Europäische Volkspartei (EVP). Sie war im eigentlichen Sinne keine Partei, sondern – ähnlich wie zuvor die Nouvelles Equipes Internationales – eine Parteiföderation, die sich auf die nationalen Parteistrukturen stützte. Vor allem aber stand die inhaltliche Ausrichtung der EVP zur Debatte. Auf der einen Seite standen Parteien, die die christlich-katholischen Ziele betonten, angeführt von der italienischen Democrazia Christiana (DC). In wirtschaftspolitischer Hinsicht trat sie gemeinsam mit den belgischen und niederländischen Christdemokraten eher für ein sozialstaatlich dominiertes Programm ein. Demgegenüber waren die britischen und skandinavischen konservativen Parteien weniger christlich gebunden und orientierten sich ökonomisch stärker am Liberalismus. Die deutschen Christdemokraten vertraten in dieser Hinsicht eine vermittelnde Position. Erst im Laufe der 1990er Jahre setzte sich langsam der konservative Flügel der EVP durch, auch bedingt dadurch, dass die italienische DC in eine tiefe Krise geriet und sich schließlich auflöste. Neue Spannungen entstanden durch den Beitritt der populistischen Forza Italia, die 1998 in die EVP eintrat. Auch die Mitgliedschaft der ungarischen Fidesz führte zu weiteren Diskussionen um die Grenze zwischen Konservativismus und Rechtspopulismus.

Ähnliche Probleme hatten auch die sozialdemokratischen und sozialistischen Parteien in Europa. Im Vorfeld der Parlamentswahlen wurde im April 1974 in Luxemburg der Bund der Sozialdemokratischen Parteien der Europäischen Gemeinschaft gegründet. Auch hier gab es von Beginn an grundlegende ideologische Debatten über die Ausrichtung des Parteiverbundes. Das war auch dadurch bedingt, dass die nationalen sozialistischen Parteien in der Europafrage oft gespalten waren. Das galt beispielsweise für die britische Labour-Party ebenso wie für die französischen Sozialisten. Die deutschen Sozialdemokraten hingegen waren grundsätzlich pro-europäisch eingestellt. Es war dann auch ein Deutscher, Wilhelm Dröscher, der den Vorsitz des Bundes übernahm, seine Stellvertreter wurden der ehemalige niederländische EG-Kommissar und Kommissionspräsident Sicco Mansholt und der Franzose Robert Pontillon. Im November 1992 wurde dann, als Reaktion auf den Parteienartikel im Maastrichter Vertrag, in Den Haag die Sozialdemokratische Partei Europas (SPE) gegründet.

Auch die liberalen Parteien taten sich schwer mit der Weiterentwicklung der transnationalen Parteiföderation. Die Konkurrenz zwischen der Liberalen Internationale und dem Mouvement Libéral pour l'Europe Unie dauerte an. Auf einem Treffen der liberalen Parteivorsitzenden auf Schloss Gymnich bei Köln im November 1973 waren die liberalen Parteien aus der Bundesrepublik Deutschland, Italien, Luxemburg, Großbritannien und den Niederlanden vertreten. Die französischen und belgischen Liberalen hingegen verweigerten die Teilnahme, weil sie das Ziel einer europäischen politischen Föderation nicht mittragen wollten. Allerdings sorgte auch bei den Liberalen der Druck der Direktwahlen dafür, dass man sich im September 1976 in Stuttgart doch zu den European Liberal Democrats zusammenfand.

Auch die grünen Parteien Europas fanden sich im Vorfeld der Parlamentswahl zu einer Föderation zusammen. Eine führende Rolle spielte hier die deutsche „Grüne Liste Umweltschutz", aus der später die deutschen Grünen hervorgehen sollten.

Auch in diesem Lager spielten ideologische Debatten eine wichtige Rolle, weil sich ökologisch ausgerichtete Parteien mit radikaldemokratischen linken Formationen zusammentaten. Gleichwohl waren die Grünen die erste Parteiformation, die im Vorfeld der Europawahlen von 2004 eine europäische Partei mit einem gemeinsamen Wahlmanifest publizierten.

Insgesamt wird deutlich, wie eng die Entwicklung der transnationalen Parteiverbünde mit der institutionellen Entwicklung des europäischen Parlamentarismus verbunden war. Entscheidend waren drei Etappen: Die erste wurde institutionell geprägt durch die Entstehung der überstaatlichen parlamentarischen Versammlungen in der zweiten Hälfte der 1940er und den frühen 1950er Jahren. Die zweite Etappe wurde durch den Beschluss zur Direktwahl des Europäischen Parlamentes Anfang der 1970er Jahre eingeleitet. Die bis dahin lockeren Parteiföderationen entwarfen Programme und eine Organisationsstruktur, um die Chancen bei der Wahl zu verbessern. Schließlich war der „Parteienartikel" im Vertrag von Maastricht seit 1992 wichtig, der den Professionalisierungsschub der 1970er Jahr aufnahm und noch einmal beschleunigte. Hemmend für die Kooperation waren die ideologischen Differenzen, die zwar auf der nationalen Ebene innerhalb der verschiedenen Strömungen ebenfalls bestanden, aber auf der europäischen Ebene stärker wirkten. Hinzu kam die unterschiedliche Struktur der politischen Parteien in den europäischen politischen Systemen. Die deutschen Parteien waren im Vergleich zu denen in Italien und Frankreich dank staatlicher Unterstützung finanzkräftiger und professioneller organisiert. Es waren daher nicht selten die deutschen Parteien, die eine führende Rolle in der transnationalen Kooperation übernahmen.

Eine besondere Rolle kam zudem den überstaatlichen Parlamenten in Europa zu. Dies ist ein Forschungsfeld, das in Geschichtswissenschaft bislang kaum behandelt wurde. Ein Beispiel für die europäische Dimension des Parlamentarismus bieten die SPD-Abgeordneten Karl Mommer, Wilhelm Dröscher und Klaus-Peter Schulz in den 1960er Jahren. Diese Zeit war auf europäischer Ebene geprägt durch die Politik des französischen Staatspräsidenten Charles de Gaulle, der einen weiteren Ausbau der supranationalen Europäischen Integration ablehnte und hierdurch die so genannte Krise des leeren Stuhls provozierte. Alle drei Politiker der SPD waren vom Deutschen Bundestag in die parlamentarischen Versammlungen entsandt worden. Von dort entwickelten sie eigene europapolitische Initiativen, die sich von denen der SPD-Parteiführung, die zu diesem Zeitpunkt europapolitisch von Helmut Schmidt und Willy Brandt dominiert wurde, markant unterschieden. So legten Schulz und Dröscher am 13. März 1969 der SPD-Fraktion im Deutschen Bundestag ein gemeinsam erarbeitetes Positionspapier vor, das seine Anregungen vor allem aus der Arbeit im Europaparlament gewonnen hatte.[84] Sie plädierten dafür, dass die nationalen Parlamente eine Initiative für Direktwahlen zum Europäischen

84 Archiv der Sozialen Demokratie, SPD Bundestagsfraktion, V Wahlperiode, Bd. 326, Protokolle der Arbeitsgruppe Europäisches Parlament 1966–1969. Betr. Europa. Aufzeichnung der Bundestagsabgeordneten Klaus-Peter Schulz und Wilhelm Dröscher, undatiert (1969).

Parlament ergriffen, um den von Schulz und Dröscher konstatierten Immobilismus der Regierungen zu überwinden. Aus ihrer Sicht sollte der Deutsche Bundestag, nach Möglichkeit gemeinsam mit anderen Parlamenten, die Initiative für „große Schritte" in der Europäischen Integration ergreifen. Nicht die Diplomaten, sondern die „Volksvertreter" seien die wichtigen Akteure der Europäischen Integration. Die Vorschläge stießen parteiintern auf den Widerstand von Helmut Schmidt und Willy Brandt, die eine andere europapolitische Strategie verfolgten. Entscheidend aber ist, dass Schulz und Dröscher durch ihre Tätigkeit in den parlamentarischen Versammlungen Einfluss auf die SPD-Fraktion im Bundestag ausübten. Die nationalen und die europäischen Parlamente wurden so miteinander verbunden.

Ein anderes Beispiel hierfür ist der SPD-Bundestagsabgeordnete Gerhard Kreyssig.[85] Er gehörte bereits zwischen 1947 und 1949 dem Frankfurter Wirtschaftsrat an, saß ab 1951 im Deutschen Bundestag und zwischen 1955 und 1965 zudem im Europäischen Parlament. Hier war er stellvertretender Vorsitzender der Sozialistischen Fraktion und leitete die Arbeitsgruppe Wirtschaft und Sozialpolitik. Kreyssig war durch sein Doppelmandat eingebunden in ein transnationales Netzwerk von Akteuren, die aus ganz unterschiedlichen Institutionen kamen. Dies waren zum einen die Mitglieder der Sozialistischen Fraktion im Europäischen Parlament und in der Beratenden Versammlung des Europarates sowie (seit 1955) der Westeuropäischen Union. Weiterhin waren die Repräsentanten der europäischen Institutionen, vor allem die Hohe Behörde der Montanunion in Luxemburg und die Europäische Kommission (ab 1958) in Brüssel relevant. Kreyssig war aber nicht nur auf der europäischen Ebene aktiv, sondern zugleich auch auf der nationalen in Bonn. Dies betraf selbstverständlich den Deutschen Bundestag und die Sozialdemokratische Fraktion. In vielen außen- und europapolitischen Debatten brachte Kreyssig seine Europaexpertise ein und erweiterte damit den Horizont der nationalen Diskussion. Das betraf auch die eigene Partei. Hier wirkte Kreyssig führend in den verschiedenen Europakonferenzen der SPD-Fraktion im Deutschen Bundestag mit. Diese dienten dazu, die Abgeordneten über die Politik auf der europäischen Ebene zu informieren und die europäische Perspektive in den nationalen Debatten einzubringen.

Auch die Diplomaten im Auswärtigen Amt griffen offenbar gern auf die Erfahrungen der deutschen Europaparlamentarier zurück. Im Dezember 1963 lud der Staatssekretär des Außenministeriums, Rolf Lahr, die deutschen Europaparlamentarier zu einem „Bierabend" in Bonn ein. Im Jahr darauf richtete das deutsche Außenministerium eine eigene Kontaktstelle für die deutschen Mitglieder des Europäischen Parlamentes ein. Ähnlich agierten die Bundesministerien für Wirtschaft und Landwirtschaft. Letzteres nominierte 1964 eine Kontaktperson unter den deutschen Mitgliedern des Europäischen Parlamentes.

Zugleich änderten sich aber in den 1980er und 1990er Jahren die formalen Strukturen des Parlamentes. Insbesondere durch die „Einheitliche Europäische Akte"

85 Hierfür die Düsseldorfer Master-Arbeit von Mandy Stalder, Die Entstehung transnationaler Netzwerke im Europäischen Parlament vor der ersten Direktwahl 1979, Düsseldorf 2016.

(1987) und die Vertragsänderungen der 1990er Jahre erhielt das Europäische Parlament starke legislative Funktionen. Europäische Gesetze werden seit dem Vertrag von Lissabon (2009) nach dem „Mitentscheidungsverfahren" verabschiedet. Die Europäische Kommission hat nach wie vor das Initiativrecht, muss aber die Zustimmung des Rates und des Europäischen Parlamentes erhalten, damit ein Rechtsakt verabschiedet werden kann.

Die Struktur des Parlamentarismus in der Europäischen Union wird sich auch weiter verändern. Bei den Europawahlen 2014 und 2019 traten verschiedene europäische Parteifamilien erstmals mit so genannten Spitzenkandidaten für das Amt des Präsidenten der Europäischen Kommission an. Dies allerdings war umstritten. Gemäß Art. 17, Abs. 7 des EU-Vertrages hat der Europäische Rat das Recht, dem Parlament einen Kandidaten für das Amt des Präsidenten der Europäischen Kommission vorzuschlagen, wobei allerdings das Ergebnis der Wahlen zum Europäischen Parlament berücksichtigt werden soll. Die Fraktionen im Europäischen Parlament allerdings erhoben mit den „Spitzenkandidaten" den Anspruch, das Amt des Kommissionspräsidenten selbst zu besetzen – ohne Mitwirkung des Rates. Der Anspruch war, die demokratische Legitimation der Europäischen Kommission zu stärken, indem die Wähler bei der Auswahl des Kommissionspräsidenten beteiligt wurden. Allerdings stieß dies wie zu erwarten auf den Widerstand einzelner Staats- und Regierungschefs, insbesondere des französischen Staatspräsidenten Emmanuel Macron. Er beharrte auf dem im Vertrag von Lissabon garantierten Vorschlagsrecht des Rates und setzte sich durch. Dies führte unter den meisten Delegierten im Europäischen Parlament zu Enttäuschung. Zweifellos wird die Debatte um die „Spitzenkandidaten" in den Europawahlen mit der nächsten Wahl 2024 wieder beginnen.

Verflechtung in Innen- und Außenpolitik: Die Maßnahmen der EU-14 gegen Österreich im Jahr 2000

Die hohe Verflechtung der parteipolitischen Kooperation in den EG/EU-Staaten seit Beginn der 1990er Jahre führte aber auch zu einer engeren Verflechtung innenpolitischer Kontroversen. Ein Beispiel hierfür ist die Reaktion der EU-Staaten auf die Regierungsbildung in Österreich Ende 1999/Anfang 2000. In den Nationalratswahlen vom 3. Oktober 1999 hatten die konservative Österreichische Volkspartei (ÖVP) und die rechtspopulistische Freiheitliche Partei Österreichs (FPÖ) beide je 26,91 Prozent der Stimmen erhalten und verfügten nun zusammen über 104 von 183 Sitzen im Parlament. Am 31. Januar 2000 publizierte die portugiesische Ratspräsidentschaft auf ihrer Homepage eine Stellungnahme zur Regierungsbildung in Österreich, die ein politisches Beben in der Alpenrepublik und der EU auslösen sollte. Die Staats- und Regierungschefs der EU (mit Ausnahme des österreichischen Bundeskanzlers) würden die Aufnahme der FPÖ in die Regierung nicht akzeptieren und, sollte die Regierung dennoch gebildet werden, Österreich mit Sanktionen belegen. Es werde keine bilateralen Treffen mit Repräsentanten der österreichischen Regierung geben, österreichische Kandidaten für Posten in internationalen

Organisationen würden nicht mehr unterstützt werden und die österreichischen Botschafter in den Mitgliedstaaten der EU würden nur auf technischer Ebene empfangen werden. Nun sind Sanktionen gegen eine Regierung bei Regelverstößen ein gängiges Instrument der internationalen Politik. Dennoch waren die Maßnahmen gegen Österreich außergewöhnlich: Zum einen sahen die EU-Verträge durchaus Sanktionen gegen Mitgliedstaaten bei Regelverstößen vor, aber weder hatte die österreichische Regierung gegen eine der im Vertrag spezifizierten Regeln verstoßen, noch waren die Ende Januar 2000 verhängten Sanktionen vertragskonform. Die Maßnahmen hatten also keine rechtliche Basis. Zum anderen aber war ein solches Vorgehen der Mitgliedstaaten der EU gegen ein anderes Mitglied präzedenzlos. Ungeachtet der Sanktionsdrohungen wurde am 4. Februar 2000 eine Regierung aus ÖVP und FPÖ unter der Leitung von Bundeskanzler Wolfgang Schüssel (ÖVP) gebildet. Die 14 EU-Staaten setzten darauf ihre Sanktionsmaßnahmen in Kraft und beschränkten den Kontakt mit der österreichischen Regierung auf technische Fragen. Erst im September wurden die Sanktionen beendet, nachdem ein Bericht von drei vom Europäischen Gerichtshof für Menschenrechte bestellten Sachverständigen (so genannte Weisen) die Aufhebung empfohlen hatte.

Warum war es zu dieser beispiellosen Aktion gekommen? Zum einen spielte die innenpolitische Situation Österreichs eine Rolle. Der Gründungsmythos des Landes, das sich als erstes Opfer des Nationalsozialismus sah, war spätestens mit der so genannten Waldheim-Affäre, die 1986 begann, in Frage gestellt worden. Der frühere UN-Generalsekretär und Bundespräsident der Republik Österreich wurde öffentlich angeklagt, als Offizier der deutschen Wehrmacht im Zweiten Weltkrieg an Kriegsverbrechen beteiligt gewesen zu sein. Waldheim war darauf in der zweiten Hälfte der 1980er Jahre von verschiedenen Regierungen in der Welt, unter ihnen die der USA, mit einem Einreiseverbot belegt worden. Die Affäre hatte Österreich auch innenpolitisch polarisiert und die Transformation der liberalen FPÖ zu einer rechtspopulistischen Partei unter der Leitung von Jörg Haider begünstigt. Auch in Österreich war daher das Regierungsbündnis der ÖVP mit der FPÖ umstritten. Hinzu kam, dass die sozialdemokratische SPÖ, die bei der Wahl im Oktober 1999 die meisten Stimmen auf sich vereinigen konnte, von der Regierungsbildung ausgeschlossen wurde.

Damit kam eine zweite Akteursgruppe ins Spiel. Die sozialdemokratischen Parteien Europas solidarisierten sich mit der SPÖ, die sich um den Wahlsieg betrogen sah. Insbesondere der portugiesische Ministerpräsident António Guterres, der gleichzeitig EU-Ratspräsident und Präsident der Sozialistischen Internationale war, engagierte sich für ein gemeinsames Vorgehen gegen die Regierungsbildung in Österreich. Begünstigt wurde dies dadurch, dass die meisten EU-Länder zu diesem Zeitpunkt von sozialdemokratischen oder sozialistisch geführten Regierungen geleitet wurden. In der österreichischen SPÖ wurden die Sanktionen der 14 EU-Staaten daher zunächst durchaus mit Sympathie gesehen. Welche Rolle die Parteiföderation SPE in diesem Zusammenhang spielte, muss in weiteren Forschungen geklärt werden.

Neben den sozialistischen Parteien waren auch liberale Politiker in führender Weise an dem Entschluss zu Sanktionen beteiligt. Insbesondere der belgische Regierungschef Charles Michel plädierte für ein hartes Vorgehen gegen die Regierungsbeteiligung der FPÖ. Hier spielten individuelle Motive eine Rolle, aber auch die Tatsache, dass die FPÖ 1993 aus der Liberalen Internationale ausgetreten und damit ihrem Ausschluss zuvorgekommen war. Die liberalen Parteien wehrten sich seither gegen die Übernahme einzelner Mitgliedsparteien durch Rechtspopulisten. Zugleich spielten für den belgischen Regierungschef auch innenpolitische Motive eine Rolle. Er stand in harter Auseinandersetzung mit den belgischen sezessionistischen Rechtspopulisten des Vlaams Blok. Gleiches gilt für den französischen Staatspräsidenten Jacques Chirac, der ebenfalls eine treibende Kraft hinter den Sanktionen war. Michel und Chirac wollten zeigen, welche Konsequenzen es für das eigene Land haben könnte, wenn Rechtspopulisten des Vlaams Blok oder des Front National an die Regierung kämen. Schließlich spielte eine Rolle, dass gleichzeitig mit dem Höhepunkt der Debatten um die FPÖ in Österreich in Stockholm die Internationale Allianz zum Holocaustgedenken (Vgl. Kap. 11) stattfand, auf der sich die Regierungschefs der EU darauf verständigten, dass die Gemeinschaft gegen Rassismus und Rechtsradikalismus kämpfen werde. Ein entschiedenes Vorgehen gegen die Rechtspopulisten der FPÖ schien vor diesem Hintergrund geboten.

Eine umfassende, auf Archivalien beruhende Untersuchung der Vorgänge steht noch aus, aber schon jetzt lässt sich an diesem Beispiel erkennen, wie stark die politischen Systeme innerhalb der Europäischen Union um die Jahrtausendwende miteinander verflochten waren. Verschiedene Institutionen waren auf das Engste miteinander verbunden: Die europäischen Parteiföderationen wirkten ebenso mit wie nationale Parteien, der Europäische Rat als Institution der EU und die identitäts- und vergangenheitspolitischen Debatten in Stockholm. Kritiker wiesen darauf hin, dass die Regierung in Österreich auf legalem und demokratischem Wege zu Stande gekommen war, und verurteilten die Maßnahmen der EU-Staaten als Einmischung in die inneren Angelegenheiten eines souveränen Staates. Das war formal richtig, übersah allerdings, dass sich die EU inzwischen zu einem Staatenverbund weiterentwickelt hatte, in dem Innen- und Außenpolitik nicht mehr zu trennen waren. Die Regierungsbildung in Österreich war zu einem Politikum auch in anderen Staaten der EU geworden. Auch hier wurde deutlich: Die Nationalstaaten lösten sich nicht auf, aber sie waren ab den 1970er Jahren eingebunden in ein komplexes Netz von politischen Strukturen, in denen die Institutionen der EG/EU, der europäischen Parteiföderationen und europäische Identitätsdebatten auf die jeweilige Innenpolitik einwirkten.

Ein europäischer Rechtsverbund?

In diesem Prozess der Europäisierung waren nicht nur politische, sondern auch juristische Entwicklungen wichtig. Mit der Europäischen Gemeinschaft für Kohle und Stahl hatten die Mitgliedstaaten zum ersten Mal eine supranationale Organisation geschaffen, die selbst Recht setzen konnte. Zwar gab es Vorläufer einer solchen Ordnung bereits im 19. Jahrhundert (vgl. Kap. 5), aber mit der EGKS wurde erstmals ein neues supranationales Völkerrecht geschaffen, das heute als Europarecht bezeichnet wird. Das Prinzip wurde mit der Europäischen Wirtschaftsgemeinschaft und der Europäischen Atomgemeinschaft ab 1958 noch einmal ausgeweitet. Die EWG und später auch die EU konnten in dem von den Verträgen vorgesehenen Verfahren Recht schaffen, das nicht nur wie das Völkerrecht für die Regierungen der Mitgliedstaaten bindend ist, sondern auch unmittelbare Wirkung auf die Individuen in den Mitgliedstaaten hat.

Die Entstehung des Europarechts im modernen Sinne vollzog sich schrittweise. Nach dem Vertrag über die Europäische Wirtschaftsgemeinschaft, mit dem der Gemeinsame Markt 1958 begründet wurde, waren verschiedene Urteile des Europäischen Gerichtshofes (EuGH) wichtig. Insbesondere die Van-Gend-&-Loos-Entscheidung des Europäischen Gerichtshofes (EuGH) vom 5. Februar 1963 war in diesem Zusammenhang bedeutsam, weil es den Vorrang des Europarechts gegenüber dem nationalen Recht auch für natürliche und rechtliche Personen begründete. Ein niederländisches Transportunternehmen hatte wegen der Erhöhung des Einfuhrzolls auf ein Chemieprodukt gegen die niederländischen Behörden geklagt. Im Urteil führte der EuGH aus, dass mit dem Europarecht eine Rechtsordnung entstanden sei, deren Rechtssubjekte nicht nur die Mitgliedstaaten, sondern auch die Bürger der Staaten sind. Es ist seither unbestrittener Standard auch in der nationalen Rechtsprechung, dass das Europarecht unmittelbare Wirkung in den Mitgliedstaaten der EG/EU hat. Eine weitere wegweisende Entscheidung des EuGH war die so genannte Cassis-de-Dijon-Entscheidung vom 20. Februar 1979. In diesem Fall hatte die Kölner Handelsgruppe REWE gegen die Bundesmonopolverwaltung für Branntwein geklagt, weil diese REWE untersagt hatte, französischen Cassis als Likör zu verkaufen. Nach deutschem Recht war der Alkoholgehalt von französischem Cassis zu niedrig, um als Likör zu gelten. Die europäischen Richter entschieden, dass alle in einem Mitgliedstaat rechtmäßig in Verkehr gebrachten Produkte auch in allen anderen Mitgliedstaaten verkauft werden dürfen. Ausnahmen von diesem Grundsatz können nur zum Schutz der Gesundheit, der Lauterkeit des Handelsverkehrs oder zum Verbraucherschutz gemacht werden. Mit diesem Urteil leitete der EuGH eine Transformation des Europäischen Rechts ein. Seit 1958 hatte die Europäische Kommission versucht, den Gemeinsamen Markt durch für alle Mitgliedstaaten verbindliche rechtliche Standards für konkrete Produkte zu schaffen. Das hatte zu langwierigen und komplizierten Verhandlungen geführt, weil in allen Mitgliedstaaten bereits Standards für die meisten Produkte bestanden. Alle Regierungen und die betroffenen Unternehmen und Konsumenten versuchten also, ihre Standards jeweils für den gesamten Gemeinsamen Markt verbindlich zu machen. Am Ende standen sehr detaillierte Kompromissregeln für Einzelprodukte, die zum Teil absurd anmuteten, wie beispielsweise die Standardisierung von Traktorsitzen in der EG. Mit der Cassis-de-Dijon-Entscheidung verzichtete die EG nun auf die Standardisierung und erklärte alle Standards, die innerhalb des Gemeinsamen Marktes existierten, für rechtmäßig. Damit überließ man de facto den Verbrauchern die Entscheidung, für welchen Standard sie sich entscheiden würden. Ausnahmen wurden nur gestattet, um gesundheitliche und arbeitsschutzrechtliche Standards zu gewähren. Mit der Einheitlichen Europäischen Akte wurde diese

„schleichende Transformation" des Rechts in der EG/EU und ihren Mitgliedstaaten, wie der Konstanzer Jurist Hans Christian Röhl das nannte, fortgeführt. Mit dem durch die Einheitliche Europäische Akte ab 1992 geschaffenen Binnenmarkt wurden nicht mehr nur einzelne Politikfelder, wie z. B. die Wettbewerbspolitik oder die Agrarpolitik, in den Integrationsprozess einbezogen, sondern grundsätzlich alle Märkte für Güter, Dienstleistungen, Kapital und Arbeit. Das mit der Cassis-de-Dijon-Entscheidung eingeführte Prinzip der wechselseitigen Anerkennung von Produktstandards wurde damit zur regulatorischen Leitidee für den Binnenmarkt. Selbst in Politikfeldern, in denen die Mitgliedstaaten der EG/EU keine Souveränitätsrechte zugestanden haben, wie z. B. der Außen- oder Sozialpolitik, gibt es seither einen europarechtlichen Einfluss in den Mitgliedstaaten. Europäisches und nationales Recht sind auf komplexe Weise miteinander verbunden.

Das bedeutet aber keinesfalls, dass das nationale Recht aufgelöst wurde. Vielmehr ist das Gegenteil der Fall. Die Vorgaben des Europarechts trafen in den Mitgliedstaaten auf verschiedene nationale Regulierungskulturen und wurden daher teilweise unterschiedlich umgesetzt. Es entstand ein Rechtsverbund, in dem sich nationales und europäisches Recht in komplexer Weise miteinander vermischten. Das lief nicht ohne Konflikte ab. Ein Beispiel hierfür ist das Urteil des deutschen Bundesverfassungsgerichts vom 5. Mai 2020, in dem es eine Entscheidung des EuGH vom 11. Dezember 2018 in Frage stellte. Es ging um die Anleihekäufe der Europäischen Zentralbank auf den so genannten Sekundärmärkten als geldpolitisches Instrument. Eine Gruppe liberaler deutscher Ökonomen hatte vor dem Bundesverfassungsgericht geklagt, weil der Bundestag diesen Anleihekäufen aus ihrer Sicht nicht hätte zustimmen dürfen. Das Bundesverfassungsgericht entschied zu Gunsten der Kläger und sprach dem EuGH die Kompetenz in dieser Frage ab. Das Urteil des EuGH vom 11. Dezember 2018 sei „schlechterdings nicht nachvollziehbar".[86] Trotz dieser sehr grundsätzlichen Formulierung bezog sich die Begründung für das Urteil nur auf ein Detail: Die Europäische Zentralbank, so das Bundesverfassungsgericht, habe ihren Schritt nicht ausreichend begründet, grundsätzlich aber sei die Geldpolitik im Rahmen des deutschen und europäischen Rechts. Das Beispiel zeigt: Das europäische Recht gibt seit der Cassis-de-Dijon-Entscheidung von 1979 einen Rahmen vor, in dem die nationalen Rechtssysteme weiter existieren, solange sie nicht mit den europäischen Vorgaben kollidieren.

Verflechtungen der Außenpolitik der Mitgliedstaaten: EPZ und GASP

Ein weiteres Beispiel für die Veränderung des politischen Systems in Europa und in den Mitgliedstaaten ist die Europäische Politische Zusammenarbeit (EPZ). Dabei handelte es sich um ein institutionalisiertes Abstimmungsverfahren in der Außenpolitik der Mitgliedstaaten der Europäischen Gemeinschaft, das zwischen 1970 und 1992 exis-

86 Beschlüsse der EZB zum Staatsanleihekaufprogramm kompetenzwidrig. Pressemitteilung Nr. 32/2020 vom 5. Mai 2020, in: https://www.bundesverfassungsgericht.de/SharedDocs/Pressemitteilungen/DE/2020/bvg20-032.html. (8.11.2022)

tierte. Auf dem Haager Gipfel im Dezember 1969 war der Belgier Étienne Davignon beauftragt worden, die Möglichkeiten einer engeren Kooperation der EG-Staaten im Bereich der Außenpolitik zu untersuchen. Der so genannte Davignon-Bericht wurde am 27. Oktober 1970 vorgelegt und entwarf ein Konzept für eine engere Kooperation der EG-Staaten in den Außenbeziehungen. Ähnliche Konzepte waren bereits in den 1950er Jahren diskutiert worden. Der Hintergrund war die Erfahrung der früheren Groß- und Weltmächte Großbritannien und Frankreich, dass sie angesichts der Dominanz der USA und der Sowjetunion in der Weltpolitik nur noch eine untergeordnete Rolle spielten. Zu Beginn der 1970er Jahre kam zudem noch die Erfahrung der wirtschaftlichen Konkurrenz aus Japan hinzu. Hieraus entstand auch in den größeren europäischen Staaten die Erkenntnis, nur gemeinsam ein ausreichend großes politisches und wirtschaftliches Gewicht entwickeln zu können, um Entscheidungen auf weltpolitischer Ebene zu beeinflussen. Eine Gruppe um die Hamburger Historikerin Gabriele Clemens hat die Genese der Europäischen Politischen Zusammenarbeit erforscht. Die EPZ führte nicht, wie von einigen Zeitgenossen erhofft, zu einer gemeinsamen europäischen Außenpolitik, aber das Konzept veränderte die Außenpolitik der EG-Staaten strukturell. Die Abstimmungs- und Konsultationsprozesse der Außenpolitik wurden zwischen den EG-Staaten institutionalisiert. In den wenigsten Fällen gelang es allerdings, zu einer gemeinsamen Haltung zu kommen. Hierzu gehörte die Abstimmung der EG-Staaten vor den Verhandlungsrunden in der Konferenz für Sicherheit und Zusammenarbeit in Europa (KSZE), in denen die Regierungen tatsächlich einheitlich auftraten. Allerdings hatte die EPZ auch klare Grenzen: So wurde sie in Großbritannien und Frankreich zwar gern genutzt, wenn die Interessen der Regierungen in London und Paris wie in der KSZE mit jenen der anderen europäischen Staaten übereinstimmten. Dann konnten auch Frankreich und Großbritannien von dem gesteigerten Gewicht profitieren. Allerdings waren beide Regierungen in konkreten Sachfragen nicht bereit, von eigenen Positionen abzurücken, auch wenn dies zu einer gemeinsamen Linie im Rahmen der EPZ geführt hätte. Das war aus französischer Sicht vor allem die Afrikapolitik, die in Paris immer noch als Domaine Réservée der ehemaligen Kolonialmacht gesehen wurde. Aus britischer Sicht waren es insbesondere die Mittelmeer- und Nahostpolitik, bei denen man keine Kompromisse zu Gunsten gemeinsamer europäischer Positionen eingehen wollte. Etwas anders war die deutsche Haltung: Für die Bonner Regierung hatte die Europäische Integration eine so hohe Priorität, dass sie bereit war, andere außenpolitische Positionen zu Gunsten einer gemeinsamen europäischen Haltung zu revidieren. Das hing gewiss auch damit zusammen, dass der weltpolitische Einfluss des westdeutschen Staates zu Beginn der 1970er Jahre gering war. Ähnlich war auch die Position der kleineren europäischen Staaten.

Auch wenn die außenpolitischen Erfolge gemessen an den Erwartungen an die EPZ begrenzt blieben, veränderte sich doch die Struktur europäischer Außenpolitik, denn es entstanden neue Institutionen, die die Außenministerien der beteiligten Staaten veränderten. Der Davignon-Bericht sah halbjährliche Treffen der Außenminister der EG-Staaten vor, deren Frequenz allerdings schnell erhöht wurde. Seit April 1974 trafen sich die Außenminister zusätzlich noch im informellen Kreis ohne Mitarbeiterstab zum Austausch, dem so genannten Gymnich-Format, benannt nach dem ersten Ort des Zusammentreffens bei Köln. Das Zentrum der EPZ wurde allerdings das Politische Komitee. In dieser Runde trafen sich die politischen Direktoren der Außenministerien. Sie wurde zum faktischen Entscheidungszentrum der EPZ. Hier wurden, ähnlich wie im Comité des Représentants Permanentes (COREPER) im Ministerrat der EG, die Kompromisse ausgehandelt, die anschließend von den Ministern formal beschlossen wurden. Das politische Komitee verwies die strittigen Punkte allerdings zunächst an Experten für bestimmte außenpolitische Probleme, die sich in den Arbeitsgruppen der EPZ trafen. Je nach Problemlage trafen sich so die Spezialisten aus den Außenministerien zur Diskussion bestimmter Probleme, wie den Nahostkonflikt, die UNO oder die KSZE. Die Spezialisten wurden zudem noch durch die politischen Korrespondenten unterstützt. Eine neue Rolle nahmen auch die Botschafter der neun Mitgliedstaaten in der Welt ein. Sie erhielten nach Beschlüssen der Außenminister gemeinsame Direktiven, damit sie diese an ihren Dienstorten in gemeinschaftlicher Weise vertreten konnten. Verstärkt wurde der Effekt dadurch, dass die Akteure der EPZ durch ein eigenes Kommunikationsnetz per Fernschreiber direkt miteinander verbunden wurden. Auch wenn die Außenpolitik der Mitgliedstaaten im Rahmen der EPZ nicht aufgegeben wurde, veränderten die neu geschaffenen Strukturen die Prozesse der Außenbeziehungen innerhalb der EG nachhaltig. Mit der Einheitlichen Europäischen Akte wurden diese Strukturen 1986 in die Verträge übernommen und damit Bestandteil des Europarechts.

Mit dem Vertrag von Maastricht endete die EPZ formal und wurde in die Gemeinsame Außen- und Sicherheitspolitik (GASP) überführt. Damit wurde der mit der EPZ begonnene Prozess der Zentralisierung außenpolitischer Entscheidung in der Europäischen Union noch einmal beschleunigt, auch wenn die Außenpolitik nicht zu den exklusiven Zuständigkeiten der EU gehört. Die grundlegenden Richtungsentscheidungen fallen im Europäischen Rat und im Ministerrat. Die Entscheidungen werden im Politischen und Sicherheitspolitischen Komitee getroffen, das sich aus hochrangigen Beamten der Außenministerien zusammensetzt. Die Gemeinsame Außen- und Sicherheitspolitik ist nach wie vor intergouvernemental strukturiert, das heißt, die Beschlüsse im Ministerrat müssen (von wenigen Ausnahmen abgesehen) einstimmig fallen. Allerdings sind konstruktive Enthaltungen möglich. Mit dem Vertrag von Lissabon wurde 2009 zudem das Amt des Hohen Vertreters für die Außen- und Sicherheitspolitik geschaffen. Zugleich entstand neben den diplomatischen Diensten der Mitgliedstaaten ein eigener der EU. Auch wenn die Außenpolitik nicht zu den exklusiven Zuständigkeiten der Europäischen Union gehört, hat sich das Politikfeld seit Beginn der 1970er Jahre in hohem Maße europäisiert.

Transformation der politischen Systeme durch die Europäische Integration: Der deutsche Föderalismus

Die politische Europäische Zusammenarbeit veränderte die Strukturen und Prozesse der Außenpolitik der Mitgliedstaaten der EG/EU. Es gibt aber auch Hinweise darauf, dass der europäische Integrationsprozess die nationalen politischen Systeme transformierte. In den 1960er Jahren begannen alle nationalen Regierungen ihre Verwaltungen in Hinblick auf die europäischen Institutionen umzubauen. In einigen europäischen Ländern wurden eigene Europaministerien eingerichtet, andere schufen interministerielle Gremien, die sich mit der Europapolitik beschäftigten. Das hatte vor allem mit der seit Ende der 1960er Jahre stark ansteigenden Zahl der Rechtsakte der EG zu tun, die durch die nationale Administration umgesetzt werden mussten. Insbesondere im Bereich der Landwirtschaft, der Handelspolitik und seit den 1980er Jahren auch der Umwelt- und Regionalpolitik nahm die europäische Regelungsdichte zu. Hierauf mussten sich die nationalen Verwaltungen einstellen und neue Strukturen entwickeln. Eine wichtige Rolle nahmen hierbei die Ständigen Vertretungen der Mitgliedstaaten bei den Europäischen Gemeinschaften ein, die die Funktion von Botschaften bekamen. Die Ständigen Vertreter der Mitgliedstaaten trafen sich seit 1958 in kurzen Abständen und bereiteten die Treffen des Ministerrates und ab den 1970er Jahren auch des Europäischen Rates vor. Dem Ausschuss der Ständigen Vertreter bei der Europäischen Gemeinschaft (nach der französischen Bezeichnung als COREPER abgekürzt) kam daher schnell eine zentrale Bedeutung zu. Der Bedeutungszuwachs der Gemeinschaft zeigt sich auch daran, dass die Anzahl der Beschäftigten der Ständigen Vertretungen seit 1958 beständig zunahm. So hatte die bundesdeutsche Vertretung 1960 noch 19 Mitarbeiter, 1995 waren es 59, unter der deutschen Ratspräsidentschaft in der zweiten Jahreshälfte 2020 waren es 350 Mitarbeiter. Die Entwicklung in den anderen Mitgliedstaaten ist vergleichbar.

Auch die nationalen Administrationen veränderten sich unter dem Eindruck der Europäischen Integration. In vielen EG/EU-Ländern wurden eigene Europaministerien eingerichtet, deren Aufgabe es war, die europapolitischen Strukturen und Prozesse innerhalb der Regierung zu koordinieren. In der Bundesrepublik Deutschland übernahm diese Rolle seit Anfang der 1960er Jahre der Staatssekretärsausschuss für Europafragen. In dieser Zeit waren vor allem das Landwirtschaftsministerium, das Wirtschaftsministerium, das Auswärtige Amt und das Finanzministerium dominant. Insbesondere seit den 1990er Jahren spielten auch die anderen Ressorts eine zunehmend wichtige Rolle, weil die Tätigkeiten der EG/EU sich auf immer mehr Politikfelder ausweiteten. Zudem gab es verschiedene Europa-Unterausschüsse zu bestehenden Gremien, beispielsweise im Bundeskabinett oder auch unter den Europabeauftragten der Ministerien. Nicht nur die Bundesrepublik Deutschland, auch die anderen EG/EU-Staaten bauten rasch entsprechende Gremien auf. Dies geschah aber keineswegs einheitlich, sondern jedes politische System schuf die ihm eigenen europapolitischen Strukturen. In Frankreich wurde bereits 1948 der Secrétariat Général du Comité Interministériel pour les Questions de Coopération Économique Européenne (SGCI) gegründet, der die europapolitischen Aktivitäten der französischen Ministerien koordinieren sollte. Er wurde in der V. Republik direkt dem Staatspräsidenten zugeordnet, war also gemäß dem allgemeinen Charakter des französischen Staatsaufbaus sehr viel zentralistischer als das deutsche Pendant. Betroffen vom zunehmenden Einfluss der Europapolitik war aber nicht nur die Exekutive, sondern auch die Legislative. Alle nationalen Parlamente sahen sich seit den 1960er

Jahren einem wachsenden Informationsfluss aus Brüssel ausgesetzt. Oft reagierten die Parlamente, indem sie Europaausschüsse einsetzten. Diese blieben jedoch weitgehend ineffektiv. Nachdem der Deutsche Bundestag den Vertrag von Maastricht ratifiziert hatte, der unter anderem die Geldpolitik auf die europäische Ebene transferierte, reichten Kritiker Klage beim Bundesverfassungsgericht ein und argumentierten, dass durch die weitere Übertragung von Souveränitätsrechten an die EU der Deutsche Bundestag entmachtet und das demokratische System verletzt werde. In seinem Urteil sah das Gericht das Demokratieprinzip nicht verletzt, betonte aber, dass jeder Kompetenztransfer auf die europäische Ebene vom Deutschen Bundestag ratifiziert werden müsse. Durch die Europäische Integration sei ein Staatenverbund entstanden, die Politik sei daher sowohl durch die nationale Ebene als auch durch die supranationale Ebene legitimiert. Damit deutete das Bundesverfassungsgericht bereits 1993 an, dass durch die zunehmend enge Verflechtung zwischen Nationalstaaten und Europäischer Union eine neue Form von Staatlichkeit entstanden ist. Die geschichtswissenschaftliche Untersuchung dieser Transformationsprozesse ist noch ganz in den Anfängen.

Doch waren speziell in der Bundesrepublik Deutschland nicht nur die Akteure der Bundesebene von der Europäisierung betroffen, sondern auch das föderale Gefüge des Landes. Als zu Beginn der 1950er Jahre erstmals nationale Zuständigkeiten im Rahmen der Europäischen Gemeinschaft für Kohle und Stahl von der nationalen auf die europäische Ebene transferiert wurden, löste das eine heftige Kontroverse zwischen der Regierung des Landes Nordrhein-Westfalen und dem Bund aus. Indem nämlich der Bund die Kompetenzen in Bezug auf die Kohle- und Stahlpolitik an die europäische Ebene transferierte, entmachtete er zugleich auch die Länder, die gemäß dem Grundgesetz über den Bundesrat an der Bundespolitik beteiligt wurden. Die Bundesregierung konnte weiterhin über den Ministerrat auf die europäischen Entscheidungen Einfluss nehmen, nicht aber die Länder. Der nordrhein-westfälische Ministerpräsident Karl Arnold sprach in der Sitzung des Bundesrates vom 27. Juni 1951 gar von einer drohenden „Liquidierung der Länder“ durch die Europäische Integration.[87] Aus dieser Perspektive war die fortschreitende Europäische Integration eine Bedrohung für die föderale Struktur der Bundesrepublik Deutschland. Die Länder versuchten daher fortan, auf verschiedenen Wegen Einfluss auf die Europapolitik zu erlangen. Zum einen wurden eigene Gremien im Bundesrat eingerichtet, die sich ausschließlich mit den Belangen der Europäischen Integration beschäftigen sollten. 1956 richteten die Länder das Amt eines „Länderbeobachters“ ein, um frühzeitig Informationen über die für sie relevanten Entscheidungen auf europäischer Ebene zu erhalten. Obwohl das Büro bereits zu Beginn der 1960er Jahre personell verstärkt wurde, war es mit der Informationsflut aus Brüssel bald überfordert. Ein anderer Versuch der Länder, mit der sich verändernden Struktur der Politik umzugehen, war der Versuch, inoffizielle Kontakte zu europäischen Institutionen herzustellen. Bereits in den 1950er Jahren schickte das

87 Deutscher Bundesrat. Sitzungsbericht 61. Sitzung vom 27. Juni 1951, 446

nordrhein-westfälische Wirtschaftsministerium einen Beamten in das Europäische Parlament nach Straßburg, um dort Informationen über die politischen Vorgänge zu erhalten. Auch über private und parteipolitische Netzwerke versuchten Landesbeamte Informationen aus der EWG-Kommission zu erhalten. Auf offiziellem Wege bemühten sich die Länder, die Bundesregierung zur Kooperation in Fragen der Europäischen Integration zu bewegen. Immer wieder sagte die Bundesregierung ihre politische Unterstützung zu, wollte sich allerdings nicht verfassungsrechtlich zur Kooperation mit den Ländern in der Europapolitik verpflichten. Eben darauf aber drängten die Länder – wenn auch vergeblich. Am 14. März 1984 kündigte der schleswig-holsteinische Ministerpräsident Uwe Barschel in einem Zeitungsinterview an, dass die Nordländer nun eigene ständige Vertretungen, so genannte Verbindungsbüros, in Brüssel errichten würden. Über diese sollten einerseits Informationen über die Vorgänge auf europäischer Ebene eingeholt werden, andererseits wollte Barschel auf die Entscheidungen in Brüssel selbst Einfluss nehmen. Der Vorstoß stieß auf Kritik. Das Auswärtige Amt monierte, dass die Länder keine eigene Außenpolitik betreiben dürften, weil diese in die exklusive Zuständigkeit des Bundes falle. Trotzdem eröffneten alle Länder in der Mitte der 1980er Jahre Landesvertretungen in Brüssel, die von der Bundesregierung seither toleriert werden. Anfang der 1990er Jahre nutzten die Länder die Tatsache, dass der Vertrag von Maastricht im Bundesrat ratifiziert werden musste, dazu, den Bund zu einer verfassungsrechtlich verbindlichen Kooperation mit den Ländern in der Europapolitik zu verpflichten. Art. 23 des Grundgesetzes wurde geändert und räumt den Ländern nun wesentliche Mitspracherechte in der Europapolitik ein. Die Vertretungen der Länder in Brüssel blieben trotz der grundsätzlichen Bedenken des Auswärtigen Amtes bestehen und wurden seither stark ausgebaut. Vor allem Nordrhein-Westfalen und Bayern sind in Brüssel stark vertreten.

Interessenverbände

Angesichts dieser sich wandelnden Strukturen war es nur folgerichtig, dass viele nationale Interessenverbände sich nach der Gründung der EWG 1958 nach Brüssel orientierten. Als einer der ersten eröffnete der Deutsche Bauernverband (DBV) dort eine Dependance. Dabei hatte der Bauernverband schon zuvor eine starke internationale Ausrichtung gehabt. Im Juni 1950 hatte es auf der Tagung der International Federation of Agricultural Producers in Saltsjöbaden bei Stockholm eine erste, von allen Beteiligten als sensationell wahrgenommene Interessenübereinkunft zwischen deutschen und französischen Agrarverbänden gegeben. Zwischen 1950 und 1954 hatte der Deutsche Bauernverband maßgeblich die Verhandlungen über den so genannten Pool Vert, einen gemeinsamen europäischen Agrarmarkt, mitgeprägt. Andreas Hermes, der seinerzeitige Vorsitzende des Landwirtschaftsverbandes, war sogar von Konrad Adenauer zum Leiter der deutschen Regierungsdelegation ernannt worden. Dabei war der Deutsche Bauernverband keineswegs ein Befürworter eines gemeinsamen Agrarmarktes. Im Gegenteil, der DBV schätzte das in der Bundesrepublik Deutschland eingeführte System aus hohem Außenschutz und Mindestpreisen mit staatlicher Abnahmegarantie und wollte es erhalten.

Mit der Gründung der EWG intensivierten die Landwirtschaftsverbände der sechs Mitgliedstaaten ihre Kooperation in Brüssel. Hier lassen sich drei Foren erkennen:[88] Zum Ersten war der Wirtschafts- und Sozialausschuss der EWG von Bedeutung. In ihm saßen die Vertreter verschiedener Interessengruppen mit beratender Funktion für die Europäische Kommission. Die Bedeutung, die der Deutsche Bauernverband diesem Gremium beimaß, zeigt sich darin, dass er sein Spitzenpersonal in die Fachgruppe Landwirtschaft des Wirtschafts- und Sozialausschusses entsandte. Der DBV-Vorsitzende Edmund Rehwinkel übernahm den Vorsitz dieses Gremiums. Zweitens gründeten die landwirtschaftlichen Interessenverbände der sechs EWG-Staaten einen europäischen Dachverband, um ihre Interessen gegenüber den europäischen Institutionen effektiver vertreten zu können. Der Comité des Organisations Professionnelles Agricoles (COPA) wurde auch von der Europäischen Kommission als Vertreter der europäischen Landwirtschaftsverbände anerkannt. Der Deutsche Bauernverband spielte auch in dieser Organisation eine Schlüsselrolle, nicht zuletzt, weil sein Vorsitzender Edmund Rehwinkel zwischen 1961 und 1967 gleichzeitig der Präsident der COPA war. Nicht nur die Interessengruppen der landwirtschaftlichen Produzenten organisierten sich auf europäischer Ebene, sondern auch die Agrargewerkschaften. Unmittelbar nach dem Inkrafttreten des Vertrages über den Gemeinsamen Markt trafen sich am 11. und 12. März 1958 in Luxemburg auf Initiative der niederländischen Landarbeitergewerkschaft Repräsentanten der freien Agrargewerkschaften in der EWG. Aus dieser Runde ging etwas später die „Europäische Föderation der Agrargewerkschaften" hervor. Zum Präsidenten wurde Hellmut Schmalz gewählt, der stellvertretenden Vorsitzende der deutschen „Gewerkschaft Gartenbau, Land- und Forstwirtschaft". Die Gewerkschafter der Landwirtschaft pflegten einen regelmäßigen Kontakt zu Agrarkommissar Sicco Mansholt, der die Gründung gefördert hatte.[89] Drittens war der Deutsche Bauernverband, wie bereits erwähnt, schon ab 1959 mit einem eigenen Büro in Brüssel vertreten. Das führte nicht nur dazu, dass der Deutsche Bauernverband über die Vorgänge in der EWG immer gut informiert war, sondern auch dazu, dass die deutschen Vertreter regelmäßig mit den entscheidenden Personen aus der Europäischen Kommission zusammentrafen, nicht zuletzt mit Landwirtschaftskommissar Sicco Mansholt. Gleichwohl blieb die Zentrale des Deutschen Bauernverbandes in Bonn. Das Brüsseler Büro hatte für den Verband nur die Funktion einer Außenstelle, die jedoch an Bedeutung gewann. Dies lässt sich auch daran ablesen, dass in den Vorstandssitzungen des Verbandes die europäischen Themen seit 1958 deutlich zunahmen.

Der Deutsche Bauernverband war nicht die einzige Interessenorganisation, die sich nach der Gründung der EWG nach Brüssel orientierte. Im März 1958 infor-

88 Für das Folgende: Kiran Klaus Patel, Europäisierung wider Willen, S. 182–187.

89 Rainer Fattmann, Die europäische Gewerkschaftsbewegung und die Gemeinsame Agrarpolitik (1958–1972): Annäherung an einen neuen Forschungsgegenstand, In: JEIH, Bd. 16 (2010), S. 45–58.

mierte der Deutsche Industrie- und Handelstag Bundeswirtschaftsminister Ludwig Erhard darüber, dass die Handelskammern der Länder der EWG eine „ständige Zusammenarbeit" beschlossen hätten. Es solle keine Institutionalisierung geben, aber eine strukturierte Kooperation im Rahmen von regelmäßig stattfindenden Tagungen. Die nächste solle im Juni 1958 in Brüssel stattfinden. Am 27. Mai 1958 beschlossen die Vertreter der Internationalen Transportarbeiterföderation (ITF), einen besonderen Ausschuss mit einem ständigen Büro in Brüssel zu gründen. Das Ziel, so hieß es gegenüber dem Bundeswirtschaftsministerium, sei ein enger Kontakt zu den Institutionen der europäischen Wirtschaftsgemeinschaft. Diese Liste ließe sich noch erheblich verlängern. Insgesamt kann man ab 1958 von einem Run auf Brüssel sprechen, nahezu alle größeren Interessenverbände der Wirtschaft und der Gewerkschaften gründeten Büros in Brüssel. In der Regel waren die dortigen Büros im Vergleich zur Bonner Zentrale sehr bescheiden ausgestattet und hatten maximal drei Mitarbeiter. Das operative Geschäft wurde von der deutschen Hauptstadt aus geleitet. Ziel der Aktivitäten in Brüssel waren vor allem die Kommission und das Parlament in Straßburg. Der Europäische Gerichtshof verschloss sich ähnlich wie der Ministerrat der Intervention von außen.

Aber auch in den Bonner Ministerien sah man die Aktivitäten der Interessenverbände in Brüssel mit großer Skepsis. Als sich die Fälle häuften, in denen sich nationale Interessenverbände mit konkreten Anliegen an die europäischen Institutionen wandten, gab der für die europäischen Belange zuständige Staatssekretär im Bundeswirtschaftsministerium, Alfred Müller-Armack, die Weisung aus, dass nationale Verbände sich immer zuerst an die nationalen Ministerien zu wenden haben.[90] Nur europäische Verbände könnten die europäischen Institutionen direkt kontaktieren. Dies trug dazu bei, dass sich die Institutionalisierung im Verbandswesen auf europäischer Ebene in den 1960er Jahren noch einmal verstärkte.

Insgesamt zeigt sich ein ähnlicher Befund wie schon bei politischen Parteien und der Politik der Bundesländer. Die neue europäische Hauptstadt Brüssel (zum Teil auch Straßburg) zog unmittelbar nach Gründung der EWG viele Funktionen an sich. Dies jedoch führte nicht dazu, dass die nationalen Hauptstädte geschwächt oder gar aufgegeben wurden. Der Hauptsitz der politischen Parteien ebenso wie der Interessenverbände blieb auf die jeweilige Hauptstadt konzentriert.

Fazit

Die in diesem Kapitel skizzenhaft geschilderten Beispiele zeigen, dass seit 1960 im Rahmen der EG/EU ein neues politisches System entstanden ist, das seit den 1980er Jahren in den Politikwissenschaften als Mehrebenensystem bezeichnet wird. Es entstand einerseits eine hohe Verflechtung zwischen den Nationalstaaten und der EG/EU, andererseits eine enge Verbindung zwischen den Staaten untereinander. Innen-, Außen- und Europapolitik wurden in diesem System auf enge Weise miteinander

90 BA B102/10888, Schreiben des Leiters der Abteilung II im BMWi an den Leiter der Abt. E.

verbunden. Die geschichtswissenschaftliche Erforschung dieses Systems ist noch in den Anfängen, aber es lassen sich schon erste Thesen über seine Genese erstellen.

Erstens folgte die Entstehung des europäischen Mehrebenensystems keinem verfassungstheoretischen Entwurf. Es gab zwar in der Geschichte der Europäischen Integration zahlreiche Entwürfe sehr unterschiedlichen Zuschnitts für eine europäische Verfassung, allerdings folgte die europäische Politik keinem dieser Entwürfe. Auch die Debatten um die so genannte Finalität der Europäischen Integration spielte bei der Entstehung des Mehrebenensystems keine Rolle. Die Prozesse der Verflechtung verliefen vielmehr in einem Trial-and-Error-Verfahren und waren stark durch informelle Strukturen geprägt. In jedem Politikfeld entstanden eigene Strukturen, wobei die dominante Rolle mal auf der europäischen, mal auf der nationalen und mal auf der regionalen Ebene verortet war. Klare Hierarchien lassen sich nur in einigen Politikfeldern identifizieren. Hinzu kam, dass Entscheidungen und Regulierungen in einem Politikfeld oft nicht intendierte Auswirkungen auf andere Politikfelder hatten.

Zweitens lösten sich die Nationalstaaten nicht auf. Sie blieben bestehen, ihre politischen Systeme passten sich vielmehr den neuen europäischen Strukturen an. Es entstanden in nahezu allen Politikfeldern der EG/EU-Staaten neue Entscheidungsstrukturen, die die zuvor nationalen Strukturen ablösten und ergänzten. Diese waren aber in den Mitgliedstaaten nicht einheitlich, weil die europäischen Strukturen auf bestehende nationale Strukturen stießen, die nicht abgeschafft, sondern angepasst wurden. Daher hatte beispielsweise die Gemeinsame Agrarpolitik in den Niederlanden strukturell ganz andere Auswirkungen als in Belgien oder Italien. Europäisierung bedeutet also in den wenigsten Fällen Vereinheitlichung, sondern eher Transformation des bestehenden Systems.

Dies führte – drittens – dazu, dass innerhalb des Systems verschiedene Rechts-, Wirtschafts- und Politikordnungen nebeneinander existieren konnten. Das löste immer wieder Kritik insbesondere bei normativ argumentierenden Wissenschaftlern aus den Mitgliedstaaten aus. Liberale Ökonomen, vornehmlich aus Deutschland, kritisierten die interventionistische europäische Agrarpolitik und befürworteten die liberale Wettbewerbspolitik. Republikanische Kollegen in Frankreich oder Italien argumentierten genau andersherum, alle sahen die wirtschaftliche Identität ihres jeweiligen Landes in Gefahr. Gleiches gilt für die Rechtsordnung. Der Konflikt zwischen dem Bundesverfassungsgericht und dem Europäischen Gerichtshof zeigt, dass dies auch für die Rechtssysteme galt. Es existieren in der Europäischen Union verschiedene Systeme nebeneinander, die immer mal wieder in Konflikt geraten, aber sich nicht wechselseitig blockieren.

10. Wachsender Wohlstand? Wirtschaftliche Integration

Die Europäische Integration wird bis heute vor allem als wirtschaftliche Integration wahrgenommen. Das liegt daran, dass der Integrationsprozess im wirtschaftlichen Bereich begann und in diesem auch besonders weit fortgeschritten ist. Die Wirtschaft ist jener Teil des öffentlichen Lebens, in dem es um die Produktion, Verteilung und den Konsum von Gütern und Dienstleistungen geht. In Bezug auf die Europäische Integration wird allgemein zwischen wirtschaftlicher und wirtschaftspolitischer Integration unterschieden. Wirtschaftliche Integration bezeichnet die grenzüberschreitende Verflechtung von Märkten für Güter, Dienstleistungen, Arbeit und Kapital. Märkte sind jene Orte, auf denen die Nachfrage und das Angebot nach diesen Gütern aufeinandertreffen. Hier werden die Güter – vermittelt durch einen Preis – ausgetauscht. Wenn der Tausch über politische Grenzen hinweg geschieht, dann wird von wirtschaftlicher Integration gesprochen. Dagegen meint wirtschaftspolitische Integration, dass Regierungen oder öffentliche Verwaltungen Maßnahmen ergreifen, um die wirtschaftliche Integration zu fördern. Der Abbau von Zöllen und anderen Handelsbeschränkungen gehört ebenso zur wirtschaftspolitischen Integration wie die Gründung von internationalen Organisationen, die sich für die Liberalisierung des Handels einsetzen. Im Folgenden geht es zunächst um die wirtschaftliche Integration, dann um die wirtschaftspolitische Integration in Europa. Im dritten Abschnitt wird der Blick auf die ordnungspolitischen Kontroversen in Europa gelenkt. Hierunter versteht man die Debatte um die Institutionen und Leitbilder, die eine Wirtschaftsordnung prägen. Grundsätzlich kann die Wirtschaft über Märkte oder durch politische Entscheidungen und Planung gesteuert werden. In der Europäischen Union (wie in den Mitgliedstaaten) sind die ordnungspolitischen Strukturen in den Politikbereichen verschieden und zudem immer wieder in der Diskussion. Schließlich wird noch ein Blick auf die Rolle des Nationalstaates in der wirtschaftlichen Integration geworfen. Oft wurde die These vertreten, dass die wirtschaftliche Integration in Europa zur Auflösung der Nationalstaaten führe. Demgegenüber haben der britischen Historiker Alan Milward und andere die These aufgestellt, dass die wirtschaftliche Europäische Integration den Nationalstaat im Gegenteil gerettet habe. Im Fazit wird die wirtschaftliche Integration in die longue durée der europäischen Geschichte eingeordnet.

Wirtschaftliche Integration

Wirtschaftliche Integration vollzieht sich über Märkte. Auf einem Markt werden Güter und Dienstleistungen getauscht, vermittelt über den Preis. Märkte entwickeln sich in der Regel dynamisch, das heißt, sie tendieren zur Expansion, es sei denn, es werden ihnen Grenzen gesetzt. Diese können politisch gewollt und künstlich errichtet werden, es gibt aber auch natürliche Grenzen. Wenn Märkte sich über politische Grenzen hinweg ausdehnen, das heißt bestimmte Güter über die Grenzen hinweg gehandelt werden, dann spricht man von wirtschaftlicher Integration. Die Akteure der wirtschaftlichen Integration sind also die Anbieter und Nachfrager von Gütern und Dienstleistungen. Das bedeutet, dass Märkte dezentral gesteuert sind. Es gibt in der Regel keine zentrale Instanz, die den Handel reguliert. Die Motive für die wirtschaftliche Integration sind damit auch benannt: Produzenten möchten bestimmte Güter verkaufen, weil sie damit einen wirtschaftlichen Gewinn erzielen und Konsumenten kaufen Güter, weil sie diese besitzen oder konsumieren wollen. Es ist in den Wirtschaftswissenschaften unumstritten, dass die wirtschaftliche Integration zu einem allgemeinen Wohlstandsanstieg führt. Das bedeutet allerdings nicht, dass alle in gleichem Maße von der wirtschaftlichen Integration profitieren, es gibt auch Verlierer der Integration. Allerdings überwiegen gesamtgesellschaftlich die Gewinner der Integration. Der Grad der wirtschaftlichen Integration lässt sich ablesen an der Intensität des Handels. Je mehr Güter, Dienstleistungen, Kapital und Arbeitskraft über Grenzen hinweg gehandelt werden, desto höher ist der Grad der Integration. Im Folgenden wird daher die Intensität des europäischen grenzüberschreitenden Handels in den Blick genommen.

Die wirtschaftliche Integration in diesem Sinne begann bereits im 19. Jahrhundert. Mit dem Cobden-Chevalier-Vertrag zwischen Frankreich und England vom 23. Januar 1860 begann in Europa eine Epoche des Freihandels. Mit dem Vertrag wurde der Handel zwischen beiden Ländern liberalisiert, das heißt, alle Zölle wurden abgeschafft. Entscheidend war, dass der Vertrag zudem eine Meistbegünstigungsklausel enthielt. Das bedeutet, dass ein Staat alle handelspolitischen Vorteile, die einem Vertragspartner gewährt werden, allen weiteren Vertragspartnern auch gewähren muss. Frankreich und England schlossen ab 1860 mit vielen europäischen Staaten Handelsverträge, so dass in Europa schrittweise ein „Freihandelssystem", wie es zeitgenössisch genannt wurde, entstand. In dieses System waren abgesehen von Russland alle europäischen Staaten integriert, so dass man ab 1870 von einer europäischen Freihandelszone sprechen kann. Auch wenn ab den 1870er Jahren in einigen Staaten Zölle für Agrar- und Eisenprodukte eingeführt wurden, blieb dieses System grundsätzlich bis zum Beginn des Ersten Weltkrieges 1914 bestehen.

Dieses Freihandelssystem galt nicht nur für die Güter-, sondern auch für die Kapitalmärkte. Der grenzüberschreitende Handel mit Kapital nahm in der zweiten Hälfte des 19. Jahrhunderts rasant zu. Zwei Faktoren sind hierfür von Bedeutung: Zum einen wurde in allen europäischen Staaten in diesen Jahren die Infrastrukturen massiv ausgebaut. Es entstanden neue Eisenbahnstrecken, das Netz der Telegraphen wuchs sehr schnell und auch Kanäle und Häfen entstanden. Vorangetrieben wurden diese Investitionen meistens von privaten Unternehmen, die hierfür Kapital benötigten. Zum anderen waren es gerade diese Infrastrukturen, die dann wieder den Handel erleichterten und beschleunigten. Es waren vor allem Banken in Paris und London, die die finanziellen Mittel bereitstellten. England und Frankreich waren daher die größten Kapitalexporteure. Ab den 1870er Jahren exportierte ganz Westeuropa Kapital in die europäische Peripherie. Kapitalverkehrsbeschränkungen wurden bis 1914 in keinem europäischen Land eingeführt. Begünstigt durch die liberalen Strukturen des europäischen Kapitalmarktes entstanden in der zweiten Hälfte des 19. Jahrhunderts auch die ersten internationalen Währungssysteme und Währungsunionen. Auch wenn der seit Beginn der 1870er Jahre existierende Internationale Goldstandard nie so funktioniert hat, wie die ökonomische Theorie ihn entwarf, spielte er doch für den Handel eine wichtige Rolle. Gleiches gilt auch für die Lateinische Münzunion, die 1865 gegründet wurde. (Vgl. Kap. 13 Europäische Währungsintegration)

Auch die europäischen Arbeitsmärkte waren in der zweiten Hälfte des 19. Jahrhunderts stärker als je zuvor miteinander verflochten. Zum ersten Mal in der europäischen Geschichte gab es in Europa eine massenhafte Arbeitsmigration. Insbesondere das Ruhrgebiet, Belgien und Nordfrankreich, aber auch die Schweiz waren die wichtigsten Ziele der Arbeitsmigration. Die Menschen kamen aus der europäischen Peripherie im Süden und Osten des Kontinents. Auch die Arbeitsmigranten profitierten von der sich rasant verbessernden Infrastruktur in Europa, insbesondere der Eisenbahn. Insgesamt kann festgehalten werden, dass die Jahrzehnte vor dem Ersten Weltkrieg eine intensive Phase wirtschaftlicher Integration in Europa waren. Die Gründe hierfür liegen in der liberalen Handelspolitik, in der rasanten Entwicklung der Infrastrukturen für Verkehr und Kommunikation und der zweiten Phase der Industriellen Revolution.

Nach dem Ende des Krieges 1918 bemühten sich die europäischen Staaten den wirtschaftspolitischen Status quo von vor 1914 wiederherzustellen. Das allerdings misslang vollständig. Erstens hatten die kriegführenden Staaten ihre Wirtschaft im Weltkrieg schrittweise auf Kriegswirtschaft umgestellt. Das bedeutet, dass der Staat massiv in die Produktions- und Verteilungsprozesse eingriff, um die Herstellung von kriegsrelevanten Gütern zu fördern, und die Konsumgüterindustrie zurückzudrängen. Die Umstellung auf die Friedenswirtschaft vollzog sich seit Beginn der 1920er Jahre nur langsam. Zweitens war das mit dem Cobden-Chevalier-Vertrag geschaffene Freihandelssystem zusammengebrochen. Eine Liberalisierung des Handels war unter den Bedingungen der 1920er Jahre in den europäischen Staaten angesichts des zum Teil aggressiven Wirtschaftsnationalismus innenpolitisch nicht mehr durchsetzbar. Einige Staaten wie das faschistische Italien, das nationalsozialistische Deutschland und auch die Sowjetunion strebten sogar die Autarkie an, das heißt den völligen Verzicht auf wirtschaftliche Integration. Drittens war auch das europäische Währungssystem zusammengebrochen. Alle Bemühungen, vor allem Großbritanniens, den Goldstandard wiederherzustellen, scheiterten an der in allen Staaten hohen Inflation, die durch die Finanzierung des Krieges über die Notenbanken entstanden war. Auch die Lateinische Münzunion, die ebenfalls mit Kriegsbeginn 1914 inaktiv geworden war, konnte nicht wiederhergestellt werden und wurde am 31. Dezember 1926 auch formal aufgelöst. Viertens zerstörte die Weltwirtschaftskrise ab 1929 die zaghaften Versuche der Handelsliberalisierung, die in der Mitte der 1920er Jahre in Angriff genommen worden waren. Die wirtschaftliche Integration in Europa ging daher in der Epoche der Weltkriege zwischen 1914 und 1945 zurück.

Auch nach 1945 waren die Voraussetzungen für die wirtschaftliche Integration in Europa schwierig. Erneut waren die Infrastrukturen des Verkehrs und der Kommunikation stark zerstört, die Währungen nicht konvertierbar und die nationalen Grenzen durch hohe Zölle und andere Handelsbeschränkungen geschlossen. Im Unterschied zur ersten Nachkriegszeit übernahmen allerdings nun die USA in Westeuropa die Initiative für die Liberalisierung des Handels. Ein wichtiger Schritt hierzu war das am 5. Juni 1947 vom US-amerikanischen Außenminister James C. Marshall angekündigte Wiederaufbauprogramm. Der später so genannte Marshallplan sah nicht nur finanzielle und materielle Unterstützung für die westeuropäischen Staaten vor, sondern vergab diese unter der Bedingung einer schrittweisen Liberalisierung des Handels. Zu diesem Zweck wurde am 16. April 1948 die Organisation for European Economic Co-operation (OEEC) gegründet, der 16 westeuropäische Staaten beitraten. Gleichzeitig trat am 1. Januar 1948 das General Agreement on Tariffs and Trade in Kraft, das die Handelsliberalisierung zwischen zunächst 23 Gründerstaaten weltweit vorsah. Sechs westeuropäische Staaten gründeten mit dem Vertrag vom 18. April 1951 die Europäische Gemeinschaft für Kohle und Stahl (EGKS), in der der Handel mit Kohle und Stahlprodukten liberalisiert wurde. Hinter den meisten dieser Initiativen stand die Regierung der USA, die unmittelbar nach dem Zweiten Weltkrieg eine führende Rolle in der Liberalisierung des Handels einnahm. Auf US-amerikanische Initiative war bereits während des Krieges auch das internationale Währungssystem von Bretton Woods gegründet worden, das den grenzüberschreitenden Handel in Westeuropa bis zu Beginn der 1970er Jahre durch stabile Wechselkurse erheblich begünstigte. Unter diesen Bedingungen entwickelte sich die wirtschaftliche Integration in der westlichen Welt in den 1950er Jahren.

Ab 1958 jedoch nahm Europa einen Sonderweg. Die Gründung der Europäischen Wirtschaftsgemeinschaft durch Frankreich, Italien, die Beneluxstaaten und die Bundesrepublik Deutschland und die Europäische Freihandelszone EFTA spielten hier eine wichtige Rolle. Zwischen 1960 und 1972 stieg der Handel zwischen den EWG-Staaten um das Neunfache, während der Handel mit Drittstaaten der EWG nur um das Dreifache zunahm. Es lag an der allgemeinen Krise der frühen 1970er Jahre, dass sich diese Tendenz nicht fortsetzte. Die Ölpreiskrise und der Zusammenbruch des internationalen Währungssystems von Bretton Woods sorgten für eine allgemeine Verunsicherung. Durch den Beitritt von Irland, Dänemark und Großbritannien hingegen stieg der Handel zwischen diesen Staaten und der EWG stark an. Das ist ein Muster, das sich bei allen Erweiterungsrunden (Ausnahme ist Griechenland 1981) wiederholte. Die Europäische Integration im Rahmen der EWG und auch der EFTA führte also zu einer Intensivierung des innergemeinschaftlichen Handels und bildete seither einen wirtschaftlichen Integrationskern innerhalb der westlichen Welt.

Als Beleg hierfür ist in der Forschung die Integration der Gütermärkte herangezogen worden. Je intensiver die wirtschaftliche Integration ist, desto geringer sind die Preisdifferenzen für ein Gut an verschiedenen Stellen des Gemeinsamen Marktes. Von insgesamt 36 untersuchten Gütern tendierten zwischen 1958 und 1972 21 Güter zur Preiskonvergenz, während 15 Güter eine höhere Preisdifferenz zeigten. Allerdings wurde der Gemeinsame Agrarmarkt bereits zu Beginn der 1960er Jahre, der allgemeine Gütermarkt erst 1967 realisiert. Mit der Vollendung der Integration des Gütermarktes im Jahr 1992 lässt sich eine noch stärkere Preiskonvergenz für Güter innerhalb des Gemeinsamen Marktes der Europäischen Union feststellen. Die wirtschaftliche Integration der Gütermärkte innerhalb der EU ist also grundsätzlich hoch.

Die Integration der Märkte für Dienstleistungen ist dagegen deutlich schwächer. Für die Zeit vor 1980 wurde der grenzüberschreitende Handel innerhalb der Europäischen Gemeinschaft mit Dienstleistungen nicht eigens erfasst. Grundsätzlich aber lässt sich festhalten, dass die Integration der Märkte für Dienstleistungen in Europa deutlich hinter jener für Güter zurückbleibt. Das hat vor allem zwei Gründe: Zum einen wurde der Handel mit Dienstleistungen innerhalb der EU erst mit dem Vertrag von Maastricht (d.h. seit 1992) vollständig liberalisiert. Zum anderen aber ist der Austausch von Dienstleistungen sehr viel stärker abhängig von Sprachkenntnissen als der von Gütern. Jeder Nicht-Franzose kann französischen Wein trinken, aber niemand außerhalb Frankreichs wird einen französischen Steuerberater um seine Dienstleistung bitten, sondern einen Steuerberater seines Heimatlandes.

Etwas anders ist die Situation auf den europäischen Kapitalmärkten. Der Vertrag über die Europäische Wirtschaftsgemeinschaft sah zunächst nur die Liberalisierung der Gütermärkte vor, Kapitalmärkte sollten nur so weit liberalisiert werden, wie das „für das Funktionieren des Gemeinsamen Marktes notwendig ist".[91] In den 1960er und 1970er Jahren gab es zahlreiche Versuche der Europäischen Kommission, auch den Handel mit Kapital innerhalb der Gemeinschaft zu liberalisieren, die allerdings alle am Widerstand der Nationalstaaten scheiterten. Erst mit der Einheitlichen Europäischen Akte vom 17. Februar 1986 wurden die Handelsbarrieren für Kapital innerhalb der EG abgeschafft und seit 1992 gibt es den gemeinsamen europäischen Kapitalmarkt. Ab 1992 nahm die Verflechtung der europäischen Kapitalmärkte stark zu. Ein Indikator hierfür sind Direktinvestitionen im Ausland. Diese waren schon vor 1992 innerhalb der EG möglich, nahmen aber ab 1992 stark zu. Zwischen der Bundesrepublik Deutschland, Frankreich, Großbritannien, den Beneluxstaaten und Italien ist die Bilanz der Kapitalflüsse ausgeglichen. Das bedeutet, dass diese Länder untereinander etwa so viel Kapital exportierten, wie sie importierten. Die Kapitalmärkte waren in diesem Raum daher in besonders hohem Maße untereinander verflochten. Die europäische Peripherie im Osten und Süden des Kontinents hingegen blieben Kapitalimporteure. Wie schon im 19. Jahrhundert waren es vor allem Großbritannien, Frankreich und Deutschland, die als Exporteure in diesen Raum tätig waren.

So wie die grenzüberschreitenden Märkte für Güter und Kapital waren auch die europäischen Arbeitsmärkte durch die Weltkriege weitgehend zerstört worden. (Die massenhafte Zwangsarbeit während der Weltkriege hat andere Ursachen und wird daher im hier interessierenden Zusammenhang nicht berücksichtigt.) In den 1950er Jahren blieb die Arbeitsmigration in Westeuropa im Vergleich zur Zeit vor dem Ersten Weltkrieg gering. Lediglich aus Italien wanderten in den 1950er Jahren

91 Vertrag zur Gründung der Europäischen Wirtschaftsgemeinschaft, Art. 67.

Arbeiter in größerer Zahl in die Bundesrepublik Deutschland, die Schweiz und nach Frankreich. Mit dem Einsetzen des europäischen Wirtschaftsbooms in der Mitte der 1950er Jahre stieg allerdings der Bedarf an Arbeitskräften stark an. Die Bundesrepublik Deutschland und Frankreich schlossen nun Anwerbeabkommen mit verschiedenen südeuropäischen und nordafrikanischen Staaten, die in den 1960er Jahren noch einmal ausgebaut wurden. Das hatte auch damit zu tun, dass die Arbeitsmigration aus Osteuropa in diese Länder abrupt abbrach, nachdem die Grenze zwischen Ost und West im Sommer 1961 geschlossen worden war. Arbeitsmigranten kamen nun vor allem aus Portugal, Marokko und Algerien nach Frankreich. Die Bundesrepublik schloss Abkommen mit Italien, der Türkei und mit Jugoslawien. Mit der Rezession zu Beginn der 1970er Jahre änderte sich auch diese Struktur: Die Nachfrage der westeuropäischen Länder nach südeuropäischen Arbeitskräften ließ stark nach. Gleichzeitig wurde der europäische Arbeitsmarkt mit dem Beitritt Großbritanniens, Dänemarks und Irlands auch für Iren geöffnet, die jedoch meistens nach England wanderten, um dort Arbeit zu suchen. Zwischen 1973 und 1990 blieb die europäische Arbeitsmigration daher gering. Hierfür lassen sich zwei Ursachen identifizieren: Zum einen war die Nachfrage in den westeuropäischen Staaten angesichts des nun mäßigen wirtschaftlichen Wachstums geringer und konnte leicht aus dem eigenen Arbeitsmarkt befriedigt werden. Im Gegenteil, die Arbeitslosigkeit in den meisten westeuropäischen Staaten stieg angesichts des Strukturwandels deutlich an. Zum anderen stieg auch in den südeuropäischen Staaten die Nachfrage, so dass der Anreiz zur Migration für Arbeitskräfte geringer wurde. Auch der Beitritt der osteuropäischen Staaten zur Europäischen Union 2004 löste keine Massenmigration aus, obwohl dieses Szenario vielfach beschworen worden war. Das lag möglicherweise auch daran, dass Staaten wie die Bundesrepublik Deutschland, Österreich und Frankreich Übergangsfristen für die Öffnung ihrer Arbeitsmärkte ausgehandelt hatten. Allerdings galt das nur für Arbeiter, die sich in diesen Staaten niederlassen wollten. Wurden sie von einem osteuropäischen Unternehmen entsandt, konnten sie auch in Deutschland und Frankreich arbeiten. Insbesondere Handwerksbetriebe machten von dieser „Entsenderichtlinie“ der EU Gebrauch und boten ihre Dienstleistungen in Westeuropa an. Dort war die Reaktion jedoch unterschiedlich: Während sich die Nachfrager nach Handwerksleistungen freuten, weil angesichts der neuen Konkurrenz die Preise sanken und die Auswahl größer wurde, standen die heimischen Handwerker unter stärkerem Konkurrenzdruck. Der dann sprichwörtlich gewordene „polnische Klempner“ zerstörte aus dieser Perspektive das französische und britische Sozialmodell. Die Integration der Arbeitsmärkte führte so zu Gewinnern (Konsumenten in Westeuropa, Anbieter von Handwerksleistungen in Osteuropa) und Verlierern (Anbieter in Westeuropa). Insgesamt jedoch blieb die Verflechtung der europäischen Arbeitsmärkte im Vergleich zu jenen für Güter und Kapital geringer. Das lag an den sprachlichen Barrieren, aber auch an den verschiedenen nationalen Sozialsystemen. Es war und ist nicht einfach, von einem Sozialsystem in das andere zu wechseln. Die wirtschaftshistorische Erforschung dieser Zusammenhänge ist ein Desiderat.

Wirtschaftspolitische Integration

Unter der wirtschaftspolitischen Integration werden die Gründung internationaler Organisationen (sog. positive Integration) und der Abbau von Handelshemmnissen wie zum Beispiel Zöllen zwischen den Staaten (sog. negative Integration) verstanden. Im Unterschied zur wirtschaftlichen Integration sind es in diesem Fall die Regierungen und Verwaltungen, die als Hauptakteure auftreten. Die wirtschaftspolitische Integration im hier gemeinten Sinne begann bereits im frühen 19. Jahrhundert. 1804 wurde zwischen dem Heiligen Römischen Reich Deutscher Nation und Frankreich mit dem „Octroi" erstmals eine internationale Organisation im modernen Sinne geschaffen, die über die Freiheit der Rheinschifffahrt wachen sollte. Auf dem Wiener Kongress wurde 1815 als Nachfolgerin die Zentralkommission für die Rheinschifffahrt gegründet, eine internationale Organisation, der die damaligen Uferstaaten des Rheins beitraten. Das waren Baden, Bayern, Frankreich, Hessen, Nassau, Preußen und die Niederlande. Zentral für die wirtschaftspolitische Integration war, dass sich die Staaten auf die Freiheit des Handels und der Schifffahrt auf dem Rhein verständigten und alle Zoll- und Stapelrechte am Fluss abschafften. Das bedeutete, dass jeder Staatsangehörige den Rhein als Wasserstraße benutzen konnte, wenn er die gemeinsam festgelegten Regeln für die Schifffahrt beachtete. Der Rhein war daher seit 1815 ein internationaler Fluss. Dieses Rhein-Regime wurde durch die internationalen Vereinbarungen von Mainz (1831) und Mannheim (1867) geringfügig verändert. Auf dem Pariser Kongress 1856 wurde eine ähnliche Regelung für die Donau entworfen. Auch die Elbe und die Weser wurden im 19. Jahrhundert durch Flusskommissionen international verwaltet.

Ab den 1860er Jahren entstand eine Vielzahl von internationalen Organisationen mit wirtschaftspolitischer Zielsetzung. 1865 wurde die erste internationale Währungsunion, die so genannte Lateinische Münzunion durch einen Vertrag zwischen Frankreich, Belgien, Italien und der Schweiz gegründet. Im gleichen Jahr entstand die „Union Télégraphique Internationale". Sie war für die technische, betriebliche und tarifäre Standardisierung der grenzüberschreitenden Kommunikation über die neuen Telegraphen zuständig. 1874 gründeten die nationalen Postverwaltungen den Weltpostverein, in dessen Rahmen der internationale Postverkehr organisiert wurde. 1893 entstand das Zentralamt für internationalen Eisenbahnverkehr. Dies sind nur einige Beispiele. Die Vielzahl der internationalen Organisationen, die zwischen 1860 und dem Beginn des Ersten Weltkrieges entstanden, war schon damals auch für Experten kaum zu überschauen. Man sprach vom Zeitalter des Internationalismus. Diese Entwicklung war durch drei Charakteristika geprägt: Erstens ging die Initiative zur wirtschaftspolitischen Integration meistens vom privaten Sektor aus und nicht von den Regierungen. Diese übernahmen allerdings sehr schnell eine wichtige Rolle in den neuen Organisationen. Zweitens entstanden die meisten der internationalen Organisationen auf dem Sektor der Infrastrukturen des Verkehrs und der Kommunikation oder durch die Notwendigkeit der Organisation grenzüberschreitender Märkte. Das betraf beispielsweise die Währungsunionen, aber auch die

Internationalisierung von Urheberrechten oder die Internationalen Zuckerkonferenzen. Märkte bedürfen gemeinsamer Regeln, eines rechtlichen Rahmens, sonst haben sie die Tendenz, sich durch die Entstehung von Monopolen selbst zu zerstören. Drittens war für die internationalen Organisationen des 19. Jahrhunderts charakteristisch, dass sie in sehr starkem Maße von Experten dominiert wurden. Auf den internationalen Kongressen trafen sich Spezialisten für Währungen, Nachrichtentechnik oder den Postverkehr. Das führte dazu, dass der Internationalismus des 19. Jahrhunderts von den Zeitgenossen oft als unpolitisch wahrgenommen wurde, obwohl er in hohem Maße politische Strukturen schuf. So entstanden beispielsweise im Rahmen des Internationalen Goldstandards oder der Lateinischen Münzunion wechselseitige Abhängigkeiten zwischen den Regierungen, deren Handlungsspielräume in diesem Sektor deutlich eingeschränkt wurden. Schließlich war der Internationalismus geprägt durch eine Vielzahl von internationalen Organisationen, die allerdings völlig unabhängig voneinander arbeiteten. An eine europäische politische Organisation, so wie sie bereits in der Mitte des 19. Jahrhunderts von Intellektuellen gefordert wurde, hat auf Regierungsebene bis 1914 niemand gedacht.

Mit dem Beginn des Krieges im August 1914 wurden die internationalen Organisationen nicht aufgelöst, sondern meistens inaktiv. Nach 1918 wurde die Arbeit wieder aufgenommen, wenn auch unter völlig anderen politischen Bedingungen. Erstens entstand mit dem Völkerbund unmittelbar nach dem Krieg eine neue internationale Organisation mit globalem Anspruch und europäischem Kern. Im Rahmen des Völkerbundes versuchte man viele Aufgaben zu bündeln, die zuvor eigene Organisationen übernommen hatten. So entstand beispielsweise 1918 die Internationale Arbeitsorganisation, in deren Rahmen soziale Standards grenzüberschreitend standardisiert werden sollten. Ein anderes Beispiel ist die Bank für Internationalen Zahlungsausgleich, die 1930 gegründet wurde. Auch die bereits erwähnten (vgl. Kap. 7) Bemühungen um eine allgemeine europäische Wirtschaftsorganisation stehen in diesem Zusammenhang. Wichtig wurde zweitens, dass Staaten wie Italien (seit 1922), das Deutsche Reich (seit 1933) und die Sowjetunion (seit 1924) die Mitgliedschaft in den internationalen Organisationen aus ideologischen Gründen ablehnten. England und Frankreich, die bis 1914 maßgeblich auf die wirtschaftspolitische Integration in internationalen Organisationen gedrängt hatten, fielen angesichts der innen- und wirtschaftspolitischen Probleme als liberale Führungsmächte aus.

Nach 1945 stellte sich die Situation ganz anders dar. Es entwickelte sich in der experimentellen Phase der Europäischen Integration bis 1970 eine Vielzahl von wirtschaftspolitischen Organisationen, die sich in drei Kategorien einteilen lassen: Zum einen nahmen einige der Organisationen, die schon im 19. Jahrhundert und in der Zwischenkriegszeit die grenzüberschreitende wirtschaftliche Verflechtung organisiert hatten, ihre Arbeit wieder auf. Hierzu gehörte die Zentralkommission für die Rheinschifffahrt, die auf der Basis der Mannheimer Akte vom 17. Oktober 1868 in Straßburg ihren Sitz fand. Gleiches gilt auch für den Weltpostverein, aber auch für andere Internationale Organisationen. Zweitens entstand eine Vielzahl von neuen intergouvernementalen Organisationen im wirtschaftspolitischen Sektor. Das betraf die bereits erwähnte Organisation for European Economic Co-operation (OEEC), die 1948 im Rahmen des European Recovery Program (Marshallplan) gegründet wurde und in deren Rahmen der Handel in Europa liberalisiert wurde. Am 4. Januar 1960 wurde in Stockholm die European Free Trade Association (EFTA) gegründet, eine Freihandelszone, innerhalb der der Güterhandel zwischen den Mitgliedstaaten liberalisiert wurde. Die EFTA ging auf eine Initiative der britischen Regierung zurück, die nach ihrer Entscheidung, der supranationalen Europäischen Wirtschaftsgemeinschaft nicht beizutreten, ein Alternativmodell entwickelte. Gründungsmitglieder der EFTA waren neben Großbritannien die skandinavischen Länder Schweden, Dänemark und Norwegen, Österreich, die Schweiz und Portugal. Finnland, Island und Liechtenstein traten später bei. Wichtig waren aus britischer Sicht zwei Aspekte: Zum einen wurde die nationale Souveränität der Mitgliedstaaten nicht eingeschränkt, im Rahmen der EFTA wurde zwar der Handel zwischen den Mitgliedstaaten liberalisiert, es gab aber keine gemeinsame Handelspolitik mit Drittstaaten. Zum anderen wurden landwirtschaftliche Produkte und jene der Fischerei, die in der EWG eine wichtige Rolle spielten, aus dem Abkommen ausgeschlossen. Mit dem Beitritt Großbritanniens und Dänemarks zur EWG 1973 verlor die EFTA einen wesentlichen Teil ihrer Bedeutung. Gleichwohl war die EFTA ein wirtschaftlicher Erfolg, auch wenn sie in der Bedeutung immer hinter der EWG zurückblieb. In ihrem Rahmen wurden die Zölle zwischen den Mitgliedstaaten im Güterhandel bis 1970 vollständig abgebaut. 1992 schlossen die EU und die EFTA einen Vertrag, mit dem die Staaten der EFTA mit gewissen Ausnahmen in den Binnenmarkt aufgenommen wurden. Der Vertrag über den Europäischen Wirtschaftsraum (EWR) trat am 1. Januar 1994 in Kraft.

Anders strukturiert war die supranationale wirtschaftspolitische Integration. Sie begann nach 1945 mit der Europäischen Gemeinschaft für Kohle und Stahl, die mit dem Vertrag zwischen Frankreich, den Beneluxländern, Italien und der Bundesrepublik Deutschland vom 18. April 1951 gegründet wurde. Entscheidend war, dass in der EGKS eine aus Experten für Wirtschaft und Montanindustrie bestehende „Hohe Behörde" verbindliche Entscheidungen treffen konnte, sie also supranationalen Charakter hatte. Zwar konnten die Mitgliedstaaten über den Ministerrat Einfluss auf diese Entscheidungen nehmen, aber sie konnten auch überstimmt werden. Nach dem Vorbild der Montanunion wurde mit dem Vertrag vom 25. März 1957 die Europäische Wirtschaftsgemeinschaft gegründet. Frankreich, Italien, die Bundesrepublik Deutschland und die Beneluxstaaten errichteten damit schrittweise eine Zollunion, die zunächst nur für Güter galt. Die Staaten vereinbarten auch – und das war der wichtigste Unterschied zur EFTA – einen gemeinsamen Außenzoll gegenüber Drittstaaten. Für die Außenhandelspolitik wurde daher die EWG zuständig, ebenso für die Wettbewerbspolitik. Die Europäische Wirtschaftsgemeinschaft hat unmittelbar in den Mitgliedstaaten geltendes Recht geschaffen. Zudem wurde der Güterhandel innerhalb der Gemeinschaft in den 1960er Jahren schrittweise liberalisiert. Ab 1992 (nun im Rahmen der Europäischen Union) sind auch die Märkte für Kapital, Dienstleistungen und Arbeit frei. Die EU ist heute einer der wichtigsten Akteure in der weltweiten Wirtschaftspolitik.

Welche Motive prägten die wirtschaftliche Integration in Europa? Besonders wichtig ist das immer wieder in den Verträgen genannte Motiv der Steigerung des wirtschaftlichen Wohlstandes. Dieses Ziel basiert auf den Erkenntnissen der klassischen Wirtschaftswissenschaft, die mit David Ricardo und Adam Smith begann. Beide zeigten, dass internationaler Handel zu Wohlstandssteigerungen bei beiden Handelspartnern führt. Diese theoretische Erkenntnis lässt sich insbesondere in der Europäischen Wirtschaftsgemeinschaft und der Europäischen Union auch empirisch nachweisen. So stieg das reale Bruttoinlandsprodukt pro Kopf in den europäischen Staaten nach 1945 durch die Liberalisierung des Handels massiv an.

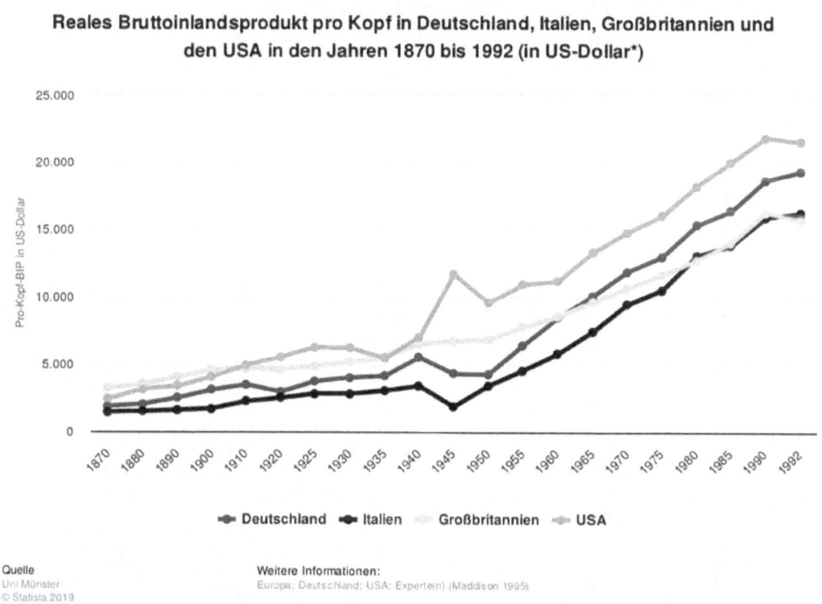

Abb. 1: Reales Bruttoinlandsprodukt pro Kopf in Deutschland, Italien, Großbritannien und den USA in den Jahren 1870 bis 1992 (in US-Dollar).

Damit ist allerdings noch nichts über die Verteilung des Wohlstandes gesagt. Nicht alle wirtschaftlichen Liberalisierungen führen notwendigerweise zu einem Wohlstandsanstieg für alle. Insgesamt ist es jedoch in den Wirtschaftswissenschaften unstrittig, dass der Freihandel zu einem allgemeinen Wohlstandsanstieg der Volkswirtschaften führt, dass es also deutlich mehr Gewinner als Verlierer des Freihandels gibt.

Ein weiteres wichtiges Motiv wirtschaftspolitischer Integration ist der Friedenserhalt. Auch dieses Argument geht auf die Klassiker der Wirtschaftswissenschaften zurück, die argumentiert hatten, dass Staaten, die durch wirtschaftlichen Austausch miteinander verflochten sind und beide davon profitieren, keinen Krieg gegeneinander führen. Ähnlich argumentierte auch Immanuel Kant in seiner Schrift über den „Ewigen Frieden“ von 1795. Der empirische Nachweis der These ist allerdings schwer. So waren die europäischen Staaten in wirtschaftlicher Hinsicht unmittelbar vor dem Beginn des Weltkrieges 1914 sehr eng miteinander verflochten. Das spielte jedoch für die Entscheidung zum Krieg in den Regierungen keine Rolle. Insofern lässt sich festhalten, dass das Argument immer wieder angeführt wurde, ein Beleg für seine Richtigkeit (im Gegensatz zur politischen Integration) allerdings bislang nicht erbracht werden konnte.

Schließlich wird auch die Selbstbehauptung Europas in der Welt immer wieder als Argument für die wirtschaftliche Integration Europas genannt. Dieses Argument hatte im 19. Jahrhundert, als Europa das wirtschaftliche Zentrum der Welt war, keine Rolle gespielt. Nach dem Ersten Weltkrieg tauchte es prominent auf bei Richard Coudenhove-Kalergi, der auf die Notwendigkeit der Selbstbehauptung Europas angesichts der sich abzeichnenden Dominanz der Sowjetunion und der USA hinwies. Nach 1945 stellte sich das Problem mit besonderer Dringlichkeit. In der unmittelbaren Nachkriegszeit war Westeuropa von den USA und Osteuropa von der Sowjetunion abhängig. In den 1960er Jahren begann im Westen ein langsamer Emanzipationsprozess von den USA, der sich in Konflikten über die Landwirtschaftspolitik und die Währungspolitik (vgl. Kap. 13 Europäische Währungsintegration) niederschlug. Westeuropa wurde in vielen Bereichen zum wichtigsten Konkurrenten der USA. Dies galt insbesondere für strategische Märkte, wie beispielsweise den für zivile Luft- und Raumfahrt. Bis in die 1980er Jahre hinein wurden diese Märkte von den US-Unternehmen Boeing und McDonnell Douglas dominiert, es gab keine vergleichbar großen Anbieter in Europa. Das transnational organisierte Luftfahrtunternehmen Airbus war eine europäische Reaktion auf die Dominanz der US-Firmen. An diesem Beispiel wird deutlich, dass kein nationales europäisches Unternehmen in der Lage war, den US-Konzernen im Sektor der Luftfahrt ernsthafte Konkurrenz zu machen. Die Märkte waren zu klein, die Investitionskosten für neue Produkte zu hoch. Nur gemeinschaftlich konnten die europäischen Staaten den USA und der Sowjetunion mit ähnlichem Potential entgegentreten. Hierbei ging es um Macht und wirtschaftliche Interessen. Gleiches gilt im Raumfahrtsektor für das Ariane-Projekt, das eine Reaktion auf die Dominanz der NASA und der sowjetischen Raumfahrt war. Weitere Beispiele ließen sich leicht finden. In den 1970er Jahren tauchte auch die japanische Konkurrenz, insbesondere auf dem Sektor des Fahrzeugbaus und der Unterhaltungstechnik auf.

Seit den 1990er Jahren sah sich die Europäische Wirtschaft zunehmend von den großen Konzernen der digitalen Kommunikation und Software unter Druck gesetzt. Google, Microsoft und andere US-amerikanische Unternehmen drängten mit großer Macht auf die europäischen Märkte und versuchten ihre Standards durchzusetzen – zum Teil mit Methoden, die mit dem europäischen Wettbewerbsrecht nicht vereinbar waren. Alternative Anbieter wurden so mit illegalen Methoden aus dem Markt gedrängt. 2008 verhängte die EU-Kommission eine Strafe von knapp 900 Millionen Euro gegen den US-Softwarehersteller Microsoft, der mit illegalen Methoden den europäischen Markt zu erobern versucht hatte. Microsoft akzeptierte diese Strafe, sonst wäre es vom lukrativen europäischen Markt ausgeschlossen worden. Die EU-Kommission konnte so handeln, weil der EU-Markt so groß ist, dass er für Microsoft eine Relevanz hat. Hätten die belgische Regierung allein oder auch die Bundesrepublik Deutschland eine solche Strafe verhängt, hätte Microsoft sich wohl entschieden, sich einfach aus dem belgischen oder deutschen Markt zurückzuziehen, weil diese Märkte – global gesehen – zu klein sind. 2019 wurde die Internetsuchmaschine Google wegen ähnlicher Vorwürfe von der EU-Kommission zu einer Strafe von 1,49 Milliarden Euro verurteilt. Auch Google akzeptierte dieses Urteil. Das Argument der wirtschaftlichen Selbstbehauptung bezieht sich also nicht nur auf die Dominanz von anderen Staaten auf dem europäischen Markt, sondern auch von privaten, global agierenden Unternehmen. Mit knapp 450 Millionen Einwohnern ist die EU auch nach dem Austritt Großbritanniens einer der wirtschaftlichen Global Player mit bedeutendem Einfluss auf andere Staaten und global agierende Unternehmen.

Ordnungspolitische Debatten in der EU

Die Verflechtung der nationalen Wirtschaftsräume in Europa nach 1945 in wirtschaftlicher und wirtschaftspolitischer Hinsicht ging nicht ohne größere Krisen und Konflikte vor sich. Seit Beginn der europäischen Wirtschaftsintegration gab es immer wieder Kritik an dem Prozess, mit der darauf hingewiesen wurde, dass eine gemeinsame europäische Wirtschaftspolitik die vermeintlich national geprägten Wirtschaftsordnungen zerstören würde. Diese Wirtschaftsstile, wie die frühere Forschung das nannte, wurden in den Nationalstaaten oft mit eigenen Begriffen bezeichnet und als typisch für die jeweilige Nation angesehen. Die Wirtschaftsstile traten im Prozess der Europäischen Integration in Konkurrenz zueinander.

In Frankreich wurde dieser Wirtschaftsstil mit dem Begriff der Planification verbunden. Hierunter verstand man keine autoritäre Planwirtschaft sowjetischen Typs, sondern eine indikative Planung der französischen Wirtschaft. Obwohl es bis weit in die französische Aufklärung zurückverfolgt werden kann, setzte sich das Konzept erst nach dem Zweiten Weltkrieg als Leitbild für die französische Wirtschaft durch. Planification wurde nun als typisch französisch wahrgenommen, das heißt, es war eng mit dem Begriff der französischen Nation, mit der exception française, verbunden. Im Zentrum des Konzeptes stand ein starker Staat. Dieser Staat war aus dieser Perspektive der Architekt der sozialen und ökonomischen Ordnung Frankreichs, er griff umverteilend und produzierend in den Wirtschaftsprozess ein und gestaltete diesen. Wichtigste Institution des Staates in dieser Hinsicht war der Commissariat Général au Plan, eine Behörde, die 1946 unter der Leitung von Jean Monnet gegründet wurde. Der Commissariat erstellte jährlich einen neuen Plan für die Entwicklung der französischen Wirtschaft, der den Akteuren der Wirtschaft in Staat und Unternehmen als Leitfaden für ihre Entscheidungen dienen sollte. Der erste Plan setzte auf die Rekonstruktion der französischen Wirtschaft durch den Ausbau der Infrastrukturen und der Rekonstruktion der Grundstoffindustrie. Er wurde vor allem durch die US-amerikanischen Marshallplan-Gelder finanziert. Seit 1958 standen die Stabilisierung der Währung („Plan Rueff") und der Ausbau einzelner Großprojekte im Zentrum der Aktivität. In der politisch instabilen IV. Republik sicherte der Plan die Kontinuität in der Wirtschaftspolitik. In den 1970er Jahren verlor die Planungsbehörde ihren Einfluss, auch der Versuch von François Mitterrand nach 1981, sie wieder zu etablieren, scheiterte. Gleichwohl ist die Planungsbehörde zu einem Mythos in Frankreich geworden. Mit ihr werden die äußerst erfolgreichen Jahre nach dem Zweiten Weltkrieg verbunden, die als die „Glorreichen Dreißig Jahre", die „Trente Glorieuses", bezeichnet werden.

Demgegenüber wurde die Wirtschaftsordnung der Bundesrepublik Deutschland seit den frühen 1950er Jahren als „Soziale Marktwirtschaft" bezeichnet. Der Begriff stammte vom Kölner Wirtschaftswissenschaftler Alfred Müller-Armack und wurde durch den Wahlkampf der CDU zur Bundestagswahl 1953 popularisiert. Müller-Armack verstand unter „Sozialer Marktwirtschaft" eine Wirtschaftsordnung, in der das Prinzip marktwirtschaftlicher Freiheit mit dem des sozialen Ausgleichs verbunden werden sollte. Vom Neoliberalismus übernahm Müller-Armack die Überzeugung, dass der Altliberalismus des 19. Jahrhunderts die Bedeutung des Wettbewerbs für den Wirtschaftsprozess richtig erkannt habe. Die sozialen Probleme des Konzeptes aber wurden aus seiner Perspektive im liberalen Konzept nicht ausreichend berücksichtigt. So entwarf er das Modell eines dritten Weges zwischen einer reinen Marktwirtschaft und einer potentiell totalitären Planwirtschaft. „Soziale Marktwirtschaft" sollte eine bewusst gestaltete Marktordnung sein, deren primäres Prinzip der Wettbewerb ist. Seit den frühen 1950er Jahren wurde der Begriff von der CDU im Wahlkampf genutzt, um sich vom von der SPD angestrebten „Freiheitlichen Sozialismus" abzugrenzen. Er wurde daher auch zum Begriff, mit dem in der deutschen Öffentlichkeit eine höchst erfolgreiche Phase der bundesdeutschen Wirtschaft verbunden wurde. Ab 1959 übernahm auch die SPD die „Soziale Marktwirtschaft" als wirtschaftspolitisches Leitbild. So wie Frankreich und andere westeuropäische Staaten erlebte auch die Bundesrepublik zwischen 1950 und 1973 eine Phase stürmischen Wirtschaftswachstums, für das sich der verklärende Begriff des „Wirtschaftswunders" eingebürgert hat. Ähnliche Entwicklungen gab es in allen westeuropäischen Staaten. In Italien spricht man so wie in Deutschland vom „Miracolo economico" der Nachkriegszeit, in Spanien vom „Milagro español".

Als dann 1950 die Verhandlungen über die Europäische Gemeinschaft für Kohle und Stahl begannen, versuchten alle Delegationen zunächst, das jeweils nationale Wirtschaftsmodell auf die europäische Ebene zu übertragen. „Europa" war für die meisten Verantwortlichen eine vergrößerte Projektion des eigenen Nationalstaates. Im Bereich von Kohle und Stahl gab es noch keine großen Konflikte. Dies änderte sich mit der Europäischen Wirtschaftsgemeinschaft. Diese stieß bei vielen Ökonomen und Politikern, die das jeweils nationale Modell favorisierten, auf Kritik. So kritisierten französische Sozialisten und Gaullisten den Vertrag vom 25. März 1957 als viel zu liberal, die französische Wirtschaft werde durch das deutsche Modell zerstört. Genau umgekehrt argumentierten Ludwig Erhard und liberale Ökonomen in der Bundesrepublik Deutschland: Das mit der EWG entworfene Modell sei zu dirigistisch, zu stark von der französischen Planification beeinflusst und zerstöre die deutsche Soziale Marktwirtschaft. Erhard blieb deswegen – ähnlich wie Charles de Gaulle in Frankreich – Zeit seines Lebens skeptisch gegenüber der EWG. Diese Skepsis setzt sich bis heute fort. Insbesondere die französischen Linksrepublikaner und die extreme Rechte argumentieren immer wieder, dass die Europäische Union das französische Sozialmodell zerstöre. Vor allem Deutschland wird vorgeworfen, durch seine liberale Politik die EU zu dominieren. Gleichzeitig sind auch deutsche Wirtschaftsliberale skeptisch gegenüber der EU. Aus ihrer Sicht ist die EU aber nicht zu liberal, sondern zu stark vom französischen Etatismus geprägt. Insbesondere die frühe AfD wurde daher von liberalen Ökonomen getragen, die einen Austritt Deutschlands aus der EU und der Währungsunion forderten.

Tatsächlich waren die Europäischen Verträge immer Kompromisse zwischen den verschiedenen wirtschaftspolitischen Denkschulen. Im Vertrag über die Europäische Wirtschaftsgemeinschaft wurden die Artikel über die Wettbewerbspolitik sehr stark vom neoliberalen Ansatz geprägt. Die EWG hatte in diesem Politikfeld lediglich die Aufgabe, den Wettbewerb zu schützen und Monopole und Kartelle zu verhindern. Demgegenüber waren die Artikel über die Landwirtschaftspolitik oder die Verkehrspolitik stark vom Etatismus geprägt. Die EWG-Kommission konnte in diesen Politikfeldern sehr weitreichend in die wirtschaftlichen Prozesse eingreifen und diese gestalten. Während sich die Kritik französischer Wirtschaftspolitiker vor allem auf die liberale Wettbewerbspolitik bezog, kritisierten deutsche Marktwirtschaftler die Agrar- und Verkehrspolitik der EWG. Dieses Muster wiederholte sich bei allen neuen Verträgen. Insbesondere die mit dem Vertrag von Maastricht vom 7. Februar 1992 vereinbarte europäische Währungsunion zog Kritik nach sich. Während man in Frankreich und Italien argumentierte, dass damit das deutsche Modell der strengen Währungsstabilität auf Europa ausgeweitet werde, erklärten liberale Ökonomen und Wirtschaftspolitiker in Deutschland, dass das französische Modell auf Deutschland übertragen werde. Beide sahen die jeweils eigenen Traditionen in Gefahr. Allerdings war auch der Vertrag von Maastricht ein ordnungspolitischer Kompromiss zwischen den beteiligten Regierungen.

Aus geschichtswissenschaftlicher Sicht stellt sich das Problem etwas anders dar: Es gab nach 1945 kein nationales Wirtschaftsmodell in Europa. Alle westeuropäischen Regierungen schlugen vielmehr schrittweise einen ordnungspolitischen Kurs ein, der eine Marktwirtschaft mit starken Staatsinterventionen vorsah. So wurden beispielsweise in Großbritannien, das noch im 19. Jahrhundert den Wirtschaftsliberalismus zur Staatsideologie erhoben hatte, die Schlüsselindustrien verstaatlicht. Das galt für den Kohle- und Stahlsektor, für die Infrastrukturen und die Notenbank (Bank of England). Gleichwohl blieb in Großbritannien ein marktwirtschaftliches System bestehen. In Frankreich etablierte man mit dem Commissariat Général au Plan eine neue Behörde, die die marktwirtschaftlichen Prozesse im Sinne des Allgemeinwohls lenken sollte. In der Bundesrepublik Deutschland hingegen entstand mit der Sozialen Marktwirtschaft ein System, das zumindest in der öffentlichen Wahrnehmung dirigistische Eingriffe des Staates in den Marktprozess skeptisch sah. Gleichwohl wurden auch hier ganze Wirtschaftssektoren aus dem Markt ausgegliedert, wie zum Beispiel die Agrarwirtschaft, der Wohnungsbau oder die Verkehrswirtschaft. Diese hohe Ähnlichkeit der Wirtschaftspolitik in den westeuropäischen Staaten spiegelt sich auch in den volkswirtschaftlichen Schlüsseldaten wider: So lag die Staatsquote (d. h. das Verhältnis der Staatsausgaben zur Gesamtwirtschaftsleistung) in Frankreich im Jahr 1950 bei 28,4 Prozent, in Großbritannien bei 30,4 Prozent und in der Bundesrepublik Deutschland bei 30,8 Prozent. Im Jahr 1973 hatten sich die Verhältnisse untereinander nicht wesentlich geändert: Frankreich: 38,3 Prozent, Großbritannien: 40,5 Prozent, Bundesrepublik Deutschland: 40,1 Prozent.[92] Die bis heute in der medialen Öffentlichkeit und der Ökonomie dominierende Perspektive, nach der die Bundesrepublik Deutschland und Großbritannien wirtschaftsliberale Länder, Frankreich und Italien hingegen staatswirtschaftlich dominiert seien, lässt sich empirisch nicht bestätigen.

Wie aber entstanden dann die Konflikte? Das Problem lag daran, dass die wirtschaftliche Erfolgsphase aller westeuropäischer Staaten nach 1950 auf die je eigene wirtschaftliche und politische Leistung zurückgeführt und daher Bestandteil des nationalen Diskurses wurde. „Soziale Marktwirtschaft" und auch die 1948 eingeführte Deutsche Mark als Währung wurden zum Bestandteil des deutschen Nationsverständnisses. In Frankreich waren es das Planungskommissariat, die Planification und der „Franc" als Währung, die als Voraussetzung für die „Trente Glorieuses" gesehen wurden. Gleiches lässt sich in anderen europäischen Staaten beobachten. Der wirtschaftliche Wiederaufbau nach dem Krieg und der damit verbundene rasante Wohlstandsgewinn wurden als nationale Leistung wahrgenommen und damit zum jeweils eigenen Nationsverständnis hinzugefügt. Wirtschaftsordnungspolitische Kompromisse mussten daher als Bedrohung für die jeweils eigene Wirtschaftsordnung und damit für die Nation insgesamt angesehen werden.

Damit ist noch ein weiteres Problem verbunden: Durch den Kompromisscharakter der Verträge in wirtschaftspolitischer Hinsicht erschien die Politik der Europäischen Union und ihrer Vorläuferorganisationen als widersprüchlich: Zum einen gibt es die dirigistische europäische Agrarpolitik, andererseits die liberale Außenhandelspolitik. Der liberalen Wettbewerbspolitik steht bis heute die nahezu völlige Inaktivität der EU im sozialpolitischen Sektor gegenüber. Beide Seiten, Etatisten wie Liberale, kritisieren diese Widersprüche in der europäischen Wirtschaftspolitik, die sich vor allem durch den Kompromisscharakter der europäischen Verträge erklären lässt. Andererseits übersehen die Kritiker, dass auch die nationalstaat-

92 Statista: Historische Staatsquoten ausgewählter Länder weltweit in den Jahren 1890 bis 1993. https://de.statista.com/statistik/daten/studie/249719/umfrage/historische-staatsquoten-ausgewaehlter-laender-im-vergleich/ (24.1.2021).

liche Wirtschaftspolitik keineswegs einem ordnungspolitischen Gesamtentwurf entspricht. Alle Nationalstaaten vereinigten liberale und etatistische Ansätze und waren sich darin wieder sehr ähnlich. Die Agrarpolitik war in allen europäischen Staaten (Ausnahme Großbritannien) schon seit 1929 sehr etatistisch, bevor die EWG in den 1960er Jahren das Politikfeld übernahm. Gleichzeitig waren alle europäischen Staaten zweifellos marktwirtschaftlich dominiert. Entgegen der jeweils dominierenden nationalen Erzählung waren die westeuropäischen Staaten schon vor Gründung der Europäischen Organisationen in ordnungspolitischer Hinsicht sehr vielfältig. Die EWG/EU übernahm daher ein Muster, das sich auf nationaler Ebene schon lange etabliert hatte.

Die „Rettung des Nationalstaates"

1992 publizierte der britische Wirtschaftshistoriker Alan Milward eine Studie mit dem Titel „The European Rescue of the Nation-State“, die in den folgenden Jahren für Aufsehen in der geschichtswissenschaftlichen Europaforschung sorgte. Die zentrale These des Buches war, dass die frühe Europäische Integration nach 1945 nicht durch den europäischen Idealismus der „Europa-Heiligen“ Schuman, Adenauer, De Gasperi und Spaak vorangetrieben wurde, sondern durch nationale Interessen der beteiligten Regierungen. Die Friedens- und Wohlstandsrhetorik der Europapolitiker bezeichnete Milward als taktisches Instrument. Die eigentlichen Motive für die Europäische Integration, so Milward, seien die nationalen Interessen der Regierungen gewesen. Das Buch löste eine größere Kontroverse in der Geschichtswissenschaft aus. Auch in den Politikwissenschaften wurde das Argument aufgegriffen, als der US-amerikanische Forscher Andrew Moravcsik die These unter dem Schlagwort des „Liberalen Intergouvernementalismus“ weiterentwickelte. Moravcsik erklärte die Europäische Integration als einen Prozess, der auf zwei Ebenen stattfand. Die erste Ebene war die des liberal-demokratischen Nationalstaates, in dem verschiedene Interessengruppen (Unternehmerverbände, Gewerkschaften, Interessenverbände, Parteien etc.) um Einfluss auf die Regierung kämpfen. In diesem pluralistischen Wettbewerb setzen sich jene durch, die am besten organisiert sind, Wahlen gewinnen und so Zugang zu Regierungsentscheidungen erlangen. Die zweite Ebene ist die der europäischen Politik. Hier treffen die im jeweiligen Wettbewerb siegreichen nationalen Interessen aufeinander und handeln eine europäische Politik aus. Auch dieses, hier vereinfacht wiedergegebene Modell lief darauf hinaus, dass es nationale Interessen waren, die die Europäische Integration vorantrieben. Milward und Moravcsik wandten sich damit gegen die frühe Europaforschung, die die Integration vor allem auf den Idealismus der Nachkriegspolitiker zurückgeführt hatte. Die Europäische Integration erschien nun als Instrument, um eine Krise des Nationalstaates nach 1945 zu lösen. Tatsächlich jedoch ergänzten die neuen Thesen die Forschungsansätze mehr als sie sie revidierten. Während die frühe Europaforschung sich stark auf die Europapläne der Widerstandsbewegungen des Zweiten Weltkrieges und die Entscheidungen der politisch Verantwortlichen nach 1945 gestützt hatte, basierte Milwards Buch auf der Untersuchung der Motive und Verhandlungsstrategien der Regierungen.

Milward und Moravcsik haben auf einen Aspekt hingewiesen, der seither in der Europäischen Integrationsforschung von Bedeutung ist. Die Rolle des Nationalstaates im Wirtschaftsprozess hatte sich in der ersten Hälfte des 20. Jahrhunderts verändert. Noch im 19. Jahrhundert war die Bedeutung des Staates im Wirtschaftsprozess gering gewesen. Wirtschaftspolitik war ein vergleichsweise geringer Bestandteil des politischen Prozesses, die Wirtschaft ein weitgehend autonomer Bereich, der sich nach eigenen Regeln entwickelte. Das änderte sich im Ersten Weltkrieg und wurde auch in der Zwischenkriegszeit nur wenig zurückgenommen. Der Staat wurde in starkem Maße Akteur in der Wirtschaftspolitik, griff lenkend und selbst produzierend in den Wirtschaftsprozess ein und übernahm soziale Aufgaben. Dieser Prozess wurde durch die Kriegswirtschaft im Ersten Weltkrieg und die Reaktion der europäischen Staaten auf die Weltwirtschaftskrise ab 1929 stark beschleunigt. Auch nach 1945 gab es viele Begründungen für die staatlichen Interventionen in den Wirtschaftsprozess: In ganz Europa hatten der Zweite Weltkrieg und seine Folgen zu einer wirtschaftlichen Depression geführt. Es gab weitgehende Einigkeit darüber, dass die Nationalstaaten eine wichtige Rolle bei der Rekonstruktion der Wirtschaft übernehmen müssten. Schon die Weltwirtschaftskrise war durch die staatliche Politik in den 1930er Jahren überwunden worden, und ähnlich war die Situation nach 1945. Hinzu kam die neue Struktur des Ost-West-Konfliktes. Im sich entwickelnden Systemwettbewerb mit dem autoritären Sozialismus musste die westliche Welt alle Kräfte mobilisieren. Auch hierzu schien eine staatliche Intervention in die Marktwirtschaft notwendig. Schließlich ging es in Westeuropa auch um die Legitimation des Nationalstaates. In vielen Ländern (z. B. Bundesrepublik Deutschland, Frankreich, Italien) waren neue politische Systeme entstanden, die ihre Leistungsfähigkeit erst noch zeigen mussten. Hierzu gehörte auch die wirtschaftliche Unterstützung von in Not geratenen Wirtschaftssektoren oder Bevölkerungsgruppen. Insbesondere der Sozialstaat wurde nach 1945 in allen westeuropäischen Staaten massiv ausgebaut. Hierzu gehörten staatliche Kranken-, Alters- und Rentenversicherungen. Zudem übernahmen die Nationalstaaten die Zuständigkeit für die Bildungspolitik, die Wohnungsbaupolitik und den Wiederaufbau und Ausbau der Infrastrukturen. Dieser neue Anspruch an den Staat und seine Rolle in der Wirtschaftspolitik führte dazu, dass viele Regierungen an die Grenze der Leistungsfähigkeit kamen. Milward konnte zeigen, dass einige Regierungen in dieser Situation versuchten, bestimmte Aufgaben an europäische Organisationen zu delegieren, um den Nationalstaat zu entlasten. In Belgien zum Beispiel hatte man wenig Interesse an einem gemeinsamen Markt für Kohle und Stahlprodukte im Rahmen der Montanunion, weil die wichtigste Montanregion des Landes, die Borinage, in Bezug auf die Produktivität weit hinter dem deutschen Ruhrgebiet lag und somit schutzlos der deutschen Konkurrenz ausgesetzt gewesen wäre. Die belgische Regierung akzeptierte die EGKS erst, als diese mit Art. 56 des Vertrages die Möglichkeit erhielt, Anpassungsbeihilfen für Regionen im Strukturwandel zu gewähren. Die belgische Borinage wurde zwischen 1952 und 1958 mit umgerechnet 44,8 Millionen US-Dollar unterstützt. Die belgische Regierung brachte im gleichen Zeitraum noch einmal so viel auf. Belgien nutzte also die Montanunion, um den Strukturwandel in der Industrieregion zu finanzieren. Ähnliches unternahm Frankreich in Bezug auf die Agrarpolitik. Genau diesem Muster folgte auch die italienische Politik in Bezug auf den so genannten Mezzogiorno. Schon seit Gründung des italienischen Nationalstaates hatten viele verschiedene Regierungen große Anstrengungen unternommen, den im Vergleich zum Norden wirtschaftlich rückständigen Süden des Landes mit öffentlichen Mitteln zu fördern. Mit der Europäischen Wirtschaftsgemeinschaft hatte sich eine neue Möglichkeit eröffnet und die italienische Regierung versuchte seit Ende der 1960er Jahre, Mittel aus der europäischen Regionalpolitik für den Süden des Landes zu mobilisieren. Auch das bedeutete eine Entlastung des italienischen Nationalstaates.

Ein ähnliches Muster lässt sich im Bereich von zivilen und militärischen Großprojekten erkennen. In der Mitte der 1960er Jahre wurde durch die Fusion von verschiedenen europäischen Flugzeugherstellern der transnationale Airbus-Konzern gegründet. Wie bereits erwähnt, war es das Hauptziel, den US-amerikanischen Herstellern von Zivilflugzeugen Boeing und McDonnell Douglas eine europäische Konkurrenz entgegenzusetzen. Die US-Konzerne dominierten den Weltmarkt und setzten die Standards, denen die Europäer nichts entgegenzusetzen hatten. Entscheidend war, dass es auf der nationalen Ebene kein Unternehmen in der Flugzeugherstellung gab, das mit den beiden US-Herstellern konkurrieren konnte. Nur durch eine politisch initiierte transnationale Fusion verschiedener europäischer Unternehmen konnte dieses Niveau erreicht werden. Auch dies ist ein Beispiel dafür, dass die europäischen Nationalstaaten das europäische Potential zur Lösung von Problemen nutzten, für die das nationale Potential zu gering war. Ähnliche Muster zeigten sich später bei der Entwicklung eines Kampfflugzeuges („Eurofighter") und in der Raumfahrtindustrie („Ariane").

Fazit

In diesem Kapitel wurde zwischen wirtschaftlicher und wirtschaftspolitischer Integration unterschieden. Das ist sinnvoll, weil die Strukturen und Prozesse verschieden sind. Die Akteure der wirtschaftspolitischen Integration sind Regierungen und die Verwaltungen, in der wirtschaftlichen Integration sind es die Konsumenten und Produzenten von Gütern, Dienstleistungen, Kapital und Arbeit, die grenzüberschreitend tätig werden. Gleichwohl darf diese Trennung nicht verschleiern, dass wirtschaftliche und wirtschaftspolitische Integration eng miteinander verbunden sind. Beide sind das Produkt zweier wirtschaftlicher und politischer Großprozesse, die in der Mitte des 18. Jahrhunderts begannen und bis heute andauern. Ausgehend von England setzte sich erstens seit der Mitte des 18. Jahrhunderts die Industrialisierung in vielen Regionen Europas durch. Das ging einher mit einer Veränderung der Produktionsweise und des Handels. Insbesondere setzten sich Maschinen als Ersatz für menschliche und tierische Arbeitskraft durch und führten tendenziell zur Massenproduktion von Gütern. Diese wurden nicht mehr für den regionalen Bedarf produziert, sondern mussten in größeren Räumen abgesetzt werden. Gleichzeitig stieg der Bedarf an Rohstoffen für die Produktion. Beides wiederum führte zur Intensivierung des Fernhandels, der zudem durch neue Infrastrukturen (Schiff, Eisenbahn, später Flugzeug und Lastwagen) erleichtert und beschleunigt wurde. Je stärker die Produktion stieg, je spezieller das Produkt wurde, desto größer wurde der Raum, auf dem die Rohstoffe gekauft und das Produkt verkauft wurden. Dieser Raum weitete sich in wirtschaftlicher Hinsicht und in Bezug auf die Infrastrukturen bereits im 19. Jahrhundert ins Globale, wobei allerdings Europa einen Kernraum bildete. Durch die Verbesserung der Produktivität weiteten sich Märkte tendenziell aus.

Dieser Prozess wurde begleitet von einem zweiten Megatrend, der Entstehung des Nationalstaates in Europa. Dieser setzte sich seit der Wende vom 18. zum 19. Jahrhundert schrittweise durch. Der Nationalstaat war (und ist) gekennzeichnet, durch die Entstehung von geographisch klar begrenzten Räumen, in denen eine Kongruenz von politischer Herrschaft, wirtschaftlicher Organisation, rechtlicher Verfassung und gesellschaftlich-kultureller Selbstdefinition angestrebt wird. Der Nationalstaat gilt zudem als souverän, das heißt der Staat ist grundsätzlich unabhängig von anderen Staaten.

Beide Großtrends, die Industrialisierung und die Entstehung der Nationalstaaten, gerieten schon zu Beginn des 19. Jahrhunderts in einen Konflikt. Während sich die Märkte von der Tendenz her geographisch ausdehnten und entgrenzten, war es Aufgabe des Nationalstaates, klare Grenzen nach außen zu definieren. In Bezug auf den Handel konnten Regierungen die nationalen Grenzen öffnen oder (z. B. mit Hilfe von Zöllen) schließen. Sie konnten auch mit anderen Regierungen in Verhandlungen darüber eintreten, unter welchen Bedingungen Handel getrieben werde sollte. Dies ist der Ort der europäischen wirtschaftspolitischen Integration. Sie begann im frühen 19. Jahrhundert mit verschiedenen internationalen Organisationen, deren Aufgabe es war, die Standards für grenzüberschreitenden Handel und Verkehr zu schaffen.

Wenn sich Regierungen entschlossen hatten, ihren Wirtschaftsraum für den Handel zu öffnen, standen seit dem frühen 19. Jahrhundert zwei Möglichkeiten offen: Zum einen konnten sie mit anderen Regierungen in bi- oder multilaterale Verhandlungen eintreten, deren Ziel die handelspolitische Öffnung der Grenzen und die Einrichtung von handelspolitischen Standards war. Das Ergebnis war eine intergouvernementale Freihandelszone, in der die Regierungen ihre Freiheit in Bezug auf den Handel mit Drittstaaten behielten. Beispiele für diese Art der Integration waren das europäische Freihandelssystem vor dem Ersten Weltkrieg und die European Free Trade Association (EFTA) seit 1958. Es handelt sich um intergouvernementale Organisationen, die nationale Souveränität der Mitgliedstaaten wurde nicht eingeschränkt. Zum anderen gab es die Möglichkeit, eine internationale Organisation zu gründen, der die Mitgliedstaaten Teile ihrer nationalen Hoheitsrechte übertrugen. Die internationale Organisation wurde dann in dem ihr zugesprochenen Sektor selbst legislativ tätig, das heißt sie konnte Recht setzen, das für die Mitgliedstaaten verbindlich war. Beispiele hierfür sind der Octroi-Vertrag über die Freiheit der Rheinschifffahrt von 1804, die Zentralkommission für die Rheinschifffahrt (1815), die Europäische Gemeinschaft für Kohle und Stahl (1952) sowie die Europäische Union (seit 1958/1992). Die beiden Formen wirtschaftlicher Integration sind also das Resultat eines Dilemmas, das für die Regierungen entstanden war. Während das wirtschaftliche System in der ihm immanenten Logik eine Ausweitung der Märkte forderte, verlangte die Logik des Nationalstaates die Definition von klaren Grenzen. Wirtschaftliche Integration war der Versuch, beide Entwicklungen trotz der immanenten Widersprüche miteinander in Einklang zu bringen.

Dieser Prozess des immer wieder neuen Aushandelns von Handelsbedingungen begann in dieser Form um die Wende vom 18. zum 19. Jahrhundert und ist bis heute nicht abgeschlossen. Der Prozess wurde durch die Weltkriege oder andere Krisen immer wieder verzögert, bisweilen auch unterbrochen. So lange allerdings die wirtschaftliche Organisation der arbeitsteiligen Märkte und der Nationalstaat nebeneinander existieren (und gegenwärtig spricht wenig dafür, dass sie sich bald auflösen), so lange wird der Prozess der europäischen wirtschaftlichen und wirtschaftspolitischen Integration andauern.

11. Was ist Europa? Die Frage nach der europäischen Identität

Die hybriden Legitimitätsstrukturen der europäischen Organisationen haben aber noch eine weitere Ursache, die im folgenden Kapitel ausführlicher behandelt werden soll. Es geht um die Frage, was Europa eigentlich ist, oder, anders formuliert, um die Frage der europäischen Identität. Damit ist eines der kompliziertesten Probleme der Europaforschung angesprochen. Es geht grundsätzlich um die Frage, wie politische Gemeinschaften entstehen, wie sie zusammengehalten werden und wie sie sich gegenüber anderen politischen Einheiten abgrenzen. Die Geschichtswissenschaft – ebenso wie die Sozialwissenschaften – beschäftigt sich schon lange mit diesem Problem, das nicht nur Europa betrifft, sondern jede Gemeinschaft. Im ersten Teil wird daher auf die Grundfragen der Identitätsforschung eingegangen. Im zweiten Teil wird unterschieden zwischen der europäischen Selbstwahrnehmung und der Perspektive auf den Kontinent von außen. Beide entwickelten jeweils eigene Vorstellungen davon, was Europa ist.

Jede Gemeinschaft benötigt eine Form kollektiver Identität. Das gilt für Familien ebenso wie für Fußballvereine und ihre Anhängerschaft und auch Nationen. Kollektive Identitäten sind Selbstzuschreibungen von Gruppen, Leitbilder, die die politische Realität dieser Gruppen strukturieren. Diese Identitäten können von einzelnen nur sehr begrenzt geschaffen und gesteuert werden. Sie sind ein Produkt kollektiven Handelns von gesellschaftlichen Eliten. Zu diesen gehören Intellektuelle, Wissenschaftler, Akteure in Medien, in Politik, Wirtschaft und Kultur. Über Medien und Öffentlichkeit werden die Beiträge der gesellschaftlichen Eliten popularisiert und damit politisch wirksam. Die wichtigste politische Identitätsstiftung funktionierte in Europa seit dem späten 18. Jahrhundert über die Nation. Die Nationen entwickelten sich seither zum wichtigsten identitären Anker für Menschen in Europa. Ihre Rolle ist ambivalent. Zum einen schufen sie die Basis für moderne (Sozial-)Staaten auf demokratischer Basis. Nur im Rahmen einer durch eine gemeinsame Identität zusammengehaltenen Gruppe können demokratische politische Systeme errichtet werden. Die Demokratie setzt nicht notwendigerweise die Nation voraus, aber die Nation war historisch gesehen die wichtigste Grundlage für die Demokratie. Auf der anderen Seite konnten Nationen auch aggressiv werden. Im Namen der Nation wurden Kriege geführt und Völkermorde organisiert. Nationen wirkten homogenisierend nach innen, das heißt, sie förderten die politische, rechtliche und bisweilen auch materielle und kulturelle Einheit nach innen. Nach außen grenzten sie sich von anderen Nationen und politischen Gemeinschaften ab.

Nationen waren die wichtigsten Identitätskonstrukte in Europa, aber nicht die einzigen. Es gibt und gab parallel zu ihnen auch religiöse, regionale oder auch kulturelle Identitäten. Einige Identitäten sind exklusiv und stehen in Konkurrenz zueinander. Ein Mensch kann nicht gleichzeitig Christ und Muslim sein. Andere Identitäten sind komplementär: Man kann gleichzeitig Christ und Franzose sein, Kölner und Deutscher, Italiener und Europäer. Identitäten werden durch verschiedene Strukturen geschaffen. Wichtig ist in diesem Zusammenhang eine gemeinsame Interpretation der Geschichte, die in Denkmälern, der Historiographie und in öffentlichen Debatten immer wieder thematisiert wird. Bedeutsam ist auch die Kommunikation der Mitglieder einer Gruppe. Dies kann eine direkte Kommunikation (z. B. in der Familie) sein. Nationen sind aber auch medial konstruierte Gemeinschaften. Leitmedien synchronisieren gesellschaftliche Debatten, setzen die Themen und schaffen so eine Gemeinschaft von Menschen, die gemeinsame Probleme debattieren. Ein anderer Ansatz, Gemeinschaften zu schaffen, war vor allem in den 1920er bis 1940er Jahren die Ethnie. Ethnische Nationen wurden geschaffen durch gemeinsame Abstammung der Mitglieder. Diese Form des Nationalismus hat sich allerdings als besonders aggressiv herausgestellt und spielt deswegen in gegenwärtigen politischen Debatten nur eine untergeordnete Rolle. Identitäten sind zudem dynamisch. Sie können sich mit der Zeit verändern. Einige gewinnen an Bedeutung, während sich andere verlieren oder ganz auflösen.

So wie es nationale Identitäten gibt, gibt es auch eine europäische Identität. Ihre Beschaffenheit allerdings ist – so wie die nationaler Identitäten auch – in politischen und wissenschaftlichen Debatten umstritten. In der Wissenschaft wird allgemein zwischen einer essentialistischen und einer konstruktivistischen europäischen Identität unterschieden. Die essentialistische europäische Identität verweist auf die Attribute, die Europa zu eigen sind, die den Kontinent und die ihn prägenden politischen, gesellschaftlichen und kulturellen Werte ausmachen und von anderen Kontinenten und ihren Organisationen unterscheiden. Der zweite, konstruktivistische Ansatz geht dagegen davon aus, dass es essentialistische Identitäten nicht geben kann. Identitäten, so die These, beruhen auf Debatten, in denen sich eine Gruppe von Menschen immer wieder neu darüber verständigt, wer sie sind und was ihre Gruppe ausmacht. Aus historischer Perspektive haben beide Ansätze immer wieder eine Rolle gespielt.

Essentialistische europäische Identität

Der essentialistische europäische Identitätsbegriff basiert auf der Annahme, dass es eine europäische Identität gibt und dass sie sich aus den Quellen der europäischen Geschichte rekonstruieren lässt. Europa ist aus dieser Perspektive charakterisiert durch nationenübergreifende kulturelle, wirtschaftliche und politische Werte, die die Geschichte des Kontinents prägen. Der Kulturhistoriker Egon Friedell fasste dies so zusammen: „Alle Menschen, Gegenstände und Ereignisse sind Verkörperungen eines bestimmten Naturgedankens, einer eigentümlichen Weltabsicht.“[93] Es ist aus dieser Sicht die Aufgabe der Geschichtswissenschaften, die „Weltabsichten“ und „Naturgedanken“ herauszuarbeiten, die die Identität Europas prägen.

Diese essentialistische Betrachtung europäischer Identität begann im frühen 19. Jahrhundert und hat zwei Wurzeln: Zum einen entstand mit dem modernen Nationalismus aus der französischen Revolution ein neues Identitätsangebot, das

93 Egon Friedell, Kulturgeschichte der Neuzeit, München 1931, S. 3 f.

vormoderne Angebote schrittweise ablöste. Zum anderen begann gleichzeitig – und inhaltlich hiermit verbunden –mit den geschichtsphilosophischen Entwürfen von Georg Wilhelm Hegel und Karl Marx der Europadiskurs. Sie wiesen der europäischen Geschichte jeweils eine Schlüsselrolle für die Weltgeschichte und damit für die Charakteristika des Kontinents zu. Das erschien im 19. Jahrhundert, als Europa in der Selbstwahrnehmung das Zentrum der Welt war, als selbstverständlich. Nach dem Ersten Weltkrieg erlebte der Europadiskurs eine Wende, weil die europäische Dominanz in der Welt als bedroht wahrgenommen wurde. Richard Coudenhove-Kalergi und sein Paneuropa-Konzept sind ein Beispiel für die nun einsetzende neue Konjunktur der Sinnstiftung für Europa und seiner Geschichte. Die Debatte wurden nach dem Zweiten Weltkrieg mit noch größerer Intensität fortgesetzt. Jetzt erschien eine nahezu unüberschaubare Anzahl von kulturhistorischen Werken, die den Anspruch erhoben, die europäische Geschichte vor dem Hintergrund der Erfahrung der Weltkriege zu deuten. Der essentialistische europäische Identitätsbegriff ist daher auch eine Reaktion auf Krisenwahrnehmungen gewesen.

Die These von der essentialistischen Identität Europas beruht im Kern auf einer bestimmten Interpretation der Geschichte Europas und wurde beispielsweise von dem Soziologen Hans Joas sowie den Historikern Jean-Baptiste Duroselle und Silvio Vietta vertreten. Klassischerweise beginnt die essentialistische Darstellung der europäischen Geschichte mit der 1949 von Karl Jaspers aufgestellten These von der Achsenzeit. Damit ist die Phase zwischen 800 und 200 vor Christus gemeint, in der ein mythisches Zeitalter zu Ende gegangen sei und neues begonnen habe, in dem sich die Menschheit der systematischen Reflexion der Grundbedingungen der eigenen Existenz widmete. Entscheidend sei gewesen, dass es zu einer Trennung zwischen der weltlichen und der göttlichen Sphäre kam. Die Entdeckung der Transzendenz, des jenseitigen Reiches, habe die Grundlage für die Entwicklung der Weltreligionen des Judentums und des Christentums gelegt. Die beiden Weltreligionen seien deswegen für die europäische Identität entscheidend, weil sie einen konkreten Bezug zwischen der transzendenten, durch Gott geprägten Welt und dem Diesseits hergestellt hätten. Auch wenn hieraus keine konkrete politische Form und Ordnung abgeleitet werden kann, so sind doch wichtige Grundlagen kultureller Existenz geschaffen, wie beispielsweise die unveräußerliche und nicht verlierbare Würde jedes einzelnen Menschen. Die Unterschiede zwischen den monotheistischen Religionen und die blutigen Konflikte zwischen ihnen werden in diesem Zusammenhang keineswegs unterschlagen. Gerade die Spannungen aber seien produktiv gewesen und hätten die europäische Geistesgeschichte geprägt. Um aber die identitätsstiftende Wirkung zu entfalten, habe es zudem der griechisch-römischen Tradition bedurft. Beide stehen in engem Zusammenhang zum Juden- und Christentum. Wichtige Erkenntnisse der griechischen Philosophie seien durch die christliche Klosterkultur des Mittelalters übertragen worden. Damit aber nicht genug: Auch der für Europa aus dieser Perspektive konstitutive Freiheitsgedanke sei aus dem griechischen Staatsdenken hervorgegangen und überliefert worden. Damit wird der Schritt aus der dynamischen Betrachtung der Genese europäischer Kultur hin zu ihren Inhalten gemacht.

Freiheit wird als ein spezifisch europäischer Wert angenommen. Gleiches gilt für die Vielfalt. So wird im Rahmen der essentialistischen Argumentation darauf verwiesen, dass auch das mittelalterliche Europa nicht allein durch das Christentum geprägt worden sei. Zum einen habe es das römische und das orthodoxe Christentum gegeben. Andererseits aber seien auch der Islam und das Judentum wichtig zum Verständnis europäischer mittelalterlicher Kultur. Auch die verschiedenen Sprachen und Kulturen Europas verweisen in diesem Zusammenhang auf die Vielfalt des Kontinents. Gleiches gilt seit dem frühen 19. Jahrhundert für die Nationen. Diese Vielfalt sei zwar charakteristisch für Europa gewesen, habe aber zu gewaltsamen Konflikten geführt. Die „ertragene Differenz" gehört daher aus der Perspektive der Anhänger des essentialistischen europäischen Identitätsbegriffs auch zu den unabdinglichen Werten Europas. Hieraus habe sich mit der Aufklärung der Begriff der Toleranz entwickelt. Allerdings gehört auch Gewalt zur europäischen Identität, wie vor allem der amerikanische Historiker Mark Mazower betonte. Insbesondere das 20. Jahrhundert sei in Europa ein Jahrhundert der Gewalt gewesen. Man könnte hinzufügen, dass dies auch für andere Zeiten, beispielsweise das 17. Jahrhundert galt. Ein weiterer, auch mit der Gewalt verknüpfter Schlüsselbegriff der essentialistischen Interpretation europäischer Identität ist die Rationalität. In der europäischen Geschichte hat sich ein spezifischer Rationalitätsbegriff entwickelt, der auf theoretischer Basis zu einer praktischen Gestaltung der Welt nach rationalen Kriterien führte. Wissenschaftliche Erkenntnis wurde in Europa zur Basis der rationalen Gestaltung der Welt, ein Prinzip, das dann in andere Regionen transferiert und von diesen übernommen wurde. Auch die Wertschätzung des gewöhnlichen Lebens ist in dieser Interpretation ein europäischer Wert. Wichtig sei nicht nur die Wertschätzung der Innerlichkeit, der kontemplativen Hinwendung zur Transzendenz, sondern auch die praktische Tätigkeit des Alltags. Beides stehe in der europäischen Tradition gleichwertig nebeneinander und sei aufeinander bezogen. Ein weiterer immer wieder genannter europäischer Wert in diesem Zusammenhang ist die Selbstverwirklichung. Dieser Wert verweist auf die Perspektive des Individualismus, die Einzigartigkeit jedes einzelnen Menschen. Diese Einzigartigkeit aber ist immer in Strukturen eingebunden, die der Selbstverwirklichung Grenzen setzen. Die moralischen, politischen und ökonomischen Grenzen gehören daher aus dieser Perspektive zur Selbstverwirklichung zwingend dazu, sie würde sonst in reinen Narzissmus abgleiten.

Gewiss könnten dieser Auflistung von europäischen Eigenschaften noch weitere hinzugefügt werden. Darauf kommt es aber hier nicht an. Wichtig ist vielmehr, dass die These von der essentialistischen Identität Europas methodisch auf dem klassischen Ansatz der Geistes- und Kulturgeschichte beruht. Es geht darum, in der langfristigen Perspektive die Inhalte der geistig-intellektuellen Debatten in Europa herauszuarbeiten. Dieser Ansatz ist in den 1990er Jahren in der Geschichtswissenschaft aus der Mode gekommen. Auch wenn die Methoden der klassischen Ideengeschichte nicht völlig verschwunden sind, wurden sie doch von einem anderen Ansatz attackiert, der sich seither als dominant herausgestellt hat. Die neuere Kulturgeschichte lehnte die langfristige Betrachtung von geistesgeschichtlichen Inhalten ab und nahm stattdessen die Akteure des Prozesses und ihre Interessen in den Blick.

Konstruktivistische europäische Identität

Vertreter der neueren Kulturgeschichte postulierten seit den 1980er Jahren, dass es eine essentialistische europäische Identität gar nicht geben könne. Der traditionelle europäische Identitätsentwurf beruhe, so der Vorwurf, auf einem falschen Kulturverständnis. Die Inhalte der europäischen Identität dürften nicht als gegeben betrachtet werden, sondern müssten als diskursiv erzeugte Konstrukte analysiert werden. Nicht nur die Inhalte der europäischen Identität sollten in den Blick genommen werden, sondern auch die Kontexte, in denen sie entstanden. Europa, so die neue These, existiere nicht an sich, sondern werde diskursiv erzeugt. Damit griff die europäische Identitätsforschung ein Paradigma auf, das in den 1980er Jahren von der Nationalismusforschung entwickelt worden war. Der amerikanische Historiker Benedict Anderson hatte von Nationen als „vorgestellten Gemeinschaften" gesprochen und erklärt, dass es einen essentialistischen Nationsbegriff nicht geben könne. Dieser Ansatz wurde nun auch auf Europa übertragen und erzeugte eine neue Welle europäischer Identitätsforschung. Einer der Hauptvertreter dieses Ansatzes ist der Wiener Historiker Wolfgang Schmale. Er plädierte dafür, „die Geschichte Europas an dem festzumachen, was Menschen in der Antike, im Mittelalter und in der Neuzeit als Europa bezeichnet, als Europa wahrgenommen haben. Europa ist da, wo Menschen von Europa reden und schreiben, wo Menschen Europa malen oder in Stein meißeln, oder anders ausgedrückt, wo Menschen Europa imaginieren und visualisieren, wo Menschen in Verbindung mit dem Namen und dem Begriff Europa Sinn und Bedeutung konstituieren".[94]

Diese Neuorientierung unter dem Einfluss des Konstruktivismus hatte drei Konsequenzen für die europäische Identitätsforschung: Erstens gab es nun nicht mehr die eine europäische Identität, sondern multiple europäische Identitäten, die einander ergänzen, aber auch in Konkurrenz zueinander geraten können. Im Zentrum der Forschung stand nun die Debatte um die konkurrierenden Konstrukte europäischer Identität und die Frage, warum diese von einer bestimmten Gruppe von Akteuren vertreten wurden. Zweitens bedeutete dies, dass es keine objektiv feststellbare, essentialistische europäische Identität geben kann. Identitäten sind immer konstruiert und werden immer neu konstruiert werden, so lange Menschen über den Begriff Europa und seine Bedeutung diskutieren. Drittens spielten nun stärker als zuvor auch außereuropäische Perspektiven eine Rolle im Identitätsdiskurs. Europäische Identität wurde nicht nur von den Europäern selbst, sondern auch von außereuropäischen Akteuren konstruiert, die nun gleichberechtigt in die Analyse einbezogen wurden.

Betrachtet man die Diskussion um die europäische Identität aus der konstruktivistischen Perspektive, kommt man zu ganz anderen Ergebnissen. Europa wurde nun

94 Wolfgang Schmale, Geschichte Europas, Wien Köln Weimar 2000, S. 14.

nicht mehr durch Werte repräsentiert, sondern durch die (Selbst-)Wahrnehmung der Europäer. Der Kölner Historiker Achim Trunk hat auf der Basis der Debatten in europäischen Parlamenten die Identitätssuche der Europäer nach 1945 untersucht. Die Selbstwahrnehmung Europas war nach dem Zweiten Weltkrieg bis in die 1960er Jahre hinein eher negativ geprägt: Der alte Kontinent, der noch im 19. Jahrhundert das Zentrum der Welt gewesen war, befand sich im Niedergang und wurde von der Sowjetunion und dem Bolschewismus im Osten und den USA mit ihrem vermeintlich zügellosen Kapitalismus im Westen bedroht. Die europäischen Staaten, so die Konsequenz dieser Wahrnehmung, müssten sich zusammenschließen, um dieser Bedrohung zu entkommen. Identitätsstiftend wirkten in diesem Kontext also nicht primär die europäischen Werte, sondern die Abgrenzung von anderen politischen Ordnungen. Das war ein Konstrukt europäischer Identität, das schon in den 1920er Jahren eine wichtige Rolle gespielt hatte. Auch Richard Coudenhove-Kalergi hatte angesichts der Bedrohung durch die USA und die entstehende Sowjetunion und der Krise Europas nach dem Ersten Weltkrieg für die Einheit des Kontinents gestritten. Nach der neuerlichen Katastrophe Europas 1945 war das Argument also umso wirkungsvoller. „Europa" entstand durch die Abgrenzung nach außen. Wesentlich schwächer waren demgegenüber positive Werte ausgebildet: Demokratie, Sozialstaatlichkeit und Menschenrechte spielten eine Rolle, waren aber aus der Sicht der Zeitgenossen der 1950er Jahre stärker auf der nationalstaatlichen als auf der europäischen Ebene angesiedelt. Insbesondere im christdemokratischen Milieu spielte die Vorstellung von Europa als Amalgam aus Antike und Christentum eine identitätsstiftende Rolle. Liberale hingegen stellten vor allem die wirtschaftliche Vereinigung Europas in den Mittelpunkt ihrer Argumentation. Dies war ein in den Niederlanden, Großbritannien und in der Bundesrepublik Deutschland breit vertretener Ansatz. Europa entstand aus dieser Perspektive durch den Abbau von Zöllen und anderen Handelsbarrieren. Der deutsche Wirtschaftsminister Ludwig Erhard vertrat in diesem Kontext das Konzept der „funktionalen Integration". Internationale Organisationen waren aus dieser Sicht gar nicht entscheidend, wichtiger war die Liberalisierung des Handels zwischen den europäischen Staaten. Die von der britischen Regierung als Gegenentwurf zur Europäischen Wirtschaftsgemeinschaft propagierte European Free Trade Association von 1960 gehörte in dieses Konzept. (Vgl. Kap. 10). Die wichtigsten Prinzipien der liberalen Europavorstellungen waren die Konvertibilität der Währungen, der Abbau von Handelshemmnissen, eine institutionelle Sicherung des freien Wettbewerbs, die Sicherung der Geldwertstabilität und ein föderaler Wettbewerb zwischen den Mitgliedstaaten einer europäischen Gemeinschaft. Das entsprach weitgehend dem Programm, das eine Gruppe von Wirtschaftswissenschaftlern, die sich als Neoliberale bezeichneten, in den 1930er Jahren entworfen hatte.

Ganz anders war die französisch-republikanische Perspektive auf Europa nach dem Zweiten Weltkrieg. Der wirtschaftliche Wettbewerb wurde in diesem Konzept nicht grundsätzlich abgelehnt, allerdings durfte der Primat des Politischen nicht durch die Wirtschaft in Frage gestellt werden. Der Staat sollte eine aktive Wirtschaftspolitik betreiben. Die Wirtschaft gehörte nach diesen Auffassungen zum politischen öffentlichen Leben wie alle anderen Fragen auch und musste daher auch politisch-demokratischer Kontrolle unterworfen werden. Autonome Organisationen, in denen wirtschaftspolitische Entscheidungen unabhängig von parlamentarischer Kontrolle gefällt werden (wie zum Beispiel die Deutsche Bundesbank), waren aus dieser Sicht abzulehnen.

Noch einmal anders war die regionale Perspektive auf Europa. So entwickelte sich insbesondere in Grenzregionen eine Europarhetorik, die auf die Autonomie der jeweiligen Region in einem europäischen Kontext abzielte. Dies traf beispielsweise auf Südtirol zu, das lange zwischen dem Deutschen Reich, Österreich und Italien umstritten gewesen war. Ähnlich war die Situation im Elsass, das eine eigenständige regionale Identität für sich reklamierte, die es in Europa (und nicht in Deutschland oder Frankreich) verortete. Ähnliche Denkmuster finden sich in Bayern oder im Rheinland. Europa war aus dieser Perspektive ein Instrument, um regionale Identitäten gegen nationale Ansprüche zu verteidigen.

In den 1970er Jahren wandelten sich die Vorstellungen von Europa. Die liberale Vision blieb konstant, wurde aber ergänzt durch einen neuen Demokratiediskurs. Die Europäische Gemeinschaft (ab 1992 die Europäische Union) wurde nun von Demokratietheoretikern und Intellektuellen als undemokratisch wahrgenommen. Europa, so die Analyse vieler Linksliberaler seit den 1970er Jahren, sei zu wenig demokratisch und zu wenig sozial. Einige plädierten daher für die Reform der Europäischen Gemeinschaft in diesem Sinne oder wollten die Kompetenzen der Gemeinschaft beschränken. Diese Debatten verschärften sich noch einmal mit dem Vertrag von Maastricht 1992. Zum einen war gleichzeitig der europäische Binnenmarkt für Güter, Kapital, Arbeit und Dienstleistungen realisiert worden. Andererseits hatte der Vertrag von Maastricht den Weg zur Europäischen Währungsunion vorgegeben. Teile der liberalen Öffentlichkeit warnten nun eindringlich vor der gemeinsamen Währung. Sie würde zu Inflation und damit in eine Wirtschaftskrise führen, lautete der weit verbreitete Vorwurf vor allem in Deutschland. Sozialistische und republikanische Intellektuelle und Politiker befürchteten genau das Gegenteil: Die Europäische Währungsunion zementiere das neoliberale Europa. Eine europäische Demokratie und Sozialpolitik seien damit in weite Ferne gerückt. Die Debatte verschärfte sich im Kontext der sogenannten Flüchtlingskrise im Jahre 2015 noch einmal. Die konservative Seite forderte von der europäischen Politik die Garantie der Sicherheit der Bürger und den Schutz vor Kriminalität und Terrorismus. Die EU-Außen-Grenzen müssten für die Flüchtlinge geschlossen werden, Europa sollte sich gegen die Migrationsströme schützen. Demgegenüber forderte die Linke, dass Europa im Gegenteil die Grenzen für Flüchtlinge öffnen müsse. Gerade weil Demokratie und Menschenrechte europäische Werte seien, müssten Menschen in Not aufgenommen werden. Die Flüchtlingskrise hat die europäischen Identitätsdebatten neu belebt und die Gegensätze verschärft.

Vergleichsweise wenig Beachtung fand in der europäischen Integrationsforschung die Vorstellung von Alternativen zu Europarat und EG/EU. Insbesondere die Parteien der extremen Rechten und der Linken propagierten ebenfalls Europavorstellungen, die sich von anderen oft nur durch ihre Radikalität unterschieden. Beide, Rechts- und Linksradikale in Westeuropa betonten das Prinzip des Nationalstaates, der aber in europäischen Konstruktionen eingebettet werden sollte. Die 1951 in der Bundesrepublik Deutschland verbotene Sozialistische Reichspartei (SRP) betonte die „europäische Mission" des Deutschen Reiches. Ein geeintes und von Westen und Osten unabhängiges Deutsches Reich sei Bestandteil einer „europäischen Ordnung". Ähnlich argumentierte Ende der 1970er Jahre die französische rechtsextreme Vereinigung „Rassemblement Européen de la Liberté" mit der Parole: „Weder Amerikaner noch Russen – Europäer!" Der Vertrag von Maastricht 1992 rief die extreme Rechte erneut auf den Plan. Die deutsche NPD lehnte insbesondere die europäische Währungsunion ab und forderte ein „Europa der Vaterländer", in dem jedes Land „seine eigene nationale Souveränität, seine kulturelle Eigenart und seine wirtschaftliche Potenz im freien Handel zum gegenseitigen Nutzen"[95] bewahren könne. Deutlich heterogener waren die Vorstellungen der kommunistischen Parteien in Europa. Während die Kommunisten in Osteuropa, die in der Regel auch Regierungsparteien waren, unter dem Einfluss der KPdSU die Europäische Integration grundsätzlich ablehnten, waren die westeuropäischen kommunistischen Parteien in dieser Frage geteilt. Die französischen Kommunisten orientierten sich ideologisch an der Sowjetunion und folgten ihr in der Ablehnung der Europäischen Integration, die als ein vom US-amerikanischen Monopolkapital gesteuerter Prozess wahrgenommen wurde. Die kommunistischen Parteien in Spanien (im DDR-Exil) und Italien waren sehr viel pragmatischer und unterstützten die Mitgliedschaft bzw. den Beitritt ihres jeweiligen Landes zur EG. Diese allerdings sollte sozialistisch sein. Gemeinsam war den extremen Parteien der Rechten und Linken, dass sie die Europäische Integration in der konkreten Form der EG/EU und des Europarates ablehnten und sich auf den Nationalstaat als geeigneten Rahmen politischer Organisation konzentrierten. Verschieden war das Leitbild von Europa: Während die Rechtsextremen Europa als Bedrohung für die jeweils nationale Ethnie und Kultur wahrnahmen, propagierte die kommunistische Linke ein sozialistisches Europa. Beide Leitbilder aber blieben inhaltlich vage.

Die Beispiele für Europabilder im Rahmen der europäischen Identitätsdebatten könnten noch ergänzt werden. Entscheidend ist, dass es keine gemeinsame Meinung darüber gab, was Europa sei oder wie es politisch-ökonomisch verfasst sein sollte. Europa war aus dieser Perspektive vielmehr eine Projektionsfläche für politische Vorstellungen und Konzepte. Durch welche Elemente wurden diese Europakonstruktionen geprägt? Erstens spielten ideologische und parteipolitische Positionen der Akteure eine Rolle. Christdemokraten stellten sich Europa anders vor als Liberale, Sozialdemokraten oder auch Rechtsradikale und Kommunisten. Entsprechend

95 Janosch Steuwer, Rechtsextremismus und Europa: Verkehrte Welten? Die Entwicklung des Europäischen Rechtsextremismus seit 1945, in: Jürgen Mittag (Hrsg.), Politische Parteien und europäische Integration. Entwicklung und Perspektiven transnationaler Parteienkooperation in Europa, Essen 2006, S. 361–387. Zitate S. 367, 376, 382.

wurden Elemente Europäischer Integration, die nicht den jeweiligen ideologischen Standpunkten entsprachen, als falsch oder nicht-europäisch dargestellt. Zweitens war die regionale Herkunft der Akteure wichtig für das Europabild. Italiener imaginierten Europa anders als Briten oder Polen. In vielen Fällen wurde Europa als vergrößerte Version des eigenen Nationalstaates gedacht. Prägend waren bisweilen auch regionale Perspektiven. Menschen aus Sizilien hatten eine andere Erwartung und Vorstellung von Europa als jene, die in Schottland lebten. Zudem war – drittens – die soziale Herkunft der Akteure wichtig. Gewerkschaftsverbundene Arbeiter stellten sich Europa anders vor als Unternehmer, Intellektuelle wünschten sich Europa anders als Landwirte und Menschen mit Migrationserfahrung hatten wieder andere Vorstellungen von Europa. Viertens ist deutlich geworden, dass sich die Identitäten Europas aus konstruktivistischer Sicht dynamisch wandelten. Die Vorstellungen von dem, was Europa ausmacht, haben sich seit den 1950er Jahren aus dieser Perspektiven stark verändert und werden sich auch in Zukunft entwickeln.

Insgesamt wurde der konstruktivistische Ansatz der europäischen Integrationsforschung als Überwindung der essentialistischen Interpretation gesehen. Das lag auch an dem revolutionären Anspruch und der Selbstdarstellung der Vertreter der Neuen Kulturgeschichte in den 1990er Jahren, die die klassischen Ansätze der Geschichts- und Kulturwissenschaften zu überwinden meinten. Tatsächlich jedoch handelt es sich um eine Ergänzung. Während die essentialistische Identitätsforschung die lange Perspektive wählt und sich auf die Themen konzentriert, deren Entwicklung sich über Jahrhunderte verfolgen lässt, fokussiert der konstruktivistische Ansatz sein Interesse auf sehr viel kürzere Zeiträume. Zudem stehen in den konstruktivistischen Ansätzen die Akteure der Europadebatten und ihre sich wandelnden politischen und kulturellen Kontexte stärker im Zentrum als beim essentialistischen Ansatz. Die klassische Geistesgeschichte interessiert sich mehr für die Inhalte der Debatte als für die Akteure und ihre Kontexte. Das Bild der europäischen Identitätsdebatten wird dadurch vielfältiger. Allerdings kann noch nicht gesagt werden, welche Interpretationsmuster sich langfristig behaupten.

Identitätspolitik der EG/EU und des Europarates

Beeinflusst wurde die Debatte um die europäische Identität nach 1950 auch durch die Kommunikationspolitik der europäischen Organisationen selbst. Zwei Phasen europäischer Identitätspolitik lassen sich rückblickend unterscheiden. Eine erste Phase begann mit der Gründung der Organisation for European Economic Co-operation (OEEC) 1948 und endete in der Mitte der 1950er Jahre. Bereits der Marshallplan und die OEEC wurden von einer professionellen Werbung begleitet, die nicht zuletzt die durch das Programm angestrebte europäische Einigung in den Mittelpunkt stellte. Bis heute berühmt ist ein Plakat, das ein Schiff in voller Fahrt mit geblähten Segeln zeigt, wobei die einzelnen Segel die Fahnen der europäischen Staaten darstellen. Der Rumpf des Schiffes besteht aus dem Schriftzug „Europa". Das Plakat fand neben ähnlichen weite Verbreitung. Gleichzeitig fuhr ein Zug durch die westeuropäischen Staaten, in denen für das US-amerikanische Hilfsprogramm geworben wurde. Wohlstand und Sicherheit waren die beiden Schlüsselbegriffe der Kampagne. Auch der 1949 gegründete Europarat entwickelte seine eigenen Symbole. Nach langen Diskussionen einigte man sich 1955 auf die kreisförmig angeordneten zwölf goldenen Sterne auf blauem Grund. Typisch ist, dass es sich hierbei um einen komplizierten Kompromiss handelte: Die zwölf Sterne repräsentierten nämlich nicht die damaligen Mitgliedstaaten des Europarates (es waren 15). Es gab zwischen der Bundesrepublik Deutschland und Frankreich Differenzen darüber, ob das Saarland (damals eigenständiges Mitglied im Europarat) als vollständiges oder assoziiertes Mitglied zu zählen war. Darum wählte man eine fiktive Anzahl von Sternen. Auch die Montanunion gab sich ein eigenes Symbol. Es handelte sich um sechs goldene Sterne auf zwei Querbalken, von denen einer blau (für Stahl) und der andere schwarz (für Kohle) war. Die Flagge wurde mit der weiteren Entwicklung der Montanunion immer weiter angepasst, blieb aber vielleicht gerade deswegen in der Öffentlichkeit weitgehend unbekannt. Auch die Westeuropäische Union, die 1955 gegründet wurde, gab sich eine Flagge, die ebenfalls die zwölf Sterne auf blauem Grund aufgriff. Die Europabewegung nutzte dagegen in ihrer Anfangsphase eine eigene Fahne, die ein grünes E (für Europa) auf weißem Grund zeigte. Auch dieses Symbol konnte sich langfristig nicht etablieren.

Die Flagge war jedoch nur ein Medium, mit dem in den 1950er Jahren versucht wurde, eine europäische Identität zu erzeugen. Die europäischen Organisationen griffen auch auf andere Instrumente zurück, vor allem auf den damals noch neuen Film. Ein Forschungsprojekt unter der Leitung der Hamburger Historikerin Gabriele Clemens hat herausgearbeitet, mit welchen Botschaften die frühen europäischen Organisationen versuchten, die Öffentlichkeit von der Europäischen Integration zu überzeugen. Schon die OEEC hatte kleine Filme produziert, in denen die europäische Einigung als wirtschaftliche Notwendigkeit dargestellt wurde. Der Wiederaufbau und wirtschaftlicher Wohlstand, so die Botschaft, seien nur durch die wirtschaftliche Integration Europas zu erreichen. Auch die Westeuropäische Union und ihre Vorgängerorganisation, die ja Verteidigungsgemeinschaften waren, produzierten Filme. Hier wurde das gemeinsame kulturelle Erbe beschworen. Die europäische Kunst- und Kulturgeschichte wurde als Beweis dafür angeführt, dass Europa kulturell eine Einheit sei, die es gegen die Sowjetunion zu schützen gelte. Zudem wurden historische Persönlichkeiten mit europäischer Bedeutung filmisch porträtiert, wie zum Beispiel Jean-Jacques Rousseau, Erasmus von Rotterdam oder Giuseppe Mazzini. Auch der Europarat ließ entsprechende Filme produzieren. Hier standen die Pioniere der Europäischen Integration, Winston Churchill und die europäische Jugendbewegung im Mittelpunkt. Europa wurde als die Überwindung des Nationalitätsprinzips inszeniert. Problematisch war bereits in den 1950er Jahren, dass es eine starke Diskrepanz zwischen diesen sehr allgemeinen Europabildern und der konkreten Politik gab. Die Westeuropäische Union und die Europäische Gemeinschaft für Kohle und Stahl beschäftigten sich mit politischen Problemen, die in der Öffentlichkeit wegen ihrer Komplexität schwer zu vermitteln waren. Die

Presse- und Öffentlichkeitsarbeit dieser Organisationen beschränkte sich daher in dieser Zeit darauf, zu erklären, wie diese Organisationen funktionierten. Das wirkte technokratisch und verstärkte eher das Bild eines Elitenprojektes. Zudem, das hat Alexander Reinfeldt in seiner Dissertation herausgearbeitet, entstand schnell eine Konkurrenz zwischen den verschiedenen Institutionen um Deutungshoheit über die europäische Politik.

Eine zweite Phase europäischer Identitätspolitik setzte in den 1970er Jahren ein. Das politische Umfeld der europäischen Organisationen hatte sich inzwischen stark verändert. Zum einen dominierte eine wirtschaftliche Krisenwahrnehmung. Der Ölpreisschock, der Zusammenbruch des internationalen Währungssystems von Bretton Woods, steigende Inflation und Arbeitslosigkeit führten dazu, dass sich die westeuropäischen Gesellschaften in einem Krisenmodus wähnten. Zudem hatte sich die Gesellschaft in den 1960er Jahren geändert. Autoritäre Politikmodelle waren nun nicht mehr gefragt, stattdessen forderte eine neue Generation mehr demokratische Mitbestimmung. Auf diese Stimmungslage versuchte auch die Europäische Gemeinschaft zu reagieren, als der Rat am 14. Dezember 1973 das „Dokument über die europäische Identität“ publizierte. Erneut wurden die reiche kulturelle Vielfalt, der Frieden innerhalb der Gemeinschaft und das Bewusstsein einer gemeinsamen Lebensauffassung betont. Neu war, dass auch die Grundsätze der repräsentativen Demokratie, die Rechtstaatlichkeit, soziale Gerechtigkeit und die Achtung der Menschenrechte in den Katalog aufgenommen wurden. Hinzu kam die Verantwortung der Europäischen Gemeinschaft für andere Regionen in der Welt. Die Beziehungen zu den Großmächten sollten ebenso verbessert werden wie die zu den Ländern des Mittelmeerbeckens und Afrikas. Das Dokument über die europäische Identität war der Auftakt für eine neue Debatte innerhalb Europas um die Identität, die nun von der Europäischen Gemeinschaft dominiert wurde. Eine wichtige Rolle übernahm ab 1979 das erstmals direkt gewählte Europäische Parlament. Am 31. Oktober 1979 stellte eine Gruppe von Abgeordneten den Antrag, dass sich die Europäische Gemeinschaft eine Flagge geben sollte. Im April 1983 beschloss das Parlament, die bereits vom Europarat genutzte Flagge mit den kreisförmig angeordneten zwölf goldenen Sternen auf blauem Grund auch als Flagge der Europäischen Gemeinschaft zu nutzen. Dem schloss sich der Europäische Rat von Mailand im Juni 1985 an. Seither wird die blaue Fahne mit den goldenen Sternen als Hoheitssymbol der Europäischen Gemeinschaft/Europäischen Union genutzt. Gleichzeitig wurde auch ein Partikel aus dem letzten Satz der neunten Symphonie von Ludwig van Beethoven, das seit 1972 ebenfalls vom Europarat genutzt worden war, zur Hymne der Europäischen Gemeinschaft ernannt. Typisch für europäische Identitätsdebatten ist auch hier, dass der Text von Friedrich Schiller („Ode an die Freude“) nicht übernommen wurde, weil man sich nicht auf die Sprache einigen konnte. Darum hat die Europahymne bis heute keinen Text, sondern existiert nur als Instrumentalversion. Ähnlich kompliziert ist ein weiteres Symbol, der Europatag. Seit 1964 wurde der 5. Mai als der Tag begangen, an dem der Europarat 1949 in London gegründet worden war. Es war der Europarat selbst gewesen, der dieses Datum fixiert hatte. Der 1984 vom

Europäischen Rat eingesetzte Adonnino-Ausschuss für ein „Europa der Bürger" allerdings schlug den 9. Mai als Europatag vor. Dies war der Tag, an dem im Jahr 1950 Robert Schuman die berühmte Pressekonferenz hielt, auf der er die Gründung einer Europäischen Gemeinschaft für Kohle und Stahl vorschlug. Der 9. Mai 1950 wird daher von der Europäischen Union als ihr Gründungsdatum angesehen. Der Europäische Rat von Mailand beschloss 1985 diesen Tag als Europatag zu begehen, an dem seither verschiedene Veranstaltungen und Feierlichkeiten abgehalten werden – ähnlich wie an einem nationalen Feiertag. Gleichwohl gibt es seither zwei Europatage. Der 5. Mai als Europatag des Europarates und der 9. Mai als jener Tag, an dem sich die Europäische Union feiert. Entscheidend war, dass die europäischen Organisationen in der Mitte der 1980er Jahre damit Symbole übernahmen, die bislang nur von Staaten genutzt worden waren: Eine Hymne, einen Feiertag und eine Flagge. Die Europäische Gemeinschaft beanspruchte damit, staatsähnlichen Charakter zu haben, so wie es auch ihrem völkerrechtlichen Charakter entspricht. Die Symbole der Europäischen Union werden heute in den Mitgliedstaaten ergänzend zu den nationalen Symbolen genutzt. Vor öffentlichen Gebäuden weht in aller Regel neben der nationalen Fahne auch die europäische.

Die Ambivalenzen europäischer Identität wurden auch an einem weiteren Hoheitssymbol der Europäischen Union, der gemeinsamen Währung, deutlich. Die europäische Währungsunion wurde mit dem Vertrag von Maastricht vom 7. Februar 1992 auf den Weg gebracht. Einen Namen für die neue Währung gab es zu diesem Zeitpunkt allerdings noch nicht. Schon im Zusammenhang mit dem Europäischen Währungssystem von 1979 hatte man sich auf ECU (Abkürzung für European Currency Unit, gleichzeitig Name einer alten französischen Währung) geeinigt. Dies jedoch schien nun zu technisch. Auf dem Europäischen Rat von Madrid am 16. Dezember 1995 einigten sich die Staats- und Regierungschefs der EU auf den Namen Euro. Dies hatte den doppelten Vorteil, dass der Name kurz und eingängig ist, gleichzeitig aber nicht auf nationale Währungen oder Sprachen rekurriert. Zuvor war auch über eine Euro-Mark oder einen europäischen Gulden diskutiert worden. Ebenso komplex wie die Namensfindung war die Gestaltung der Münzen und Scheine, die seit Januar 2002 genutzt werden. Auf der einheitlich gestalteten Vorderseite der Münze ist der Wert angegeben. Auf der Rückseite finden sich nationale Symbole, die jeder Mitgliedstaat der Währungsunion selbst gestalten kann. Auch auf diese Weise wird die doppelte europäische und nationale Identität symbolisiert. Die Scheine hingegen sind einheitlich gestaltet. Sie erzählen die Geschichte der europäischen Baustile von der Antike (Fünf-Euro-Schein) bis in die Moderne (500-Euro-Schein). Typisch ist, dass die auf den Scheinen abgebildeten Bauten in der Realität nicht existieren, sondern idealtypische Konstrukte für eine bestimmte Epoche der europäischen Architektur sind. Hätte man konkrete Gebäude als Beispiele für die jeweiligen Stile gewählt, wären diese unweigerlich mit einem konkreten Ort und damit mit einer Nation in Verbindung gebracht worden. Auch hier zeigte sich: Auf der allgemeinen Ebene ließ sich europäische Identität fixieren, sobald man aber die Konkretisierung suchte, kollidierte diese mit nationalen Identitäten.

Die Spannungen zwischen nationaler und europäischer Identitätspolitik wurden auch an einem anderen Beispiel deutlich, der Debatte um den Sitz des Europäischen Parlamentes. Bis in die 1970er Jahre war diese Frage offen gewesen. Die Gemeinsame Versammlung, wie sie ursprünglich hieß, hatte keinen festen Sitz. Vielmehr buhlten mit Straßburg und Luxemburg zwei Städte um den Sitz des Parlamentes. Während die Ausschusssitzungen von Anfang an alle in Brüssel stattfanden, tagte das Plenum mal in Straßburg und mal in Luxemburg. In Straßburg fanden die Sitzungen im Gebäude des Europarates statt, der die Europaparlamentarier als Gäste aufnahm. In Luxemburg tagten die Abgeordneten zunächst im so genannten Robert-Schuman-Gebäude, das zwar den Vorteil hatte, dass dort auch die Sekretariatsstäbe untergebracht waren. Auf diese Weise hatten die Abgeordneten nur kurze Wege zur Administration. Andererseits aber war das Gebäude als Parlamentsgebäude ungeeignet. Der Plenarsaal war zu klein und nicht repräsentativ. Ende der 1970er Jahre errichtete die luxemburgische Regierung ein neues Gebäude für das Parlament. Dieses wurde jedoch kaum genutzt, weil das Plenum im März 1981 beschloss, künftig nur noch in Straßburg zu tagen. Dies war eine Reaktion der Abgeordneten auf die umständliche Pendelei zwischen ihren Arbeitsplätzen in Brüssel, Luxemburg und Straßburg. Das Problem wurde aber nur teilweise gelöst, denn Brüssel blieb nach wie vor ein wichtiger Arbeitsort der Abgeordneten. In den 1990er Jahren entstanden in Brüssel und Straßburg jeweils neue Parlamentsgebäude. Das Brüsseler Haus wurde von privaten Investoren als Tagungszentrum errichtet. Das Straßburger Gebäude geht auf eine Initiative der Straßburger Bürgermeisterin Catherine Trautmann zurück und wurde mit öffentlichen Geldern aus Frankreich finanziert. Vor allem das Straßburger Gebäude erregte internationales Interesse. Die Architektur wurde überwiegend positiv wahrgenommen, sie repräsentiere die neue Rolle des Parlamentes im Institutionengefüge der EU seit dem Vertrag von Maastricht. Der deutsche Architektur-Kritiker Hanno Rauterberg schrieb: „Die stetig wachsende Verantwortung des Parlaments findet hier ihre gebaute Form, überdeutlich wird es in diesen Kulissen vorführen, dass es längst mehr ist als eine Versammlung am Gängelband der Kommission.“[96] Europa bekomme erstmals ein Gesicht. Dabei zeigt auch dieser Versuch, über die Architektur eine europäische Identität zu erzeugen, die komplex verflochtenen Wege der Selbstverortung: Das Gebäude repräsentiert einerseits das neue Selbstbewusstsein des Europäischen Parlamentes. Auf der anderen Seite geht die Initiative für den Bau auf die Straßburger Bürgermeisterin zurück, die sicherstellen wollte, dass das Parlament seinen Sitz und seinen Arbeitsort weiterhin in Straßburg hat und nicht in Brüssel. Dieses Ansinnen wurde auch von der französischen Regierung unterstützt. Regionale, nationale und europäische Interessen und Identitäten spiegeln sich in diesem Gebäude wider.

Zu Beginn der 1990er Jahre wurde die europäische Identitätsdebatte um einen weiteren Aspekt bereichert, der sich zu einem der wichtigsten Elemente der euro-

96 Hanno Rauterberg, Ikone im Nirgendwo, in: Die Zeit, 15. Juli 1999, https://www.zeit.de/1999/29/199929.eu-parlament_.xml (5.1.2021).

päischen Selbstwahrnehmung entwickeln sollte. Es ging um die Erinnerung an den Mord an den europäischen Juden während des Zweiten Weltkrieges. Bereits in den späten 1940er Jahren hatte der Völkermord die Diskussionen um den Europarat und die Europäische Menschenrechtskonvention, die am 4. November 1950 in Rom unterzeichnet wurde, beeinflusst. Im Rahmen des Europarates wurde auch der Europäische Gerichtshof für Menschenrechte in Straßburg eingerichtet. Die europäische Menschenrechtsdebatte der 1940er und 1950er Jahre hatte zwei politische Hintergründe. Zum einen war sie eine Reaktion auf den Mord an den europäischen Juden im deutschen Machtbereich während des Zweiten Weltkrieges. Zum anderen war sie ein Produkt des gerade begonnenen Ost-West-Konfliktes. Letzterer überlagerte die Menschenrechtspolitik des Europarates seit den 1950er Jahren.

In den 1970er Jahren wurde die Debatte um den Völkermord während des Zweiten Weltkrieges neu verhandelt: Dies begann in der Bundesrepublik Deutschland, später gab es auch in allen anderen im Zweiten Weltkrieg von der Wehrmacht besetzten Ländern eine Diskussion um die Kollaboration und den Widerstand gegen den Nationalsozialismus. Der Mythos vom Widerstand als konstitutivem Element der europäischen Nationen zerbrach angesichts der Erkenntnisse über die breite gesellschaftliche und politische Kollaboration mit den Deutschen. Vorangegangen war hier die Bundesrepublik Deutschland: Die 1979 im deutschen Fernsehen ausgestrahlte US-amerikanische Fernsehserie „Holocaust“ gab dem Mord an den europäischen Juden während des Zweiten Weltkrieges einen Namen in der Öffentlichkeit und löste eine umfangreiche Diskussion um die Mittäterschaft der deutschen Zivilgesellschaft aus. Erst jetzt entdeckten auch die Medien die geschichtswissenschaftliche Forschung zu dem Thema und leiteten in den 1980er Jahren eine breite Debatte über die Bedeutung des Nationalsozialismus und des Zweiten Weltkrieges für den westdeutschen Staat ein. Die Erinnerung an die Opfer des Völkermordes gehört seither zu den wichtigsten Elementen bundesdeutscher nationaler Identität. Entscheidend für die europäische Identität wurde, dass auch in allen von der deutschen Wehrmacht während des Zweiten Weltkrieges besetzten Ländern und der Schweiz ähnliche Debatten begannen. Dort hatte bis 1990 die Opferperspektive dominiert, das heißt, die Nationen hatten sich nicht zuletzt über ihren Widerstand gegen den Nationalsozialismus definiert. Nach dem Ende des Ost-West-Konfliktes brach der schon zuvor brüchig gewordene Mythos vom kollektiven Widerstand gegen die deutschen Besatzer zusammen. In allen europäischen Staaten begannen Diskussionen über die Kollaboration mit den Deutschen während des Weltkrieges. In Gerichtsverfahren gegen Kriegsverbrecher war zuvor klargeworden, dass es bei der Deportation der Juden massive Kollaboration gegeben hatte. Gewiss war der Holocaust von Deutschen organisiert und durchgeführt worden, aber er hätte nicht diese Dimension gehabt, wenn es nicht in allen europäischen Staaten eine mal mehr, mal weniger große Unterstützung durch lokale Behörden, die Polizei und die Zivilgesellschaft gegeben hätte. In allen europäischen Staaten entstanden in den 1990er und 2000er Jahren Gedenkstätten und Mahnmale, die an die Opfer des Völkermordes erinnerten. Auch von den europäischen Organisationen wurde das Thema aufgegriffen. Mit dem fünfzigsten Jahrestag des Kriegsendes 1995 wurde zunächst beim Europarat die Erinnerungspolitik institutionalisiert. Internationale Kongresse beschäftigten sich mit dem Thema, auf denen eine kontinuierliche Bildungspolitik eingeleitet wurde. Ein Höhepunkt der Entwicklung war die internationale Konferenz, die vom 26. bis 28. Januar des Jahres 2000 in Stockholm stattfand. Neben Wissenschaftlern waren hochrangige Politiker aus fünfzig Nationen vertreten, die eine Erklärung publizierten, in der sie gelobten, die Erinnerung an den Holocaust wachzuhalten und gegen Völkermord, ethnische Säuberungen, Rassismus, Antisemitismus und Fremdenfeindlichkeit zu kämpfen. Am 18. Oktober 2002 beschlossen die Bildungsminister der Mitgliedstaaten des Europarates, einen Tag des Gedenkens an den Holocaust und der Verhütung von Verbrechen gegen die Menschlichkeit einzuführen. Die meisten europäischen Staaten wählten den 27. Januar als den Tag, an dem im Jahr 1945 das Konzentrationslager Auschwitz von der Roten Armee befreit worden war. Zudem stellte der Europarat Lehrern an europäischen Schulen Unterrichtsmaterial zur Verfügung, um den Schülern die Bedeutung des Völkermordes und der Menschenrechte deutlich zu machen. 2005 wurde der 27. Januar von den Vereinten Nationen zum weltweiten Holocaust-Gedenktag erklärt. Auch die Europäische Union übernahm diese neue Perspektive. Auf dem Europäischen Rat von Köln am 3./4. Juni 1999 wurde eine Kommission unter der Leitung von Roman Herzog beauftragt, eine Charta der Grundrechte zu erarbeiten, die im Oktober 2000 in Kraft trat. Mit dem Vertrag von Lissabon wurde sie Bestandteil des Europarechts. Mit ihr sollte die Europäische Union als Wertegemeinschaft gestärkt werden. Im Kern bestätigte sie die Grundrechte, wie sie bereits in der Europäischen Erklärung der Menschenrechte von 1950 und auch in den nationalen Verfassungen verankert waren. Die eigentliche Bedeutung lag also nicht in einer rechtlichen Kodifizierung der Menschen- und Grundrechte, sondern darin, dass die EU sich selbst ein verbindliches Wertesystem als Bestandteil europäischer Identität sichern wollte.

Europa und die Welt

Seit den 1990er Jahren wird die europäische Identitätsdebatte um einen weiteren Aspekt ergänzt, der zuvor eine marginale Rolle gespielt hatte. Europa, so wurde seit den 1990er Jahren zunehmend argumentiert, habe sich nicht nur selbst definiert, indem es auf vermeintlich europäische Werte, die Geschichte oder andere Kategorien verwiesen habe. Europa sei auch und nicht zuletzt in Auseinandersetzung mit anderen Kulturen und Zivilisationen entstanden. Schon in der Antike wurden jene Menschen, die als nicht griechisch oder römisch qualifiziert wurden, als Barbaren bezeichnet. Tatsächlich handelte es sich um eine Selbstdefinition der Griechen und der Römer, die auf der Abgrenzung von jenen Barbaren beruhte. Im frühen Mittelalter spielte der Islam diese Rolle für Europa. Europäische Zivilisationen definierten sich durch die Abgrenzung vom Islam und erlangten damit eine Identität. Seit der Moderne spielen andere Identitätsmuster eine Rolle: Die Rationalität wurde als etwas typisch Europäisches angesehen, ebenso die hieraus resultierende Deutungsmacht der Wissenschaft und Technik. Andere Zivilisationen wurden von den Europäern als rückständig und minderwertig eingeschätzt. Dies mündete im 19. Jahrhundert in den Begriff der Zivilisation, die als europäisch galt. Andere Kulturen der Welt sollten unter diesem Schlagwort entweder beherrscht oder assimiliert werden. Europa empfand sich selbst als das Zentrum der Welt und leitete daraus das Recht ab, die Welt zu europäisieren. Fremde Zivilisationen wurden von den führenden Europäern als wild, unhygienisch und desorganisiert wahrgenommen.

Das europäische Selbstbild und damit ein wichtiger Bestandteil europäischer Identität wurde durch die Weltkriege und die Dekolonisation nachhaltig erschüttert. Gewiss hatte die Dekolonisation schon vor 1914 begonnen, die Krise der europäischen Kolonialmächte jedoch beschleunigte diesen Prozess nachhaltig. Hinzu kam ab 1945 der antikoloniale Gestus der USA und der Sowjetunion. Dieser Prozess zog sich mit zum Teil blutigen Konflikten (Indochina, Algerien, Angola) bis in die 1970er Jahre hin. Das lag auch daran, dass die Denkmuster des Imperialismus zum Teil bis in die 1950er Jahre die europäische Afrika- und Asienpolitik beeinflusst hatten.

Erst in den 1970er Jahren setzte eine neue Debatte ein. Unter dem Schlagwort der Entwicklungspolitik setzte sich nun ein wichtiger Teil der europäischen Öffentlichkeit dafür ein, den Ländern der „Dritten Welt" zu helfen. Hierbei spielten politische Motive im Ost-West-Konflikt eine Rolle. Ebenso wichtig aber waren moralische Argumente. Die Imperialismuskritik der 1970er und 1980er Jahre hat die ökonomischen Konsequenzen des europäischen Imperialismus stark betont. Die europäischen Staaten haben ihre Kolonien zum großen Teil rücksichtslos ausgebeutet und ihre politischen Interessen durchgesetzt, ohne diejenigen der kolonisierten Länder zu berücksichtigen. Nun wurde nicht mehr die europäische Überlegenheit und die daraus resultierende Verantwortung für andere Kulturen der Welt betont, sondern die ungleiche Behandlung dieser Kulturen durch den europäischen Imperialismus des 19. und frühen 20. Jahrhunderts. Damit ging ein Paradigmenwechsel in Bezug auf das europäische Selbstverständnis einher. Europa war aus dieser Perspektive nicht mehr das Vorbild, dessen Zivilisation in andere Teile der Welt exportiert werden müsste, sondern sah sich selbst in der Verantwortung für die Entwicklungsländer, an deren Schicksal es eine Mitverantwortung hatte. Das Selbstverständnis als der Kontinent, der Verantwortung für den Rest der Welt übernehmen müsse, blieb in dieser Argumentation also erhalten, allerdings hatte sich die Begründung verändert.

Die Diskussion um die Globalisierung, die in den 1990er Jahren einsetzte, verändert das europäische Selbstverständnis noch einmal. In den Geschichts- und Sozialwissenschaften wurde darüber diskutiert, wann die Globalisierung begonnen habe und der Blick fiel auch hier auf die zweite Hälfte des 19. Jahrhunderts. Mit Hilfe der Technik des Transportes und der Kommunikation war in dieser Zeit ein weltumspannendes Netz entstanden, das seinen wichtigsten Knotenpunkt in Europa hatte. Entscheidend an der neuen Debatte war, dass Europa nun nicht mehr als Ausbeuter der Welt gesehen wurde (obwohl diese These keineswegs bestritten wurde). Vielmehr standen nun die Prozesse des Austausches im Mittelpunkt. Europa war aus der Perspektive der Globalisierungsforschung eine ausstrahlende und absorbierende Zivilisation. Im Gegensatz zur Imperialismuskritik der 1970er und 1980er Jahre wurde Europa nicht mehr allein als die Macht gesehen, die die Welt gestaltete. Zugleich wurde nun betont, dass andere Kulturen ebenfalls ihre Spuren in Europa hinterlassen hatten. Europäische Denk- und Verhaltensweisen prägten nämlich nicht nur fremde Zivilisationen, sondern wurden auch von diesen beeinflusst. Europa, so die neue These, realisierte sich selbst in Auseinandersetzung und Verflechtung mit anderen Zivilisationen. Dies zeigte sich konkret in der Veränderung von Konsum („Kolonialwaren"), in der Verflechtung der Märkte für Güter, Kapital und Arbeit aber auch in der Veränderung von Weltbildern. Europa wurde durch diese wechselseitigen Austauschprozesse zu einer hybriden Zivilisation neben anderen.

Die Diskussion wurde durch das im Jahr 2000 publizierte Buch des indischen Historikers Dipesh Chakrabarty über die „Provinzialisierung" Europas noch einmal erweitert. In Anlehnung an Debatten, die schon früher begonnen hatten, warf Chakrabarty der europäischen Historiographie vor, den Kolonialismus mit anderen Methoden fortzusetzen. Die moderne Kulturwissenschaft wende nach wie vor die Methoden und Kategorien an, die aus der Erforschung der europäischen Geschichte gewonnen wurden und übertrage diese auf außereuropäische Gebiete. Er warf der europäischen (und US-amerikanischen) Geschichtswissenschaft vor, die außereuropäische Geschichte nur aus der Perspektive Europas (und der USA) zu sehen. Die europäische Geschichts- und Kulturwissenschaft sei deswegen hegemonial, weil sie ihre Maßstäbe nach wie vor auf die ganze Welt übertrage. Die Geschichte anderer Kulturkreise könne auf diese Weise aber gar nicht angemessen erfasst werden. Chakrabarty forderte daher, Europa zu provinzialisieren, das heißt, eine andere, postkoloniale Perspektive einzunehmen. Die europäische Kultur sei nur eine unter vielen anderen, die grundsätzlich als gleichberechtigt anzusehen seien. Dieser postkoloniale Ansatz hat zu umfangreichen Diskussionen in der europäischen Öffentlichkeit geführt. Vor allem der Vorwurf, Europa sei nach wie vor hegemonial, hat unter vielen Intellektuellen in Europa Unterstützung gefunden. Auch wenn die These nach wie vor umstritten ist, hat sie doch erneut zu einer Debatte über Europa und seine Identität geführt, die keineswegs abgeschlossen ist. Der selbstkritische Blick auf die europäische koloniale Vergangenheit und Gegenwart ist seither auch Bestandteil des Europadiskurses.

Fazit

Gibt es nun eine europäische Identität oder gibt es sie nicht? Die Beantwortung der Frage hängt von der Perspektive ab. Anhänger eines essentialistischen Weltbildes werden darauf verweisen, dass es seit Jahrhunderten immer wiederkehrende Identitätsmuster gibt, die sich mit Begriffen wie Freiheit, Vielfalt oder in gemeinsamen kulturellen und religiösen Traditionen finden lassen. In diesen Kategorien erkennen sie die europäische Identität, die gleichwohl mit einer nationalen oder regionalen Identität verflochten ist. Die Anhänger des essentialistischen Ansatzes gehen zudem davon aus, dass es eine metaphysische Realität gibt. Die Vertreter eines konstruktivistischen Ansatzes werden demgegenüber darauf verweisen, dass diese Inhalte der europäischen Identität immer zeitgebundene, von den jeweiligen Akteuren konstruierte Europabilder seien, die keine objektive Realität beanspruchen können. Europäische Identität wird aus dieser Perspektive immer wieder von Menschen zu verschiedenen Zeiten neu geschaffen. Sie ist daher wandelbar. Eine eigenständige metaphysische Realität gibt es aus dieser Perspektive nicht. Es handelt sich jedoch um einen scheinbaren Widerspruch. Die Anhänger des essentialistischen Ansatzes untersuchen mit den Methoden der Geistesgeschichte langfristige Denktraditionen und Debatten und interessieren sich weniger für die Akteure und ihre Kontexte. Diese werden aber von den Konstruktivisten in dem Mittelpunkt des Interesses gestellt. Ihre Perspektive ist daher kurzfristiger. Die Inhalte der Debatte sind aus konstruktivistischer Sicht nicht so wichtig wie die Akteure und ihre jeweiligen Interessen. Insofern ergänzen sich beide Ansätze und widersprechen sich nicht.

Wer waren die Akteure der europäischen Identitätsdebatten? Eine wichtige Rolle spielten erstens weltanschaulich und politisch gebundene Akteure auf nationaler Ebene, wie politische Parteien, Gewerkschaften, Arbeitgeber- und Unternehmerverbände, aber auch Kirchen und Sportorganisationen. Sie entwarfen Bilder und Visionen von Europa, die ihren Interessen, Bedürfnissen und Weltbildern entsprachen. Oft waren sie direkt oder indirekt mit den Regierungen verbunden, insofern sind auch nationale Regierungen beteiligt. Zweitens spielen Medien eine wichtige Rolle. In ihnen wurden die jeweiligen Europabilder popularisiert. In der medialen Öffentlichkeit fand aber auch eine Debatte über Bilder statt, die grundsätzlich miteinander in Konkurrenz standen. Der Zugang zu Medien war daher auch in dieser Debatte ein wichtiger Aspekt, um das jeweils eigene Europabild in der Öffentlichkeit zu platzieren und gegen andere abzugrenzen. Drittens sind die europäischen Organisationen selbst zu nennen. Alle diese Organisationen betrieben eine intensive Öffentlichkeitsarbeit, mit der sie ihre Existenz rechtfertigen und ihre Arbeit erklären wollten. Besonders aktiv waren in diesem Zusammenhang der Europarat und auch die Europäische Gemeinschaft/Europäische Union. Sie entwarfen immer wieder Symbole und Bilder von Europa, die allerdings einem Wandel unterworfen waren. Dies wurde schon in der frühen Phase der Europäischen Integration zum Problem: Einerseits propagierten der Europarat, die Europäische Gemeinschaft für Kohle und Stahl und auch die Europäische Wirtschaftsgemeinschaft wirtschaftlichen Wohlstand, innereuropäischen Frieden und die Einhaltung der Menschenrechte. Andererseits betrieben sie innerhalb ihres Aufgabengebietes eine Politik, die sich oft nur schwer mit diesen allgemeinen Zielen in Einklang bringen ließ. Es war der europäischen Öffentlichkeit schwer zu erklären, dass die Auseinandersetzungen um Mindestpreise für Weizen, die die europäische Agrarpolitik in den 1960er Jahren beschäftigten, mit dem Frieden und dem Wohlstand in Europa zu tun hatten. Auch die Flüchtlingspolitik der EU ab 2015 kollidierte immer wieder mit der von derselben Organisation propagierten Einhaltung der Menschenrechte. Die abstrakten Leitbilder der Identitätspolitik ließen sich im politischen Alltag nicht immer umsetzen und lösten dann politische Widersprüche aus. Eine Untersuchung dieser Widersprüche auf einer breiten Quellenbasis ist ein Forschungsdesiderat.

Weitere wichtige Akteure der europäischen Identitätspolitik kamen – viertens – aus anderen Teilen der Welt. Drei Muster lassen sich in diesem Zusammenhang unterscheiden: Zum einen wurde Europa durch die Abgrenzung von anderen Teilen der Welt (oft die USA und die Sowjetunion) definiert, in dem auf spezifische politische und kulturelle Differenzen hingewiesen wurde. Selbstdefinition wurde über die Abgrenzung nach außen vorgenommen. Zum anderen aber definierten auch Menschen in anderen Teilen der Welt Europa von außen. Dies hing bis in die 1970er Jahre oft mit Kolonialerfahrungen zusammen. Gleichzeitig gibt es aber auch ein positives Europabild, was sich nicht zuletzt daran zeigt, dass viele Staaten in der europäischen Peripherie der EU oder dem Europarat beitreten wollen oder Flüchtlinge Sicherheit in Europa suchen. Schließlich entstand die europäische Identität auch durch den Austausch mit anderen Kulturen der Welt. Es war nicht nur Europa, das die Welt politisch, wirtschaftlich und kulturell beeinflusste, sondern Europa wurde auch selbst von anderen Kulturen beeinflusst. Die Welt wurde einerseits europäisiert, gleichzeitig wurde Europa globalisiert.

12. Immer engere Verflechtung? Gesellschaft und Integration

Die europäische Gesellschaftsgeschichte ist inzwischen ein etablierter Zweig der Europäischen Integrationsforschung. Während die politische Geschichte lange Zeit stark auf Regierungen der Nationalstaaten und ihre Entscheidungen fokussiert war, stellte die sozialhistorische Europaforschung gesellschaftliche Akteure in den Mittelpunkt der Betrachtung. In den 1990er und frühen 2000er Jahren gab es zwischen beiden Teildisziplinen eine Kontroverse darüber, welche die entscheidenden Akteure der Europäischen Integration gewesen seien. Während die einen auf die Dominanz der politischen Akteure und der Regierungen hinwiesen, argumentierten die anderen, dass die gesellschaftlichen Akteure erst die Voraussetzung für die politische Integration geschaffen hätten. In den letzten Jahren ist diese Kontroverse in den Hintergrund getreten. Die Frage, ob nun politische Antriebskräfte oder gesellschaftliche Faktoren wichtiger für die Europäische Integration seien, wird, so die nun dominierende Meinung, dem komplexen Prozess nicht gerecht. Heute wird vielmehr davon ausgegangen, dass sich beide Akteursgruppen wechselseitig ergänzten, wobei mal die eine, mal die andere eine dominierende Rolle übernahm. Es geht also darum, am konkreten Einzelfall zu untersuchen, welche Wechselwirkungen zwischen gesellschaftlichen, wirtschaftlichen, kulturellen und politischen Akteuren entstanden. Einigkeit besteht in der Forschung inzwischen darüber, dass es keine homogene europäische Gesellschaft gibt und nicht geben wird. Auch hier gilt, dass sich die nationalen Gesellschaften nicht auflösten, aber eingebunden wurden in transnationale, zum großen Teil europäische Strukturen.

Gleichwohl ist es in methodischer Hinsicht sinnvoll, die gesellschaftliche Integration Europas gesondert in den Blick zu nehmen. Zwei Untersuchungskategorien stehen in der Forschung im Mittelpunkt: Zum einen geht es um die Angleichung der europäischen Gesellschaften. Gibt es bei der Entwicklung der nationalen Gesellschaften in Europa eine Tendenz zur Konvergenz? Dies kann am Beispiel von gesellschaftlichen Grundmustern wie der Familie, der Arbeitswelt oder dem Konsumverhalten untersucht werden. Eng verbunden hiermit ist die Frage nach der Angleichung der europäischen nationalen Gesellschaften mit jener, ob es eine spezifisch europäische Entwicklung gibt, die sich von anderen gesellschaftlichen Entwicklungen in der Welt unterscheidet. Damit wird die Makroperspektive europäischer Gesellschaftsintegration fokussiert. Zum anderen gibt es die Mikroperspektive: Hier stehen die Verflechtungen zwischen den europäischen Gesellschaften im Mittelpunkt des Interesses. Diese sind in den vergangenen Jahren unter dem Schlagwort der transnationalen oder verflochtenen Geschichte intensiver erforscht worden. Menschen nehmen aus sehr unterschiedlichen Gründen grenzüberschreitende Kontakte zueinander auf. Untersucht wurden Reisen, Städtepartnerschaften, aber auch Bildung und Sport. Für die europäische Integrationsforschung sind hier zwei Aspekte interessant. Erstens passiert es oft, dass die zunächst spontanen grenzüberschreitenden Kontakte institutionalisiert werden, das heißt es entstehen grenzüberschreitende Institutionen, die damit auch wieder für die politische Geschichte interessant werden. Hier zeigen sich die fließenden Grenzen zwischen den Teildisziplinen. Zweitens werden durch die Kontaktaufnahme auch Transferprozesse in Gang gesetzt. Menschen beeinflussen einander, lernen voneinander, übernehmen Weltbilder und Verhaltensweisen. Man hat daher von einer europäischen verflochtenen Geschichte gesprochen.

Beide Kategorien, die Angleichung und die Verflechtung der europäischen Gesellschaften werden im Folgenden vorgestellt. Dabei kann angesichts der Komplexität und Weite des Themas nur exemplarisch gearbeitet werden.

Angleichungen

Die europäische Konsumgesellschaft

Der Wohlstand der Europäer hat in den Jahren seit dem Zweiten Weltkrieg nach übereinstimmender Meinung in der Forschung stark zugenommen (Vgl. Kap. 10). Zugleich veränderten sich die Konsumgewohnheiten beispielsweise in Bezug auf die Ernährung, das Wohnen und die Mobilität der Menschen in Europa. Hier setzte sich nach dem Zweiten Weltkrieg die Massenkonsumgesellschaft durch. Das hatte auch politische Konsequenzen. Die Stabilität der politischen Systeme in Westeuropa lässt sich auch damit erklären, dass sie im Gegensatz zu vielen politischen Systemen in anderen Teilen der Welt und im Europa der Vorkriegszeit, in der Lage waren, die Menschen mit den Gütern des täglichen Bedarfs im mehr als ausreichenden Maß zu versorgen. Dies gelang in den 1950er Jahren auch in Osteuropa, seit den 1960er Jahren aber fielen die Systeme des autoritären Sozialismus in dieser Hinsicht immer weiter hinter die westlichen Gesellschaften zurück. Die mangelhafte Versorgung mit Konsumgütern wurde daher zu einem wichtigen Grund für den Zusammenbruch der osteuropäischen Systeme.

Vorreiter in der Entstehung der Massenkonsumgesellschaft waren die Vereinigten Staaten von Amerika. Hier hatte der Prozess schon in den 1920er Jahren begonnen. In Europa waren in dieser Zeit ebenfalls erste Ansätze zu beobachten, die Weltwirtschaftskrise ab 1929 und der Zweite Weltkrieg allerdings verzögerten die weitere Entwicklung. Das hatte vor allem mit der wirtschaftlichen Rezession zu Beginn der 1930er Jahre und der Umstellung der meisten europäischen Staaten auf die Kriegswirtschaft während des Krieges zu tun. Erst nach 1945 setzte sich in Europa die Massenkonsumgesellschaft durch. Dies lässt sich an verschiedenen Indikatoren ablesen.

Erstens setzte eine allgemeine Standardisierung der Güter und des Konsums ein. Viele Produkte, die zuvor in Handarbeit oder in kleinen Mengen hergestellt worden waren, entstanden nun in Serie und massenhaft. Gleichzeitig wurde der Konsum durch die Massenproduktion standardisiert. Regionale Unterschiede wurden geringer, das Angebot in den westeuropäischen Städten wurde immer ähnlicher und damit austauschbarer. Seit den 1970er Jahren passte sich auch Südeuropa diesem Standard an, in den 1990er Jahren folgten die osteuropäischen Staaten. Damit veränderte sich auch die Struktur des Einzelhandels. Die inhabergeführten kleinen Geschäfte wurden tendenziell durch große Handelsketten verdrängt. Supermärkte, die es vereinzelt bereits in den 1920er Jahren in Europa gegeben hatte, wurden zum Standard. Sie boten eine größere Auswahl, kauften bei den Produzenten große Mengen eines Produktes ein, erhielten dafür einen günstigeren Preis und konnten die Ware daher auch billiger anbieten. Der Wettbewerb im Einzelhandel führte auch zu einer Konzentration von Handelsunternehmen. Kaufhäuser, die es bereits in der zweiten Hälfte des 19. Jahrhunderts in den großen Metropolen gegeben hatte, schlossen sich zu Ketten zusammen und waren nun auch in den kleineren und mittleren Städten in Europa präsent. Insgesamt kann daher von einer Standardisierung und Uniformisierung des Angebotes gesprochen werden.

Diese Standardisierung hatte den Vorteil, dass die Herstellung von Konsumgütern erheblich billiger wurde, viele Produkte, die zuvor Luxusgüter gewesen waren, wurden nun auch für breite Gesellschaftsschichten erschwinglich. Konsum war immer auch ein Instrument der sozialen Distinktion. Die über den Konsum definierten Unterschiede zwischen den Bevölkerungsschichten wurden geringer. So konnten sich beispielsweise nur Angehörige der Oberschicht in den 1920er Jahren Autos leisten, die meisten Menschen gingen zu Fuß, nutzten Fahrräder oder den öffentlichen Verkehr. In den 1960er Jahren setzte sich die Motorisierung massenhaft durch. Auch Angehörige der Mittelschicht fuhren nun im eigenen Auto. Gleiches gilt für die Kleidung und das Wohnen. Auch Haushaltsgeräte setzten sich nun massenhaft durch, vor allem Kühlschränke, in den 1920er Jahren noch ein Luxusprodukt, wurden Standard in europäischen Haushalten. Gleiches gilt für Fernsehgeräte und Stereoanlagen.

Mit dem Massenkonsum veränderte sich auch die Wertschätzung der Güter. Langlebige Konsumgüter, die zuvor gepflegt und immer wieder repariert worden waren, wurden nun, wenn sie nicht mehr einwandfrei funktionierten, weggeworfen und durch neue ersetzt. Das ließ nicht nur die Müllberge wachsen, sondern führte auch zu einem höheren Bedarf an Rohstoffen zur Produktion der Massengüter. Die Reparatur von bestimmten Produkten wurde teurer als ihre Neuanschaffung. Langlebige Konsumgüter, die Menschen ihr Leben lang begleiteten, wurden seltener.

Die Massenkonsumgesellschaft veränderte die Lebensweise der Menschen in Europa. Die Einkommen der Haushalte stiegen stark an, zugleich musste für die Güter des täglichen Bedarfs, Lebensmittel vor allem, immer weniger ausgegeben werden. So wurden in Europa im Jahr 1950 rund 38 Prozent des verfügbaren Einkommens für Nahrungsmittel ausgegeben, 1970 lag der Wert in den Ländern der EG bei 31 Prozent, 1994 nur noch bei 19 Prozent.[97] Damit stieg der für den freien Konsum verfügbare Anteil des Einkommens an und das bei insgesamt steigenden Einkommen. Auch wenn diese Entwicklung durch den Preisanstieg bei anderen Gütern des täglichen Bedarfs (z. B. Wohnen) etwas relativiert wurde, stieg der Wohlstand in Europa im Kontext der Massenkonsumgesellschaft deutlich an.

97 Zahlen bei Hartmut Kaelble, Sozialgeschichte Europas, S. 96.

Diese für Europa allgemein gültigen Aussagen bedürfen der Differenzierung. Zum einen gab es insbesondere in den Jahren zwischen 1945 und 1960 noch deutliche Unterschiede zwischen jenen Ländern, die im Zweiten Weltkrieg stark zerstört worden waren (Deutschland, Niederlande) und jenen, in denen der Krieg nur geringe Spuren hinterlassen hatte (z. B. Schweiz, Schweden). Ein zweiter wichtiger Unterschied entstand zwischen jenen Ländern, die schon im 19. Jahrhundert stark industrialisiert waren und jenen, in denen in der Mitte des 20. Jahrhunderts die Landwirtschaft noch eine wichtige Rolle spielte. Insbesondere die Länder Süd- und Osteuropas blieben bis in die 1970er Jahre noch stark agrarisch geprägt, während der Nordwesten des Kontinents schon im Zeitalter des Massenkonsums angekommen war. Ein weiterer, oft übersehener und wenig erforschter Unterschied bestand darin, dass auch standardisierte Produkte oft regionalen Wünschen und Gewohnheiten angepasst wurden. Das betraf beispielsweise die Esskultur. Italienische Gerichte wie beispielsweise Pizza oder Pasta verbreiteten sich in den 1970er Jahren in anderen europäischen Staaten. Allerdings wurden sie dort zwar ähnlich zubereitet und sahen genauso aus, geschmacklich allerdings wurden sie den regionalen Vorlieben angepasst: Pasta ist in Italien kein Hauptgericht, in Deutschland und den Niederlanden allerdings wird sie als solches angeboten. Auch Nuss-Nougat-Cremes sind in Italien – dem regionalen Geschmack angepasst – etwas süßer als in Deutschland, obwohl sie vom selben Hersteller unter demselben Namen verkauft werden. Dies gilt für viele Produkte.

Die Durchsetzung der Massenkonsumgesellschaft in Europa nach 1945 ist oft als Amerikanisierung bezeichnet worden. Das hat seine Berechtigung darin, dass sich die Massenkonsumgesellschaft zuerst in den USA durchsetzte und dann nach Westeuropa kam. Das war zum Teil auf die konkrete Politik der US-Regierungen zurückzuführen, die im Rahmen des Ost-West-Konfliktes bestimmte Elemente der amerikanischen Kultur beispielsweise im Rahmen des Marshallplans nach Europa brachte. Das hat die Durchsetzung der Massenkonsumgesellschaft in Europa zweifellos begünstigt, greift aber als alleinige Erklärung zu kurz. Der US-amerikanische Lebensstil wurde nämlich insbesondere in der Jugend Europas in den 1950er und 1960er Jahren begeistert aufgegriffen. Coca-Cola und Jeans waren nicht einfach nur Konsumgüter, sondern standen auch für einen bestimmten Lebensstil einer wichtigen Gruppe von Jugendlichen. Das gilt auch für die Musik: Elvis Presley wurde das stilbildende Vorbild im Bereich des Rock 'n' Roll, er wurde in Europa stark rezipiert und vielfach kopiert. Die wichtigsten Interpreten in dieser Hinsicht waren in Deutschland Peter Krauss und in Frankreich Johnny Hallyday. Sie imitierten zwar Musik und Habitus von Elvis Presley, sangen aber in deutscher, bzw. französischer Sprache. Auch hier zeigt sich also eine Homogenisierung, die allerdings regionale Differenzierungen durchaus zuließ. Amerikanisierung in diesem Sinne gab es also in Europa, aber sie wirkte nicht überall gleich. Auch im Sektor des Konsums zeigt sich also, dass es nach 1945 starke Tendenzen zur Vereinheitlichung in Europa gab, diese führten aber in den wenigsten Fällen zur Gleichheit. Konsumgewohnheiten blieben regional spezifisch.

Lebensstile: Familie

Familien gehören zu den gesellschaftlichen Grundstrukturen in Europa in der zweiten Hälfte des 20. Jahrhunderts. Gleichwohl war die Struktur europäischer Familien einem starken Wandel unterworfen. Der Zweite Weltkrieg hatte die familiären Strukturen der 1930er Jahre grundsätzlich in Frage gestellt. Ein großer Teil der europäischen Männer war im Krieg gefallen, verwundet worden oder kam traumatisiert nach einer Kriegsgefangenschaft zurück. Gleichzeitig hatten Frauen und ältere Kinder Verantwortung für Aufgaben übernommen, die zuvor primär von Männern erledigt worden waren. Die in den 1930er Jahren noch dominierende Struktur der europäischen Familie mit dem Mann als Hauptverdiener und der Frau, die auf den Haushalt und die Kindererziehung fokussiert war, wurde hierdurch in Frage gestellt. Die familieninterne Rolle von Männern, Frauen und (jugendlichen) Kindern wurden daher durch den Krieg stark verändert. Zwar gab es in den 1950er Jahren in vielen Bereichen das Bedürfnis zu traditionellen Familienstrukturen zurückzukehren, es gelang aber nur eingeschränkt. So nahm beispielsweise die außerhäusliche Berufstätigkeit von Frauen in den 1950er und 1960er Jahren beständig zu. Das hing auch mit der Verbesserung von Bildungschancen für Frauen zusammen. Der Anteil von Frauen mit höherer Schul- und akademischer Ausbildung stieg in den 1950er und 1960er Jahren deutlich an. Demgegenüber blieb die rechtliche Gleichstellung von Frauen und Männern zunächst zurück. Auch wenn die Gleichheit der Geschlechter in der Bundesrepublik Deutschland, in Italien und in Frankreich seit der Nachkriegszeit Verfassungsrang hatte, dauerte es bis zum Beginn der 1970er Jahre, dass die entsprechenden zivilrechtlichen Reformen durchgeführt wurden. Konflikte innerhalb der Familie gab es zudem zwischen den Generationen. Auch wenn nicht alle Jugendlichen Anhänger der Rock 'n' Roll-Musik waren, wurden doch die ab 1950 Geborenen stark von der sich entwickelnden Konsumgesellschaft geprägt. Die Werte der Elterngeneration, die Kriegsnot und Mangel erlebt hatte, wurden hierdurch in Frage gestellt.

In den späten 1960er Jahren änderte sich die Struktur europäischer Familien weiter. Das etablierte Modell der Ehe wurde zwar nicht aufgegeben, aber es entstanden parallel dazu vielfältige Formen alternativer Beziehungen. Mit den Ehescheidungen nahm auch die Zahl der Alleinerziehenden zu, die meistens Frauen waren. Vermehrt entstanden auch so genannte Patchwork-Familien, in denen zwei Erwachsene mit Kindern von jeweils anderen Partnern zusammenlebten. In mancher Hinsicht griff man auf die Familienmuster der Nachkriegszeit zurück, allerdings mit einem wichtigen Unterschied: Während die Veränderung der Familienstrukturen in der Kriegs- und Nachkriegszeit durch die Not erzwungen worden war, vollzog sich der Paradigmenwechsel nun freiwillig. Das hatte mit dem gesellschaftlichen Wandel der 1960er Jahre zu tun, aber auch mit dem steigenden Wohlstand in Europa, der alternative Lebensformen erst ermöglichte. Auch der Sozialstaat wurde zu Beginn der 1970er Jahre noch einmal weiter ausgebaut, zudem veränderte die nun leichtere Geburtenkontrolle die Struktur der Familien. Gleichzeitig veränderte sich die Rolle der Kinder innerhalb der Familie. Sie wurden weniger und die Aufmerksamkeit der Eltern konzentrierte sich stärker auf die einzelnen Kinder. Schließlich rückten auch die Kinder in den Fokus des Massenkonsums: Das Spielen mit Alltagsgegenständen oder selbst hergestelltem Spielzeug wurde ersetzt durch massenweise hergestellte (und deswegen nun für viele erschwingliche) Spielzeuge. Es entstand ein neuer Markt für Kinderkleidung, Möbel und spezielle an Kinder gerichtete Medien.

Eine weitere Tendenz der 1970er Jahre war die Öffnung der zuvor abgeschlossenen Familien. Wichtige familiäre Ereignisse wie Hochzeiten, Geburten oder auch Todesfälle wurden nicht mehr nur im engen Kreis begangen, sondern öffneten sich für die weitere Umgebung. Auch hier spielte die Kommerzialisierung eine zunehmend wichtige Rolle, Familienfeiern wurden mehr und mehr für die Öffentlichkeit inszeniert. In die gleiche Richtung zielte, dass auch die Familienangehörigen zunehmend den Tag außerhalb des Hauses und der Kernfamilien verbrachten. War es zuvor vor allem der Mann gewesen, der zum Arbeitsplatz ging, verließen nun zunehmend auch die Frau und die Kinder den Haushalt und verbrachten den Tag am Arbeitsplatz, in Kindertagesstätten und Ganztagsschulen. Auch Sportangebote, Musikunterricht oder Hausaufgabenhilfen strukturierten zunehmend den Tag der Jugendlichen, so dass die Kernfamilie oft nur am Abend oder am Wochenende zusammenfand. Das hing auch mit dem Ausbau des Wohlfahrtsstaates in den 1970er Jahren zusammen, der Angebote zur Fort- und Ausbildung machte. Gewiss gab es auch gegenläufige Tendenzen: Der steigende Wohlstand in der Konsumgesellschaft führte dazu, dass gemeinschaftliche Tätigkeiten wie das Waschen, das Einkaufen und andere Haushaltstätigkeiten nun im eigenen Haus und nicht mehr in der Öffentlichkeit stattfanden. Waschmaschinen, Eisschränke und das Auto, mit dem Großeinkäufe wöchentlich organisiert werden konnten, waren ausschlaggebend für den Wandel. Auch der Zugewinn an Freizeit führte tendenziell dazu, dass mehr Zeit zu Hause verbracht werden konnte.

Diese tendenzielle Angleichung zeigte sich auch in den Statistiken. Nimmt man beispielsweise das durchschnittliche Heiratsalter von Frauen als Indikator, dann lagen 1950 Frankreich mit 23 Jahren und Irland mit 28 Jahren am weitesten auseinander, die anderen europäischen Staaten lagen dazwischen. In den 1970er Jahren näherten sich die beiden Extreme an. Der Trend zur Konvergenz veränderte sich allerdings in den 1990er Jahren wieder, wahrscheinlich durch die Transformation in Osteuropa. Auch der Altersunterschied zwischen den Ehepartnern nahm in Europa ab. In den 1950er Jahren waren die Männer deutlich älter als die Frauen. Das lag an der allgemeinen Auffassung, dass Männer erst eine gesicherte materielle Grundlage haben müssten, um eine Familie zu gründen und führte auch zu einer tendenziellen Dominanz der Männer in der Ehe. Der Altersunterschied nahm in den Jahrzehnten danach ab. Der Grund lag in einem allgemeinen Wertewandel, der vor allem in den 1960er Jahren stattfand und in der zunehmenden Berufstätigkeit von Frauen, die dazu beitrug, die materielle Grundlage der Familie zu sichern.

Dies alles waren europäische Tendenzen, die bereits seit dem Ende des 19. Jahrhunderts in ganz Westeuropa zu beobachten waren. Es gab aber auch wichtige

Unterschiede in Europa. Der erste entstand wiederum durch den Zweiten Weltkrieg. Die europäischen Gesellschaften waren in sehr unterschiedlichem Maße von diesem Krieg betroffen und daher waren auch die Auswirkungen der Kriegsereignisse auf die Familien unterschiedlich. In Schweden und in der Schweiz waren sie gering, in Großbritannien und Deutschland stärker ausgeprägt. Ein zweiter wichtiger Unterschied ergab sich im Rahmen des Ost-West-Konfliktes zwischen West- und Osteuropa. Das lag insbesondere daran, dass sich die Massenkonsumgesellschaft in Westeuropa in den 1950er Jahren schnell entwickelte, während sie sich in Osteuropa erst nach dem Zusammenbruch des autoritären Sozialismus zu Beginn der 1990er Jahren durchsetzte.

Doch auch innerhalb der Blöcke hat die soziologische Familienforschung in der zweiten Hälfte des 20. Jahrhunderts spezifische Unterschiede in der Entwicklung identifiziert und drei regional spezifische Typen herausgearbeitet. Ein Modell ist vor allem durch die liberale Offenheit des Familienbegriffes geprägt. Die Scheidungsrate ist in diesem Modell hoch, ebenso die Zahl der Alleinerziehenden. Es gibt eine hohe Erwerbstätigkeit von Frauen verbunden mit einem sehr ausgebauten Sozialstaat. Dieses Modell findet sich vor allem in Nordeuropa, insbesondere in Skandinavien, dem Baltikum und Großbritannien. Ein zweites Modell ist dadurch gekennzeichnet, dass die im ersten genannten Kriterien ebenfalls zu finden sind, allerdings in einer deutlich abgeschwächten Weise. Auch in diesem Raum stieg die Erwerbstätigkeit der Frauen, war die Scheidungsrate hoch und der Wohlfahrtsstaat entwickelt, aber in nicht ganz so starker Weise. Dieser Raum umfasste die Länder West- und Osteuropas mit den Beneluxstaaten, Deutschland, Frankreich und Polen als Kern. Schließlich gab es ein drittes Modell, das sich in den mediterranen Staaten verorten lässt. Hier war die Frauenerwerbstätigkeit gering, die Geburtenrate niedrig und die Leistungen des Wohlfahrtsstaates ebenfalls eingeschränkt. Es gibt die Hypothese, dass sich diese Unterschiede vor allem auf gesellschaftliche Wertvorstellungen und ökonomische Entwicklungen zurückführen lässt. Demgegenüber scheinen religiöse Strukturen eine geringere Rolle zu spielen.

Insgesamt kann festgehalten werden, dass die Strukturen der europäischen Familie in der zweiten Hälfte des 20. Jahrhunderts unter dem Einfluss einer gemeinsamen, zunächst westeuropäischen wirtschaftlichen Entwicklung tendenziell ähnlicher wurden. Gleichwohl sind weiterhin regionale Differenzierungen auffallend.

Bildung

Eine weitere Gemeinsamkeit Europas in der zweiten Hälfte des 20. Jahrhunderts ist die Angleichung des Bildungsniveaus der Menschen. Auch diese Tendenz setzte bereits im 19. Jahrhundert ein. Zwei wesentliche Ursachen hierfür stehen fest: Zum einen wurde in der zweiten Hälfte des 19. Jahrhunderts in den meisten westeuropäischen Staaten die Schulpflicht eingeführt, die süd- und osteuropäischen Länder zogen in dieser Hinsicht bald nach. Zweitens sorgte der Wehrdienst für eine Standardisierung der Lese- und Schreibfähigkeit zunächst der Männer, weil die immer komplexere Waffentechnik und die Befehlsstrukturen auch höhere Ansprüche an die Bildung der Soldaten stellten. Gleichwohl gab es nach dem Zweiten Weltkrieg in Europa noch einen verbreiteten Analphabetismus, der sich allerdings vor allem in Süd- und Osteuropa fand. In Portugal konnten beispielsweise 1950 fast die Hälfte der dort lebenden Menschen nicht lesen und schreiben. Ähnlich hoch waren die Zahlen im südlichen Italien, etwas geringer auf dem Balkan und in Griechenland. Vierzig Jahre später war der Analphabetismus in Europa weitgehend überwunden. In Italien und Griechenland konnten ca. fünf Prozent der Menschen nicht lesen und schreiben, allein in der Türkei waren es 1990 noch ca. 20 Prozent. In dieser Hinsicht hat es eine deutliche Angleichung der Standards in Europa gegeben.

Entscheidend für die Überwindung des Analphabetismus war vor allem der Ausbau des Schulsystems in Europa. Nach wie vor gibt es wichtige Unterschiede in der Organisation der schulischen Ausbildung, aber das Ziel der Ausbildung, Grundkenntnisse in Wort, Schrift, Mathematik, Naturwissenschaften und Sprachen ist europäischer Standard. Die große Mehrheit der Jugendlichen besucht zudem seit den 1980er Jahren in Europa eine Sekundarschule. Das war um 1950 noch nicht der Fall, weil der Besuch einer höheren Schule stark vom Einkommen der Eltern abhängig war. Dieser Zusammenhang zwischen der Bildung der Kinder und dem Einkommen der Eltern wurde weitgehend abgeschafft. Schulgebühren sind nicht mehr obligatorisch, Bildungsgerechtigkeit wurde spätestens seit den 1960er Jahren ein unumstrittenes Ziel der Bildungspolitik. Wichtig war aber auch, dass angesichts des Strukturwandels der Arbeit in Europa mehr Menschen mit erweiterter Bildung nachgefragt wurden. Das hing mit dem steigenden Bedarf an Angestellten in der Industrie und vor allem im Dienstleistungssektor zusammen, aber auch in der Landwirtschaft führte die Technisierung dazu, dass Spezialkenntnisse gefordert wurden.

Die Bildungsexpansion lässt sich zudem an den Hochschulen feststellen. Schon seit dem Ende des 19. Jahrhunderts nahm die Zahl der Studierenden beständig zu, seit den 1960er Jahren gibt es einen starken Anstieg und die Massenuniversität entstand in Europa. Insbesondere Frauen, die im 19. Jahrhundert nur in Ausnahmefällen studierten, strömten nun an die Universitäten, aber auch Kinder aus dem Arbeitermilieu suchten vermehrt einen akademischen Bildungsabschluss. Hierfür gibt es verschiedene Ursachen. Zum einen führte der allgemeine Wohlstandsanstieg dazu, dass nun auch Kinder aus Familien studieren konnten, die dies zuvor nicht finanzieren konnten. Hinzu kamen aber auch staatliche Stipendien nicht nur für besonders qualifizierte Studierende, sondern auch für Kinder aus Haushalten mit geringerem Einkommen und für Frauen. Zudem spielte auch hier der Strukturwandel der Wirtschaft eine wichtige Rolle. Gleichzeitig stieg der Bedarf an Akademikern auf dem Arbeitsmarkt. Ob in der öffentlichen Verwaltung, im Dienstleistungssektor der Wirtschaft oder in der Wissenschaft – überall wurden verstärkt Menschen mit akademischer Ausbildung gesucht. Für die Absolventen war ein Studium attraktiv, weil die Arbeitslosenquote unter Akademikern auch in den 1970er und 1980er Jahren deutlich unter jener für Nichtakademiker lag. Ein Hochschulstudium führte also nicht nur zu einem im Durchschnitt höheren Einkommen, sondern schützte auch vor Arbeitslosigkeit. Der Berliner Historiker Hartmut Kaelble spricht daher von einer „revolutionären" Entwicklung im europäischen Bildungssektor. Um 1950 gab es eine europäische Volksschülergesellschaft mit einer schmalen Akademikerschicht und einer hohen Rate von Analphabeten insbesondere im Süden und Osten des Kontinents. Um 2000 war eine Gesellschaft von Hoch- und Fachhochschulabsolventen entstanden, in der es praktisch keine Analphabeten mehr gab.[98]

Eine weitere bemerkenswerte Veränderung sind die Fremdsprachenkenntnisse der Europäer. Noch im 19. Jahrhundert waren Fremdsprachenkenntnisse auf die Oberschicht begrenzt. Die Lingua franca im internationalen Gebrauch war das Französische, das auch die Diplomatensprache war. Nach dem Ersten Weltkrieg begann sich dies zu ändern. Nach dem Zweiten Weltkrieg setzte sich Englisch als die wichtigste Fremdsprache in Europa durch. Zwischen 1970 und 2005 nahmen die Englischkenntnisse der europäischen Bevölkerung rasch zu, so dass tatsächlich von einer sprachlichen Revolution gesprochen werden kann, die sich im Windschatten des medialen Wandels vollzog. So beherrschten in Deutschland im Jahr 1969 nach eigenen Angaben 21 Prozent der Befragten die englische Sprache, 1996 waren es 49 Prozent und 2005 56 Prozent. In Frankreich sind die Zahlen etwas niedriger, aber auch mit stark steigender Tendenz: 1969 gaben zehn Prozent der französischen Bevölkerung an, Englisch zu sprechen, 1996 waren es 35 Prozent und 2005 36 Prozent. Ähnliche Entwicklungen lassen sich auch in den anderen europäischen Staaten ausmachen. Vor allem scheint der Fremdsprachenunterricht in den Schulen zu diesem Wandel beigetragen zu haben, eine gewisse Bedeutung dürfte aber auch der mediale Wandel gehabt haben. Es zeigt sich jedenfalls, dass Jugendliche in der zweiten Hälfte des 20. Jahrhunderts durchschnittlich bessere Fremdsprachenkenntnisse hatten als ihre Eltern. Allerdings gibt es hier deutliche regionale Unterschiede: In den kleineren Ländern Westeuropas waren die Fremdsprachenkenntnisse besonders hoch, hier standen 2005 Luxemburg (92 Prozent der Befragten beherrschten zwei Fremdsprachen), die Niederlande (75 Prozent) und Slowenien (71 Prozent) an der Spitze. Schwache Kenntnisse besaßen in dieser Hinsicht die Menschen in der Türkei (5 Prozent), Irland (13 Prozent) und in Italien (16 Prozent).[99]

Auch im Bildungssektor ergaben sich neben den europäischen Gemeinsamkeiten auch die bereits bekannten Unterschiede: Zum einen gab es einen großen Unterschied zwischen West- und Osteuropa, der insbesondere in den 1960er und 1970er Jahren aufbrach. Während im Westen in dieser Zeit die Hochschulen zum Teil massiv ausgebaut wurden, stagnierten sie im Osten. Entsprechend unterschiedlich war auch der Anteil der Hochschulabsolventen. Zum anderen gab es auch innerhalb des westlichen Europas einen Unterschied zwischen den Bildungseinrichtungen in den ärmeren Ländern des Südens und dem vergleichsweise reichen Norden. Hinzu kam, dass die Bildungspolitik trotz gewisser europäischer Einflüsse eine Domäne

98 Hartmut Kaelble, Sozialgeschichte Europas, S. 394.

99 Special Eurobarometer 386, Europeans and their Languages, Report June 2012. https://europa.eu/eurobarometer/surveys/detail/1049 (1.12.2022).

der Nationalstaaten blieb und eine wichtige Rolle im jeweils nationalen Diskurs einnahm. Das Bildungssystem wurde in vielen Ländern gar zum Symbol für die vermeintliche Überlegenheit des jeweils eigenen Politik- und Gesellschaftsmodells. Das deutsche Gymnasium, die französischen Grandes écoles oder auch die britischen Eliteuniversitäten in Oxford und Cambridge sind Beispiele dafür, wie eng nationale Diskurse und Bildungspolitik miteinander verbunden sind.

Dabei gab es durchaus Initiativen der Europäischen Gemeinschaft/Union für die europäische Bildungspolitik. Ein prominentes und sehr erfolgreiches Beispiel ist das ERASMUS-Programm, das 1987 gestartet wurde. Es ermöglicht Studierenden an europäischen Hochschulen einen Aufenthalt an einer europäischen Partneruniversität. Hierfür werden Stipendien gewährt – zudem können Studierende ihre im Ausland erbrachten Leistungen auf unkomplizierte Weise für das Studium an der Heimatuniversität anerkennen lassen. Hierzu dient insbesondere das European Credit Transfer System. Zwischen 1987 und 2014 wurden knapp 3,6 Millionen Studierende im Rahmen des ERASMUS-Programms gefördert.[100] Nicht alle Projekte der Bildungspolitik der EG/EU waren so erfolgreich. So gab es bereits in den 1950er Jahren das Projekt einer europäischen Universität, für die sich insbesondere der deutsche Staatssekretär im Auswärtigen Amt und erste Präsident der EWG-Kommission, Walter Hallstein, eingesetzt hatte. Im Vertrag über die Europäische Atomgemeinschaft Euratom wurde in Artikel 9 (2) festgelegt, dass eine „Anstalt im Range einer Universität" gegründet werden sollte. Dies erwies sich jedoch als sehr schwierig, wobei vor allem die Rektoren der europäischen Universitäten sich skeptisch angesichts einer europäischen Universität zeigten.[101] Eine von Hallstein angestrebte europäische Volluniversität konnte nicht gegründet werden. Stattdessen entstand 1972 das Europäische Hochschulinstitut mit Sitz in Fiesole bei Florenz. Es bildet nur Doktoranden aus, lediglich im Bereich der Rechtswissenschaften gibt es ein Master-Programm.

Eine europäische Sozialpolitik?

Ein wichtiger Einwand gegen die heutige Europäische Union zielt darauf ab, dass die EU zwar wesentliche Teile der Wirtschaftspolitik hauptverantwortlich leitet, aber keine Kompetenzen im sozialpolitischen Sektor habe. In der Tat gehört die Sozialpolitik zu den Feldern, in denen es eine ausschließliche Kompetenz der nationalen Regierungen gibt, die sozialpolitischen Strukturen sind daher in den Mitgliedstaaten auch sehr unterschiedlich. Die Debatte ist bis heute stark politisch bestimmt: Die einen argumentieren, dass eine öffentlich finanzierte Sozialpolitik die Wettbe-

100 Deutscher Akademischer Auslandsdienst, 30 Jahre Erasmus. Fact Sheet, S. 7. https://eu.daad.de/eudownloadcenter/download/427/ (5.3.2021).

101 Lars Lehmann, The Controversy surrounding the Idea of a European Supranational University, in: Lennaert van Heumen, Mechthild Roos (Hrsg.), The Informal Construction of Europe, New York 2019, S. 75–91.

werbsposition europäischer Unternehmen im Vergleich zu den USA und den asiatischen Staaten schwäche. Die Innovationskraft der Unternehmen und die Mobilität der Angestellten werde durch zu teure sozialpolitische Maßnahmen gefährdet. Daher dürfe es keine zu restriktiven sozialstaatlichen Vorschriften für die Unternehmen in der EU geben. Dem steht die Meinung gegenüber, dass es gerade hohe soziale Standards sind, die die EU wettbewerbsfähig gegenüber anderen Regionen der Welt machen. Die soziale Sicherheit, verbunden mit einer hohen Qualifikation und Zufriedenheit der Menschen am Arbeitsplatz garantiere die wirtschaftliche Leistungsfähigkeit. Zudem sei Europa deswegen auch attraktiv für Hochqualifizierte aus anderen Regionen der Welt.

Jenseits dieser seit den 1950er Jahren andauernden Debatte gibt es aber in allen europäischen Staaten gemeinsame strukturelle Voraussetzungen für die Sozialpolitik. Diese sind das Demokratiegebot, die prinzipielle Unterstützung für die Marktwirtschaft, die Akzeptanz der politischen Grundrechte und das Prinzip der Solidarität. Bei wichtigen Unterschieden im Detail gibt es auf dieser Grundlage ein europäisches Sozialmodell, das sich daher von anderen Sozialsystemen in der Welt (etwa in den USA oder in Asien) unterscheidet. Dieses Modell entstand in der zweiten Hälfte des 19. Jahrhunderts mit den ersten staatlichen Sozialversicherungen für Unfall, Alterssicherung und Krankheit. Die Entstehung dieser Sozialstaatlichkeit war auf das Engste mit der Entwicklung des europäischen Nationalstaates verbunden. Spätestens seit den 1920er Jahren war die Nation in Europa nicht nur für die innere und äußere Sicherheit zuständig, sondern auch für die soziale Sicherheit. In den 1950er Jahren wurde der Sozialstaat in allen europäischen Ländern stark ausgebaut. Selbst Großbritannien, wo bis in den Ersten Weltkrieg hinein sozialstaatliche Initiativen der wirtschaftsliberalen Tradition des Landes im 19. Jahrhundert folgend sehr skeptisch gesehen wurden, führte nun eine soziale Sicherung ein. Die 1970er Jahre können als der Höhepunkt der europäischen Sozialstaatsentwicklung gesehen werden. In den 1980er Jahren geriet das Sozialstaatmodell in eine Krise, die drei Ursachen hatte. Erstens erwies sich die soziale Sicherheit als sehr teuer und geriet angesichts der Wachstumskrise der europäischen Wirtschaft seit den 1970er Jahren unter Kostendruck. Dies verstärkte sich durch die Zunahme der strukturellen Arbeitslosigkeit in allen europäischen Staaten. Zweitens musste die europäische Wirtschaft angesichts der steigenden weltwirtschaftlichen Verflechtung („Globalisierung") mit Unternehmen in anderen Weltteilen konkurrieren, deren Arbeitskosten sehr viel geringer waren. Schließlich gewann auch in der ökonomischen Theorie in den 1980er Jahren eine Denkrichtung an Einfluss („Neoliberalismus"), die für die Deregulierung und Liberalisierung der Arbeitsmärkte eintrat. Im Rahmen dieser Debatten wurden die europäischen nationalen Systeme in den 1990er und 2000er Jahren umgebaut und reformiert. Das führte nicht zum Ende des europäischen Sozialmodells, es war vielmehr eine Anpassung an die veränderten Strukturen der Wirtschaft. (Vgl. Kap. 10)

Von dieser Entwicklung blieb auch die Europäische Integration nicht unberührt. Zwar gibt es keine europäische Sozialpolitik im engeren Sinne des Wortes, aber die Europäische Integration wurde seit den 1950er Jahren permanent von Debatten über die Sozialstaatlichkeit begleitet. Bereits im Vorfeld des Vertrages über den Gemeinsamen Markt vom 25. März 1957 hatte es insbesondere zwischen der deutschen und der französischen Delegation heftige Debatten um die Sozialstaatlichkeit gegeben. Die französische Regierung forderte als Vorbedingung für die Errichtung eines gemeinsamen Marktes die „Harmonisierung der sozialen Lasten", die von der Bundesregierung unter dem Einfluss Ludwig Erhards abgelehnt wurde. Die französische Regierung fürchtete, dass die von ihr als besonders fortschrittlich eingestuften sozialen Standards in Frankreich durch den steigenden Wettbewerb im gemeinsamen Markt in Frage gestellt werden würden. Die Forderung nach einer Harmonisierung der Sozialstaatlichkeit war ein Konzept, das bereits im 19. Jahrhundert und in der Zwischenkriegszeit in den internationalen Organisationen eine prominente Rolle gespielt hatte.[102] Nach 1958 bemühte sich die EWG darum, soziale Standards zu harmonisieren, stieß hierbei allerdings auf Schwierigkeiten, die in einem Bericht des niederländischen Sozialpolitikers Gerard Nederhorst vom November 1963 zusammengefasst wurden. Zum einen war nicht eindeutig, was unter der „Harmonisierung" der Sozialpolitik in Europa zu verstehen war. Ebenso unklar war, was unter den Begriff der „Sozialpolitik" fallen sollte. Hier konnte es um Arbeitsmarktpolitik gehen, um Lohnpolitik oder um die Fragen der Rentenpolitik. In allen diesen Bereichen unterschieden sich die Systeme der Mitgliedstaaten der EWG zum Teil erheblich voneinander.

Die Unterschiede bestanden zum einen in Bezug auf die strukturellen und politischen Leitbilder des Sozialstaates.[103] Oft wird hier unterschieden zwischen einem liberalen angelsächsischen Modell, in dem der Sozialstaat als Korrektiv zur dominierenden Marktwirtschaft verstanden wird. Ein zweites Modell wird als korporatistisch bezeichnet. Typisch hierfür ist eine quasi-staatliche Versicherung, die durch Beiträge der Bürger finanziert wird und deren Leistungen immer wieder neu politisch ausgehandelt werden müssen. Schließlich gibt es das sozialistische Modell, in dem Sozialpolitik als staatliche Aufgabe angesehen wird mit dem Anspruch politischer Steuerung. Neben diesen in Europa unterschiedlichen Leitbildern prägten auch die ökonomischen Unterschiede die Sozialpolitik. Die Staaten der südeuropäischen Peripherie konnten sich die sozialen Standards der nordeuropäischen Staaten wegen der geringeren Produktivität ihrer Wirtschaft gar nicht leisten. Ähnlich ging es vielen osteuropäischen Staaten nach dem Zusammenbruch des autoritären Sozialismus 1990.

Zu Beginn der 1970er Jahre rückte die Sozialpolitik stärker in den Fokus der EG-Politik. Auf dem Pariser Gipfel der Staats- und Regierungschefs vom 19./20. Dezember 1972 wurde parallel zur Wirtschafts- und Währungsunion auch eine Europäisierung

102 Karim Fertikh, Heike Wieters, „Harmonisierung der Sozialpolitik in Europa": Socio-Histoire einer sozialpolitischen Kategorie der EWG, in: Karim Fertikh, Heike Wieters, Bénédicte Zimmermann (Hrsg.), Ein soziales Europa als Herausforderung. L'Europe sociale en question, Frankfurt New York 2008, S. 49–86.

103 Hartmut Kaelble, Sozialgeschichte Europas 1945 bis zur Gegenwart, München 2007, S. 332–360.

der Sozialpolitik auf den Weg gebracht. Insbesondere die Beschäftigungspolitik und die Verbesserung der Berufsausbildung wurden genannt, zudem die Mitwirkung der Arbeitnehmer in den Betriebsorganen. Ziel waren nun „europäische Rahmenvereinbarungen“[104], um sozialpolitische Standards zu erreichen. Damit vollzog die EG in der Sozialpolitik ähnlich wie in der Binnenmarktpolitik (vgl. Kap. 9) einen Kurswechsel: Nicht mehr die Harmonisierung der Sozialpolitik in den Mitgliedstaaten war das Ziel, sondern gemeinsame Mindeststandards, die auf verschiedenen Wegen erreicht werden konnten. Seit Beginn der 1970er Jahre gewann die europäische Sozialpolitik erheblich an Bedeutung. Vor allem in der Phase zwischen 1985 (Einheitliche Europäische Akte) und dem Vertrag von Lissabon wurde diese Strategie weitergeführt. Mit der Gemeinschaftscharta der sozialen Grundrechte für Arbeitnehmer vom 9. Dezember 1989 wurden die sozialen Grundrechte formuliert. Erneut wurden allerdings die nationalen Vorbehalte deutlich: Großbritannien trat der Charta zunächst nicht bei, obwohl sie im rechtlichen Sinne unverbindlich blieb. Mit dem Vertrag von Amsterdam wurden verbindliche Ziele für die Sozialpolitik festgelegt, die die Mitgliedstaaten in Bezug auf die Ziele verpflichtete, aber nicht hinsichtlich der Instrumente, mit denen diese zu erreichen waren.

Insgesamt kann daher festgehalten werden, dass, auch wenn es keine spezifisch europäische Sozialpolitik gab, die europäischen Institutionen doch einen erheblichen Einfluss auf die jeweils nationale Sozialpolitik hatten. Die Asymmetrie zwischen der auf Markteffizienz zielenden Wettbewerbspolitik auf europäischer Ebene und den auf soziale Inklusion gerichteten nationalen Politiken blieb gleichwohl erhalten. Sozialpolitik wurde auf europäischer Ebene als Korrektiv zur Marktwirtschaft verstanden, während sie auf nationalstaatlicher Ebene der sozialen und politischen Inklusion diente.

Verflechtungen

Städtepartnerschaften

Städtepartnerschaften gelten in der Öffentlichkeit und auch in der Forschung als wichtiges Beispiel für die gesellschaftliche Integration „von unten“. Sie entstanden in der Regel durch individuelle Kontakte und wurden dann zunächst auf der kommunalen Ebene institutionalisiert. Verschiedene Phasen der Städtepartnerschaften in Europa lassen sich identifizieren: Die erste Phase begann in der Zwischenkriegszeit. Auch wenn die erste Städtepartnerschaft bereits 1913 zwischen dem deutschen Rottweil und der schweizerischen Stadt Brugg geschlossen worden war, setzte sich dieses Beispiel erst nach dem Ende des Ersten Weltkrieges durch. Insbesondere zwischen Großbritannien und dem nordfranzösischen Raum entstanden verschiedene

104 Erklärung der Pariser Gipfelkonferenz (19.–21. Oktober 1972), in: Bulletin der Europäischen Gemeinschaften. Oktober 1972, Nr. 10. Amt für amtliche Veröffentlichungen der Europäischen Gemeinschaften, S. 15–24, hier S. 20.

Partnerschaften, die auf der Verbindung zwischen beiden Ländern im Krieg aufbauten. Viele Engländer hatten im Weltkrieg auf französischem Boden ihr Leben verloren, die meisten waren auch auf den ehemaligen Schlachtfeldern begraben worden. Hinzu kam die Solidarität Großbritanniens mit dem vom Krieg verwüsteten Nordfrankreich. Nach dem Zweiten Weltkrieg begann eine zweite Boomphase von Städtepartnerschaften. Auf Initiative der im Bombenkrieg stark zerstörten englischen Stadt Coventry wurde ein Partnerschaftsnetz von Städten gesponnen, die ein ähnliches Schicksal teilten. Hierzu gehörten Dresden, Stalingrad, Caen und Warschau. In dieser Phase wurden Städtepartnerschaften vor allem als Symbole des Pazifismus gesehen. Eine besondere Bedeutung kam den deutsch-französischen Partnerschaften zu. 1950 schlossen die französische Stadt Montbéliard und das deutsche Ludwigsburg eine frühe Partnerschaft, die Vorbild für viele weitere wurde. Initiator war der damalige Bürgermeister von Montbéliard, Lucien Tharradin, der ein französischer Widerstandskämpfer und Überlebender des Konzentrationslagers Buchenwald war. Oft waren die Initiatoren der Partnerschaften wie in diesem Fall Menschen, die bereits im Krieg Kontakt mit dem jeweils anderen Land gehabt hatten, sei es im Rahmen der deutschen Besatzung Frankreichs oder als französische Kriegsgefangene, die sich nach 1945 für die Verständigung zwischen beiden Ländern einsetzten. Gleichzeitig entstand auch die Internationale Bürgermeisterunion für die deutsch-französische Verständigung (IBU, 1950) und der Rat der Gemeinden Europas (RGE). Auch wenn westeuropäische, vor allem deutsch-französische Initiativen in diesem Kontext dominierten, gab es bereits in den 1950er Jahren die ersten Städtepartnerschaften zwischen West- und Osteuropa. 1959 schlossen die französische Stadt Dijon und das sowjetische Stalingrad eine Partnerschaft. Nach der Boomphase der 1950er Jahre verlor das Konzept in den 1960er und 1970er Jahren etwas an Dynamik. Erst seit der Mitte der 1980er Jahre setzte eine dritte Boomphase ein. Beispielhaft steht hierfür das Bündnis Eurocities, das 1986 von den Bürgermeistern der Städte Barcelona, Birmingham, Frankfurt/Main, Lyon, Mailand und Rotterdam gegründet wurde. Auch wenn die Friedens- und Freundschaftsrhetorik der 1950er Jahre nicht vollständig verschwand, rückten nun auch andere Aspekte in das Blickfeld der Kommunalpolitiker. Hierzu gehörte insbesondere das Standortmarketing, die eigene Stadt sollte als europäisch vernetzt und international dargestellt werden. Zudem unterstützte nun auch die Europäische Kommission die Städtepartnerschaften nicht nur ideell, sondern auch durch finanzielle Mittel. In den 1990er Jahren gerieten die europäischen Städtepartnerschaften in eine Krise. Das lag nicht zuletzt daran, dass die Generation der Gründer in den 1950er Jahren sich zurückzog und die jüngere Generation in Europa wenig Interesse an diesem Format zeigte. Angesichts der Angebote von ERASMUS, internationalen sportlichen Wettbewerben und den erheblich erleichterten Reisemöglichkeiten gab es andere Gelegenheiten, europäische Städte kennenzulernen und transnationale Kontakte zu knüpfen. Das bedeutet aber keineswegs das Ende der Städtepartnerschaften: Der Rat der Gemeinden Europas schätzte 2018, dass es noch rund 20.000 institutionalisierte Verbindungen zwischen Städten in Europa gab, die gleichwohl sehr unterschiedlichen Charakter hatten.

Verschiedene Strukturen der Städtepartnerschaften lassen sich beobachten: Bisweilen war es einfach nur der gemeinsame Name, der zur Partnerschaft führte, wie beispielsweise zwischen dem deutschen Saarburg und dem französischen Sarrebourg. Manchmal waren es auch gemeinsame Schicksale, die die Partnerschaft ermöglichten, wie im bereits erwähnten Coventry, das sich mit anderen, durch den Luftkrieg zerstörten Städten in Europa verband. In der Regel aber waren es gemeinsame wirtschaftliche und politische Strukturen, die zur Partnerschaft führten: Hierzu gehört beispielsweise die Partnerschaft zwischen den Hafenstädten Hamburg und Leningrad oder zwischen Hamburg und Marseille. Die Partnerschaft zwischen Bonn und Oxford sowie zwischen Tübingen und Aix-en-Provence basierte darauf, dass diese Städte alle bedeutende Universitäten beherbergten.

Migration

Die Migration von Menschen in Europa ist nicht, wie oft wahrgenommen, die Ausnahme, sondern die Regel. Schon immer sind Menschen, auch in größeren Gruppen aus sehr verschiedenen Gründen von einer Region in eine andere gezogen. Migration war daher auch nach 1945 nichts grundsätzlich Neues. Drei Gründe für die Migration lassen sich vereinfachend nennen: Flucht und Vertreibung, Dekolonisation und Arbeitsmigration.

Die Vorstellung von ethnisch und kulturell homogenen Siedlungsräumen gehört zu einem der Kerngedanken des Nationalismus. Menschen in einer Region wurden nach bestimmten Kriterien qualifiziert und diejenigen, die nicht diesen Kriterien entsprachen, wurden zu einer Randgruppe erklärt und im Extremfall vertrieben oder getötet. Diese Vorstellung führte auf dem Höhepunkt des europäischen Nationalismus in der ersten Hälfte des 20. Jahrhunderts zu massenhafter Flucht und Vertreibung in Europa. Das begann zunächst regional in der Türkei, Oberschlesien, in Südtirol oder im Elsass und in Lothringen. Im Zweiten Weltkrieg mündete dies in den Massenmord an den europäischen Juden, seit 1944 wurde die deutsche Bevölkerung in Osteuropa Opfer von Vertreibungen. Gleichzeitig wurden Millionen von Polen und Russen in den ehemals von Deutschen bewohnten Gebieten angesiedelt, die ihrerseits aus der Heimat vertrieben worden waren. In den 1990er Jahren eskalierten die ethnischen Konflikte im ehemaligen Jugoslawien und lösten eine weitere Welle von Flüchtlingen aus, die nach Zentral- und Westeuropa drängten. 2015 waren es die Konflikte und Kriege in Nordafrika, Afghanistan, dem Irak und Syrien, die einen Flüchtlingsstrom nach Europa auslösten. Eine weitere wichtige Fluchtursache war Armut. Die Ursachen hierfür sind zerfallende Staatsstrukturen, der Klimawandel, der Dürre und Missernten nach sich zieht, sowie die Perspektivlosigkeit vor allem junger Menschen. In diesem Kontext versuchten viele Afrikaner, aber auch Menschen vom südlichen Balkan in die Europäische Union zu gelangen.

Ganz anders waren die Strukturen der Migration im Kontext der Dekolonisierung. In der Epoche der Weltkriege zwischen 1914 und 1945 beschleunigte sich der Niedergang der europäischen Kolonialreiche. Viele Menschen aus den ehemaligen

Kolonien zogen angesichts der ungewissen Zukunft ihrer Heimat in die ehemaligen Mutterländer. Großbritannien blieb bis 1962 für Einwanderer aus dem Commonwealth offen. Insbesondere Inder und Pakistani kamen daher nach Großbritannien, ihre Zahl betrug 1971 fast eine halbe Million, bis 2001 verdoppelte sie sich noch einmal. In Frankreich waren es vor allem Menschen aus den ehemaligen französischen Kolonien in Afrika und Asien. Insbesondere der Bürgerkrieg in Algerien zwischen 1954 und 1962 führte dazu, dass Millionen von Menschen aus diesem Land nach Frankreich flohen.

Ein drittes wichtiges Motiv für die Migration war die Arbeitssuche. Die erste massenhafte Arbeitsmigration setzte in der zweiten Hälfte des 19. Jahrhunderts in der zweiten Phase der Industrialisierung ein. Auch in der Zwischenkriegszeit warben einzelne Länder (z. B. Frankreich) Arbeitskräfte aus Italien, Polen, der Tschechoslowakei und Spanien an, so dass zu Beginn der 1930er Jahre dort 2,7 Millionen Einwanderer lebten, das waren immerhin 6,6 Prozent der Gesamtbevölkerung. Während des Zweiten Weltkrieges wurden Millionen von Zwangsarbeitern nach Deutschland deportiert. Mit Beginn des wirtschaftlichen Aufschwungs in den 1950er Jahren schlossen Frankreich und die Bundesrepublik Deutschland erneut Anwerbeabkommen mit Italien, Jugoslawien und der Türkei (Bundesrepublik Deutschland) sowie mit Spanien und Portugal (Frankreich). Erst mit der Rezession und der steigenden Arbeitslosigkeit zu Beginn der 1970er Jahre wurden die Anwerbemaßnahmen beendet. Nach der Öffnung der Grenzen zu Osteuropa zu Beginn der 1990er Jahren strömten viele Arbeitskräfte aus dieser Region nach Westeuropa. Während die meisten westeuropäischen Länder auch nach der Osterweiterung der Europäischen Union 2004 ihre Arbeitsmärkte nur mit Verzögerung öffneten, blieb der britische Markt geöffnet. Im Jahr 2019 lebten 900.000 Polen und knapp eine halbe Million Rumänen in Großbritannien. Diese Ost-West-Migration knüpfte in vielerlei Hinsicht an die Strukturen vor dem Ersten Weltkrieg an.

Die Migration löste Konflikte aus und veränderte die europäischen Gesellschaften. In wirtschaftlicher Hinsicht wurden die Migranten meistens in schlecht entlohnten Sektoren des Arbeitsmarktes tätig, die eine geringe Qualifikation erforderten. Sie wurden daher zur Konkurrenz für die schlecht qualifizierten einheimischen Arbeiter. In wirtschaftlichen Boomphasen in den 1950er und 1960er Jahren waren sie willkommen, in Zeiten hoher Arbeitslosigkeit zwischen 1970 und 2000 hingegen waren die Migranten die ersten, die ihre Stellen verloren. Sie wurden damit in die Arbeitslosigkeit oder in die Selbstständigkeit vor allem in der einfachen Gastronomie gedrängt. Italienische Pizzerien, türkische Imbisse und „balkanische" Lokale wurden in den meisten europäischen Städten seit den 1960er Jahren Standard. Das veränderte auch wieder die Ernährungsweise der autochthonen Bevölkerung.

In kultureller Hinsicht wurde Europa vielfältiger. Das wurde von einem Teil der Bevölkerung als Bereicherung angesehen, während ein anderer Teil hierin eine Bedrohung der eigenen Kultur sah. Insbesondere der Islam wurde als Religion in Europa durch die Migration relevant, vor allem in Frankreich, Belgien und auch in Deutschland. Diese Länder waren zuvor durch die christlich-jüdische Religion geprägt worden. Dies wurde dadurch verstärkt, dass die Migranten in ihrer Mehrheit dauerhaft in den Zielländern blieben. Die Mehrheit von ihnen, aber auch die öffentlichen Verwaltungen in den Zielländern waren davon ausgegangen, dass die Migration vorübergehend sei, das heißt, dass die Migranten nach einer gewissen Zeit wieder an ihre Herkunftsorte zurückkehren würden. Oft jedoch stellte sich der als vorübergehend geplante Aufenthalt als dauerhaft heraus, die Familie zog nach und es begannen Akkulturationsprozesse, die sich über mehrere Generationen hinzogen.

Die Einwanderungspolitik der EU und ihrer Mitgliedstaaten blieb unter diesen Bedingungen ambivalent: Einerseits schottete sich die EU gegen die Migration von außen, insbesondere im Mittelmeerraum zunehmend ab. 2004 wurde die Europäische Agentur für die Grenz- und Küstenwache („Frontex") gegründet, um die Mitgliedstaaten bei der Überwachung der Außengrenzen der EU zu unterstützen. Hauptziel war es, die illegale Migration in die EU zu verhindern. An „Frontex" lässt sich der innereuropäische Konflikt beschreiben. Während ein Teil der Bevölkerung die Sicherung der Grenzen und den Schutz Europas vor illegaler Migration und Kriminalität begrüßte, wurde die Agentur anderen zum Symbol für die Widersprüche der EU, die zwar die Durchsetzung der Menschenrechte propagiert (vgl. Kap. 11), gleichzeitig aber Menschen in Not mit Gewalt von der Einreise in die EU abhält. Andererseits förderte die EU die Binnenmigration. EU-Bürger werden durch die EU-Bürgerschaft rechtlich gleichgestellt, dürfen überall in der EU legaler Arbeit nachgehen oder an Kommunalwahlen teilnehmen. Insbesondere die Öffnung der europäischen Arbeitsmärkte für EU-Bürger und das Schengen-Abkommen über die Abschaffung der stationären Grenzkontrollen vom 14. Juni 1985 symbolisieren die freie Migration von Menschen innerhalb der EU.

Reisen

Ein weiterer Indikator für die Verflechtung der europäischen Gesellschaften ist das Reisen. Bis in Mitte des 20. Jahrhunderts war es das Privileg einer kleinen Gesellschaftsschicht, ohne wirtschaftliche oder politische Motive nur zur Bildung oder Erholung auf Reisen zu gehen. Das Massenreisen im modernen Sinne wurde im 19. Jahrhundert in England erfunden. 1845 hatte der Engländer Thomas Cook ein Reisebüro gegründet, in dem er Menschen gruppenweise eine Reise von Leicester zur Weltausstellung nach London anbot. Für Teilnehmer war dies billiger, weil Cook den Transport und die Beherbergung in größeren Mengen nachfragte und daher einen geringeren Preis pro Person zahlen musste. Später organisierte er nach diesem Muster auch Reisen nach Paris und Ägypten. Damit war das Prinzip der Pauschalreise erfunden, diese blieb aber im 19. Jahrhundert noch die Ausnahme. Erst in den 1920er Jahren entstanden erste Reiseorganisationen. Wichtig war hierfür auch die Entstehung des Sozialstaates. Im faschistischen Italien wurde am 1. Mai 1925 das „Opera nazionale del dopolavoro" gegründet, eine staatliche Organisation, die der breiten Bevölkerung Erholungsreisen zu verschiedenen Orten ermöglichen sollte. Das nationalsozialistische Deutschland kopierte dieses Konzept mit der Organisation „Kraft durch Freude", die im November 1933 als Unterorganisation der „Deutschen Arbeitsfront" gegründet wurde. Bis zum Beginn des Krieges 1939 konnten Millionen von Menschen hierdurch erstmals eine Urlaubsreise genießen – allerdings nur, wenn sie sich nicht gegen die jeweiligen Machthaber engagierten. Nach dem Zweiten Weltkrieg wurde dieses Konzept von privaten Reiseorganisationen aufgegriffen. In Frankreich entstand Anfang der 1950er Jahre der „Club Méditerranée", der pauschale Urlaubsreisen vor allem an die Mittelmeerküste anbot. In Deutschland waren es die bereits in den 1920er Jahren gegründete TUI und Neckermann Reisen, die Pauschalurlaube anboten. Unter den Bedingungen der Konsumgesellschaft (massenhaft steigende Einkommen, mehr Freizeit) entstanden nun standardisierte Urlaubsangebote. Die Ziele der Reisen lagen meist im Süden, vor allem in Italien und Spanien. Hier entstand mit dem Tourismus ein neuer Wirtschaftszweig, der vielfach aus armen Fischerdörfern wohlhabende Kleinstädte machte. Andererseits veränderte sich der Charakter der mediterranen Landschaft durch die neuen Infrastrukturen massiv. Das leitete auch in den Urlaubsländern gesellschaftliche Anpassungsprozesse ein. Nicht nur die Einkommen der autochthonen Bevölkerung stiegen, auch ihre Lebensweise wurde verändert. Das hatte auch politische Konsequenzen. So ist der rasche Übergang Spaniens von der autoritären Franco-Diktatur zur liberalen Demokratie zwischen 1975 und 1985 kaum denkbar ohne die (wirtschaftlich notwendige) Öffnung des Landes für den nordeuropäischen Massentourismus in den 1960er Jahren. Die spanische Bevölkerung lernte die freiere Lebensweise der Nordeuropäer kennen und forderte auch für sich selbst mehr Freiheiten.

Die Veränderungen betrafen aber nicht nur die Urlaubsländer. Die Touristen brachten konkrete Lebensformen aus dem Süden mit in ihre Heimatländer. Das zeigte sich beispielsweise an der Ernährung. Mediterrane Spezialitäten wie Olivenöl oder italienisches Eis erfreuen sich seit dem Durchbruch des Massentourismus auch in Nordeuropa großer Beliebtheit, zudem gibt es seit den 1980er Jahren in jeder nordeuropäischen Kleinstadt Restaurants mit griechischer, italienischer oder spanischer Küche, die zudem auch durch ihre Einrichtung den Flair mediterranen Lebens vermitteln sollen. Bemerkenswert ist, dass die mediterrane Küche zwar kopiert, aber an die Ernährungsgewohnheiten der Nordeuropäer angepasst wurde. Der italienische Mozzarella beispielsweise wird in Nordeuropa nicht aus Büffelmilch, sondern aus Kuhmilch hergestellt, die deutlich milder im Geschmack und damit massenkompatibel ist. Salate als Hauptspeise, in Italien unüblich, werden in Deutschland mit eigens erfundenen italienischen Namen verkauft, die eine italienische Herkunft suggerieren. Ernährungsgewohnheiten und Geschmacksvarianten wurden daher miteinander vermischt. Es ist also falsch zu glauben, dass durch die europäische gesellschaftliche Integration eine europäische Einheitsgesellschaft entstehen würde. Typisch ist vielmehr der dynamische Austauschprozess zwischen den Gesellschaften, der sich ohne konkretes Ziel weiterentwickelt. Gewiss gibt es diese Austauschprozesse auch zwischen den europäischen Gesellschaften und anderen Gesellschaften in der Welt, nicht zuletzt den USA, aber in Europa waren diese Prozesse besonders intensiv.

Gesellschaft und Technik

Alle diese Entwicklungen sind eng verbunden mit einer rasanten technischen Entwicklung, die in den letzten zehn Jahren in den Fokus der europäischen Integrationsforschung gerückt ist. Insbesondere die technische Entwicklung der Infrastrukturen in Kommunikation und Verkehr, die sich seit der Mitte des 19. Jahrhunderts in Europa vollzog erwies sich als Motor der wirtschaftlichen und gesellschaftlichen Kommunikation. Da sich diese Entwicklung weitgehend im Schatten der öffentlichen Wahrnehmung vollzog und schnell selbstverständlich wurde, sprachen Thomas J. Misa und Johan Schot von der „verborgenen Integration“ Europas im Sektor der Infrastrukturen.[105] Für die grenzüberschreitende Kommunikation war die Entwicklung des Schreibtelegraphen durch Samuel Morse in den 1840er Jahren von herausragender Bedeutung. Über Kabelleitungen wurden elektrische Impulse übermittelt, die es erlaubten, Nachrichten innerhalb von Minuten über große Distanzen zu transferieren. Schon in den 1850er Jahren entstand ein grenzüberschreitendes Netz von Telegraphenkabeln zwischen den europäischen Metropolen, in den 1870er Jahren waren große Teile der Welt verkabelt. Nachrichten, die zuvor Tage oder Wochen unterwegs gewesen waren, konnten nun innerhalb von Stunden übermittelt werden. Um die Jahrhundertwende setzte sich auch die Telegraphie per Funk durch. Seit den 1920er Jahren konnte man in Europa an den Postämtern und in den staatlichen Behörden telefonieren, in den 1950er Jahren setzte sich das Telefon auch in den Privathaushalten als übliches Kommunikationsinstrument durch. Eine neue Zeit begann mit der Digitalisierung der Kommunikation, dem Internet und der mobilen Kommunikation in den 1990er Jahren.

Ähnlich spektakulär war die Entwicklung im Bereich der Verkehrstechnik. (Vgl. Kap. 13 Europäische Verkehrspolitik) Bis in die Mitte des 19. Jahrhunderts bewegten sich die Menschen in Europa in ihrer großen Mehrheit zu Fuß. Wohlhabende reisten zu Pferd, in einer Kutsche oder per Schiff. In der zweiten Hälfte des 19. Jahrhunderts entwickelte sich ein grenzüberschreitendes Eisenbahnnetz. Das war möglich durch die Erfindung des Dampfantriebes. Zeitgenössische Berichte betonen insbesondere das Gefühl der Geschwindigkeit, das mit einer Eisenbahnfahrt verbunden war, obwohl die Züge – gemessen an heutigen Standards – sehr langsam waren. Nun konnten nicht nur größere Distanzen in der gegebenen Zeit überwunden werden, sondern Reisen wurde auch deutlich preiswerter, so dass sich viel mehr Menschen Eisenbahnfahrten leisten konnten. In den 1920er Jahren wurde auch das Automobil zu einem verbreiteten Transportmittel, wenn auch zunächst nur für Wohlhabende. Die Massenmotorisierung setzte sich in den 1960er Jahren durch. Bereits in den 1920er Jahren waren erste zivile Flugverbindungen zwischen den europäischen Metropolen entstanden, aber auch das Flugzeug wurde erst in den 1960er Jahren ein gängiges Verkehrsmittel in Europa. Dennoch blieben Flugreisen ein Luxusgut. Erst

105 Thomas J. Misa, Johan Schot, Inventing Europe. Technology and the Hidden Integration of Europe, in: History and Technology, Vol. 21 (2005), S. 1–19.

die Liberalisierung des Marktes für Flugreisen in den 1990er Jahren führte dazu, dass Flugreisen auch für Menschen mit geringerem Einkommen erschwinglich wurden.

Diese technischen Entwicklungen veränderten auch die Verhaltensweisen der Menschen. Jährliche Urlaubsreisen wurden in der zweiten Hälfte des 20. Jahrhunderts, wie bereits geschildert, zu einem normalen Ereignis. Die Verbilligung und Beschleunigung von Kommunikation und Verkehr führte zudem zu einem immer intensiveren Austausch zwischen den Menschen in Europa, denen das allerdings nicht immer bewusst war. Ernährungsweisen, Kleidung, aber auch Formen des Protestes wurden so in Europa immer ähnlicher.

Eine wichtige Rolle nahmen in diesem Prozess Experten ein. Die mit der Aufklärung verbundene, aber erst in der Mitte des 19. Jahrhunderts sich durchsetzende Vorstellung von der rationalen, durch Technik verbesserten Welt war für die Experten der Wissenschaft das Leitbild. Drei Antriebskräfte waren den Wissenschaftlern wichtig. Zum einen war wissenschaftlicher Fortschritt für sie ein Wert an sich. Das Streben nach Erkenntnis und ihre praktische Umsetzung gehört zum Wesenskern der Wissenschaft. Zum anderen waren Wissenschaftler überzeugt davon, dass die wichtigsten Probleme der Menschheit durch Technik und Planung gelöst und überwunden werden könnten. Sie waren sicher, dass sich die Welt und das Leben der Menschen durch Technik und Planung verbessern würde. Schließlich spielten auch wirtschaftliche Motive eine Rolle. Mit den Infrastrukturen ließ sich insbesondere in der jeweiligen Pionierphase viel Geld verdienen. Das traf für die Eisenbahn ebenso zu wie für Automobile und Luftfahrt. Auch die ersten Anbieter von neuen Kommunikationstechnologien waren wirtschaftlich sehr erfolgreich.

Indem die Experten diese Ziele verfolgten, entwarfen sie gleichzeitig und oft nicht intendiert ein bestimmtes Bild von Europa. In ihrer Selbstwahrnehmung waren sie unpolitisch und wehrten sich oft und bisweilen erfolgreich gegen eine Einmischung von politischen Akteuren in technische Belange. Andererseits hatten die Netzwerke und die Institutionen, die sie schufen, oft eine politische Bedeutung. Sie schrieben die „Regeln für Europa", setzten internationale Standards und schufen Systeme, die prägend für den Kontinent wurden.[106] Das galt für die Netzwerke des Verkehrs und der Kommunikation ebenso wie für den Städtebau oder die Planung großindustrieller Anlagen.

Fazit

Auch wenn Regierungen und öffentliche Verwaltungen in vielerlei Hinsicht eine Rolle spielen, wird die gesellschaftliche Integration Europas in starkem Maße von „unten" vorangetrieben. Europäische Integration war nicht nur ein Elitenprojekt, sondern hatte auch eigenständige Wurzeln in den europäischen Gesellschaften. Zwei Modi lassen sich erkennen: Zum einen gibt es einen Prozess der Anglei-

106 Wolfram Kaiser, Johan Schot, Writing the Rules for Europe. Experts, Cartels, and International Organisations, New York 2014.

chung der nationalen Gesellschaften, der eng verbunden ist mit den Megatrends der Industrialisierung und der Durchsetzung der Massenkonsumgesellschaft. Beides führte zu einer Standardisierung von Produktion und Konsum, die wiederum prägend waren. Allerdings kann man auch in diesem Fall trotz zahlreicher zeitgenössischer Befürchtungen nicht von einer Auflösung der nationalen Gesellschaften und einer einheitlichen europäischen Gesellschaft sprechen. Typisch sind vielmehr jeweils nationale Ausprägungen von gesamteuropäischen Entwicklungen. Zum anderen intensivierte sich die Verflechtung der europäischen Gesellschaften. Auch dieser Prozess war eng verbunden mit dem Prozess der Industrialisierung und der Entstehung der Massenkonsumgesellschaft. Die wichtigen Akteure waren hier Einzelpersonen und Gruppen von Menschen, die aus sehr verschiedenen Motiven heraus Kontakte zu anderen Personen und Gruppen jenseits der nationalen Grenzen suchten. Bisweilen entstanden hieraus Institutionen wie z. B. Städtepartnerschaften oder wissenschaftliche Forschungsgruppen. Die Dauerhaftigkeit dieser Institutionen war abhängig vom Engagement der beteiligten Personen. Wenn sich niemand mehr um die Städtepartnerschaft kümmerte, konnte sie auch „einschlafen" und irrelevant werden. Grundsätzlich ist die gesellschaftliche Integration aber sehr viel weniger institutionalisiert als die politische Integration.

Die gesellschaftliche Europäische Integration in diesem modernen Sinne setzte in der Mitte des 19. Jahrhunderts ein und beschleunigte sich noch einmal sehr stark in der Mitte des 20. Jahrhunderts. Das lag daran, dass die gesellschaftliche Integration im 19. und frühen 20. Jahrhundert nur in Ausnahmefällen politisch unterstützt wurde. Nach 1945 entstanden europäische Organisationen wie der Europarat oder die EG/EU, die besonderen Wert auf die gesellschaftliche Integration legten und diese gemeinsam mit den nationalen Regierungen zum Teil massiv unterstützte.

13. Fallbeispiele der Integration

Nachdem die Europäische Integration im 19. und 20. Jahrhundert in chronologisch-systematischer Hinsicht dargestellt worden ist, wird in den beiden folgenden Kapiteln die Perspektive gewechselt. Ziel ist es, einzelne Politikfelder in den Fokus zu rücken. Damit soll deutlich werden, wie die bislang systematisch getrennten analytischen Zugänge der Politik, Wirtschaft, Gesellschaft und Kultur in konkreten Integrationsbereichen ineinanderwirken. Nicht zuletzt in diesem Zusammenwirken entstehen die von außen oft so widersprüchlichen und gegenläufigen Entwicklungen der Europäischen Integration, die auch in der Tagespolitik immer wieder diskutiert werden. Das zu Grunde liegende Problem ist, dass die verschiedenen Bereiche der Integration, Politik, Wirtschaft, Gesellschaft und Kultur, unterschiedliche Ziele verfolgen und daher verschiedenen Entwicklungspfaden folgen. Ziel der politischen Integration ist die Verteilung von politischer Macht. Es geht um die Frage, wer unter welchen Bedingungen rechtlich und politisch verbindliche Entscheidungen treffen darf und wie diese Entscheidungen legitimiert sind. Wie wird die Entscheidungskompetenz zwischen den Nationalstaaten und den Gemeinschaftsinstitutionen verteilt? Ziel der wirtschaftlichen Integration ist die grenzüberschreitende Allokation und Distribution von Gütern auf grenzüberschreitenden Märkten. Welche Güter dürfen unter welchen Bedingungen frei gehandelt werden? Im gesellschaftlichen Bereich geht es um die grenzüberschreitenden Kontakte zwischen den Akteuren der Zivilgesellschaft, die zu Konvergenzen oder Divergenzen zwischen den nationalen Gesellschaften führen. Schließlich geht es im kulturellen Bereich der Europäischen Integration um die Frage, was unter „Europa" verstanden werden soll. Die Politikfelder Währung und Verkehr wurden ausgewählt, weil sie in den letzten Jahren besonders intensiv erforscht wurden. Demgegenüber sind andere Politikfelder aus der Perspektive der Geschichtswissenschaft Forschungsdesiderate: Hierzu gehören die Außenhandelspolitik, die Migrationspolitik, aber auch Themen wie die Umwelt- oder Forschungspolitik.

Europäische Währungsintegration: Die Geschichte des Euro

In diesem Kapitel steht die Europäische Integration im Sektor der Währungspolitik im Mittelpunkt. Währungen entwickeln sich in verschiedenen Kontexten nach einer je eigenen Logik: Sie werden auf wirtschaftlichen Märkten gehandelt. Diese Märkte tendieren zum Monopol, das heißt es gibt allein durch die internationalen Währungsmärkte eine starke Tendenz zur Vereinheitlichung von Währungen in Europa und tendenziell auch auf der globalen Ebene. Aus politischer Perspektive dagegen sind Währungen Machtinstrumente. Die Einzelstaaten legen nationale Währungen als gesetzliche Zahlungsmittel fest und versuchen diese auch international verbindlich zu machen. Die auf den Märkten vermittelte Tendenz zur Vereinheitlichung läuft dem entgegen. International wurden und werden Währungen genutzt, um politischen und wirtschaftlichen Einfluss über konkrete Prozesse und Gebiete zu erhalten. Zudem haben Währungen auch eine kulturelle Funktion. Sie dienen dazu, Identitäten zu schaffen. Dies geschieht dadurch, dass sie nationale Einheit schaffen durch die Funktion als gesetzliches Zahlungsmittel aber auch durch die auf ihnen verwendeten Symbole, die in der Regel eine Beziehung zwischen dem jeweiligen Land und der Währung herstellen sollen.

Am Beispiel der europäischen Währungsintegration lässt sich zeigen, wie eng die oben vorgestellten verschiedenen Teilgebiete der Europäischen Integration, vor allem die politische Integration, die wirtschaftliche Integration und die mit den Währungen eng verbundenen nationalen Identitätsfragen zusammenhängen. Zudem kann an diesem Beispiel der lange Prozess der europäischen Währungsintegration deutlich gemacht werden. Die wirtschaftswissenschaftliche und politikwissenschaftliche Forschung nimmt in der Regel nur die Entstehung der Euro-Währungsunion seit der Mitte der 1980er Jahre in den Blick und übersieht, dass diese Währungsunion eingebettet ist in einen Prozess, der bereits in der ersten Hälfte des 19. Jahrhunderts begonnen hat.

Europäische Währungsintegration im 19. Jahrhundert

Die erste internationale Währungsunion im modernen Sinne war die Lateinische Münzunion zwischen Frankreich, Belgien, der Schweiz und Italien. Zeitweise schlossen sich auch andere Staaten an, wie zum Beispiel Griechenland und Rumänien. Als Gründungsdatum der Lateinischen Münzunion wird in der Regel der 23. Dezember 1865 angegeben, der Tag der Vertragsunterzeichnung. Das ist allerdings nicht ganz richtig. Der Vertrag markiert vielmehr die Wiederherstellung der Währungsunion, die schrittweise seit dem frühen 19. Jahrhundert entstanden war. Der Prozess begann 1803, als das napoleonische Frankreich eine neue Währung einführte, den „Franc“. Wie alle Währungen im 19. Jahrhundert wurde auch der Franc durch eine bestimmte Menge Edelmetall definiert. Seine Besonderheit war, dass er zwei Referenzmetalle hatte, Gold und Silber. Der Franc war daher eine bimetallistische Währung. Zudem wurde der Franc im Dezimalsystem gestückelt, das heißt, ein Franc entsprach 100 Centimes. Das war im 19. Jahrhundert keineswegs üblich, erleichterte aber den täglichen Umgang mit dem Geld erheblich, weil Rechenoperationen leichter waren. Dies und die Tatsache, dass Frankreich ein wichtiger Wirtschaftsraum im frühen 19. Jahrhundert war, führte dazu, dass die französische Währung 1832 von Belgien kopiert wurde. Mit der Gründung des belgischen Staates erhob sich die Frage, welche Währung im neuen Staat eingeführt werden sollte. Man entschied sich in Brüssel aus pragmatischen Gründen für den Franc, dessen Referenzen (Gold und Silber) einfach übernommen wurden. So entstand 1832 der „Franc Belge“, er war in Bezug auf Stückelung und Feingehalt des Währungsmetalls identisch mit dem französischen Franc. Ähnlich verfuhr die Schweizerische Eidgenossenschaft nach ihrer Gründung im Jahre 1848. Auch der „Franc Suisse“ war in Bezug auf die Stückelung der Münzen und der Bindung an die Edelmetalle Gold und Silber eine Kopie der französischen Währung. Schließlich stieß auch Italien nach der Gründung des Nationalstaates zu diesem System hinzu. 1861 wurde die Lira in Italien eingeführt, die zwar einen anderen Namen trug, in Bezug auf die Stücklung und die Metallbindung aber dem Franc entsprach. Ein französischer Franc war in seinem Wert daher identisch mit einem belgischen und schweizerischen Franc sowie einer italienischen Lira. Aus diesem Grund wurden die Münzen der Länder auch in den jeweils anderen als gesetzliches Zahlungsmittel akzeptiert. Ohne dass es einer Koordination bedurft hätte, war daher zwischen 1804 und 1861 eine internationale Währungsunion entstanden.

Allerdings geriet diese De-facto-Währungsunion in der Mitte der 1860er Jahre in Schwierigkeiten, als sich auf den Weltmärkten der Preis zwischen Gold und Silber veränderte. Das bimetallistische System der Währungsunion war auf ein fixes Austauschverhältnis zwischen beiden Edelmetallen angewiesen. Alle beteiligten Regierungen ergriffen nun Gegenmaßnahmen, allerdings ohne vorherige Absprache. Das führte dazu, dass die Austauschverhältnisse zwischen den Währungen sich änderten und die Währungsunion zerbrach. Um den Status quo ante wieder herzustellen, wurde auf französische Initiative am 23. Dezember 1865 nach kurzen Verhandlungen in Paris ein Vertrag zwischen den Regierungen unterzeichnet, in dem sich diese verpflichteten, die Wechselkurse zu fixieren. Damit wurde die Währungsunion wieder begründet, nun allerdings auf der Basis eines völkerrechtlichen Vertrages.

Das wechselnde Verhältnis zwischen Gold und Silber auf den Weltmärkten blieb ein schwieriges Problem der Währungsunion bis 1875. In diesem Jahr beschlossen die beteiligten Regierungen daher, Silber nicht mehr als Währungsmetall zu nutzen und gingen damit de facto zum Goldstandard über. Die Lateinische Münzunion bestand bis zum August 1914, als sie durch die kriegsbedingte Schließung der Grenzen und die Aufhebung der Goldeinlösepflicht der Banken zusammenbrach. Formal wurde sie zum 1. Januar 1927 aufgelöst. Zu Beginn der 1870er Jahre entstand auf ähnliche Weise die so genannte Skandinavische Münzunion zwischen den nordischen Staaten. Auch sie wurde de facto im August 1914, formal aber erst 1924 aufgelöst.

Ab den 1870er Jahren entstand parallel zur Lateinischen Münzunion und in Konkurrenz zu ihr der internationale Goldstandard. In diesem System wurde der Wert der Währung durch eine bestimmte Menge Gold definiert. England war in dieser Hinsicht entscheidend, weil es mit großem Abstand die wichtigste europäische und globale Handelsmacht des 19. Jahrhunderts war. Das britische Pfund war seit 1816 formal an Gold gebunden und in den 1870er Jahren folgten verschiedene europäische Staaten dem englischen Modell, von denen das neu gegründete Deutsche Reich der wichtigste wurde. Im Gegensatz zur Lateinischen Münzunion wurde kein völkerrechtlicher Vertrag geschlossen, sondern jede Regierung fixierte selbst eine Parität ihrer Währung zum Gold. Durch die gemeinsame Bindung an Gold entstanden so genannte Cross-Rates, d. h. fixe Wechselkurse zwischen den Währungen des Goldstandards, die allerdings innerhalb einer Bandbreite (so genannte Goldpunkte) schwanken konnten. Aus diesem Grunde war der internationale Goldstandard auch keine Währungsunion (fixe Wechselkurse), sondern ein Währungssystem (fixierte, aber flexible Wechselkurse). Auch der Goldstandard existierte bis zum August 1914 und wurde dann durch die Kriegsmaßnahmen zerstört. Alle Versuche, das System in der Zwischenkriegszeit wieder zu restaurieren, scheiterten. Im September 1931 löste die britische Regierung die Goldeinlösepflicht der Bank of England für das Pfund auf und beendete damit den internationalen Goldstandard endgültig.

Warum waren die Währungsunionen und der internationale Goldstandard entstanden? In wirtschaftlicher Hinsicht war entscheidend, dass es durch die Verbesserung der Verkehrsinfrastrukturen und die erste Phase der Industrialisierung einen erheblichen Anstieg des grenzüberschreitenden Handels gab. Insbesondere die neu entstandenen Interessenvertretungen des Handels (regionale Handelskammern) drängten daher auf eine Vereinheitlichung der Währungen in Europa, weil sich hierdurch die Kosten für den grenzüberscheitenden Handel reduzieren ließen. Gleichzeitig setzte sich durch den Gebrauch der großen Währungen Franc und Pfund diese auch in bestimmten Räumen dominant durch. Unterstützung fanden die wirtschaftlichen Interessengruppen bei den Diplomaten. Die französische Regierung nutzte 1865 das Instrument der Währung, um ihren politischen Führungsanspruch in Kontinentaleuropa zu untermauern. Eine europäische Währungsunion unter der Leitung des französischen Franc schien hierzu geeignet. Gleiches gilt für die britische Regierung, die ihren globalen Führungsanspruch auch währungspolitisch untermauerte.[107] Währungspolitik war daher auch Machtpolitik. Dies hatte jedoch auch eine Kehrseite: Durch die enge Verflechtung der Währungen untereinander wurden die Regierungen in geldpolitischer Hinsicht ebenfalls voneinander abhängig. Gab es in einem Land Krieg oder eine Missernte, so hatte dies Auswirkungen auf alle anderen Staaten. Die Geschichte der Währungsunionen und des Goldstandards sind stark geprägt von Konflikten dieser Art.

Zugleich basierten die Währungsunionen und der internationale Goldstandard des 19. Jahrhunderts auf bestimmten strukturellen Voraussetzungen: Das war zum einen die liberale Handelspolitik, die offene Grenzen für Menschen, Kapital und (weitestgehend) auch Güter garantierte. Zudem gab es für die Währungsunionen und den internationalen Goldstandard politische Führungsmächte, die die Stabilität des jeweiligen Systems garantierten. Das war in der Lateinischen Münzunion, wenn auch mit Schwierigkeiten, Frankreich, im Goldstandard England, ab 1871 in Kooperation mit dem Deutschen Reich. Schließlich war wichtig, dass Geldpolitik in allen Staaten kein Bestandteil von Wirtschaftspolitik war. Die Geldmenge war durch das jeweilige Edelmetall autonom vorgegeben, Zentralbanken im modernen Sinne, die Geldpolitik mit bestimmten Zielen betreiben, gab es im 19. Jahrhundert nicht.

Währungspolitische Probleme in der Epoche der Weltkriege (1914–1945)

Nach dem Ende des Ersten Weltkrieges waren die währungspolitischen Grundlagen Europas zerstört. 1914 war auch die Epoche des Freihandels zu Ende gegangen und es gelang auch nach 1918 nicht, das Freihandelssystem wieder herzustellen. Alle europäischen Staaten schotteten ihre Märkte für viele Güter, Kapital und Per-

107 Hierzu: Guido Thiemeyer, Otto von Bismarck, Napoleon III. und die Lateinische Münzunion 1865–1869, in: Bankhistorisches Archiv Bd. 28 (2002), S. 1–20. Gabriele Metzler, Großbritannien, Weltmacht in Europa. Handelspolitik im Wandel des europäischen Staatensystems 1856 bis 1871, Berlin 1997.

sonen ab, der Nationalismus erlebte auch in dieser Hinsicht einen Höhepunkt. Die vorsichtigen Liberalisierungen ab der Mitte der 1920er Jahre wurden mit Beginn der Weltwirtschaftskrise 1929 wieder rückgängig gemacht. Bis zum Zweiten Weltkrieg blieb der internationale Handel reguliert. Die in den Währungsunionen und im internationalen Goldstandard fixierten Wechselkurse zwischen den Währungen wurden nun frei auf den Märkten bestimmt und schwankten erheblich. Auch das führte zu handelspolitischer Unsicherheit.

Zudem hatten die großen Staaten durch die Finanzierung des Krieges ihre Währungen ruiniert. Die Kriegführung war zu einem erheblichen Teil dadurch finanziert worden, dass die Regierungen Kredite bei den Notenbanken aufnahmen und damit die Geldmenge drastisch vergrößerten. Die Folge war ein erheblicher Anstieg der Inflation nach 1918. Dies war ein europäisches Phänomen, besonders stark aber wirkte es sich in Österreich, Ungarn, Polen und im Deutschen Reich aus, die eine Hyperinflation mit völliger Geldentwertung erlebten. In Deutschland wurde die Krise erst durch die Währungsreform vom 30. August 1924 mit der Einführung der Deutschen Reichsmark beendet. Schließlich war auch die politische Instabilität der Zwischenkriegszeit eine Ursache der Währungskrise. Die politischen und ökonomischen Führungsmächte Europas, Großbritannien, das Deutsche Reich und Frankreich, fielen als Garanten einer stabilen Ordnung aus. Die USA, das einzige Land, das nach dem Weltkrieg noch seine Währung durch Gold decken konnte, verweigerten die internationale währungspolitische Führung aus innenpolitischen Gründen. Gleichwohl gab es verschiedene Ansätze zur europäischen Währungskooperation. In der ersten Hälfte der 1920er Jahre gab es eine Reihe von internationalen Konferenzen, deren Ziel die Wiederherstellung des Goldstandards war. Symptomatisch war die Konferenz von Genua, die vom 10. April bis 19. Mai 1922 auf britische Initiative stattfand. Mit ihr wurde ein eingeschränkter Goldstandard eingeführt, der allerdings angesichts der vielfältigen wirtschaftlichen Krisen der Zwischenkriegszeit nicht durchgesetzt werden konnte.

Für das Scheitern der internationalen Währungskooperation gab es eine Reihe von Gründen. Erstens fehlte eine von allen Beteiligten akzeptierte währungspolitische Führungsmacht. Großbritannien, Frankreich und das Deutsche Reich fielen in dieser Hinsicht aus. Die einzige Macht, die die währungspolitische Führungsrolle hätte übernehmen können, die USA, verweigerte die Einbindung in internationale Währungspolitik und blieb daher auch der Konferenz von Genua fern. Zweitens erwies sich der Goldstandard des 19. Jahrhunderts für ein modernes Wirtschaftssystem als unpraktikabel. Schon seit den 1890er Jahren waren in Großbritannien und dem Deutschen Reich die Preise konstant gefallen, es gab also eine Deflation. Es wurden in beiden Ländern verschiedene Kommissionen zur Untersuchung des Phänomens eingesetzt, die aber keine eindeutige Ursache identifizieren konnten. Heute weiß man, dass das Problem bei einem stark ansteigenden Handelsvolumen lag, dem eine nahezu konstante, weil an das Gold gebundene Geldmenge gegenüberstand. Drittens spielte der durch den Weltkrieg nochmals angeheizte Nationalismus eine wichtige Rolle. Die Zentralbanken setzten weniger auf Kooperation, sondern sahen sich als Konkurrenten um eine begrenzte Menge an Gold. Sie versuchten daher Gold aufzukaufen und gleichzeitig Abflüsse zu verhindern. Schließlich hatten sich auch die geldpolitischen Ziele verändert: Im 19. Jahrhundert war die Gold- oder Silberbindung von Währungen eine nicht hinterfragte Prämisse der Geldpolitik gewesen. Eine Geldpolitik im heutigen Sinne gab es gar nicht, weil die Geldmenge durch die Bindung an das Edelmetall autonom gegeben war. Diese Bindung wurde nach dem Weltkrieg zu Gunsten anderer währungspolitischer Ziele zurückgestellt. Wichtiger wurden angesichts der wirtschaftlichen Not sozial- und arbeitsmarktpolitische Ziele. Der internationale Goldstandard und die Lateinische Münzunion waren unter diesen Bedingungen nicht mehr zu rekonstruieren.

Eine besondere und bislang wenig erforschte Form internationaler Währungsintegration wurde im Zweiten Weltkrieg vom nationalsozialistischen Deutschland etabliert. Bereits 1934 hatte die Reichsregierung einen Vertrag mit der Schweiz geschlossen, der den bilateralen Handel über eine Central-Clearing-Stelle organisierte. Lieferte ein schweizerisches Unternehmen Waren nach Deutschland, schickte es die Rechnung nicht an den deutschen Kunden, sondern an eine Clearing-Stelle. Umgekehrt wurde auf dieselbe Art verfahren. Die Clearing-Stelle verrechnete am Ende der Abrechnungsperiode die Ein- und Ausfuhr der Schweiz von und nach Deutschland. Blieb ein Saldo, so musste dieser mit Devisen ausgeglichen werden. Der Vorteil des Verfahrens war, dass der grenzüberschreitende Handel trotz des akuten Devisenmangels weiterbetrieben werden konnte. Mit der Eroberung weiter Teile Europas durch das Deutsche Reich ab 1939 wurde dieses System auf andere europäische Staaten ausgeweitet und massiv zu deutschen Gunsten verändert. Zum einen wurde die Reichsmark künstlich gegenüber den anderen europäischen Währungen aufgewertet, so dass ihre Kaufkraft im Ausland anstieg. Zum anderen wurde Deutschland im Clearing-System unbegrenzter Kredit gegenüber allen Vertragspartnern eingeräumt. Unter diesen Bedingungen entwickelte sich das Central-Clearing während des Zweiten Weltkrieges zu einem Instrument deutscher Herrschaftspolitik in Europa. Strukturell betrachtet allerdings war es das erste internationale Währungssystem in Europa seit dem Zusammenbruch des internationalen Goldstandards im Jahr 1914.

Das Währungssystem von Bretton Woods

Bereits während des Zweiten Weltkrieges begannen die Debatten über ein neues internationales Währungssystem in der Nachkriegszeit. Im Kontext der Gründung der Vereinten Nationen übernahm die US-Regierung nun die Initiative für die Neuordnung der internationalen Währungsbeziehungen. Auf ihre Initiative trafen sich im Juli 1944 Vertreter aus 44 Nationen in Bretton Woods, einem kleinen Ort im US-Bundesstaat New Hampshire. Zur Debatte standen zwei Modelle für ein internationales Währungssystem. Der britische Ökonom John Maynard Keynes schlug ein Clearing-System vor, das dem vom Deutschen Reich während des Zweiten Weltkrieges etablierten Mechanismus in technischer Hinsicht ähnelte. Durchgesetzt hat sich aber ein anderes Konzept, das auf den US-Amerikaner Harry Dexter White zurückging. Er schlug ein System mit dem an das Gold gebundenen amerikanischen Dollar als Leitwährung vor. Alle beteiligten Währungen wurden an den Dollar durch einen festen Austauschkurs angebunden, der nur innerhalb eng definierter Grenzen schwanken durfte. Verließ eine Währung den fixierten Kurs zum Dollar, musste die betroffene Notenbank an den Devisenmärkten so lange intervenieren, bis der fixierte Kurs wieder hergestellt war. Dadurch, dass alle Währungen über ein fixes Dollarverhältnis definiert waren, entstanden auch fixierte Kurse unter den Währungen und damit ein internationales Währungssystem. Gleichzeitig wurde der Internationale Währungsfonds (IWF) geschaffen, der jenen Notenbanken, die an den Währungsmärkten intervenieren mussten, Kredite bereitstellte. Das System sollte so stabile und für den Handel berechenbare Wechselkurse garantieren.

Die meisten westeuropäischen Staaten traten dem Bretton-Woods-System bei, das bis in die Mitte der 1960er Jahre auch weitgehend störungsfrei arbeitete. Zwar mussten verschiedentlich die Paritätskurse verändert werden, wie zum Beispiel bei der Bundesrepublik Deutschland, deren D-Mark mehrfach gegenüber dem Dollar aufgewertet wurde. Insgesamt gesehen garantierten die USA die währungspolitische Stabilität der westeuropäischen Staaten. Die Währungen Osteuropas und der Sowjetunion traten dem System nicht bei. Das Währungssystem von Bretton Woods war daher auch ein Element amerikanischer Machtpolitik im Rahmen des Ost-West-Konfliktes.

In der Mitte der 1960er Jahre allerdings geriet das System in Schwierigkeiten. Der Erfolg des Währungssystems hing in starkem Maße von der Stabilität des US-Dollars ab. Solange die USA eine stabilitätsorientierte Politik betrieben und Führungsverantwortung übernahmen, funktionierte es gut. Wenn die US-Regierung allerdings andere wirtschafts- und außenpolitische Ziele vor das Ziel der Währungsstabilität stellte, dann war das System insgesamt in Gefahr. Eben dies geschah in den 1960er Jahren. Der Krieg in Vietnam wurde für die USA zunehmend teurer und führte zu Haushaltsdefiziten. Gleichzeitig veränderten sich die wirtschaftlichen Strukturen der westlichen Welt. Japan und die EG stiegen als Handelsmächte auf und relativierten die nach dem Zweiten Weltkrieg noch überragende Dominanz der USA. Hinzu kam, dass die US-Regierungen ihre Währungspolitik zunehmend an nationalen Interessen orientierten und die Interessen vor allem der europäischen Staaten ignorierten. Ab der Mitte der 1960er Jahre verlor der US-Dollar gegenüber den angeschlossenen Währungen beständig an Wert, so dass die beteiligten Notenbanken immer wieder intervenieren mussten und dabei ihre eigenen Währungen schwächten. Die Golddeckung des Dollars war zudem nur noch theoretisch gegeben, die USA hatten ihre Geldmenge erheblich ausgeweitet. Erst jetzt wurde klar, in welch starkem Maße die USA innerhalb des Systems bevorzugt waren. Die US-Regierung genoss geldpolitische Handlungsfreiheit, während alle anderen beteiligten Regierungen verpflichtet waren, die fixierten Paritäten einzuhalten. Als auf Initiative des französischen Präsidenten Charles de Gaulle die französische Zentralbank 1965 ihre Dollar-Guthaben in Gold umzutauschen begann, konnte das System nur gerettet werden, weil die anderen Staaten hierauf verzichteten. Am 15. August 1971 hob US-Präsident Richard Nixon die Goldbindung des Dollar auch formal auf. In der Folge fiel der Wert des Dollars auch gegenüber den anderen Währungen weiter ab, so dass das System ab 1973 aufgegeben wurde.

Das Währungssystem von Bretton Woods hat zur raschen Erholung der westeuropäischen Wirtschaft nach dem Zweiten Weltkrieg erheblich beigetragen. Es garantierte den westeuropäischen Staaten berechenbare und stabile Wechselkurse und erleichterte so den grenzüberschreitenden Handel. Auf dieser Basis konnte 1957 in fast allen Ländern die Devisenbewirtschaftung aufgegeben werden. Die Grundlage des Systems war die wirtschaftliche und politische Dominanz der USA in der westlichen Welt nach 1945 und ihr Wille zur Gestaltung der internationalen Währungsbeziehungen. Diese Dominanz wurde bis in die 1960er Jahre hinein von keinem Mitgliedstaat des Systems in Frage gestellt. Wichtig für den Erfolg waren auch die im Vergleich zum Goldstandard flexiblen Strukturen des Systems. Die Paritäten konnten innerhalb gegebener Bandbreiten schwanken, es gab aber auch die Möglichkeit, sie neu anzupassen („Realignment"). So konnten auch strukturelle Veränderungen innerhalb des Währungssystems ausgeglichen werden.

Mitte der 1960er Jahre änderten sich die Strukturen. Die USA waren angesichts der innen- und außenpolitischen Probleme des Landes nicht mehr bereit, ihre Währungspolitik an die Gegebenheiten des Systems anzupassen. Die damit ausgelöste Inflation in den USA wurde durch das System nach Europa transferiert. Dies wiederum löste politischen Widerstand gegen das Bretton-Woods-System aus. Gleichzeitig hatten die westeuropäischen Staaten die wirtschaftliche Krise der Nachkriegszeit überwunden und waren daher auch nicht länger bereit, die politische und wirtschaftliche Dominanz der USA in allen Bereichen zu akzeptieren. Ob im Sektor der Landwirtschaft oder auch in der Währungspolitik: Der Wunsch der europäischen Staaten, die eigenen Ziele unabhängig von den USA zu verfolgen, wurde stärker.

Das Europäische Währungssystem (EWS)

Es ist angesichts der Entwicklung des Systems von Bretton Woods kein Zufall, dass die Diskussionen um eine europäische Währungsunion in der zweiten Hälfte der 1960er Jahre begannen. Auf dem Gipfel der EG Staaten in Den Haag vom 1./2. Dezember 1969 wurde eine Expertengruppe unter der Leitung des luxemburgischen Premierministers Pierre Werner beauftragt, im Laufe des Jahres 1970 „ein(en) Stufenplan für die Errichtung einer Wirtschafts- und Währungsunion"[108] bis 1980 zu erstellen. Dass die Debatten in den 1960er Jahren begannen, hatte zwei wesentliche Gründe: Erstens wollten sich die westeuropäischen Staaten nicht weiter der US-amerikanischen Führung in Währungsfragen unterordnen, zumal die US-Regierung sich wenig um europäische Belange in diesem Bereich kümmerte

108 Kommuniqué der Konferenz der Staats- und Regierungschefs der Mitgliedstaaten der Europäischen Gemeinschaften in Den Haag am 1. und 2. Dezember 1969, in: Themenportal Europäische Geschichte, 2009, www.europa.clio-online.de/quelle/id/q63-28473 (12.3.2021).

und ihre Währungspolitik an nationalen Interessen orientierte. Zweitens hatten die wirtschaftliche Rekonstruktion der Bundesrepublik und ihr steigendes Gewicht im europäischen Wirtschaftsleben dazu geführt, dass die D-Mark eine führende Rolle in Europa einnahm. Der Wunsch nach der Einbindung der D-Mark in ein europäisches System, dem der deutsche Wille zur Selbsteinbindung entsprach (vgl. Kapitel 7), wurde daher ein europäisches Ziel. Das Konzept scheiterte allerdings an den wirtschafts- und währungspolitischen Turbulenzen der frühen 1970er Jahre. Zum einen brach das Währungssystem von Bretton Woods zusammen, zum anderen aber vervielfachte sich innerhalb weniger Monate der Preis für Rohöl, nachdem die Organisation erdölexportierender Länder (OPEC) die Produktion aus politischen Gründen gedrosselt hatte. Angesichts dieser Turbulenzen erwies sich das Ziel einer europäischen Wirtschafts- und Währungsunion als nicht durchführbar. Die 1970er Jahre waren daher in Europa eine Zeit währungspolitischer Krisen und Unsicherheiten.

Erst in der zweiten Hälfte der 1970er Jahre wurde wieder konkret über eine europäische Währungsintegration gesprochen. Nach kurzen, intensiven Verhandlungen zwischen den EG-Staaten wurde am 13. März 1979 das Europäische Währungssystem (EWS) gegründet. Im bewussten Gegensatz zum Währungssystem von Bretton Woods hatte das EWS keine Leitwährung. Es war ein Paritätengittersystem, das dadurch entstand, dass zwischen allen beteiligten Währungen bilaterale Kurse mit geringen Bandbreiten definiert wurden. Wenn der Wechselkurs vom fixierten Kurs abwich, dann mussten beide betroffenen Zentralbanken gemeinsam und in Absprache intervenieren, bis der fixierte Kurs wieder hergestellt war. Um sicherzustellen, dass die Zentralbanken jederzeit intervenieren können, wurde zudem ein Kreditmechanismus entworfen, in dessen Rahmen die Zentralbanken jederzeit Devisenkredite aufnehmen konnten. Zudem wurde eine neue Währung kreiert. Der ECU (European Currency Unit) war eine Korbwährung, die durch den gewichteten Anteil aller beteiligten Währungen entstand. Der ECU war allerdings nur ein Zahlungsmittel zwischen den Zentralbanken und diente zudem als Abweichungsindikator im System, im alltäglichen Zahlungsverkehr der Bevölkerung spielte er keine Rolle.

Warum war das System Ende der 1970er Jahre entstanden? Wirtschaftliche Strukturen spielen eine Rolle. Bedingt durch die Größe des westdeutschen Wirtschaftsraumes und seine Bedeutung für Westeuropa insgesamt hatte die D-Mark in den 1970er Jahren noch einmal an Bedeutung gewonnen und die Funktion einer Leitwährung in Europa übernommen. Die meisten anderen Zentralbanken orientierten sich an der Politik der Bundesbank, die Beneluxstaaten, Dänemark und Österreich betrieben gar eine Währungspolitik, die die jeweils eigenen Währungen an die D-Mark banden und fixierten damit den Wechselkurs. Das war der so genannte D-Mark-Block, eine De-facto-Währungsunion, die durch die einseitige Bindung an die deutsche Währung entstanden war. Was allerdings aus wirtschaftlicher Perspektive sinnvoll war, führte zu politischen Problemen, denn Währungen waren wie bereits im 19. Jahrhundert nicht nur Zahlungsmittel, sondern auch Machtinstrumente. So entstand in diesem Sektor eine deutsche Hegemonie in Europa.

Wichtig als politische Akteure waren bei der Gründung des EWS der deutsche Bundeskanzler Helmut Schmidt und der französische Staatspräsident Valéry Giscard d'Estaing. Beide verfolgten nationale Ziele. Giscard d'Estaing ging es um die wirtschaftliche und politische Modernisierung Frankreichs. Die Wirtschaft war der einzige Sektor, in dem sich Frankreich der Bundesrepublik unterlegen fühlte und das wichtigste außenpolitische Ziel des 1974 in das Amt gewählten Staatspräsidenten war es, in diesem Bereich mit der Bundesrepublik gleichzuziehen. Am 7. Januar 1977 hatte die französische Regierung das „Programm von Blois" vorgestellt, das die „Rückkehr zu Preiswahrheit und -stabilität durch Wettbewerbswirtschaft"[109] vorsah. Zudem war Giscard d'Estaing ebenso wie Schmidt überzeugt, dass Europa ein währungspolitisches Gegengewicht zum US-Dollar auf den Weltmärkten brauchte. Selbst die Währungen der beiden größten Wirtschaftsmächte der EG, der französische Franc und die Deutsche Mark, waren in ihrer Bedeutung zu gering, um dem Dollar Konkurrenz machen zu können. Auf deutscher Seite war Helmut Schmidt nachhaltig besorgt über die wirtschaftspolitische Krise der 1970er Jahre, die in seiner Wahrnehmung ähnlich wie die Weltwirtschaftskrise von 1929 war. Die katastrophalen politischen Folgen der Weltwirtschaftskrise wollte er durch entschlossenes politisches Handeln verhindern. Auch die Bundesrepublik Deutschland konnte die anstehenden Probleme aus der Perspektive Schmidts nicht allein lösen. Zwar war es für die Bundesrepublik Deutschland von großem Vorteil, dass die DM die Leitwährung Westeuropas geworden war. Allerdings wollte Schmidt jede deutsche Hegemonie in Europa verhindern. Im Gegenteil, nationale Alleingänge würden aus seiner Sicht das Land mittelfristig isolieren und in eine außenpolitische Krise führen. Hier setzte Schmidt – gegen den Widerstand der Deutschen Bundesbank, die ihre führende Rolle in Europa nicht aufgeben wollte – auf die Europäische Integration und die enge politische und wirtschaftliche Kooperation mit Frankreich. Wichtig war zudem die Unterstützung der Europäischen Kommission unter der Präsidentschaft des Briten Roy Jenkins. Die britische Regierung wurde zwar von Beginn an in die deutsch-französischen Beratungen integriert, aber Premierminister James Callaghan teilte Schmidt Ende 1978 mit, dass Großbritannien dem System fernbleiben werde. Erst unter dem Eindruck der Wende von 1989/90 trat Großbritannien dem Wechselkursmechanismus des EWS bei, musste diesen nach starken Spekulationen gegen das Pfund aber 1992 wieder verlassen.

Insgesamt erreichte das EWS die angestrebten Ziele nur teilweise. Die Wechselkurse zwischen den Währungen der Mitgliedstaaten stabilisierten sich, auch wenn es immer wieder zu Anpassungen kam. Der Handel zwischen den EG-Staaten stieg in den 1980er und 1990er Jahren weiter an. Allerdings gab es auch zwei deutliche Probleme: Zum einen lud das System zur Spekulation gegen einzelne Währungen ein, weil die Akteure auf den Finanzmärkten das Verhalten der Zentralbanken leicht vorhersehen konnten. Große Spekulationswellen, wie zum Beispiel 1992 führten daher immer wieder zu Turbulenzen im Europäischen Währungssystem. Zum ande-

109 Année Politique Economique et Sociale 1978. Bilan de 1978, S. 442.

ren wurde das politische Ziel einer Einbindung der D-Mark nicht erreicht. Aufgrund der weiter steigenden Bedeutung der deutschen Wirtschaft entwickelte sich das EWS zu einem D-Mark-System. Damit stieg auch die Bedeutung der Bundesbank weiterhin an, deren Politik sich die beteiligten Zentralbanken mehr und mehr anpassen mussten. Europäische Geldpolitik wurde in den 1980er und 1990er Jahren von Frankfurt aus geleitet, der Handlungsspielraum der anderen Zentralbanken nahm deutlich ab. Eine deutsche Hegemonie war aber weder in der Bundesrepublik selbst noch im Ausland erwünscht. Dies war ein wichtiger Grund für die Debatten um die Europäische Währungsunion, die Mitte der 1980er Jahre begannen.

Die Entstehung der Europäischen Währungsunion

In der medialen Öffentlichkeit wird die Gründung der Euro-Währungsunion durch den Vertrag von Maastricht vom 7. Februar 1992 und die unwiderrufliche Fixierung der Wechselkurse zwischen den beteiligten Währungen am 1. Januar 1999 immer wieder als deutsche Gegenleistung für die französische Unterstützung der Vereinigung der beiden deutschen Staaten gesehen. Die historische Forschung allerdings hat diese Interpretation in den letzten Jahren in Frage gestellt. Zwei Argumente sind bedeutsam: Erstens begann die konkrete Planung für die Europäische Währungsunion schon lange vor dem Zusammenbruch der DDR und der Öffnung der innerdeutschen Grenze, zu einem Zeitpunkt also, an dem von einer deutschen Einheit gar keine Rede war. Zweitens wurde darauf verwiesen, dass es neben der französischen vor allem die deutsche Bundesregierung gewesen sei, die den Prozess der Währungsunion vorangetrieben habe. Auch aus dieser Perspektive war die Währungsunion kein Preis, den die Bundesrepublik zu zahlen hatte, sondern ein politisches Ziel, das aus der Sicht der Bundesregierung im deutschen Interesse war.

Drei parallele Entwicklungen setzten die Debatten um eine europäische Währungsunion in der Mitte der 1980er Jahre in Gang. Zum einen spielte der deutsche Außenminister Hans Dietrich Genscher eine wichtige Rolle. Im Gegensatz zu Kanzler Helmut Kohl nahm Genscher die von Michail Gorbatschow seit 1985 eingeleitete Reformpolitik in der Sowjetunion von Beginn an ernst. Aus seiner Sicht würde die Politik Gorbatschows zu einer ganz neuen Situation in Europa führen. Um auf diese Dinge vorbereitet zu sein, schlug Genscher in einer Rede vor dem Europäischen Parlament vom 20. Januar 1988 eine europäische Währungsunion vor: „Wir müssen deshalb konkret auf die Schaffung der Währungsunion und einer europäischen Zentralbank hinarbeiten, die auch in der Logik eines europäischen Binnenmarktes liegen.“[110] Sein Ziel war es zu zeigen, dass die Bundesrepublik Deutschland auch angesichts der Veränderungen in Osteuropa in der EG verankert bleiben werde. Der deutsche Außenminister war besorgt, weil es diesbezüglich immer offener geäußerte Zweifel in den westeuropäischen Hauptstädten gegeben hatte. Es ging

110 Rede des Bundesministers Genscher am 20. Januar 1988 vor dem Europäischen Parlament in Straßburg, in: Bulletin des Presse- und Informationsamtes der Bundesregierung 22.1.1988.

aus dieser Perspektive um das Gleichgewicht im europäischen Staatensystem, um die Deutsche Frage. Gleichzeitig war in der Mitte der 1980er Jahre die Kooperation zwischen den Zentralbanken im europäischen Währungssystem verstärkt worden. Im September 1987 führte das zum so genannten Basel/Nyborg-Abkommen zwischen den Zentralbanken, mit dem die Geldpolitik harmonisiert wurde. Schließlich hatte auch innerhalb der französischen Regierung eine Debatte über eine europäische Währungsunion begonnen. Am 1. Juni 1984 legte Europaminister Roland Dumas dem französischen Präsidenten ein Konzept für eine engere europäische Währungskooperation vor.

In Frankreich und der Bundesrepublik Deutschland stießen diese Konzepte allerdings auf starken innenpolitischen Widerstand. In Deutschland waren es vor allem der Präsident der Bundesbank, Karl Otto Pöhl, und Finanzmister Gerhard Stoltenberg, die gegen die Vorschläge Genschers argumentierten. Beide befürchteten, dass die Bundesbank in einer europäischen Währungsunion ihre privilegierte Stellung innerhalb des EWS verlieren und dies die deutsche Währungsstabilität gefährden könnte. In Frankreich war es Wirtschafts- und Finanzminister Pierre Bérégovoy, der befürchtete, die politische Kontrolle über die französische Währungspolitik zu verlieren.

In politischer Hinsicht entscheidend wurde, dass auch Kommissionspräsident Jacques Delors sich hinter das Projekt der Währungsunion stellte. Durch seine Initiative wurde auch Helmut Kohl gewonnen. Kohl allerdings strebte nicht nur eine europäische Währungsunion, sondern gleichzeitig auch eine politische Union an. Beide sollten parallel zueinander realisiert werden. Auf dem Europäischen Rat in Hannover am 27./28. Juni 1988 wurde das Delors-Komitee eingesetzt, in dem über konkrete Schritte auf dem Weg zur Währungsunion beraten werden sollte. Wichtig war, dass auch die Präsidenten der europäischen Zentralbanken, insbesondere Bundesbankpräsident Karl Otto Pöhl, in das Komitee integriert wurden. Unter der Leitung von Delors entwarf das Komitee einen Drei-Stufen-Plan für die Errichtung der Währungsunion, der am 1. Juli 1990 mit der Harmonisierung der Geld- und Finanzpolitik der EWS-Staaten beginnen sollte.

Erst jetzt geriet das Projekt unter den Einfluss der Ereignisse in Deutschland. Mit dem Zusammenbruch der DDR und der Öffnung der innerdeutschen Grenze im November 1989 gewann die Deutsche Frage an Bedeutung und die Vereinigung der beiden deutschen Staaten wurde öffentlich diskutiert. Aus der Sicht von François Mitterrand war dies der Anlass, dass die europäische Währungsunion möglichst schnell realisiert werden müsse – und zwar ohne eine politische Union, die Helmut Kohl nach wie vor anstrebte, die aber in Frankreich skeptisch gesehen wurde. Auf dem Europäischen Rat von Straßburg vom 8./9. Dezember 1989 wurde beschlossen, eine Regierungskonferenz zur Ausarbeitung eines neuen europäischen Vertrages unter Einschluss einer Währungsunion einzuberufen. Kohl gab seine Forderung nach einer gleichzeitig zu realisierenden politischen Union auf und akzeptierte den Primat der Währungsunion. Erst in diesem Kontext spielte die französische Zustimmung zur Vereinigung der beiden deutschen Staaten eine Rolle. Mitterrand hatte kurz zuvor Genscher gewarnt, dass die Bundesrepublik, sollte sie die deutsche Einheit vor der europäischen Einheit realisieren wollen, sich gefährlich isoliere.

Mit dem Vertrag von Maastricht wurde, die Arbeit des Delors-Komitees aufgreifend, ein Drei-Stufen-Plan zur Errichtung einer europäischen Währungsunion aufgestellt: Die erste Stufe begann mit Inkrafttreten des Vertrages und zielte auf die Harmonisierung der Strukturen der nationalen Währungspolitik. In einer zweiten Phase wurde ab 1994 das Europäische Währungsinstitut gegründet, das als Vorläufer einer Europäischen Zentralbank geplant war. Ab dem 1. Januar 1999 wurden dann die Wechselkurse zwischen den europäischen Währungen unwiderruflich fixiert und die Europäische Zentralbank übernahm die Leitung der Geldpolitik. Voraussetzung hierfür war die wirtschafts- und währungspolitische Konvergenz der Mitgliedstaaten der geplanten Währungsunion, die anhand von verschiedenen Kriterien (Inflationsrate, Wechselkursstabilität, Staatsverschuldung, Zinsniveau) gemessen wurde. Dieses Konzept wurde trotz verschiedener Währungsturbulenzen in den 1990er Jahren im Kern beibehalten. Die Europäische Währungsunion wurde am 1. Januar 1999 formal ins Leben gerufen, Euro-Bargeld erhielten die Bürger in den Mitgliedstaaten am 1. Januar 2002. Gründungsmitglieder der Europäischen Währungsunion waren elf Staaten (Belgien, Deutschland, Finnland, Frankreich, Irland, Italien, Luxemburg, die Niederlande, Österreich, Portugal und Spanien). Später traten Griechenland (2001), Slowenien (2007), Malta und Zypern (2008), die Slowakei (2009), Estland (2011), Lettland (2014) und Litauen (2015) bei. Alle EU-Staaten sind verpflichtet, der Währungsunion beizutreten, sobald sie die Konvergenzkriterien erfüllen. Allein Dänemark hat (neben Großbritannien bis zum Austritt des Landes aus der EU) eine Opt-out-Klausel ausgehandelt.

Institutionell wurde die Europäische Zentralbank, die ab dem 1. Januar 1999 die europäische Geldpolitik leitete, nach dem Vorbild der Deutschen Bundesbank konstruiert. Ein Direktorium und der Zentralbankrat, bestehend aus den Präsidenten der Zentralbanken der Teilnehmerstaaten, bildeten die Spitze der Europäischen Zentralbank. Vorrangiges Ziel der Europäischen Zentralbank ist es, so legte der Vertrag von Maastricht (Art. 105) fest, „die Preisstabilität zu gewährleisten". Zudem soll die Europäische Zentralbank die allgemeine Wirtschaftspolitik der Gemeinschaft unterstützen, solange die Preisstabilität hierdurch nicht gefährdet wird. Analog zur Deutschen Bundesbank wurde auch die institutionelle, personelle und politische Unabhängigkeit der Europäischen Zentralbank von den nationalen und europäischen Institutionen rechtlich garantiert.

Welche Strukturen hatten zur Entstehung der Europäischen Währungsunion geführt? Wichtig war zum Ersten der Ost-West-Konflikt, der durch die neue Politik Michail Gorbatschows in der Sowjetunion seit 1985 in eine neue, letzte Phase eintrat. Die Pläne für eine europäische Währungsunion, die seit Mitte der 1980er Jahre in Paris, Bonn und Brüssel diskutiert worden waren, nahmen alle Bezug auf die Veränderungen in der Sowjetunion. Der Zusammenbruch der DDR und die Öffnung der innerdeutschen Grenze haben den Prozess zudem beschleunigt. Damit war – zweitens – einmal mehr die Deutsche Frage entscheidend für die Europäische Integration. Der deutschen Außenminister Hans Dietrich Genscher und Bundeskanzler Helmut Kohl betrachteten die vertiefte Einbindung der Bundesrepublik Deutschland in die Europäische Gemeinschaft als nationale Interessenpolitik. Damit standen beide in der von Konrad Adenauer geprägten außenpolitischen Tradition der Bundesrepublik, die der vormalige Kanzler Helmut Schmidt 1999 im Zusammenhang mit den Diskussionen um Währungsunion zusammenfasste: „Die dauerhafte Einbindung Deutschlands in den europäischen Einigungsprozess liegt im wohlverstandenen patriotischen, im langfristig strategischen Interesse der Deutschen, sie ist eine Lebensnotwendigkeit. Sie liegt desgleichen im vitalen Interesse unserer französischen Nachbarn [und notabene: ebenso im vitalen Interesse der Polen]. Sie kann aber nur dann dauerhaft gelingen, wenn auch die französische Nation sich in gleicher Weise einbindet gleichfalls aus wohlverstandenem französischem Patriotismus [...].“[111] Dem entsprach in den westlichen Hauptstädten ebenfalls der Wunsch nach einer Einbindung des deutschen Staates mit seiner dominierenden Wirtschaft und Währung. Drittens waren die Europäischen Zentralbanken wichtig, allen voran die Deutsche Bundesbank. Die Bundesbank war nicht grundsätzlich gegen eine Währungsunion, sie wollte sie aber nur akzeptieren, wenn sie nach den von ihr gesetzten Regeln arbeitete. Das waren vor allem die institutionelle Unabhängigkeit und ihre Verpflichtung auf das exklusive Ziel der Preisstabilität. Diese Bedingungen konnten die Präsidenten der Zentralbanken durchsetzen. Schließlich waren in ökonomischer Hinsicht zwei Entwicklungen auf den europäischen Währungsmärkten wichtig. Die Deutsche Mark war seit Beginn der 1970er Jahre zur Leitwährung aufgestiegen. Das lag an der Stabilität der Währung, vor allem aber an der Größe des deutschen Marktes in der EG. Auch Währungsmärkte tendieren zu einem Monopol und das führte dazu, dass die D-Mark diese zentrale Rolle einnehmen konnte. Ohne dass es eine politische Intervention gegeben hätte, waren verschiedene europäische Zentralbanken deswegen seit den späten 1970er Jahren den Märkten gefolgt, hatten ihre Währungen an die D-Mark gebunden und damit eine De-facto-Währungsunion geschaffen. Diese ökonomischen Prozesse wurden politisch problematisch, weil damit die Geldpolitik in Europa in starkem Maße von der Deutschen Bundesbank gestaltet wurde. Eine geldpolitische Hegemonie der Bundesrepublik Deutschland in Europa war aber für die Regierungen in London und Paris nicht zu akzeptieren, auch in Bonn sah man dies aus den oben genannten Gründen sehr kritisch. Zudem waren die europäischen Währungsmärkte seit den frühen 1970er Jahren in verstärktem Maße großen Spekulationswellen ausgesetzt. Das hatte mit der Berechenbarkeit des Handelns der Zentralbanken innerhalb des Europäischen Währungssystems zu tun, aber auch damit, dass die beginnende Digitalisierung der Währungsmärkte ein schnelleres Handeln mit immer größeren Summen möglich machte. Mit der Währungsunion wurden diese Strukturen auf den Währungsmärkten politisch beendet: Die dominierende Rolle der D-Mark wurde abgeschafft und die zentrale Rolle der Bundesbank durch die Führung der

111 Die Zeit, 12. August 1999.

Europäischen Zentralbank ersetzt. Zugleich wurde die Spekulation mit Währungen innerhalb des EWS durch die unwiderrufliche Fixierung der Wechselkurse beendet.

Krisen und Kontroversen um die Währungsunion

Der Vertrag von Maastricht und die hierin rechtlich geschaffene Europäische Währungsunion lösten in Europa heftige Kontroversen aus, die weit über die währungspolitischen Fragen im engeren Sinne hinausgingen. Debattiert wurde über das wirtschaftliche, politische und kulturelle Selbstverständnis der europäischen Staaten und der Europäischen Integration.

Kaum war der Vertrag von Maastricht verabschiedet, begann in Europa eine intensive Diskussion über die Währungsunion und ihre Konsequenzen. In politischer Hinsicht ging es um die Legitimation der Europäischen Union, der ein Demokratiedefizit vorgeworfen wurde (vgl. Kapitel 8). In wirtschaftlicher Hinsicht befürchteten insbesondere liberale Ökonomen das Ende der autonomen Geldpolitik, wie sie von der Bundesbank betrieben worden war. Die institutionelle und politische Trennung zwischen Geldpolitik und anderen Bereichen der Wirtschaftspolitik war in der Tat das Leitbild der Deutschen Bundesbank gewesen. Allerdings war diese sowohl in den Wirtschaftswissenschaften als auch in der Politik immer umstritten gewesen. Schließlich ging es um die nationale Identität, die sich, insbesondere in Großbritannien, Frankreich und der Bundesrepublik Deutschland, auch in der jeweiligen Währung materialisierte.

Großbritannien und Dänemark hatten im Vertrag von Maastricht eine Opt-out-Klausel ausgehandelt und waren daher nur am Rande in diese Debatten involviert. In Frankreich sahen die Kritiker der Währungsunion das für den Staat identitätsbildende republikanische Modell in Gefahr. Die Wirtschafts- und Währungspolitik war aus dieser Perspektive kein autonomer Politikbereich, sondern musste, wie alle anderen öffentlichen Fragen, demokratisch kontrolliert werden. Das Modell der unabhängigen Zentralbank wurde daher als Bedrohung für die französische republikanische Identität wahrgenommen. Umgekehrt war die Situation in Deutschland: Hier richtete sich die Kritik an der Währungsunion darauf, dass die als „hart" und „stabil" apostrophierte Deutsche Mark zugunsten einer neuen Währung aufgegeben werden sollte. Die D-Mark hatte sich in der Bundesrepublik zum nationalen Symbol entwickelt, sie stand für den Wiederaufstieg Westdeutschlands nach dem Krieg, für den wirtschaftlichen Erfolg und die internationale Reputation der Bundesrepublik. Unterstützt wurde der nationale Diskurs von wichtigen Teilen der Medien, der Wirtschaftsredaktion der Frankfurter Allgemeinen Zeitung, der Bild-Zeitung und auch dem Spiegel, die pronnonciert Stellung gegen die Europäische Währungsunion bezogen. Sie griffen damit deutsche nationale Diskurse aus dem 19. und der ersten Hälfte des 20. Jahrhunderts auf, in denen die deutsche Identität nicht zuletzt aus der Konfrontation mit Frankreich konstruiert worden war. Gleiches ließ sich in Frankreich beobachten, hier sah man die französische Nation durch das deutsche währungspolitische Modell bedroht, das nun auf Europa und damit auch auf Frankreich übertragen wurde.

Bemerkenswert ist, welchen Raum diese nationalen Diskurse einnahmen, obwohl die ökonomische und politische Realität anders aussah. Vergleicht man makroökonomische Schlüsseldaten und ihre Entwicklung in den europäischen Staaten von 1945 bis in die Gegenwart, so zeigt sich eine bemerkenswerte Tendenz zur Konvergenz (vgl. Kapitel 10). So war beispielsweise die Entwicklung der Inflationsraten in Frankreich und der Bundesrepublik Deutschland zwischen 1950 und 1999 ähnlich. Gleiches gilt für die Staatsquote, die den Anteil der Staatstätigkeit an der Gesamtwirtschaftsleistung wiedergibt. Während die Anhänger des deutschen Modells für eine geringe Staatsintervention in die Wirtschaft eintraten, plädierten die Vertreter des französischen Modells für eine aktive Wirtschaftspolitik des Staates. Die Staatsquote müsste also, wenn dies der Realität entspräche, in Deutschland sehr niedrig und in Frankreich sehr hoch sein. Dies ist aber keineswegs der Fall, die Entwicklung der Staatsquote ist in beiden Ländern zwischen 1945 und 2000 recht ähnlich. Diese Interpretation wird dadurch gestärkt, dass sich die von deutscher Seite befürchtete „Instabilität" des Euro nicht bestätigt hat. Der Euro hat in den 21 Jahren seiner Existenz eine niedrigere durchschnittliche Inflationsrate als die D-Mark und auch der Außenwert der europäischen Gemeinschaftswährung ist stabil. Der Euro ist deswegen heute die zweite wichtige Reservewährung der Welt neben dem US-Dollar.

Gleichwohl wurde die Währungsunion zwischen 2008 und 2012 von einer existenziellen Krise bedroht. Ausgelöst wurde sie durch die so genannte Subprime-Krise auf den US-amerikanischen Finanzmärkten. Beflügelt durch die Erwartung langfristig niedriger Leitzinsen hatten amerikanische Banken seit 2000 vermehrt Kredite auch an Menschen vergeben, deren Bonität zweifelhaft war. Als auf dem Immobilienmarkt in den USA 2008 die Preise sanken, konnten daher viele Hausbesitzer ihre Kredite nicht mehr bedienen. Der massenhafte Ausfall von Immobilienkrediten führte zum Zusammenbruch verschiedener amerikanischer Banken. Da aber die europäischen und amerikanischen Finanzmärkte nach den Liberalisierungen der 1990er Jahre eng miteinander verflochten waren, wurden auch die europäischen Banken in die amerikanische Krise hineingezogen. Entscheidend war, dass das Vertrauen im Interbankenmarkt verloren war und die Banken sich wechselseitig keine kurzfristigen Kredite mehr gewährten. Der Zusammenbruch von privatwirtschaftlich organisierten und öffentlichen europäischen Banken konnte nur dadurch verhindert werden, dass die nationalen Regierungen die Risiken übernahmen und Banken stützten oder ganz verstaatlichten. Bis zu diesem Zeitpunkt war die Krise auf die Finanzmärkte beschränkt gewesen, die Währungsunion im engeren Sinne war gar nicht betroffen. Das änderte sich durch die Staatsinterventionen. Während Länder wie Großbritannien, Frankreich oder die Bundesrepublik Deutschland die Bankenrettung aus dem nationalen Budget bestreiten konnten, gerieten Länder wie Island, Irland und die südeuropäischen Staaten an den Rand des Staatsbankrotts. So wurde aus einer Finanzmarktkrise eine Staatsverschuldungskrise.

Besonders stark von der Krise betroffen waren Island, Irland und die südeuropäischen Staaten, allerdings aus sehr unterschiedlichen Gründen. Island und Irland hatten in den Jahren vor der Krise stark auf die Liberalisierung des Finanzsektors gesetzt und waren daher in besonderem Maße von der Finanzmarktkrise betroffen. In den südeuropäischen Staaten waren es die wirtschaftlichen Strukturen und die schon vor der Krise hohe Staatsverschuldung, die nun bedrohlich wurde. Vor allem Griechenland rückte nun in den Fokus medialer Aufmerksamkeit. Griechenland konnte sich nur noch zu sehr hohen Zinssätzen an den internationalen Finanzmärkten refinanzieren und stand vor dem Staatsbankrott. Liberale Ökonomen vor allem in Deutschland forderten den Ausschluss des Landes aus der Währungsunion. Eine neue griechische nationale Währung, so wurde argumentiert, könne gegenüber dem Euro und anderen Währungen abwerten und so die griechische Wirtschaft wieder in die Wettbewerbsfähigkeit führen. Der Nachteil wäre gewesen, dass sich dann die Importe Griechenlands aus dem Ausland erheblich verteuert hätten. Energie, Nahrungsmittel und Medikamente wären für die griechische Bevölkerung sehr viel teurer geworden und dies wäre vor allem auf Kosten der einkommensschwachen Bevölkerung gegangen. Entscheidend für den Verbleib Griechenlands in der Währungsunion allerdings war ein anderes Argument: Wenn Griechenland ausgeschlossen worden wäre, wäre der Wille zur Erhaltung der Währungsunion politisch in Frage gestellt. Durch diesen Vertrauensverlust hätte sich das Interesse der Finanzmärkte und Medien gleich auf Italien und Portugal fokussiert, die ebenfalls unter Druck geraten waren. Die Währungsunion insgesamt wäre damit in Frage gestellt worden.

Das allerdings war in allen Ländern, voran die Bundesrepublik Deutschland und Frankreich, insbesondere aus politischen Gründen unerwünscht. Die Europäische Union wurde in beiden Ländern als wesentlicher Bestandteil der europäischen Staatenordnung angesehen und die Währungsunion war ein integraler Bestandteil der EU. Der Erhalt der Währungsunion, so wurde in Paris und Berlin argumentiert, war daher nicht unbedingt aus ökonomischer, aber aus außenpolitischer Perspektive erwünscht. In enger deutsch-französischer Kooperation wurde daher 2010 die Europäische „Finanzstabilisierungsfazilität" geschaffen, die zwei Jahre später in den „Europäischen Stabilitätsmechanismus" überführt wurde. Das war im Prinzip ein von den europäischen Staaten garantierter Fonds, der an Stelle von Griechenland Kredite an den internationalen Finanzmärkten zu günstigen Konditionen aufnehmen konnte. Griechenland erhielt dadurch wieder Zugang zu den Finanzmärkten, ein Staatsbankrott konnte abgewendet werden. Gleichzeitig wurden Griechenland Auflagen gemacht, die darauf abzielten, das griechische Wirtschaftssystem zu reformieren, damit die strukturellen Unterschiede zwischen dem Land und dem Rest der Währungsunion verringert würden. Das war für die griechische Bevölkerung mit harten Einschnitten verbunden. Die Alternative für Griechenland allerdings wäre der Staatsbankrott gewesen, dessen Folgen noch härter gewesen wären.

Aber auch diese Instrumente beendeten nicht die Debatten um die Währungsunion. In einigen europäischen Staaten entstanden politische Bewegungen und Parteien, die eine sofortige Auflösung der Währungsunion forderten. Daher blieb auch an den Finanzmärkten eine Unsicherheit. Die Europäische Zentralbank versuchte, dieser Unsicherheit entgegenzutreten. Ab 2010 kaufte sie am Sekundärmarkt staatliche Anleihen von Euro-Währungsländern auf, um die Zinsen zu senken. Wichtig für die Wirkung in der Öffentlichkeit war die Äußerung des Präsidenten der Europäischen Zentralbank, Mario Draghi, der am 26. Juli 2012 in London erklärte, dass die Europäische Zentralbank alles tun werde, um die Währungsunion zu erhalten. Mit dieser politischen Willensbekundung war die akute Krise beendet. Gegen die Europäische Zentralbank konnten die Akteure auf den Finanzmärkten ihre Interessen nicht durchsetzen.

Die Maßnahmen der Euro-Staaten und der Europäischen Zentralbank waren politisch sehr umstritten. Zum einen wurde argumentiert, dass der „Europäische Stabilitätsmechanismus" gegen Art. 125 des Lissaboner Vertrages verstoße, der die Haftung der EU für die Finanzen der Mitgliedstaaten ausschließt. Entsprechende Klagen wurden aber vom Europäischen Gerichtshof und dem deutschen Bundesverfassungsgericht als unbegründet zurückgewiesen. Ähnlich umstritten war auch der Ankauf von Staatsanleihen durch die EZB. Aber auch hier entschied der EuGH, dass dies durch das Europarecht gedeckt sei, das Bundesverfassungsgericht bezeichnete die Maßnahme ebenfalls als gerechtfertigt, verwies aber auf eine mangelnde Begründung durch die EZB, die dann nachgeliefert wurde.

Bemerkenswert an der Krise war, dass die Gemeinschaftswährung Euro von der Krise nicht betroffen war. Der Wert des Euro blieb gemessen am Wechselkurs mit anderen Währungen und dem Preisniveau nach innen stabil. Es gab keinen Wertverfall und auch die Zahlungsmittelfunktion des Euro blieb uneingeschränkt erhalten. Insofern ist der Begriff der „Euro-Krise", der sich in den Medien etablierte, falsch. Es handelte sich um eine Finanzmarktkrise, die durch die Interventionen der Regierungen zu einer Staatsverschuldungskrise wurde. Der Euro selbst war nicht in der Krise und die Auflösung der Währungsunion, über die auf den Finanzmärkten spekuliert wurde, war niemals eine politische Option.

Welche Strukturen prägten die Krise? Besondere Bedeutung kam erneut den internationalen Finanzmärkten zu. Diese waren im Laufe der 1990er Jahre in Europa und im transatlantischen Raum liberalisiert worden und daher engstens miteinander verflochten. Das hatte Vorteile, Kapital war leicht zugänglich, die Zinsen waren niedrig, was für viele Unternehmen und Konsumenten von großem Nutzen war. Allerdings wurde in der Subprime-Krise auch der Nachteil sichtbar. Durch die hohe Verflechtung der Finanzmärkte konnte die zunächst rein amerikanische Krise nach Europa übertragen werden. Die Liberalisierung der Finanzmärkte hatte die Abhängigkeit der Gesellschaften und Regierungen voneinander deutlich erhöht. Eine Krise in einem Segment des Marktes hat unmittelbare Wirkung auf alle anderen. Dies zeigte sich auch in der griechischen Staatsverschuldungskrise: Die europäischen Staaten stabilisierten Griechenland nicht nur, weil sie die Währungsunion politisch erhalten wollten, sondern auch, weil deutsche, französische und britische Unternehmen hohe Investitionen in Griechenland getätigt hatten, die bei einem Staatsbankrott verloren gewesen wären. Dabei war Großbritannien nicht Mitglied der Währungsunion, beteiligte sich aber in der ersten Phase dennoch an der Stabilisierung Griechenlands. Die hohe Verflechtung der Finanzmärkte seit den 1990er Jahren ermöglichte also vielen Akteuren einen leichteren Zugang zu Kapital, führte aber andererseits zu einer stärkeren wirtschaftlichen und politischen Abhängigkeit der Regierungen und Gesellschaften voneinander.

Wichtig zur Überwindung der Krise waren auch die nationalen Regierungen. Bei der deutschen und der französischen Regierung führten primär außenpolitische Interessen zur Entscheidung, die Währungsunion zu erhalten. In Großbritannien hingegen dominierte der Wunsch nach Schutz für die britischen Investoren in Griechenland, die um ihr Kapital bangten. Unter deutsch-französischer Führung setzten die Regierungen der Euro-Staaten mit der Gründung des Europäischen Stabilitätsmechanismus ein wichtiges Zeichen zum Erhalt der Währungsunion. Zudem gelang es unter deutsch-französischer Führung die Euro-Staaten auch politisch zusammenzuhalten. Mehr noch: Im Rahmen des Europäischen Stabilitätsmechanismus nahmen die Euro-Staaten erstmals gemeinsam garantierte Kredite auf. Der Stabilitätsmechanismus war eine intergouvernementale Organisation, die formal nicht zur EU gehörte, aber eng mit der Währungsunion verbunden war. Das war ein erster Schritt zur Vertiefung der Europäischen Integration und bereitete politisch den Weg für die im Kontext der COVID-19-Pandemie eingeführte Kreditaufnahme durch die Europäische Union.

Große Bedeutung hatte zudem die Europäische Zentralbank. Die klare Äußerung von Präsident Mario Draghi, dass die EZB alles tun werde, um die Währungsunion zu erhalten, beruhigte die internationalen Finanzmärkte und beendete damit die akute Krise. Die Politik der EZB war erfolgreich, weil sie allein das monetäre Potential aufbieten konnte, das notwendig war, um die Krise zu beenden. Die Äußerung Draghis schuf zudem das Vertrauen der Währungsmärkte in die Tatsache, dass auch die EZB unbedingt an der Währungsunion festhalten wollte.

Die Bedeutung der Parlamente war unterschiedlich. Das Europäische Parlament spielte in der Krise keine Rolle. Anders war das bei den nationalen Parlamenten. Vor allem der Deutsche Bundestag rückte wiederholt in den Mittelpunkt des Interesses, weil nur durch seine Zustimmung die Bundesregierung zu den entscheidenden Schritten legitimiert wurde. Die Politik der Bundesregierung in der Krise wurde vom Parlament mit breiten Mehrheiten unterstützt.

Bedeutsam war auch die Rolle der Medien. Insbesondere in Deutschland entwickelte sich eine Kampagne gegen die Hilfen für Griechenland und die Währungsunion insgesamt, die vom Spiegel, der Wirtschaftsredaktion der Frankfurter Allgemeinen Zeitung und der Bild-Zeitung getragen wurde. Gerade in Deutschland wirkten auch die öffentlichen Auftritte nationalliberal gesinnter Ökonomen krisenverschärfend. So stellte beispielsweise der Münchener Wirtschaftswissenschaftler Hans-Werner Sinn die so genannten Target-Salden, ein Rechnungssystem für den Zahlungsverkehr zwischen den Zentralbanken des Euro-Systems, als Beleg für die Benachteiligung der Deutschen Bundesbank im Euro-System dar. Auch der Tübinger Ökonom Joachim Starbatty, sein Hamburger Kollege Bernd Lucke und der Manager Hans-Olaf Henkel positionierten sich medial wirksam gegen die Währungsunion. Sie gehörten auch zum engeren Gründungskreis der „Alternative für Deutschland" (AfD), deren Hauptziel ursprünglich der Kampf gegen die Währungsunion und die

Europäische Union insgesamt war. Zwar gab es innerhalb der Wirtschaftswissenschaften durchaus auch Verteidiger der Währungsunion, sie hatten aber nur geringe mediale Unterstützung. So entstand insgesamt der Eindruck, dass „die Ökonomen“ gegen die Währungsunion waren. In Griechenland wurden die von den europäischen Staaten als Gegenleistung für die finanzielle Hilfe eingeforderten Reformen als Kampagne der deutschen Bundeskanzlerin Merkel und des Finanzministers Schäuble dargestellt. Griechische Medien publizierten bei Demonstrationen hochgehaltene Bilder von Angela Merkel in nationalsozialistischen Uniformen. Der griechische Finanzminister Yanis Varoufakis warf der Bundesregierung eine hegemoniale Politik und die Unterwerfung Griechenlands unter deutsche Interessen vor. Ähnlich argumentierten die italienische „Fünf-Sterne-Bewegung“, eine linkspopulistische Partei, und Teile der italienischen Medien. Obwohl die Politik von allen europäischen Staaten gemeinsam getragen wurde, stand die Bundesregierung am Pranger. Das zeigte erneut die Bedeutung der „Deutschen Frage“. Insgesamt polarisierte die Krise die europäische Öffentlichkeit.

Seit 2012 hat das mediale Interesse an der Währungsunion stark nachgelassen. Die Währungsunion besteht heute seit 22 Jahren und der Euro ist eine innerhalb der Währungsunion und international weitgehend anerkannte und funktionierende Währung. Das schließt künftige Krisen allerdings nicht aus.

Fazit

Je nach Perspektive kann die Euro-Währungsunion in kurz-, mittel- oder langfristige Prozesse eingeordnet werden. In den Politik- und Wirtschaftswissenschaften überwiegt die kurzfristige Perspektive, der zufolge die Geschichte der Europäischen Währungsunion mit den Initiativen in der Mitte der 1980er Jahre beginnt. Eine mittelfristige Perspektive hingegen müsste in der Mitte der 1960er Jahre beginnen als die währungspolitische Führung der USA in Europa nicht mehr akzeptiert wurde und daher konkrete Pläne für eine europäische Währungsorganisation begannen. Diese führten über den Werner-Plan von 1970 über das Europäische Währungssystem von 1979 zur Europäischen Währungsunion von 1999. Eine langfristige Perspektive hingegen beginnt – wie in vielen anderen Sektoren der Europäischen Integration auch – im frühen 19. Jahrhundert, als mit der Bindung der belgischen, schweizerischen und italienischen Währung an den französischen Franc die erste internationale europäische Währungsunion entstand. Mit der Lateinischen Münzunion wurde erstmals der Versuch unternommen, die prekäre Beziehung zwischen politischer Macht, rechtlicher Regulierung und wirtschaftlichen Märkten in einem institutionellen Rahmen zu regulieren.

Die Europäische Währungsintegration wurde im Kern durch drei Strukturen geprägt, deren Verhältnis konfliktreich war. In wirtschaftlicher Hinsicht waren die Währungsmärkte wichtig. Diese tendieren (wie Märkte insgesamt) zum Monopol, das heißt, es gibt eine immanente Tendenz zu einer einzigen internationalen Währung. Diese Tendenz wurde durch die seit dem frühen 19. Jahrhundert immer schneller und effizienter werdenden Infrastrukturen des Verkehrs und der Kommunikation verstärkt. So entstanden internationale Leitwährungen, wie das britische Pfund und der Franc im 19. Jahrhundert, der Dollar im 20. Jahrhundert und die D-Mark in Europa in den 1960er Jahren.

In politischer Hinsicht wurde die Währungspolitik auch als Machtinstrument genutzt. Das war der Hintergrund der Lateinischen Münzunion, des internationalen Goldstandards und des Währungssystems von Bretton Woods gewesen. Insbesondere Frankreich und Großbritannien im 19. Jahrhundert sowie die USA im 20. Jahrhundert nutzten die internationale Bedeutung ihrer Währungen intensiv zu machtpolitischen Zwecken. Die Europäische Währungsintegration war in diesem Punkt anders. Das Europäische Währungssystem und die Europäische Währungsunion entstanden, damit die ohnehin schon dominante Bundesrepublik Deutschland nicht noch ein weiteres Machtinstrument erhielte. Die Bundesrepublik trieb diese Einbindung der deutschen Währung aus Selbstinteresse mit voran.

Schließlich waren und sind Währungen auch immer Träger kultureller und nationaler Identität. Diesen Anspruch erhob die französische Regierung 1803, als sie die französische Währung „Franc" nannte. Allerdings war diese Funktion von Währungen im 19. Jahrhundert noch nicht so stark ausgeprägt. Erst in den 1920er Jahren und dann nach 1945 entwickelten sich Währungen in Europa zu nationalen Identifikationssymbolen. Auch der Euro erhebt diesen Anspruch allerdings als supranationales europäisches Symbol, wie die Gestaltung der Münzen und Scheine demonstriert.

Die ökonomischen, kulturellen und politischen Strukturen im Währungssektor gerieten immer wieder miteinander in Konflikt. Das liegt daran, dass die Akteure innerhalb der verschiedenen Strukturen durch verschiedene Ziele und Handlungslogiken geprägt wurden. Vereinfacht gesagt, war das ökonomische Ziel der Währungspolitik die Senkung der Transaktionskosten, im politischen Sektor versuchten die Regierungen ihre Macht zu erhalten oder zu erweitern und im kulturellen Sektor ging es um die Festigung des nationalen und europäischen Zusammenhalts. Solange diese Strukturen der internationalen Währungspolitik erhalten bleiben – und es gibt zurzeit wenige Hinweise darauf, dass sie sich ändern – wird die internationale Währungspolitik konfliktreich bleiben.

Europäische Verkehrspolitik: Grenzüberschreitender Verkehr

Auch die Europäische Integration auf dem Sektor der Verkehrspolitik ist ein Prozess, in dem Akteure aus sehr verschiedenen Systemkontexten zusammentrafen und ihre jeweilige Handlungslogik einbrachten. Zudem kann gezeigt werden, dass die Europäische Integration kein linear fortschreitender Prozess ist. Sie ist vielmehr gekennzeichnet durch Phasen raschen Wandels, der aber auch schnell und bisweilen abrupt zum Stillstand kommen kann. Die Verkehrspolitik war im 19. Jahrhundert ein Vorreiter für die Europäische Integration, die mit der Schifffahrt auf dem Rhein bereits 1804 begann. Neben der Schifffahrt war auch die Eisenbahn im 19. Jahrhundert ein

Beispiel für eine hohe politische, administrative und ökonomische Verflechtung über die nationalen Grenzen hinweg. Nach 1945 wurde versucht, den Verkehrssektor auch in die allgemeine Integration im Rahmen der Europäischen Wirtschaftsgemeinschaft und der EU zu integrieren. Titel IV des Vertrages über die Europäische Wirtschaftsgemeinschaft vom 25. März 1957 verpflichtete die Mitgliedstaaten, eine gemeinsame Verkehrspolitik zu etablieren. Diese jedoch ist bis 1967 ausgeblieben. Ende der 1960er Jahre waren alle Anläufe der Europäischen Kommission zu einer gemeinsamen Verkehrspolitik gescheitert. Nach 1980 wurde das Kapitel der europäischen Verkehrspolitik weitergeführt und heute gehören die Verkehrsmärkte zu den am engsten verflochtenen transnationalen Märkten. Was waren die Gründe für Beschleunigung und Verzögerung des Prozesses? Im Folgenden soll die europäische Verkehrsintegration unter dieser Fragestellung genauer dargestellt werden.

Verkehrsintegration im 19. Jahrhundert

Die Europäische Integration im modernen Sinne begann auf dem Sektor des Verkehrs. Am 15. August 1804 unterzeichneten Frankreich und das Heilige Römische Reich Deutscher Nation einen Vertrag, in dem beide Mächte die Freiheit der Schifffahrt auf dem Rhein garantierten. Zur gemeinsamen Verwaltung des Schifffahrtsweges wurde ein so genannter Oktroi eingerichtet. Das Ziel dieses Oktroi war die gemeinsame Verwaltung der Rheinschifffahrt. Zudem wurde eine überstaatliche Gerichtsbarkeit für die Schifffahrt auf dem Rhein geschaffen. Dieses Modell wurde 1815 auf dem Wiener Kongress mit der Zentralkommission für die Rheinschifffahrt multilateralisiert. Es war die erste internationale Organisation im modernen Sinne und damit eine frühe Vorläuferorganisation der Europäischen Union. Alle Anrainerstaaten des damals schiffbaren Rheins traten der Organisation bei. Zudem, das zeigen neuere Forschungen, wurde das Prinzip auf viele andere grenzüberschreitende Schifffahrtswege auch außerhalb Europas ausgeweitet. Dies betraf beispielsweise die Elbe, die Weser und 1856 auch die Donau. Die Staaten gründeten internationale Organisationen, die konkrete Aufgaben in der Verwaltung der Schifffahrtswege übernahmen. Verhandelt wurden in diesen Organisationen vor allem technisch-administrative Fragen, aber auch politische Probleme. Es entstand – zuerst im Sektor des Verkehrs – im 19. Jahrhundert eine neue Form des Regierens jenseits des Nationalstaates. Die zentralen Akteure waren im Sektor der Binnenschifffahrt die Regierungen, die allerdings auf die politischen Wünsche der Reedereien und der regionalen Handelskammern reagierten. Wirtschaftliche Integration im Sinne einer grenzüberschreitenden Verflechtung von Märkten einerseits und die politische Integration im Sinne einer überstaatlichen Regelung gemeinsamer politischer und administrativer Probleme andererseits standen am Anfang des Prozesses.

Etwas anders verlief die Integration im zweiten wichtigen Segment des Verkehrssektors im 19. Jahrhundert. Während die europäischen Organisationen der Binnenschifffahrt von den Regierungen gegründet wurden, die auf die Forderungen der Reedereien eingingen, war die Situation im Eisenbahnsektor genau umgekehrt. Hier waren es die privatwirtschaftlichen Eisenbahngesellschaften, die die grenzüberschreitende Verflechtung organisierten. Eisenbahnen setzten sich im frühen 19. Jahrhundert als Verkehrsmittel durch – allerdings zunächst auf der einzelstaatlichen Ebene. Schrittmacher war auch in dieser Hinsicht Großbritannien, das in Bezug auf den Eisenbahnverkehr zum Pionierland wurde. Das führte dazu, dass die in Großbritannien eingeführten technischen Standards der Eisenbahn (z. B. die Spurweite) zu europäischen Standards wurden. Dies geschah nicht durch eine politisch-administrative Kooperation, sondern dadurch, dass die meisten kontinental-europäischen Eisenbahnunternehmen sich aus pragmatischen Gründen am englischen Vorbild orientierten und dieses kopierten. Zudem wurden die technischen Einrichtungen oft in England produziert und nach Kontinentaleuropa exportiert, so dass auch die englischen Standards übernommen wurden. Eine Ausnahme war das Eisenbahnrecht, das von den Regierungen gesetzt werden musste: Hier bildeten sich mit dem deutschen und dem französischen Modell zwei konkurrierende Systeme heraus. Die europäischen Eisenbahngesellschaften empfahlen ihren Regierungen mal das eine, mal das andere System, so dass in dieser Hinsicht keine europäische Einheit entstand. Gleiches gilt in dieser frühen Phase der Integration in der ersten Hälfte des 19. Jahrhunderts auch für die Tarife. Jede Eisenbahngesellschaft entwarf ein ihren Kostenstrukturen angemessenes Modell, so dass es auch in diesem Bereich keine europäische Einheit gab. Diese war auch nicht notwendig, da der Eisenbahnverkehr bis in die Mitte des 19. Jahrhunderts vorwiegend innerhalb der Staaten organisiert war.

Die erste grenzüberschreitende Eisenbahnstrecke in Europa wurde 1843 zwischen Köln und Antwerpen errichtet. Treibende Kraft hinter dem Projekt waren Wirtschaftsunternehmen in Belgien und im Rheinland, die Strecke wurde mit privatem Kapital finanziert. Die preußische Regierung sah die Strecke mit großem Misstrauen, weil man eine stärkere politische Verflechtung des Rheinlandes mit Belgien und Frankreich befürchtete. Der grenzüberschreitende Zugverkehr setzte eine Vielzahl von Standards voraus, auf die man sich in bilateralen Verhandlungen zwischen den Eisenbahngesellschaften einigte. Staatliche Akteure spielten in dieser Hinsicht zunächst keine Rolle. Nach diesem Muster entstand in der zweiten Hälfte des 19. Jahrhunderts ein Netz von grenzüberschreitenden Eisenbahnlinien in Europa. Gleichzeitig expandierten die Verbindungen rasch. 1840 umfasste das gesamte europäische Eisenbahnnetz 3000 Streckenkilometer, 1913 war es auf 350.000 km angewachsen. Dies führte dazu, dass die bilateralen Vereinbarungen über technische, rechtliche und administrative Fragen vereinheitlicht wurden. Dies geschah zunächst zwischen den deutschen Staaten. 1847 wurde der „Verein deutscher Eisenbahnverwaltungen“ gegründet, der 1864 auf den Deutschen Bund ausgeweitet wurde. Diese Organisation privatwirtschaftlicher Eisenbahnunternehmen entschied in ihren regelmäßigen Versammlungen mit einfacher Mehrheit über die Vereinheitlichung des Eisenbahnnetzes. Staatliche Akteure spielten auch hier keine Rolle. Parallel zum Verein deutscher Eisenbahnverwaltungen entstand der „Verein deutscher Eisenbahntechniker", in dem sich vor allem Ingenieure mit der technischen Standardisierung beschäftigten.

In den 1870er Jahren setzte dann angesichts des rasant wachsenden Standardisierungsbedarfes eine verstärkte Institutionalisierung der internationalen Eisenbahnverwaltung ein. Ab 1871 tagte jährlich eine „Europäische Reisezugfahrplankonferenz", auf der die Fahrpläne für die grenzüberschreitenden Reisezüge harmonisiert wurden. 1872 entstand die „Internationale Speise- und Schlafwagengesellschaft", ein transnationales Unternehmen, das zunächst die Schlaf- und Speisewagen in den Fernzügen betrieb, und seit den 1880er Jahren auch eigene Züge auf die Schiene brachte. Ab 1883 betrieb sie beispielsweise den Orient-Express, einen Luxuszug, der Paris mit Konstantinopel verband.

Die Verflechtung der Eisenbahnverwaltungen war bis in die 1870er Jahre hinein vor allem von privatwirtschaftlichen Unternehmen vorangetrieben worden. Allerdings stellten sich zunehmend rechtliche Fragen im Verkehrssektor. Auch die Planung eines übernationalen Netzes in Europa machte feste Organisationsstrukturen auf internationaler Ebene notwendig. 1882 wurde ein multilaterales Abkommen zwischen den Regierungen ausgehandelt, in dem sich diese verpflichteten, einen europäischen Minimalstandard in Bezug auf die technische Ausstattung der Strecken, Lokomotiven und Wagen gegenüber den vielen privaten Eisenbahngesellschaften durchzusetzen. Dem Abkommen traten zunächst die Schweiz, Österreich-Ungarn, Frankreich, Italien und das Deutsche Reich bei, bevor es später ausgeweitet wurde. 1893 wurde auf schweizerische Initiative hieraus das „Zentralamt für internationalen Eisenbahnverkehr" in Bern gegründet. Ziel dieser Organisation war die Harmonisierung des europäischen Eisenbahnrechtes. Die Diversität der Rechtssysteme in den europäischen Staaten hatte sich angesichts des rasant steigenden internationalen Verkehrs als hinderlich erwiesen.

Insgesamt war die Integration der europäischen Eisenbahnsysteme im 19. Jahrhundert – im Gegensatz zur Binnenschifffahrt – vor allem durch privatwirtschaftliche Akteure geprägt. Politische Ziele spielten in diesen Bereichen allenfalls eine untergeordnete Rolle. Während die Zentralkommission für die Rheinschifffahrt von staatlichen Akteuren dominiert wurde, entstanden im Eisenbahnsektor parallel zueinander verschiedene Organisationen, die überwiegend von den privaten Eisenbahngesellschaften getragen wurden. Ein Konzept für ein grenzüberschreitendes Netz von Eisenbahnen existierte nicht, vielmehr waren es die privaten Unternehmen, die zunächst bilaterale Abkommen schufen, denen dann andere Unternehmen beitraten. Das grenzüberschreitende Netz der Eisenbahnen entstand also ad hoc und ohne Gesamtplanung. Auch wenn die Hauptakteure privatwirtschaftliche Eisenbahnunternehmen waren, spielten staatliche Akteure durchaus eine Rolle. Das betraf zum einen das Eisenbahnrecht, das nur sie schaffen und daher auch vereinheitlichen konnten. Zugleich waren Eisenbahnen aber auch Infrastrukturen, die für andere Zwecke wichtig wurden. Insbesondere das Militär interessierte sich sehr schnell für die Infrastrukturen zum Truppentransport, zugleich aber wurden ab den 1880er Jahren immer mehr Eisenbahnen verstaatlicht, weil sie sichere Einkommensquellen für die Regierungen waren.

Die Zwischenkriegszeit

Zu Beginn des 20. Jahrhunderts veränderte sich die Situation in der europäischen Verkehrsintegration vor allem dadurch, dass nun die Regierungen sehr viel stärker in die Verkehrsplanung eingriffen. Zum einen wurden vor dem Ersten Weltkrieg und unmittelbar danach staatliche Eisenbahngesellschaften gegründet, in denen die privaten und einzelstaatlichen Bahnen aufgingen. Das betraf beispielsweise die schweizerischen Bahnen, die zwischen 1901 und 1909 schrittweise verstaatlicht und in die Schweizerische Bundesbahn (SBB) überführt wurden. 1905 wurden die italienischen Bahnen verstaatlicht. Die Deutsche Reichsbahn wurde 1920 gegründet, die französische Société Nationale des Chemins de Fer (SNCF) erst 1937. Zum anderen versuchte der neu gegründete Völkerbund, die Organisation des Eisenbahnwesens auf der internationalen Ebene zu übernehmen. Auf der Verkehrskonferenz von Barcelona wurde im April 1921 ein Abkommen über die Verkehrsfreiheit für Eisenbahnen und die Binnenschifffahrt unterzeichnet. (Vgl. Kapitel 6)

Hiergegen jedoch wehrten sich die nun zum großen Teil staatlichen Eisenbahngesellschaften. Aus ihrer Sicht würde eine Organisation der Eisenbahnen unter dem Dach des Völkerbundes zu einer Politisierung des Eisenbahnsektors führen. Sie beharrten dagegen auf der Selbstorganisation der Eisenbahnen nicht unter der Leitung von Diplomaten, sondern unter der Leitung von Verkehrsexperten, die – wie sie es sahen – allein einen reibungslosen grenzüberschreitenden Verkehr von Zügen gewährleisten konnten. Im Dezember 1922 wurde daher die „Union Internationale des Chemins de Fer" (UIC) gegründet. Beteiligt waren Spezialisten aus nicht weniger als 46 Eisenbahngesellschaften in Europa. Das Problem der neuen Organisation aber war, dass die bereits im 19. Jahrhundert entstandenen Organisationen ebenfalls bestehen blieben. Das 1883 gegründete „Zentralamt für internationalen Eisenbahnverkehr", die internationalen Organisationen für die Standardisierung der Eisenbahnwagen und die Organisation der Eisenbahningenieure der „Technischen Einheit" arbeiteten weiter. Es entstand geradezu eine Konkurrenz zwischen den verschiedenen Organisationen. Ähnlich war die Situation in der Binnenschifffahrt. Auch die „Zentralkommission für die Rheinschifffahrt" und die „Europäische Donaukommission" akzeptierten die Versuche des Völkerbundes, die Integration der Binnenschifffahrt zu organisieren nicht.

In der Zwischenkriegszeit stieg auch die Bedeutung des Automobilverkehrs. Daher entstanden in dieser Zeit die ersten Pläne für ein grenzüberschreitendes Netz von Schnellstraßen. 1931 regte der Direktor der International Labour Organisation (ILO), Albert Thomas, ein öffentlich finanziertes Schnellstraßennetz in Europa an. Dahinter standen angesichts der Weltwirtschaftskrise arbeitsmarktpolitische Überlegungen, aber auch die Idee einer europäischen technischen Integration des Straßenverkehrs. Im September 1931 wurde auf der internationalen Konferenz der ILO ein „Bureau International des Autoroutes" gegründet, mit dem Ziel, ein Konzept für ein europäisches Schnellstraßennetz zu errichten. Schon in den 1920er Jahren waren im faschistischen Italien die ersten Autobahnen gebaut worden. 1932 hatte der Kölner Oberbürgermeister Konrad Adenauer die erste deutsche Autobahn zwischen Köln und Bonn eingeweiht. Während der 1930er Jahre wurden im Deutschen Reich und in Italien die Autobahnen weiter ausgebaut, eine grenzüberschreitende Planung blieb aber wegen der politischen Konflikte und dem beginnenden Zweiten Weltkrieg aus.

Auch der grenzüberschreitende zivile Flugverkehr entwickelte sich in der Zwischenkriegszeit. Schon vor dem Weltkrieg hatte es Luftschiffverbindungen zwischen europäischen Großstädten gegeben. Voraussetzung für einen Regelbetrieb war die Gründung von nationalen Fluggesellschaften. 1924 war British Airways durch den Zusammenschluss von verschiedenen Gesellschaften in Großbritannien entstanden, 1926 wurde die deutsche Lufthansa ebenfalls durch die Fusion verschiedener deutscher Anbieter gegründet und 1933 entstand auf ähnliche Weise Air France. Die Gesellschaften boten bereits seit Mitte der 1920er Jahre regelmäßige Verbindungen zwischen europäischen Metropolen. So flog beispielsweise Lufthansa ab 1926 im Regelbetrieb von Berlin nach Paris mit einer Zwischenlandung in Köln. Eine grenzüberschreitende Gesamtplanung der Sicherheitsvorkehrungen entstand aber wegen des noch sehr geringen Luftverkehrs nicht.

Insgesamt prägten drei Tendenzen die Verkehrsintegration in der Zwischenkriegszeit. Zum einen wurde der Verkehrssektor unter die politische Kontrolle der Regierungen gestellt. Eisenbahnunternehmen und Fluggesellschaften wurden zu Staatsunternehmen. Damit gewann auch der Nationalismus an Einfluss, der in politischer Hinsicht seinen Höhepunkt in den 1920er und 1930er Jahren erlebte. Zum anderen blieben die Organisationen des grenzüberschreitenden Verkehrs vor allem im Eisenbahnsektor bestehen und versuchten, sich gegen die Politisierung des Verkehrssektors zu wehren. Die technischen und wirtschaftlichen Experten verstanden sich als unpolitisch und nur dem Allgemeinwohl verpflichtet und sahen ihre Arbeit durch den steigenden Einfluss nationaler Interessen gefährdet. Schließlich entstand mit dem Völkerbund eine Organisation, die den Anspruch erhob, eine allgemeine, sektorübergreifende transnationale Verkehrspolitik zu etablieren. Das scheiterte jedoch am Widerstand sowohl der technischen Experten als auch den nationalen Interessen der europäischen Staaten.

Der Zweite Weltkrieg

Der Zweite Weltkrieg begann in Bezug auf die europäische Verkehrspolitik bereits 1936. Dies war das Jahr, in dem das Deutsche Reich und Italien aus der Zentralkommission für die Rheinschifffahrt austraten und damit das seit 1804 existierende System der Rheinschifffahrt verließen und zu zerstören versuchten. (Vgl. Kapitel 6) Die Zentralkommission für die Rheinschifffahrt wurde damit in ihren Entscheidungen blockiert. Gleichwohl gingen die Standardisierungsprozesse weiter: 1937 wurde in Verhandlungen zwischen Anrainerstaaten eine gemeinsame Polizeiverordnung ausgehandelt, die auch die Zentralkommission nachträglich akzeptierte. Bedeutsam wurde nun eine neue Form transnationaler Kooperation in der Binnenschifffahrt: Die deutschen und niederländischen Reedereien begannen Preis- und Mengenabsprachen für Transporte auf dem Rhein auszuhandeln und bildeten – nach dem

Vorbild der Stahlindustrie in den 1920er Jahren – transnationale Kartelle. Ausgelöst wurde diese Entwicklung durch die tiefe Krise der europäischen Binnenschifffahrt in den 1920er und 1930er Jahren. Die Nachfrage nach Transporten ging unter dem Einfluss der Weltwirtschaftskrise deutlich zurück und es entstand ein Überangebot an Transportraum auf dem Rhein. Hinzu kam die neue Konkurrenz durch die Eisenbahn und Lastkraftwagen. Der Rückgang der Nachfrage nach Transporten bei gleichzeitig steigender Konkurrenz von anderen Anbietern, die, wie die Eisenbahn, zudem noch staatlich geleitet wurden, brachte viele Reedereien in Existenznot.

Die Situation veränderte sich, als die Niederlande, Belgien und Frankreich im Frühsommer 1940 von der Wehrmacht besetzt wurden. Zum einen stieg der Transportbedarf auf dem Rhein nun sprunghaft an, weil die deutsche Wehrmacht in den Niederlanden und Belgien den Rhein als Nachschubweg für militärische Güter nutzte. Hiervon profitierten die Reedereien, die zuvor noch unter mangelnder Nachfrage gelitten hatten. Gleichzeitig setzte sich die transnationale Kooperation zwischen den Reedereien fort: In den Niederlanden wurden unter deutscher Besatzung die „Vereniging Centraal Bureau voor de Rijn- en Binnenvaart" gegründet, in der die so genannten Partikuliere, Schiffer mit in der Regel nur einem Schiff, zusammengefasst wurden. Sie kooperierten eng mit der „Reichsverkehrsgruppe Binnenschifffahrt", der Interessenvertretung der Binnenschifffahrt im Deutschen Reich. Ähnlich war die Situation in Belgien: Hier übernahm die „Belgische Binnenvaart Centrale" eine ähnliche Rolle wie das niederländische „Centraal Bureau". Auch wenn es – wie überall in der deutschen Besatzungspolitik – erhebliche Konflikte zwischen den verschiedenen Akteuren gab, funktionierte die transnationale Kollaboration im Bereich der Rheinschifffahrt gut. Das lag gewiss auch daran, dass man während des Krieges auf die in den 1930er Jahren entstandenen Muster der Kooperation zurückgreifen konnte. Die Kollaboration beschränkte sich aber nicht nur auf die Reedereien, auch die belgischen und niederländischen Binnenschifffahrtsverwaltungen arbeiteten eng mit den Deutschen zusammen, weil sie hierdurch wirtschaftliche Vorteile hatten. Im Gegensatz zu anderen Sektoren der Infrastrukturen wurde allerdings die transnationale Kollaboration im Bereich der Binnenschifffahrt nie in den Kontext der Debatten um das „Neue Europa" (Vgl. Kapitel 6) gestellt.

Gewisse strukturelle Ähnlichkeiten mit der Binnenschifffahrt hatte die Kollaboration im Bereich der Eisenbahnen. Die Union Internationale des Chemins de Fer (UIC) aus der Zwischenkriegszeit blieb während des Krieges formal erhalten, wurde jedoch inaktiv. Stattdessen entwickelte sich während der deutschen Besatzungszeit in Westeuropa eine enge Kooperation zwischen der Deutschen Reichsbahn und der französischen SNCF. Zwischen beiden Gesellschaften wurde erstmals über einen transnationalen Güterwagenpool gesprochen. Der Kerngedanke war, gemeinsame Güterwagen zu bauen, die in beiden Ländern, Frankreich und Deutschland, eingesetzt werden könnten. Dies würde die Effizienz der Gütertransporte steigern. Durch den Krieg wurden diese Verhandlungen abgebrochen. Sie wurden allerdings in einem völlig anderen politischen Rahmen in den frühen 1950er Jahren zwischen der Deutschen Bundesbahn und der SCNF umgesetzt.

Europäische Verkehrsintegration 1945–1970

Nach dem Zweiten Weltkrieg fand die Verkehrsintegration in Europa in einem stark veränderten Umfeld statt. Zum Ersten wurde Europa geteilt in Ost und West, wobei sich in beiden Teilen des Kontinents jeweils eigene Formen der Verkehrsintegration bildeten. Beide Systeme waren voneinander getrennt, auch wenn es immer wieder punktuelle Verbindungen gab. Für Westeuropa bedeutete die Teilung zudem einen starken Einfluss der USA auf die europäische Verkehrsintegration. Die Sowjetunion nahm im Osten des Kontinents eine ähnlich dominierende Rolle ein. Zum Zweiten entstand mit der supranationalen Europäischen Wirtschaftsgemeinschaft 1958 ein neuer wichtiger Akteur in der Verkehrspolitik, der den Anspruch erhob, die bisherigen Strukturen neu zu ordnen. Dies kollidierte aber – zum Dritten – mit einer hohen institutionellen Kontinuität gegenüber der Vorkriegszeit. In allen Bereichen des Verkehrs nahmen die im 19. Jahrhundert und in der Zwischenkriegszeit gegründeten Organisationen ihre Tätigkeit wieder auf und verteidigten ihre Rechte gegenüber dem Anspruch der Europäischen Wirtschaftsgemeinschaft.

Eine wichtige Rolle nahmen nach 1945 die Vereinten Nationen (United Nations Organisation, UNO) im Verkehrssektor ein. Sie traten in vielerlei Hinsicht als Nachfolger des Völkerbundes auf. Hauptziele der UNO waren die Förderung der internationalen Zusammenarbeit und der Friedenserhalt. Für Europa aber wurde eine eigene Unterorganisation gebildet, die Wirtschaftskommission für Europa (United Nations Economic Commission for Europe, UN-ECE) mit Sitz in Genf, deren Hauptziel der wirtschaftliche Wiederaufbau Europas durch Integration wurde. 1947 wurde in der UN-ECE ein Binnenverkehrsausschuss gegründet mit der Aufgabe, wirtschaftliche und technische Probleme der Verkehrsintegration zu analysieren und den nationalen Regierungen konkrete Empfehlungen zur Überwindung der Verkehrsprobleme zu geben. Der Binnenverkehrsausschuss des UN-ECE hatte eine besondere Bedeutung in der Europäischen Integration, weil er im Verkehrssektor die einzige Institution war, die die Staaten aus Ost- und Westeuropa zusammenführte. Wenn es in der Zeit des Ost-West-Konfliktes einen – wenn auch eingeschränkten – Ost-West-Verkehr gab, dann wurden die technischen und administrativen Probleme in diesem Rahmen besprochen und gelöst.

Am 16. August 1950 schlug der französische Abgeordnete in der Beratenden Versammlung des Europarates, Édouard Bonnefous, vor, eine supranationale europäische Verkehrsbehörde nach dem Vorbild der Europäischen Gemeinschaft für Kohle und Stahl zu gründen. Er zeigte sich überzeugt, dass die bislang im 19. Jahrhundert und in der Zwischenkriegszeit begründeten Einzelorganisationen für die verschiedenen Sektoren des Verkehrs ersetzt werden müssten durch eine Gesamtorganisation, die alle Bereiche des Verkehrs, also Eisenbahn, Schifffahrt, Straßen- und Luftverkehr umfassen müsse. Ziel war analog zur Europäischen Gemeinschaft für Kohle und Stahl eine gemeinsame europäische Verkehrspolitik. Sie sollte für die Planung der grenzüberschreitenden Netze und die Koordination zwischen den

Verkehrsträgern zuständig sein. Das bezog sich auf technische und administrative Standards ebenso wie auf eine gemeinsame Tarifpolitik.

Der Bonnefous-Plan, wie er genannt wurde, stieß aus verschiedenen Gründen auf starke Kritik. Die Beratende Versammlung des Europarates lehnte ihn mehrheitlich ab. Das lag daran, dass das Konzept eine europäische supranationale Verkehrsorganisation vorsah, der Europarat aber nach langen Diskussionen eine intergouvernementale Organisation geworden war. Insbesondere Großbritannien, aber auch die skandinavischen Staaten lehnten einen Souveränitätstransfer vom Nationalstaat auf europäische Organisationen zu diesem Zeitpunkt aus grundsätzlichen politischen Erwägungen ab. Insofern war der Europarat von Beginn an die falsche Organisation für eine supranationale Verkehrsgemeinschaft. Gleichzeitig lehnten aber auch die nationalen Verkehrsministerien und die (zum großen Teil staatlichen) Unternehmen und ihre Verbände im Verkehrssektor eine europäische Organisation ab. Zwei Argumente waren hierfür relevant: Zum einen sei der Verkehr ein eigener Wirtschaftszweig, der anderen Regeln unterworfen sei als andere Wirtschaftssektoren. Aus diesem Grund könne kein gemeinsamer europäischer Markt gegründet werden, wie etwa im Sektor von Kohle und Stahl. Das zweite Argument lautete, dass die allgemeine Verkehrsintegration schon innerhalb der Nationalstaaten ein schwierig zu lösendes Problem sei, auf europäischer Ebene sei sie unmöglich. Von britischer Seite wurde daher 1952 vorgeschlagen, die Verkehrsprobleme im Rahmen der Organisation for European Economic Co-operation (OEEC) zu verhandeln. Das war die Organisation, die 1948 im Kontext des Marshallplans gegründet worden war und die Verteilung der Gelder an die europäischen Regierungen organisierte. Zudem trat die OEEC für eine allgemeine Liberalisierung des Handels in Europa ein. Aus britischer Sicht war zudem wichtig, dass sie intergouvernemental organisiert war, Entscheidungen gegen die britischen verkehrspolitischen Interessen waren daher nicht zu erwarten. Gleichzeitig versuchte der französische Ministerpräsident Edgar Faure die Idee einer supranationalen europäischen Verkehrsgemeinschaft im Rahmen der Staaten der Montanunion voranzubringen. Allerdings geriet dieses Projekt in den Strudel der Debatten um die Europäische Verteidigungsgemeinschaft, die im August 1954 endgültig scheiterte. Mit der EVG war auch das Projekt einer supranationalen europäischen Verkehrsintegration an sein Ende gekommen.

Dafür gewann das Thema im Rahmen der OEEC an Bedeutung. Am 17. Oktober 1953 wurde die Europäische Verkehrsministerkonferenz gegründet. Sie gehörte formell nicht zur Marshallplan-Organisation, war aber dennoch eng mit ihr verbunden. Wie die OEEC war die Verkehrsministerkonferenz (European Conference of Ministers of Transport, ECMT) intergouvernemental organisiert, das heißt, die beteiligten 16 Regierungen traten keine Rechte an die Konferenz ab, sondern entschieden einstimmig. Zudem waren die Beschlüsse der ECMT für die nationalen Regierungen nicht bindend, sondern hatten ausschließlich empfehlenden Charakter. Die ECMT entsprach daher in besonderem Maße den zeitgenössischen europapolitischen Vorstellungen Großbritanniens. Die Europäische Verkehrsministerkonferenz war in den folgenden Jahren eine der wichtigsten Institutionen in der Verkehrspolitik. Gleichwohl blieben die in sie gesetzten Hoffnungen auf eine gemeinsame Verkehrsorganisation unerfüllt. Zwar etablierte sich der Kreis der Verkehrsminister als Institution des Informationsaustausches, aber eine gemeinsame Verkehrspolitik konnte sich unter den Bedingungen nicht etablieren.

Mit der Gründung der Europäischen Wirtschaftsgemeinschaft zum 1. Januar 1958 änderten sich die Strukturen der europäischen Verkehrspolitik nachhaltig. Der Vertrag über den Gemeinsamen Markt verpflichtete die Mitgliedstaaten, eine gemeinsame Verkehrspolitik zu entwerfen, deren konkrete Ausgestaltung jedoch nicht weiter präzisiert wurde. Erneut wurden daher zunächst Grundsatzfragen diskutiert: Ist der Verkehr ein eigenständiger Wirtschaftszweig, für den daher auch grundsätzlich andere ordnungspolitische Regeln gelten müssen als für andere Wirtschaftszweige? Oder ist der Verkehr wie alle anderen Bereiche auch den allgemeinen wirtschaftlichen Regeln zu unterwerfen? Hinter diesen Fragen standen politische Interessen: Die Regierungen Frankreichs und der Bundesrepublik Deutschland drängten darauf, dass die Unternehmen im Verkehrssektor als öffentliche Unternehmen dem Allgemeinwohl verpflichtet sein müssen. Sie erbrachten, so die These, einen wesentlichen Beitrag zur Daseinsvorsorge (im Französischen „Service Public") und müssten daher auch nicht gewinnorientiert, sondern am Gemeinwohl orientiert arbeiten. Dem stand die niederländische (und auch britische) Auffassung entgegen, dass dem Gemeinwohl am besten gedient sei, wenn die Unternehmen im Verkehrssektor den Regeln des marktwirtschaftlichen Wettbewerbs unterworfen würden. Damit war eine wirtschaftliche und politische Fundamentaldiskussion eröffnet, die die verkehrspolitischen Debatten in Europa für die nächsten Jahre prägen sollte.

Die Europäische Kommission – in diesem Fall unter der Leitung des für den Verkehr zuständigen luxemburgischen Kommissars Lambert Schaus – stellte sich zunächst auf die Seite der niederländischen Position. Zudem ließ die Kommission keinen Zweifel daran, dass sie von nun an in der laufenden Diskussion eine Führungsrolle zu übernehmen gedachte. Angesichts der komplexen Verflechtungen in der Verkehrspolitik, so die Überlegungen in Brüssel, müsse es eine klare und starke Führung geben. Die Trennung zwischen den Verkehrssektoren wollte man dabei überwinden und den Verkehr als Gesamtbereich innerhalb der EWG gemeinsamen Regeln unterwerfen. Im April 1961 veröffentlichte die Kommission das so genannte Schaus-Memorandum, das als Diskussionsgrundlage für eine gemeinsame Verkehrspolitik im Rahmen der EWG gedacht war. Ziele der Verkehrspolitik sollten nach Auffassung der Europäischen Kommission die Beseitigung aller Hindernisse sein, die sich auf dem Verkehrssektor für den gemeinsamen Markt ergaben. Sie plädierte für Dienstleistungsfreiheit auf dem Verkehrssektor, auf dem alle Verkehrsarten gleichen Regeln unterworfen werden sollten. Die Unternehmen im Verkehrssektor sollten ebenso frei und eigenständig entscheiden können wie die Nutzer des Verkehrs. Die einzige politische Aufgabe sah die Kommission darin, die Investitionen im Verkehrssektor zu koordinieren. Das Programm sollte in verschiedenen Stufen realisiert werden.

In den folgenden Jahren entbrannte eine heftige Diskussion im Ministerrat der Gemeinschaft. Während die niederländische Regierung die Vorschläge der Kommission stützte, waren die Bundesrepublik Deutschland und Frankreich dagegen. Wichtig für den Verlauf der Diskussion war, dass der Vertrag über die Europäische Wirtschaftsgemeinschaft vorsah, dass ab 1968 in der Verkehrspolitik im Ministerrat mit einfacher Mehrheit entschieden werden könne. Dies hätte nach Lage der Dinge der deutsch-französischen Position einen Vorteil erbracht. Die Krise der Gemeinschaft 1965/66 und der so genannte Luxemburger Kompromiss änderten diese Situation. Über die Verkehrspolitik wurde nun auch einstimmig entschieden, so dass sich beide Positionen weiterhin unvermittelt gegenüberstanden. Der erste Anlauf der EWG zu einer gemeinsamen europäischen Verkehrspolitik war 1967 daher endgültig gescheitert.

Parallel zu diesen allgemeinen Verhandlungen über die Verkehrsintegration wurde auch in den einzelnen Verkehrssektoren nach 1945 – zum Teil in enger Abstimmung mit den allgemeinen Organisationen – über konkrete Schritte diskutiert. Besonders intensiv war die Kooperation wieder im Eisenbahnsektor. Die bereits in der Zwischenkriegszeit entstandene Union Internationale des Chemins de Fer (UIC) wurde nach dem Zweiten Weltkrieg wiederbelebt. In ihr waren nicht die Regierungen, sondern die verschiedenen (allerdings meistens in Staatsbesitz befindlichen) Eisenbahngesellschaften und ihre Experten vertreten. Sie gliederte sich wiederum in Arbeitsgruppen und Studienkommissionen, die sich jeweils mit Spezialproblemen des grenzüberschreitenden Eisenbahnverkehrs beschäftigten. Die UIC wurde von einem Generalsekretariat geleitet und nach außen vertreten. Im Rahmen der UIC wurden daher unter den Experten auch eigenständige Organisationen für die grenzüberschreitende Kooperation im Eisenbahnverkehr geschaffen. Diese waren zwar formalrechtlich unabhängig, standen aber in engem Zusammenhang mit der UIC. 1951 wurde in diesem Rahmen zwischen der Deutschen Bundesbahn und der französischen SNCF ein Güterwagenpool vereinbart. Bislang waren Güterzüge mit deutschen Wagen nach Frankreich gefahren, dort entladen worden und in der Regel leer zurückgekehrt. Gleiches galt für französische Wagen, die in die Bundesrepublik Deutschland fuhren. Mit dem Pool wurde eine Gruppe von Wagen geschaffen, die, nachdem sie in jeweiligen Land angekommen waren, dort auch für inländische Transporte genutzt werden konnten. Viele wirtschaftlich ineffiziente Leerfahrten von Güterwagen zwischen beiden Ländern konnten so verhindert werden. Dem Modell schlossen sich 1953 die Staatsbahnen aus Österreich, Luxemburg, Italien, den Niederlanden, der Schweiz, Dänemark und Belgien an. Ähnlich verfahren wurde mit den Spezialwagen für Kühltransporte („Interfrigo"). Auch diese wurden im Rahmen von Verträgen zwischen den Eisenbahngesellschaften zu Beginn der 1950er Jahre in einem „Pool" standardisiert.

Eine besondere Rolle spielte in diesem Kontext die Eurofima, die 1955 gegründet wurde. In ihr waren nicht nur die Eisenbahngesellschaften vertreten, sondern auch die Regierungen. Der Zweck der Eurofima, die bis heute existiert, ist die gemeinsame Finanzierung von standardisierten Eisenbahnwagen. Damit wurden aus der

Perspektive der Eisenbahngesellschaften zwei Ziele erreicht: Zum einen konnten die notwendigen Wagen in größeren Stückzahlen und daher zu günstigeren Preisen eingekauft werden. Zum anderen würde mit einer gemeinsamen Bestellung eine Standardisierung einhergehen, die den grenzüberschreitenden Verkehr vereinfachte. Die Bemühungen der Eisenbahngesellschaften stießen jedoch auf starken Widerstand. Einerseits argumentierte beispielsweise das deutsche Bundeswirtschaftsministerium, dass mit der Eurofima ein europäisches Nachfragemonopol für Eisenbahnwagen geschaffen werde. Das sei aus wettbewerbspolitischen Gründen problematisch. Auch die Herstellerindustrie von Eisenbahnwagen meldete Kritik an. Sie sehe sich einem sehr starken Nachfrager gegenüber, der die verschiedenen Unternehmen gegeneinander ausspielen könne. Die Industrie und das Wirtschaftsministerium setzten daher durch, dass die Eurofima ihre Wagen in dem Land bestellen musste, in dem die mietende Eisenbahnverwaltung ansässig war. Damit wurde die Effizienz der Eurofima eingeschränkt. Gleichwohl war das Modell erfolgreich. In den ersten 25 Jahren seiner Existenz finanzierte die Eurofima 2500 Lokomotiven, 900 Triebzüge, 2800 Reisewagen und 57.000 Güterwagen für ihre Mitglieder. Das entsprach einem Anteil von rund einem Viertel der Gesamtanschaffungen.

Ein anderes Beispiel für die Möglichkeiten und Grenzen der Kooperation zwischen Eisenbahnunternehmen und Staaten war der Trans-Europ-Express (TEE). 1954 wurde unter Federführung der niederländischen Eisenbahnen die Trans-Europ-Express Kommission mit Sitz in Den Haag gegründet. Ziel war es, ein System von grenzüberschreitenden Schnellzügen zwischen den westeuropäischen Metropolen zu errichten. Die Züge waren rot-beige lackiert und besonders komfortabel. Ab 1957 verkehrten die ersten Züge dieser Klasse in Europa. Allerdings war es nicht gelungen, ein einheitliches Modell zu entwerfen. Alle beteiligten Eisenbahngesellschaften setzten daher eigene Triebwagen ein. Hinzu kam, dass die TEE mit Dieselmotoren statt mit dem damals neuen und modernen Stromantrieb ausgestattet wurden. Das lag daran, dass die Stromsysteme in den europäischen Ländern verschieden waren und es noch keine Züge gab, die in allen Systemen verkehren konnten. Erst in den 1960er Jahren setzten sich elektrisch betriebene Züge als TEE durch, auch diese waren – abgesehen von der Lackierung – nicht einheitlich. Mit dem Einsatz der ersten Hochgeschwindigkeitszüge in den 1980er Jahren wurde der TEE-Betrieb eingestellt.

Strukturell ähnlich wie bei der Eisenbahn verlief die grenzüberschreitende Verflechtung der europäischen Binnenschifffahrt nach 1945. Die Zentralkommission für die Rheinschifffahrt wurde unmittelbar nach dem Ende des Krieges wieder einberufen und reformiert. Die Mitgliedstaaten waren nun wieder die Anrainerstaaten des Flusses und gleichzeitig setzte man die Mannheimer Akte von 1868 wieder als völkerrechtliche Grundlage ein. Das bedeutete de facto die Aufhebung des Vertrages von Versailles und aller völkerrechtlicher Veränderungen, die sich in Bezug auf die Zentralkommission in der Zwischenkriegszeit ergeben hatten. Der Sitz der Zentralkommission blieb gleichwohl in Straßburg. Die deutschen Gebiete wurden zunächst von den Besatzungsmächten USA, Großbritannien und Frankreich vertreten, ab 1950 war die Bundesrepublik Mitglied in der Zentralkommission und die Regierungen der USA und Großbritanniens zogen sich zurück. Die Mannheimer Akte wurde 1963 reformiert und ist bis heute die völkerrechtliche Grundlage der Freiheit der Schifffahrt auf dem Rhein und seinen Nebenflüssen und Kanälen.

Die Gründung der Europäischen Wirtschaftsgemeinschaft und ihr Anspruch auf eine allgemeine Regelung des Verkehrs im Rahmen des Gemeinsamen Marktes führten zu Konflikten mit der Zentralkommission für die Rheinschifffahrt, die ihre Kompetenzen gegenüber der Europäischen Kommission verteidigte. Art. 234 des EWG-Vertrages erkannte zwar die Existenz und die Rechte der Zentralkommission für die Rheinschifffahrt grundsätzlich an, gleichzeitig eröffnete der Vertrag aber auch Möglichkeiten für die EWG, bestehende Verträge zu revidieren, wenn sie nicht mit den allgemeinen Zielen der EWG vereinbar waren. Daher entstand in den 1950er und 1960er Jahren ein Konflikt zwischen beiden Organisationen in Bezug auf die Zuständigkeit für die Rheinschifffahrt.

Begünstigt wurde die internationale Kooperation in der Binnenschifffahrt durch die wieder aufbrechende Krise des Transportgewerbes auf dem Wasser nach dem Zweiten Weltkrieg. Insbesondere auf dem Rhein gab es erneut ein Überangebot an Transportraum, das die Binnenschifffahrtsunternehmen in eine Existenzkrise stürzte. Die Ursache für die Krise lag zum einen in der – im Vergleich zu den Kriegsjahren – zurückgehenden Nachfrage nach Transport. Zum anderen aber sah sich die Binnenschifffahrt zunehmender Konkurrenz ausgesetzt: Hier waren erneut die Eisenbahnen wichtig, die nahezu vollständig im staatlichen Besitz und daher wesentlich krisenresistenter waren als die privatwirtschaftlich organisierte Binnenschifffahrt. Auch der Lastkraftwagen wurde zu einem wichtigen Konkurrenten um Transportaufträge. Schließlich waren auch noch Pipelines relevant. In den 1950er und 1960er Jahren wurden Ölleitungen von den Seehäfen Rotterdam und Wilhelmshafen bis in die Großraffinerien bei Köln und Frankfurt gebaut, die den bis dahin üblichen Schiffsverkehr teilweise ersetzten.

Nicht zuletzt als Reaktion auf die Krise entstanden im Kontext der europäischen Binnenschifffahrt ähnlich wie im Eisenbahnbereich sehr spezielle grenzüberschreitende Organisationen. Eine war die 1952 gegründete „Internationale Binnenschifffahrtsunion“, in der die Dachverbände der nationalen Interessenvertretungen aus Belgien, der Bundesrepublik Deutschland, den Niederlanden, Frankreich und der Schweiz vertreten waren. Hauptziel war die Interessenvertretung der Reedereien und Partikuliere in der Binnenschifffahrt gegenüber den internationalen Organisationen, insbesondere der Zentralkommission für die Rheinschifffahrt. Ein Jahr später wurde die „Internationale Vereinigung des Rheinschiffahrtsregisters“ gegründet. In ihr waren die Versicherungsgesellschaften und Ingenieure im Sektor der Binnenschifffahrt vertreten. Sie diente der Erstellung eines Registers über die zur Fahrt auf dem Rhein zugelassenen Schiffe, so wie es in Art. 22 der Mannheimer Schifffahrtsakte vorgesehen war. Im gleichen Jahr 1953 entstand die „Arbeitsgemeinschaft der Rheinschifffahrt“. Sie war ein internationales Preiskartell der Reedereien, die damit den Wettbewerb untereinander begrenzen wollten. Die Binnenschifffahrt setzte damit die in den 1930er Jahren begonnene, im Zweiten Weltkrieg unter völlig anderen politischen Bedingungen fortgesetzte grenzüberschreitende Kooperation fort.

Nicht nur am Rhein, auch an der Donau setzten sich die Integrationsprozesse trotz der politischen Teilung Europas fort. Zwar spaltete sich die Europäische Donaukommission, weil unter sowjetischer Führung 1948/49 eine „Internationale Donaukommission" mit Sitz in Belgrad (wieder-)gegründet wurde, in der die Sowjetunion eine führende Rolle einnahm. Dies wurde im Westen nicht akzeptiert. Dort beharrte man unter US-amerikanischer Führung darauf, dass die Europäische Donaukommission weiter bestehe. Sie war aber in der Folgezeit ohne Einfluss auf die Donauschifffahrt und verlegte ihren Sitz nach Rom. Ungeachtet dessen liefen die privatwirtschaftlichen Verflechtungen an der Donau weiter. Mitte der 1950er Jahre schlossen verschiedene Reedereien aus Regensburg und anderen deutschen Donaustädten Verträge mit staatlichen Reedereien aus Bulgarien und Ungarn. Es ging um die wechselseitige Anerkennung von Versicherungen und andere betriebliche Standards. Vertreter des Bundesverkehrsministeriums nahmen ab 1957 an den Sitzungen der Internationalen Donaukommission teil, obwohl es keine diplomatischen Beziehungen zu den Donaustaaten gab. Sie fungierten dort deswegen als „technische Sachverständige". Im deutschen Auswärtigen Amt betrachtete man diese Entwicklung mit großer Skepsis, weil damit de facto diplomatische Beziehungen zu den Staaten des Ostblocks aufgenommen wurden, die die so genannte Hallstein-Doktrin unterliefen. Damit wiederholte sich das, was bereits in der Zentralkommission für die Rheinschifffahrt 1936 zu beobachten war. Obwohl das Deutsche Reich formal aus der Organisation ausgetreten war, liefen die Integrationsprozesse – nunmehr getragen von anderen Institutionen – weiter. In der Mitte der 1950er Jahre waren es die Reedereien und ihre Interessenverbände, die die Integration trotz der politischen Teilung des Kontinents und der Donaukommission weiter vorantrieben. Das belegt einmal mehr die hohe Pfadabhängigkeit der Integration im Bereich der Binnenschifffahrt wie im Verkehr allgemein.

Bemerkenswert an der Integration im Bereich der Binnenschifffahrt war zudem die enge personelle Verflechtung von staatlichen und privatwirtschaftlichen Organisationen. So war beispielsweise der Generaldirektor der privaten Duisburger Reederei Haniel, Werner Dietrich Ahlers, zeitweise gleichzeitig im Auftrag des Bundesverkehrsministeriums deutscher Delegierter bei der Zentralkommission für die Rheinschifffahrt. Grundsätzlich standen einige der Beamten des Bundesverkehrsministeriums den privaten Reedereien am Rhein persönlich sehr nahe. Kaum anders war die Situation in den Niederlanden. Das deutsche Auswärtige Amt betrachtete diese enge Verflechtung von staatlichen und privatwirtschaftlichen Interessen in der Binnenschifffahrt mit großer Skepsis und entsandte bei Fragen, die man für außenpolitisch relevant hielt, deswegen eigene diplomatische Delegierte zur Zentralkommission für die Rheinschifffahrt. Im Bundesverkehrsministerium wurde die enge Kooperation mit den privatwirtschaftlichen Akteuren mit deren Expertise begründet, die für eine Beschlussfindung notwendig sei. Auch in der Donauschifffahrt entstand eine enge Verbindung zwischen dem Bundesverkehrsministerium und den privaten Reedereien in Bayern.

Etwas anders strukturiert war die europäische Verflechtung der Autobahnen. Sie ist deutlich schlechter erforscht als die Integrationsprozesse in Schifffahrt und Eisenbahnverkehr. Auch im grenzüberschreitenden Straßenbau spielte die United Nations Commission for Europe anfangs eine zentrale Rolle. Im Juli 1948 entwarfen in diesem Rahmen Experten aus Belgien, Dänemark, Frankreich, Großbritannien, Italien, den Niederlanden, Polen, der Tschechoslowakei, den USA, Schweden und der Schweiz ein grenzüberschreitendes Autobahnnetzwerk, das in den folgenden Jahren auch unter deutscher Beteiligung weiterentwickelt wurde. 1950 umfassten die Planungen 42.000 Kilometer, der größte Teil des Netzes lag in Deutschland mit Berlin als Zentrum. Die fortschreitende Teilung Deutschlands und Europas machte das Konzept allerdings schnell zu Makulatur. Gleichwohl wurde weiter geplant, nun im Rahmen der Europäischen Verkehrsministerkonferenz. Kern des Netzes war nun nicht mehr Berlin, sondern eine Zone, die von London über Amsterdam/Rotterdam über Köln, Frankfurt und Basel dem Rhein folgte, um dann die Alpen nach Norditalien zu überqueren. Das entsprach dem, was später als europäischer Kernwirtschaftsraum, die so genannte Blaue Banane, diskutiert werden sollte. Die Straßen wurden als so genannte Europastraßen nummeriert. So führte beispielsweise die Europastraße 5 von London quer durch Kontinentaleuropa bis nach Algeciras in Spanien. Die UN-ECE hatte allerdings keine supranationalen Kompetenzen. Sie konnten nur Empfehlungen geben, die die Nationalstaaten bei der Planung ihrer Schnellstraßennetze berücksichtigen sollten. 1975 wurde das Netz der Europastraßen neu geordnet. 37 west- und osteuropäische Staaten verpflichteten sich, das grenzüberschreitende Netz bei der Planung ihrer Netze zu berücksichtigen.

Auch im Straßenverkehr spielten die Interessenverbände der Autoindustrie von Beginn an eine Rolle bei der Planung. 1948 wurde die International Road Federation (IRF) gegründet. Sie wurde getragen und finanziert von privaten Unternehmen aus der Automobil- und Ölbranche. Die IRF wirkte über eine jährlich herausgegebene Zeitschrift, internationale Konferenzen und auch über einen statistischen Dienst, der der Öffentlichkeit Zahlenmaterial über die Entwicklung des internationalen Autoverkehrs lieferte. Hauptadressaten der IRF waren die nationalen Regierungen, die ihre Schnellstraßen an internationale Standards anpassen und grenzüberschreitend vernetzen sollten. Die IRF wandte sich aber auch direkt an die Autofahrer. In einer Ansprache an die Öffentlichkeit erklärte der Vorsitzende der IRF, Georges Gallienne, im Jahr 1950: „Ich möchte mit Ihnen meine tiefe Hoffnung teilen, dass die Weiterentwicklung des Automobils ein Faktor bei der Entwicklung der individuellen Freiheit wird. (…) Auf politischer Ebene haben uns die Kriege und ihre Folgen den Exzess von Diktatur und Staatsinterventionen bis in das kleinste Detail gezeigt. Das Automobil wird wesentlich dazu beitragen, unsere Unabhängigkeit wiederherzustellen."[112] Nachdem das Automobil und der Straßenbau bereits eine

112 Zit. nach: Pär Blomkvist, Roads for Flow – Roads for Peace. Lobbying for a European Highway System, in: Erik van der Vleuten, Arne Kaijser (Hrsg.), Networking Europe. Transnational Infrastructures and the Shaping of Europe, 1850–2000, Sangamore Beach 2006, S. 161–186, hier S. 164.

wichtige Rolle in der Propaganda des nationalsozialistischen Deutschland und des faschistischen Italien eingenommen hatte, wurde es nun von der westlichen Ideologie im beginnenden Ost-West-Konflikt instrumentalisiert. Die US-amerikanischen Automobilkonzerne spielten in der IRF eine wichtige Rolle, sie wurden aber von ihren westeuropäischen Kollegen gern unterstützt.

Auch im Bereich der Luftfahrt wurde zu Beginn der 1960er Jahre eine grenzüberschreitende Organisation mit der Standardisierung der Sicherheitsvorschriften gegründet. Am 13. Dezember 1960 unterzeichneten die Beneluxstaaten, Frankreich, Großbritannien und die Bundesrepublik Deutschland das EUROCONTROL-Abkommen. Die Wahrnehmung der Flugsicherungsaufgaben im für den Fernverkehr reservierten oberen Luftraum wurde damit von der nationalen Ebene auf eine transnationale Ebene übertragen. Kontrollzentren entstanden in Maastricht und Karlsruhe, für den britischen Luftraum war Shannon in Irland zuständig. Die neue Behörde legte die Flugrouten und Sicherheitsstandards im Luftverkehr fest. In den 1990er Jahren traten praktisch alle europäischen Staaten dem Abkommen bei, so dass die Flugsicherung nun ausschließlich auf europäischer Ebene geregelt wird. Auch im Bereich der Luftfahrt spielten die in Europa meist staatlichen Luftverkehrsunternehmen eine wichtige Rolle bei der Integration. Bereits 1945 wurde in Havanna auf Kuba die International Air Transport Association (IATA) gegründet. Ihr gehörten bei der Gründung 57 Luftfahrtunternehmen aus 38 Staaten, vorwiegend aus Europa und den USA, an. Die IATA war eine transnationale Interessenvertretung, die zudem in Europa ein Preiskartell für Flugscheine etablierte, um die Konkurrenz unter den Gesellschaften zu minimieren. Erst unter dem Druck des Wettbewerbsrechts der Europäischen Union wurde dieses Kartell in den 1990er Jahren aufgegeben. Die Preise im Luftverkehr sanken daher deutlich.

Die erste Phase europäischer Verkehrsintegration nach 1945 dauerte bis in die 1970er Jahre. Sie war einerseits dadurch gekennzeichnet, dass die Integrationsprozesse in jedem Sektor des Verkehrs gesondert abliefen. Im Bereich der Eisenbahnen und in der Binnenschifffahrt war die institutionelle Verflechtung besonders hoch und knüpfte an die Organisationen in diesem Bereich aus dem 19. Jahrhundert und in der Zwischenkriegszeit an. Gleichwohl wurden die Institutionen der neuen politischen Situation, insbesondere der europäischen Teilung im Ost-West-Konflikt, angepasst. Typisch für den Verkehrssektor war andererseits die hohe Verflechtung von wirtschaftlichen, gesellschaftlichen und staatlichen Akteuren. Wenn die politische Integration vor dem Zweiten Weltkrieg oder im Ost-West-Konflikt stockte, wurde sie dennoch von wirtschaftlichen Akteuren weiter vorangetrieben. Zudem war die Kontinuität vom 19. Jahrhundert über die Zwischenkriegszeit in die Zeit nach 1945 nirgendwo so groß wie im Bereich der Eisenbahnen und in der Binnenschifffahrt. Die frühen Versuche der Europäischen Wirtschaftsgemeinschaft, die sektorale Teilung der Verkehrsträger zu überwinden und eine gesamteuropäische Verkehrspolitik zu etablieren, scheiterte in den 1950er und 1960er Jahre an dem Widerstand der bestehenden Organisationen und der nationalen Regierungen. Anfang der 1970er Jahre gab die EWG daher ihre Versuche, den Verkehrssektor umfassend zusammenzuführen auf.

Europäische Verkehrsintegration nach 1970

Die zweite Phase der Europäischen Verkehrsintegration, die zu Beginn der 1980er Jahre einsetzte, ist geschichtswissenschaftlich bislang nicht untersucht worden. Wichtig als Rahmenbedingungen waren strukturelle Veränderungen der innerhalb EG: Erstens wirkte sich die 1979 erstmals durchgeführte Direktwahl des Europäischen Parlamentes aus. Das Parlament entwickelte gegenüber der Europäischen Kommission und dem Rat ein sehr viel größeres Selbstbewusstsein. In Bezug auf die Verkehrspolitik reichte es unter Federführung des Vorsitzenden des Verkehrsausschusses des EP, Horst Seefeld, eine Untätigkeitsklage gegen den Europäischen Rat beim Europäischen Gerichtshof ein. Obwohl der Vertrag über den Gemeinsamen Markt die Begründung einer gemeinsamen Verkehrspolitik vorsehe, so der Vorwurf, sei der Rat untätig geblieben. Mit dem Urteil vom 22. Mai 1985 erklärte der EuGH, dass der Rat seiner Pflicht zum Erlass einer Wettbewerbsordnung, die Dienstleistungsfreiheit im grenzüberschreitenden Verkehr herstelle sowie die Zulassung ausländischer Dienstleister zum Binnenverkehr der Mitgliedstaaten ermögliche, nicht nachgekommen sei. Unterstützt wurde der Prozess – zweitens – durch die Diskussionen um die Vollendung des Europäischen Binnenmarktes, der mit der Einheitlichen Europäischen Akte eingeleitet und bis 1992 abgeschlossen werden sollte. Nicht nur die Gütermärkte, sondern auch jene für Kapital, Dienstleistungen und Arbeit sollten im Rahmen der Einheitlichen Europäischen Akte vollendet werden, hierunter fiel nun auch der Verkehr. Vorangetrieben wurde die Einheitliche Europäische Akte nicht zuletzt durch die neuen Mitglieder der EG, voran Großbritannien und Dänemark. Schließlich hatte sich auch die Struktur der Verkehrsmärkte verändert. Stückgut und Containertransport dominierten nun vor dem Massengütertransport. In den 1950er Jahren war das Verhältnis noch umgekehrt gewesen.

Damit wurde der Verkehrssektor den allgemeinen Wettbewerbsregeln der EG angepasst. Dies machte sich zunächst im Luftverkehr bemerkbar. Bis zu Beginn der 1990er Jahre war dieser in Europa durch die in staatlichem Besitz befindlichen Gesellschaften dominiert worden, die auch die nationalen Verbindungen monopolisierten und von Konkurrenz freihielten. Im Weißbuch vom 14. Juni 1985 erklärte die Kommission grundsätzlich, dass sie nun gegen die nationalen Monopole der Fluggesellschaften vorgehen werde, und klagte am 10. Juni 1986 förmlich gegen verschiedene Fluggesellschaften. Bereits im April 1986 hatte der EuGH grundsätzlich festgestellt, dass die Regeln des Gemeinsamen Marktes auch für den Luftverkehr gelten. Im Dezember 1987 verabschiedete die Gemeinschaft ein Rechtspaket bestehend aus einer Richtlinie, einer Entscheidung und zwei Verordnungen zur Anwendung der Wettbewerbsvorschriften innerhalb der Gemeinschaft im Flugsektor. Damit wurde gemeinsam mit einem zweiten Paket vom Juni 1990 ein grenzüberschreitender Markt für den Flugverkehr geschaffen. Alle Anbieter konnten nun frei entscheiden, welche Strecken sie innerhalb der EG bedienen wollten. Auch die Preise wurden freigegeben und sanken in den folgenden Jahren drastisch. Treibende Kräfte im politischen Sinne waren die britische Regierung und die US-Regierung unter der Präsidentschaft von Jimmy Carter. Beide Regierungen drängten auf eine Liberalisierung des Luftverkehrs und es war die Europäische Kommission, die mit den USA verhandelte. Das politische Interesse hinter der Liberalisierung, vor allem die Frage, warum die Regierungen Frankreichs und der Bundesrepublik Deutschland, die bislang in dieser Hinsicht bremsend wirkten, ihren Widerstand aufgaben ist allerdings noch unklar. Gewiss spielte, zumindest in der Bundesrepublik Deutschland, der steigende Einfluss des Bundeswirtschaftsministeriums auf die Verkehrspolitik eine Rolle, das im Gegensatz zum Verkehrsressort eine wirtschaftsliberale Position vertrat.

Auch in anderen Verkehrssektoren wirkte die Europäische Kommission nun liberalisierend. Im Eisenbahnsektor wurde vor allem durch die Trennung von Netz und Diensten eine wichtige Voraussetzung für die Neuordnung gegeben. Während das Schienennetz in Staatsbesitz blieb, sollte der Betrieb für andere Anbieter geöffnet werden. Seither entstanden viele neue Unternehmen im Schienenverkehr, die den etablierten Anbietern Konkurrenz machten. Ein Beispiel hierfür ist die 1995 gegründete transnationale Gesellschaft, die seit Mai 1999 unter dem Namen Thalys Schnellverbindungen zwischen Köln, Amsterdam, Brüssel und Paris anbietet. Getragen wurde sie zunächst von den Staatsbahnen der Niederlande, Frankreichs, Belgiens und der Deutschen Bahn. Letztere aber verließ 2011 das Konsortium, um mit eigenen ICE-Zügen die Strecke von Köln nach Brüssel zu bedienen. Zwischen Paris, Brüssel und London verkehrt zudem Eurostar, das ebenfalls ein transnationales Unternehmen ist.

Festzuhalten bleibt, dass sich die Verkehrsintegration zwischen der Mitte der 1980er Jahre und dem Jahr 2000 massiv beschleunigte. Erstaunlich ist nicht nur die Geschwindigkeit, mit der nun die Barrieren überwunden wurden, die eine solche Entwicklung in den 1950er und 1960er Jahren trotz der Bemühungen der EWG-Kommission verhindert hatten. Auch die Tatsache, dass es gelang, die Liberalisierung in diesem Sektor voranzutreiben bleibt überraschend. Maßgeblich hierfür waren nach vorsichtiger Einschätzung erstens die steigende Bedeutung der EG/EU durch die Einheitliche Europäische Akte und das Binnenmarktprogramm. Zweitens spielte die allgemeine Tendenz zur Liberalisierung im transatlantischen Raum eine Rolle und schließlich dürften auch technische Entwicklungen (Hochgeschwindigkeitsverkehr der Eisenbahnen) wichtig gewesen sein. Eine genaue geschichtswissenschaftliche Untersuchung dieser Prozesse ist ein Desiderat.

Fazit

Die Europäische Integration begann im frühen 19. Jahrhundert auf dem Sektor des Verkehrs. Mit den Schifffahrtskommissionen wurden Organisationen geschaffen, die die wechselvolle Geschichte Europas seit Beginn des 19. Jahrhunderts bis heute in erstaunlicher Weise überdauert haben. Die erste Phase der europäischen Verkehrsintegration endete zu Beginn des 20. Jahrhunderts. Durch die Verstaatlichung der Eisenbahnen wurden die nationalen Regierungen wichtige Akteure in der europäischen Verkehrspolitik. Zudem wurde nach 1918 mit dem Völkerbund erstmals eine Organisation gegründet, die mit dem Anspruch antrat, den Verkehr auch sektorübergreifend zu integrierten. Das scheiterte allerdings am Nationalismus der Zwischenkriegszeit ebenso wie am Widerstand der weiter bestehenden Organisationen in den verschiedenen Verkehrssektoren. Die nächste Phase begann nach 1945. Erneut ging es darum, eine Gesamtintegration des Verkehrssektors zu erreichen, zunächst im Rahmen der Verkehrsorganisation der UNO mit Sitz in Genf, dann durch die Europäische Wirtschaftsgemeinschaft. Beide Organisationen scheiterten aber erneut an den nationalen Regierungen und den sektoralen Organisationen, die weiterhin bestanden. Erst in der letzten Phase, die in der Mitte der 1980er Jahre begann, wurde der Verkehrssektor in Europa liberalisiert. Allerdings blieben die sektoralen Organisationen weiterhin bestehen.

Bemerkenswert in struktureller Hinsicht ist, dass sowohl private als auch staatliche Akteure in der Verkehrsintegration beteiligt waren. Die Regierungen waren im Sektor der Binnenschifffahrt dominant, gleichwohl spielten privatwirtschaftliche Reedereien eine wichtige Rolle. Umgekehrt war das Verhältnis im Sektor der Eisenbahn im 19. Jahrhundert. Hier dominierten die privaten Eisenbahnunternehmen. Seit den 1920er Jahren stieg der Anteil staatlicher Akteure an, ohne dass die Privatwirtschaft zu vernachlässigen wäre. Nach 1945 setzten die zum Teil aus dem 19. Jahrhundert und der Zwischenkriegszeit stammenden Organisationen in den Teilbereichen des Verkehrs ihre Arbeit fort. Sie wurden aber zunehmend von der Europäischen Wirtschaftsgemeinschaft bedrängt, die eine Gesamtverkehrspolitik für die EWG anstrebte.

Ökonomische und politische Interessen waren also wichtig für die Verkehrsintegration. In diesem Bereich der Europäischen Integration war aber noch eine dritte Akteursgruppe wichtig, technische Experten. Ohne die technische Standardisierung an den Grenzen waren transnationale Verkehrsnetze nicht denkbar und daher kam Ingenieuren eine herausragende Rolle in der Verkehrsintegration zu. Sie betrachteten sich selbst in aller Regel als unpolitisch und verfolgten auch selten wirtschaftliche Interessen. Ihre Perspektive war die der Techniker, sie suchten nach aus technischer Sicht optimalen Lösungen für komplexe Probleme. Dies war – entgegen allen Beteuerungen – keine unpolitische Aufgabe. Im Gegenteil, durch ihre Entscheidungen schufen Techniker Räume und bestimmten maßgeblich, was im Bereich der europäischen Verkehrsintegration möglich war und was nicht.

Wenn in Teilen der Forschung ein Scheitern der Verkehrsintegration konstatiert wurde, dann ist das zu relativieren: Was scheiterte, war der sektorübergreifende Integrationsansatz im Verkehr, den der Völkerbund, die UNO und ab 1958 die EWG anstrebten. Diese Ansätze scheiterten, weil es im Verkehrsbereich bereits etablierte, starke Organisationen gab, die zum großen Teil aus dem 19. Jahrhundert stammten. Hinzu kam, dass es massive Unterschiede in Bezug auf die ordnungspolitischen Vorstellungen der Regierungen gab. Erst seit der Mitte der 1980er Jahre ist der sektorübergreifende Integrationsansatz auch im Verkehr erfolgreich.

IV. Fazit

Als Fazit aus dieser Übersicht sollen drei Thesen generiert werden, die gewiss diskutabel sind und – wie alle wissenschaftlichen Thesen – modifiziert oder abgelehnt werden können. Sie verstehen sich als Diskussionsgrundlagen, als Aussagen, die aber auch als Ausgangspunkt für weitere Forschungen gelten können.

1. Es gibt nicht *die* Europäische Integration. Unter diesem Begriff finden so viele verschiedene Prozesse mit sehr unterschiedlichen Akteuren statt, dass er nur sehr unscharf und allgemein beschrieben werden kann. Das liegt einerseits daran, dass analytisch unterschieden werden muss zwischen politischer, wirtschaftlicher, gesellschaftlicher und kultureller Integration. Alle vier Integrationsbegriffe sind geprägt durch eigenständige Strukturen und daher sind auch die Prozesse verschieden. Gleichwohl, und deswegen ist es immer noch sinnvoll, sie unter dem Begriff der „Europäischen Integration" zusammenzufassen, hängen sie eng miteinander zusammen. Die politischen Entscheidungen der Europäischen Integration wurden beispielsweise beeinflusst von den Prozessen im Bereich der Wirtschaft, der Gesellschaft und der Kultur. Umgekehrt wirkten politische Entscheidungen auch auf diese Bereiche zurück. Diese Aussage gilt für alle vier Bereiche der Integration. Die Differenzierung dient also vor allem als heuristisches Mittel zur Analyse der vier komplex miteinander verwobenen Integrationsbereiche.

   Die vier Bereiche werden durch verschiedene Akteure bestimmt. Im Bereich der Politik sind die Akteure Regierungen und öffentliche Verwaltungen ebenso wie die internationalen Organisationen und ihre Institutionen. Sie verfolgen je eigene politische Ziele, die einerseits durch internationale Strukturen, andererseits von innenpolitischen Akteuren beeinflusst werden. Die Erweiterung und der Erhalt von Macht im Rahmen der völkerrechtlich gesetzten Regeln, aber auch die (Selbst-)Begrenzung sind in diesem Zusammenhang handlungsleitend. Bei der wirtschaftlichen Integration sind es die Akteure auf den Märkten, die den Prozess bestimmen. Dies sind einerseits die Anbieter von konkreten Produkten, deren Ziel es ist, diese Produkte zu verkaufen. Andererseits werden die Märkte von Konsumenten bestimmter Güter bestimmt. Für beide Gruppen, Konsumenten wie Produzenten, sind politische Grenzen hinderlich und sie versuchen, diese zu überwinden. Ähnlich strukturiert ist die gesellschaftliche Integration, in deren Rahmen zivilgesellschaftliche Akteure ohne wirtschaftliche Interessen grenzüberschreitende Kontakte knüpfen. Dies betrifft soziale Bewegungen wie beispielsweise die Umweltbewegung, sportlich Interessierte, die Bildung (Schulen, Universitäten) oder die Kultur (Chöre, Städtepartnerschaften etc.). Die kulturelle Integration wird von öffentlichen Intellektuellen, Journalisten und Wissenschaftlern geprägt, die sich – in welcher Weise auch immer – mit dem Begriff „Europa" auseinandersetzen und ihn mit einer Deutung versehen. Auch wenn alle vier Bereiche der Integration zusammengehören, unterscheiden sie sich doch in Bezug auf ihre Akteure und deren Interessen.

2. Die Europäische Integration begann im frühen 19. Jahrhundert und ist bis heute nicht abgeschlossen. Der Prozess der Europäischen Integration ist eng verbunden mit zwei historischen Großprozessen, die seit dem frühen 19. Jahrhundert die europäische Geschichte bestimmen: Zum einen begann um diese Zeit die Durchsetzung des Kapitalismus als Wirtschaftsform, die eng mit der Industriellen Revolution verbunden ist. Der Kapitalismus basiert bei allen Unterschieden im Detail auf dem Prinzip des Privateigentums und der Marktwirtschaft als dominierender Wirtschaftsordnung. Entscheidend für die Europäische Integration ist die rasche Zunahme des grenzüberschreitenden Handels, der zum Teil enge Verflechtungen zwischen den nationalen Märkten schuf. Der zweite große Prozess ist die politische Organisation Europas nach dem Nationalstaatsprinzip. Dieses hat sich seit dem frühen 19. Jahrhundert durchgesetzt und ist – wie der Kapitalismus auch – bis heute dominant. Während aber der Kapitalismus systemisch darauf abzielt, politische und kulturelle Grenzen zu überwinden, weil sie aus der Perspektive der wirtschaftlichen Logik sinnlose Handelshemmnisse darstellen, geht es dem Nationalprinzip gerade im Gegenteil darum, klare Grenzen zu ziehen. Das Ideal des Kapitalismus ist ein barrierefreier Handelsraum, das des Nationalismus ein nach außen abgegrenzter, nach innen – zumindest vom Anspruch her – möglichst präzise beschriebener Raum mit einheitlicher Herrschaft, gemeinsamem Recht und homogener Kultur. Dies ist der Grund, warum beide Ideale miteinander in Konflikt gerieten. Die Europäische Integration war aus dieser Perspektive der Versuch, das kapitalistisch-marktwirtschaftliche Prinzip mit jenem des Nationalstaates zu verbinden. Dieser Prozess begann im frühen 19. Jahrhundert und ist bis heute nicht abgeschlossen.

3. Das Argument, dass es sich bei der Europäischen Integration seit dem frühen 19. Jahrhundert bis heute um einen zusammenhängenden Prozess handelt, impliziert nicht, dass die Integration im 19. Jahrhundert mit jener im 20. Jahrhundert vollkommen identisch wäre. Es gibt wichtige Unterschiede zwischen dem 19. und dem 20. Jahrhundert. So wurde die Europäische Integration des 19. Jahrhunderts meistens durch Akteure aus der Privatwirtschaft (Eisenbahn, Post und Telekommunikation) initiiert, die dann bisweilen durch die Regierungen unterstützt und aufgegriffen wurden. In der zweiten Hälfte des 20. Jahrhundert waren es vor allem die staatlichen Akteure, die den Prozess begannen, der dann von der Privatwirtschaft aufgegriffen wurde. Dies zeigt sich auch darin, dass die Idee eines staatlich verfassten, gemeinsamen Europas (in welcher konkreten Form auch immer) im 19. Jahrhundert für nationale Regierungen kein politisches Ziel war. Nach 1945 übernahmen viele europäische Regierungen dieses Ziel.
   Auch die politischen Strukturen der Integration veränderten sich deutlich: Im 19. Jahrhundert war das durch den Wiener Kongress gesetzte Völkerrecht maßgeblich, das im Rahmen des „Konzerts der Mächte" den europäischen Großmächten eine Schlüsselrolle und den kleineren Staaten ein begrenztes Mitspracherecht

zuwies. Militärische Gewalt als Instrument der Politik war in bestimmten Grenzen legitim. Dies änderte sich nach dem Ersten Weltkrieg schrittweise: Mit dem Völkerbund, dem Briand-Kellogg-Pakt, dem System der Vereinten Nationen und dem Europarecht entstanden neue völkerrechtliche Regelungssysteme, die den neuen Strukturen Rechnung trugen. Die völkerrechtliche Regulierung wurde sehr viel dichter, die Autonomie insbesondere der ehemaligen europäischen Großmächte wurde massiv eingeschränkt. Wichtig waren in diesem Kontext auch der Ost-West-Konflikt und der Prozess der Dekolonisierung. Die Strukturen und Prozesse der Europäischen Integration sind also sehr wandlungs- und anpassungsfähig.

Literaturverzeichnis

I. Einführung

Ahonen, P., Of Walls and Fences: Brexit and the History of Cross-Border Migration, in: Contemporary European History, Bd. 28 (2019), S. 42–45.
Buchsteiner, J., Die Flucht der Briten aus der europäischen Utopie, Reinbek 2018.
Conway, M., Brexit: 100 Years in the Making. In: Contemporary European History, Vol. 28 (2019), S. 6–9.
Deighton, A., Brave New World? Brave Old World? In: Contemporary European History, Bd. 28 (2019), S. 31–34.
Diamont, P. u. P. Nedergaard u. B. Rosamund, The Routledge Handbook of the Politics of Brexit, London, New York 2019.
Geppert, D., The Power of History: British and German Views of the European, National and Imperial Past. In: Contemporary European History Bd. 28 (2019), S. 14–18.
Geppert, D., Warum können sich Briten und Deutsche in Europa nicht verstehen? In: Interessen, Werte, Verantwortung. Deutsche Außenpolitik zwischen Nationalstaat, Europa und dem Westen. Zur Erinnerung an Hans-Peter Schwarz, Paderborn 2019, S. 131–141.
Große Hüttmann, M., Der Brexit-Prozess: Ein „wicked problem“ für die Europäische Union und die Integrationsforschung, in: Integration, Bd. 44 (2021), S. 132–149.
Ludlow, N. P., The Historical Roots of the ‚Awkward Partner’ Narrative. In: Contemporary European History, Bd. 28 (2019), S. 35–38.
Oliver, T., Understanding Brexit. A concise introduction, Bristol 2018.
Schmale W., Geschichte Europas, Wien, Köln, Weimar 2000.

III.5 Europäische Integrationsprozesse im 19. Jahrhundert

Conter, C., Jenseits der Nation – das vergessene Europa des 19. Jahrhunderts. Die Geschichte der Inszenierungen und Visionen Europas in Literatur, Geschichte und Politik, Bielefeld 2004.
Gerhards, T., Staat, Nation und Moderne: Europa 1870–1920, Stuttgart 2022.
Haupt, H., Erfahrungen mit Europa. Ansätze zu einer Geschichte Europas im langen 19. Jahrhundert, in: H. Duchardt u. A. Kunz (Hg.), Europäische Geschichte als historiographisches Problem, Mainz 1997, S. 87–103.
Herren, M., Hintertüren zur Macht. Internationalismus und modernisierungsorientierte Außenpolitik in Belgien, der Schweiz und den USA 1865–1914, München 2000.
Kaelble, H., Europäer über Europa. Die Entstehung eines europäischen Selbstverständnisses im 19. und 20. Jahrhundert, Frankfurt/Main 2001.
Krüger, P., Europabewußtsein in Deutschland in der ersten Hälfte des 20. Jahrhunderts, in: Historische Zeitschrift. Beihefte, neue Serie, Bd. 21 (1995), Europa im Blick der Historiker, S. 31–53.
Ders., Wege und Widersprüche der europäischen Integration im 20. Jahrhundert, München 1995. http://www.historischeskolleg.de/fileadmin/pdf/vortraege_pdf/Vortraege45_krueger.pdf (27.10.2022).

Langewiesche, D., Der Wiener Kongress und die internationale Ordnung im 19. Jahrhundert, in: T. Just u. W. Maderthaner u. H. Maimann (Hg.), Der Wiener Kongress. Erfindung Europas, Wien 2014, S. 14–33.
Lappenküper, U. u. G. Thiemeyer (Hg.), Europäische Einigung im 19. und 20. Jahrhundert. Akteure und Antriebskräfte, Paderborn 2013.
Löhr, I. u. R. Wenzlhuemer (Hg.), Governing Globalization. Processes in the Nineteenth and Early Twentieth Centuries, Berlin/Heidelberg 2013.
Thiemeyer, Guido, Die „Volonté Générale“, das europäische Staatensystem und die Genese supranationaler internationaler Organisationen vom frühen 19. Jahrhundert bis in die Mitte des 20. Jahrhunderts, in: Journal of European Integration History, Bd. 22 (2016), S. 229–248.
Thiemeyer, G. u. I. Tölle, Supranationalität im 19. Jahrhundert? Die Beispiele der Zentralkommission für die Rheinschifffahrt und des Octroivertrages 1804–1832, in: Journal of European Integration History, Bd. 17 (2011), S. 177–196.

III.6 Die Europäische Integration in der Epoche der Weltkriege

Aldebert, V. u. S. Proschmann, L'union européenne des postes et télécommunications (1942–1945). Un ensemble d'asymétries complexes, in: Guerres Mondiales et Conflits Contemporains 2019/3, S. 43–54.
Bauer, R., The Construction of a National Socialist Europe During the Second World War: How the New Order Took Shape, New York/London 2020.
Buschak, W., Die Vereinigten Staaten von Europa sind unser Ziel. Arbeiterbewegung und Europa im frühen 20. Jahrhundert, Essen 2014.
Conze, V., Abendland, in: Europäische Geschichte Online (EGO), hg. vom Leibniz-Institut für Europäische Geschichte (IEG), Mainz 2012–03-09. URL: http://www.ieg-ego.eu/conzev-2012-de URN: urn:nbn:de:0159–2012030759 (27.10.2022).
Elvert, J., „Germanen“ und „Imperialisten“. Zwei Europakonzepte aus nationalsozialistischer Zeit, in: Historische Mitteilungen, Jg. 5 (1992), S. 161–184.
Elvert, J., Mitteleuropa! Deutsche Pläne zur europäischen Neuordnung (1918–1945), Stuttgart 1999.
Fioravanzo, M., Die Europakonzeption von Faschismus und Nationalsozialismus (1939–1943), in: VfZ Bd. 58 (2010), S. 509–541.
Frank, R. u. A. Fleury, Le rôle des guerres dans la mémoire des Européens, Brüssel 1997.
Freymond, J., Le IIIe Reich et la réorganisation économique de l'Europe 1940–1942, Genève 1974.
Greiner, F., Europäische Erfahrungen. Europa als Raumvorstellung in der Weimarer Zeit, in: A. Braune u. M. Dreyer (Hg.), Weimar und die Neuordnung der Welt. Politik, Wirtschaft und Völkerrecht nach 1918, Stuttgart 2020, S. 101–119.
Greiner, F., Wege nach Europa. Deutungen eines imaginierten Kontinents in deutschen, britischen und amerikanischen Printmedien 1914–1945, Göttingen 2014.
Herbst, L., Die wirtschaftlichen Nachkriegspläne der SS, des Reichswirtschaftsministeriums und der Reichsgruppe Industrie im Angesicht der Niederlage (1943–45), in: M. Dumoulin (Hg.), Plans des Temps de Guerre pour l'Europe d'après-guerre 1940–1947/Wartime Plans for Postwar Europe 1940–1947, Bruxelles 1995, S. 15–24
Kießling, F., Der Briand-Plan von 1929/30. Europa als Ordnungsvorstellung in den internationalen Beziehungen im 19. und frühen 20. Jahrhundert, in: Themenportal Europäische Geschichte, 2008, www.europa.clio-online.de/essay/id/fdae-1457 (27.10.2022).

Kirk, T., „Nazi plans for a new European order and European responses“, in: D. Pohl u. J. Dafinger (Hg.), A New Nationalist Europe Under Hitler: Concepts of Europe and Transnational Networks in the National Socialist Sphere of Influence, 1933–1945, Routledge 2019, S. 71–92.

Kletzin, B., Europa aus Rasse und Raum. Die nationalsozialistische Idee der Neuen Ordnung, Münster 2000.

Mazower, M., National Socialism and the Search for International Order, 9–27, Bulletin of the German Historical Institute, Bd. 50, Spring 2012.

Morant i Ariño, T., Die Gründung des „Europäischen Jugendverbandes“ und die Frauen- und Jugendorganisation der Falange (Wien, September 1942).

Proschmann, S., Creating the ‚New Europe' through postal services – Setting postal standards during World War II, Baden-Baden 2022.

Schot, J. u. V. Lagendijk, Technocratic Internationalism in the Interwar Years: Building Europe on Motorways and Electricity Networks, in: Journal of Modern European History/Zeitschrift für moderne europäische Geschichte/Revue d'histoire européenne contemporaine, Bd. 6, No. 2, Technological Innovation and Transnational Networks. Europe between the Wars (2008), S. 196–217

Lipgens, W. (Hg.), Documents on the History of European Integration, Vol. I, Continental Plans for European Union, 1939–1945, Berlin/New York 1985.

Wieviorka, O., Londres, Capitale du Projet européen? In: Guerres mondiales et conflits contemporains 2019/3 (N° 275), S. 83–95.

Wurm, C. A., Les Cartels internationaux de l'acier de L'entre-deux-guerres. Précurseurs du plan Schuman?, in: A. Wilkens (Hg.), Le plan Schuman dans l'histoire, Intérêts nationaux et projet européen, Bruxelles 2004, S. 53–80

III.7 Sicherheit und Frieden? Europäische Politische Integration

Miard-Delacroix, H., Deutsch-französische Geschichte. 1963 bis zur Gegenwart, Darmstadt 2011.

Schwabe, K. (Hg.), Konrad Adenauer und Frankreich 1949–1963, Bonn 2005.

Bozo, F. u. C, Wenkel (Hg.), France and the German Question 1945–1990, New York/Oxford 2019.

Müller, W., The Soviet Union and Early West European Integration,1947–1957: From the Brussels Treaty to the ECSC and the EEC, in: JEIH, Bd. 15 (2009), S. 67–87.

Grachev, A., The Soviet Leadership's View of Western European Integration in the1950s and 1960s, in: A. Deighton u. A. Milward (Hg.), Widening, Deepening, Acceleration: The European Economic Community 1957–1963, Baden-Baden 1999, S. 31–40.

Mende, S., Das „demokratische Europa“ seit 1970. Zeithistorische Perspektiven auf den Zusammenhang von Demokratisierung und Europäisierung als Forschungsfeld, in: GWU, Bd. 71, (2020), S. 315–329.

Jünemann, A., Demokratie-Entwicklung-Sicherheit. Paradigmen einer europäischen Demokratisierungspolitik, in: G. Thiemeyer u. H. Ullrich (Hg.), Europäische Perspektiven der Demokratie, Frankfurt/Main 2005, S. 127–151.

Clemens, G. u. A. Reinfeldt u. T. Rüter, Europäisierung von Außenpolitik? Die Europäische Politische Zusammenarbeit (EPZ) in den 1970er Jahren, Baden-Baden 2019.

Loth, W., Europas Einigung. Eine unvollendete Geschichte, Frankfurt 2014.

III.8 Gibt es ein Demokratiedefizit? Legitimationsmuster von supranationaler Herrschaft

Conway, M. u. V. Depkat, Towards a European History of the Discourse of Democracy: Discussing Democracy in Western Europe, 1945–1960, in: M. Conway u. K. K. Patel (Hg.), Europeanization in the Twentieth Century. Historical Approaches, New York 2010, S. 132–156.

Frank, R. u. H. Kaelble u. L. Lévy u. L. Passerini (Hg.), Building a European Public Space/ Un espace public européen en construction, Brüssel u. a. 2010.

Große-Hüttmann, M., „Europa im Ideenwettbewerb“: Die öffentliche Debatte um Demokratie, Verfassung und Regieren in der größer werdenden Europäischen Union, in: G. Thiemeyer u. H. Ullrich (Hg.), Europäische Perspektiven der Demokratie. Historische Prämissen und aktuelle Wandlungsprozesse in der EU und ausgewählten Nationalstaaten, Frankfurt u. a. 2005, S. 105–125.

Holly, E., Strukturen und Dynamiken transnationaler Öffentlichkeit: Eine Verknüpfung Digital-quantitativer und Historisch-hermeneutischer Methoden zur Analyse der Berichterstattung über die Zerstörung Gernikas, Düsseldorf 2021.

Jochum, G. u. N. Petersson, Vom „Mitregieren“ zu demokratischer Legitimation: Institutionelle Architektur und politische Legitimation im Vereinten Europa, in: G. Jochum u. N. Petersson u. W. M. Schröder u. K. Ullrich, (Hg.), Legitimationsgrundlagen einer europäischen Verfassung. Von der Volkssouveränität zur Völkersouveränität, Berlin 2007, S. 151–196.

Kaelble, H., Der verkannte Bürger. Eine andere Geschichte der europäischen Integration seit 1950, Frankfurt/New York 2019.

Kaelble, H., Wege zur Demokratie. Von der französischen Revolution zur Europäischen Union, München 2001.

Küsters, H. J., Die Verhandlungen über das institutionelle System zur Gründung der Europäischen Gemeinschaft für Kohle und Stahl, in: K. Schwabe (Hg.), Die Anfänge des Schuman-Plans 1950/51, Brüssel u. a. 1988, S. 73–102.

Marhold, H. (Hg.), Die neue Europadebatte. Leitbilder für das Europa der Zukunft, Bonn 2001.

Mende, S., Das „demokratische Europa“ seit 1970. Zeithistorische Perspektiven auf den Zusammenhang von Demokratisierung, Parlamentarisierung und Europäisierung als Forschungsfeld, in: GWU Bd. 71 (2020), S. 315–329.

Meyer, J., The European Public Sphere. Media and Transnational Communication in European Integration 1969–1991, Stuttgart 2010.

Mourlon-Druol, E., The Victory of the Intergovernmental Method? The Emergence of the European Council in the EEC's Institutional Set-up, 1974–1977, in: D. Preda, u. D. Pasquinucci (Hg.), The Road Europe Travelled Along. The Evolution of the EEC/EU Institutions and Policies, Brussels 2010, S. 27–40.

Roos, M., Die informelle Entwicklung einer supranationalen Co-Legislative: Das Europäische Parlament, 1952–1979. In: C. Henrich-Franke u. C. Hiepel u. G. Thiemeyer u. H. Türk (Hg.): Grenzüberschreitende institutionalisierte Zusammenarbeit von der Antike bis zur Gegenwart, Baden-Baden 2019, S. 417–446.

Scharpf, F. W., Legitimationskonzepte jenseits des Nationalstaates, in: G. F. Schuppert u. I. Pernice u. U. Haltern (Hg.), Europawissenschaft, Baden-Baden 2005, S. 705–741.

Soldwisch, I., Das Europäische Parlament 1979–2004. Inszenierung, Selbst(er)findung und politisches Handeln der Abgeordneten, Stuttgart 2021.

Thiemeyer, G., Die Ursachen des „Demokratiedefizits" der Europäischen Union aus geschichtswissenschaftlicher Perspektive, in: G. Thiemeyer u. H. Ullrich (Hg.), Europäische Perspektiven der Demokratie. Historische Prämissen und aktuelle Wandlungsprozesse in der EU und ausgewählten Nationalstaaten, Frankfurt u. a. 2005, S. 105–125.

III.9 Eine immer engere Union? Die Europäisierung der Mitgliedstaaten in der EG/EU

Clemens, G. u. A. Reinfeldt u. T. Rüter, Europäisierung von Außenpolitik? Die Europäische Politische Zusammenarbeit (EPZ) in den 1970er Jahren, Baden-Baden 2019.
Clemens, G. (Hrsg.), The Quest for Europeanization. Interdisciplinary Perspectives on a Multiple Process, Stuttgart 2017.
Patel, K. K. u. H. C. Röhl, Transformation durch Recht. Geschichte und Jurisprudenz Europäischer Integration 1985–1992, Tübingen 2020.
Patel, K. K., Europäisierung wider Willen. Die Bundesrepublik Deutschland in der Agrarintegration der EWG 1955–1973, München 2009.
Hiepel, C., Europe in a Globalising World. Global Challenges and European Responses in the „long" 1970s, Baden-Baden 2014.
Kohler-Koch, B., Unternehmensverbände im Spannungsfeld von Europäisierung und Globalisierung, in: W. Bührer u. E. Grande (Hg.), Unternehmerverbände und Staat in Deutschland, Baden-Baden 2000, S. 132–148.
Gehler, M., Demokratie-Enforcement? Die EU 14 und der Fall Österreich 2000: Vom Paternalismus zum Neoliberalismus mit einem Ausblick bis in die jüngste Zeit, in: G. Thiemeyer u. H. Ullrich (Hg.), Europäische Perspektiven der Demokratie. Historische Prämissen und aktuelle Wandlungsprozesse in der EU und ausgewählten Nationalstaaten, Frankfurt u. a. 2005, S. 181–230.
Thiemeyer, G., Stiefkinder der Integration. Die Bundesländer und die Entstehung des europäischen Mehrebenensystems 1950–1985, in: VfZ Bd. 65 (2017), S. 339–363.
Thiemeyer, G., Legitimationsmuster europäischer Politik und das Problem des Demokratiedefizits, in: H-Soz-Kult, 18.06.2020, www.hsozkult.de/debate/id/diskussionen-5009 (27.10.2022).
Castelnau, A., Le SGCI. Une réponse administrative aux défis européens de l'après-guerre, in: L. Badel u. S. Jeanneson u. P. Ludlow (Hg.), Les administrations nationales et la construction européenne. Une approche historique 1919–1975, Brüssel 2005, S. 307–335.
Georget, J., Les Länder et la construction européenne: le long chemin pour la reconnaissance des acteurs régionaux comme acteurs de la construction européenne, in: D. Herbet u. H. Miard-Delacroix u. H. Stark (Hg.), L'Allemagne entre rayonnement et retenue, Villeneuve d'Ascq 2016, S. 131–142.

III.10 Wachsender Wohlstand? Wirtschaftliche Integration

Ambrosius, G., Wirtschaftraum Europa. Vom Ende der Nationalökonomien, Frankfurt 1996.
Ambrosius, G., Wirtschaftsraum Europa. Zur Entwicklung eine europäischen Institutionengefüges, in: J. Nautz u. E. Brix (Hg.), Zwischen Wettbewerb und Protektion. Zur Rolle staatlicher Macht und wettbewerblicher Freiheit in Österreich im 20. Jahrhundert, Wien 1998, S. 243–261.

Badinger, H. u. F. Breuss, What has determined the rapid growth on intra EU trade? In: Review of World Economics, Bd. 140.1 (2004), S. 31–51.
Bugos, G. E., The Airbus Matrix: The Reorganization of the Postwar European Aircraft Industry, in: F. Heller u. J. R. Gillingham (Hg.), The United States and the Integration of Europe. Legacies of the Postwar Era, New York 1996, S. 379–400
Engel, C. M. u. Rogers J. H., European Product Market Integration after the Euro, in: Economic Policy, Bd. 19 (2004), S. 347–384.
Fischer, W., Die Ordnung der Weltwirtschaft vor dem Ersten Weltkrieg. Die Funktion von europäischem Recht, zwischenstaatlichen Verträgen und Goldstandard beim Ausbau des internationalen Wirtschaftsverkehrs, in: Zeitschrift für Wirtschafts- und Sozialwissenschaften, Bd. 96 (1976), S. 289–304.
Gehler, M., Das Scheitern der großen Freihandelszone 1958 und die Gründung der EFTA 1959/60, in: M. Gehler (Hg.), Vom gemeinsamen Markt zur europäischen Unionsbildung. 50 Jahre Römische Verträge 1957–2007, Wien/Köln/Weimar 2009, S. 243–282.
Glejser, H., Empirical Evidence on Comparative Cost Theory from the European Common Market Experience, in: European Economic Review Bd. 163 (1972), S. 247–259.
Henrich-Franke, C., Globale Welt 1970–2015. Europäische Geschichte der Neuzeit, Bd. 4, Stuttgart 2019.
Kindleberger, C. P., The Rise of Free Trade in Western Europe, in: Journal of Economic History Bd. 35 (1975), S. 20–55.
Milward, A. S., The European Rescue of the Nation State, London 1992.
Molle, W., The Economics of European Integration. Theory, Practice, Policy, Aldershot 2006.
Moravcsik, A., The Choice for Europe. Social Purpose and State Power from Messina to Maastricht, Ithaca, NY 1998.
Niedhart, G., Staatenwelt und Gesellschaftswelt: Zur Rolle des neuzeitlichen Territorialstaates in der internationalen Politik des 19. und 20. Jahrhunderts, in: R. H. Hasse (Hg), Nationalstaat im Spagat: Zwischen Suprastaatlichkeit und Subsidiarität, Stuttgart 1997, S. 39–51.
Pollard, S., Free Trade, Protectionism, and the World Economy, in: M. Geyer u. J. Paulmann, (Hg.), The Mechanics of Internationalism. Culture, Society, and Politics from the 1840s to the First World War, Oxford, 2001, S. 27–54.
Thiemeyer, G., Motive und Antriebskräfte wirtschaftlicher Integration in: J. O. Hesse u. C. Kleinschmidt u. A. Reckendrees u. R. Stokes (Hg.), Perspektiven der Europäischen Wirtschafts- und Sozialgeschichte, Baden-Baden 2014, S. 195–218.
Varsori, A. u. L. Mechi, At the Origins of the European Structural Policy: The Community's Social and Regional Policies from the Late 1960s to the Mid 1970s, in: J. van der Harst (Hg.), Beyond the Customs Union. The European Community's Quest for Deepening, Widening and Completion, 1969–1975, Baden-Baden 2007, S. 223–250.

III.11 Was ist Europa? Die Frage der Europäischen Identität

Beers, M. u. J. Raflik, (Hg.), Cultures nationales et identité communautaire. Un défi pour l'Europe ? National Cultures and Common Identity. A Challenge for Europe? Brussels 2010.
Benz, W., Auschwitz, in: P. de Boer u. H. Duchardt u. G. Kreis u. W. Schmale (Hg.), Europäische Erinnerungsorte, Bd. 2, München 2012, S. 465–477.
Bösch, F. u. A. Brill u. F. Greiner (Hg.), Europa-Bilder im 20. Jahrhundert, Göttingen 2012.
Chakrabarty, D., Europa als Provinz: Perspektiven postkolonialer Geschichtsschreibung. Frankfurt 2010.

Clemens, G. (Hg.), Werben für Europa. Die mediale Konstruktion europäischer Identität durch Europafilme, Paderborn 2016.
Di Palma, F. u.W. Mueller, (Hg.), Kommunismus und Europa. Europapolitik und -vorstellungen europäischer kommunistischer Parteien im Kalten Krieg, Paderborn 2016.
Joas, H. u. K. Wiegandt (Hg.), Die kulturellen Werte Europas, Frankfurt 2005.
Judt, T., Die Geschichte Europas seit dem Zweiten Weltkrieg, München Wien 2006.
Kaelble, H., Der verkannte Bürger. Eine andere Geschichte der europäischen Integration seit 1950, Frankfurt/M. 2019.
Kübler, E., Europäische Erinnerungspolitik. Der Europarat und die Erinnerung an den Holocaust, Bielefeld 2012.
Kwaschik, A., An der Grenze der Nationen. Europa-Konzepte und regionale Selbstverortung im Elsass, in: Zeithistorische Forschungen/Studies in Contemporary History, Online-Ausgabe, Bd. 9 (2012), H. 3,URL: https://zeithistorische-forschungen.de/3-2012/4576, DOI: https://doi.org/10.14765/zzf.dok-1574 (27.10.2022).
Norwig, C., Die erste europäische Generation. Europakonstruktionen in der Europäischen Jugendkampagne 1951–1958, Göttingen 2016.
Pfister, E., Europa im Bild. Imaginationen Europas in Wochenschauen in Deutschland, Frankreich, Großbritannien und Österreich 1948–1959, Göttingen 2016.
Reinfeldt, A., Unter Ausschluss der Öffentlichkeit? Akteure und Strategien supranationaler Informationspolitik in der Gründungsphase der europäischen Integration 1952–1972, Stuttgart 2014.
Sèbe, B. u. M. G. Stanard, (Hg.) Decolonising Europe? Popular responses to the end of empire New York 2020.
Seidel, K., The Process of Politics in Europe. The Rise of European Elites and Supranational Institutions, London 2010.
Steuwer, J., Rechtsextremismus und Europa: Verkehrte Welten? Die Entwicklung des Europäischen Rechtsextremismus seit 1945, in: J. Mittag (Hg.), Politische Parteien und europäische Integration. Entwicklung und Perspektiven transnationaler Parteienkooperation in Europa, Essen 2006, S. 361–387.
Trunk, A., Europa, ein Ausweg. Politische Eliten und europäische Identität in den 1950er Jahren, München 2007.

III.12 Immer engere Verflechtung? Gesellschaft und Integration

Bade, K. (Hg.), Enzyklopädie Migration in Europa. Paderborn u. a. 2007.
Bade, K., Europa in Bewegung. Migration vom späten 18. Jahrhundert bis zur Gegenwart, München 2000.
Bauerkämper, A. u. H. Kaelble, (Hg.), Gesellschaft in der Europäischen Integration seit den 1950er Jahren. Migration - Konsum - Sozialpolitik - Repräsentationen, Stuttgart 2012.
Defrance, C. u. T. Herrmann u. P. Nordblom (Hg.), Städtepartnerschaften in Europa im 20. Jahrhundert, Göttingen 2020.
Fertikh, K. u. H Wieters, „Harmonisierung der Sozialpolitik in Europa“: Socio-Histoire einer sozialpolitischen Kategorie der EWG, in: K. Fertikh u. H. Wieters u. B. Zimmermann (Hg.), Ein soziales Europa als Herausforderung. L’Europe sociale en question, Frankfurt New York 2008, S. 49–86.
Harzer M., The Media, European integration and the Rise of Euro-Journalism 1950s-1970s, London New York 2019.

Haupt, H., Konsum und Handel. Europa im 19. und 20. Jahrhundert, Göttingen 2003.
Kaelble, H., Sozialgeschichte Europas. 1945 bis zur Gegenwart, München 2007.
Kaiser, W. u. J. Schot, Writing the Rules for Europe. Experts, Cartels, and International Organisations, New York 2014.
Möhring, M., Fremdes Essen. Die Geschichte der ausländischen Gastronomie in Deutschland, München 2012.
Paoli, S., Migration in European Integration: Themes and Debates, in: JEIH, Bd. 22 (2016), S. 279–296.
Schulte, B., Das „Europäische Sozialmodell" zwischen Realität und Normativität, in: U. Becker u. H. Hockerts u. K. Tenfelde (Hg.), Sozialstaat Deutschland. Geschichte und Gegenwart, Bonn 2010, S. 171–195.

III.13 Fallbeispiele der Integration – Europäische Währungsintegration: Die Geschichte des EUROs

Becker, W., 12 Jahre Euro. Aus ruhigen Gewässern in stürmische See, in: VfZ, Bd. 59 (2011), S. 445–466.
Eichengreen, B., Vom Goldstandard zum Euro. Die Geschichte des Internationalen Währungssystems, Berlin 2000.
James, H., Making the European Monetary Union. The Role of the Committee of Central Bank Governors and the Origins of the European Central Bank, Cambridge, London 2012.
Mourlon-Druol, A., Europe Made of Money. The Emergence of the European Monetary System, Ithaka London 2012.
Thiemeyer, G., Economic Models in France and Germany and the Debates on the Maastricht Treaty, in: JEIH, Bd. 19 (2013), S. 85–103.
Thiemeyer, G., European Monetary Integration in the 1970s: Motives and Driving Forces, in: C. Hiepel (Hg.), Europe in a Globalising World. Global Challenges and European Responses in the „long"1970s, Baden-Baden 2014, S. 277–298.
Thiemeyer, G., Helmut Schmidt und die Gründung des Europäischen Währungssystems 1973–1979, in: F. Knipping u. M. Schönwald (Hg.), Aufbruch zum Europa der Zweiten Generation. Die Europäische Einigung 1969–1984, Trier 2004.
Wächter, M., Helmut Schmidt und Valéry Giscard d'Estaing. Auf der Suche nach Stabilität in der Krise der 1970er, Bremen 2011.
Wilkens, A., Der Werner-Plan. Währung, Politik und Europa 1968–1971, in: F. Knipping u. M. Schönwald (Hg.), Aufbruch zum Europa der Zweiten Generation. Die Europäische Einigung 1969–1984, Trier 2004, S. 217–244.

III.13 Fallbeispiele der Integration – Europäische Verkehrspolitik: Grenzüberschreitender Verkehr

Ambrosius, G u. C. Henrich-Franke, Integration von Infrastrukturen in Europa im historischen Vergleich, Baden-Baden 2013.
Anastasiadou, I., Constructing Iron Europe. Transnationalism and Railways in the Interbellum, Amsterdam 2012.

Blomquist, P., Roads for Flow – Roads for Peace. Lobbying for a European Highway System, in: E. van der Vleuten u. A. Kaijser (Hg.), Networking Europe. Transnational Infrastructures and the Shaping of Europe, 1850–2000, Sangamore Beach 2006, S. 161–186.

Brabers, J., The Failure of Euorpean Transport Integration (1945–1955), in: G. Trausch (Hg.), Die Europäische Integration vom Schuman-Plan bis zu den Verträgen von Rom, Baden-Baden 1993, S. 57–73.

Bussiére, E. u. S. Ramirez-Pérez, Die Verkehrspolitik im Übergang, in: E. Bussiére u. V. Dujardin (Hg.), Die Europäische Kommission 1973–1986, Luxemburg 2014, S. 387–395.

Henrich-Franke, C., Europäische Verkehrsintegration im 19. Jahrhundert und in der zweiten Hälfte des 20. Jahrhunderts, in: C. Henrich-Franke u. C. Neutsch u. G. Thiemeyer (Hg.), Internationalismus und Europäische Integration im Vergleich. Fallstudien zu Währungen, Landwirtschaft, Verkehrs- und Nachrichtenwesen, Baden-Baden 2007, S. 133–175.

Henrich-Franke, C., Gescheiterte Integration: Die Europäische Wirtschaftsgemeinschaft und die Formulierung der gemeinsamen Verkehrspolitik (1958–1967), in: JEIH, Bd. 15 (2009), S. 125–147.

Henrich-Franke, C., Initialzündung oder Katalysator einer wettbewerbsorientierten Verkehrspolitik? Die Untätigkeitsklage und Verurteilung des Rates durch den EuGH im Mai 1985, in: JEIH, Bd. 26 (2020), S. 247–265.

Kaiser, W u. J. Schot, Writing the Rules For Europe. Experts, Cartels, and International Organisations, London New York 2014.

Kopper, C., Die internationale Zusammenarbeit der Deutschen Bundesbahn (1949–1992), in: G. Ambrosius u. C. Henrich-Franke u. C. Neutsch (Hrsg.), Internationale Politik und Integration Infrastruktur in Geschichte und Gegenwart, Baden-Baden 2010, S. 213–232.

Lagendijk, Vincent u. J. Schot, Technocratic Internationalism in the Interwar Years: Building Europe on Motorways and Electricity Networks, in: Journal of Modern European History, Bd. 6, 2 (2008), S. 196–217.

Mom, G., Roads without Rails. European Highway Nework Building and the Desire for Long-Range Motorized Mobility, in: Technology and Culture, Bd. 46 (2005), S. 745–772.

Roth, R. u. K. Schlögel (Hg.), Neue Wege in ein neues Europa. Geschichte und Verkehr im 20. Jahrhundert, Frankfurt 2009.

Thiemeyer, G., Die Integration der Donau-Schifffahrt als Problem der europäischen Zeitgeschichte, in: Archiv für Sozialgeschichte Bd. 49 (2009), S. 303–318.

Register

A

Adenauer, Konrad 28, 70, 72, 76, 77, 95, 124, 143, 201, 212
Ahlers, Werner Dietrich 221
Anderson, Benedict 20, 152
Arnold, Karl 123

B

Balkenende, Jan Peter 102
Barschel, Uwe 124
Beethoven, Ludwig van 158
Beneš, Edvard 53
Berckheim, Karl Christian von 39
Bérégovoy, Pierre 199
Bismarck, Otto von 37
Blair, Tony 100
Bonnefous, Édouard 215
Brandt, Willy 113
Briand, Aristide 53, 54, 56, 67, 75, 83, 229
Brüning, Heinrich 54

C

Callaghan, James 197
Cameron, David 9
Carter, Jimmy 225
Cavour, Camillo Benso di 37
Chakrabarty, Dipesh 32, 164
Chevalier, Michel 40, 44, 129, 130
Chirac, Jacques 100, 102, 117
Churchill, Winston 59, 74, 157
Clemens, Gabriele 120, 157
Colorni, Eugenio 26
Conway, Martin 10
Conze, Eckart 36
Cook, Thomas 65, 183
Coudenhove-Kalergi, Richard 64, 67, 78, 138, 150, 153

D

Darlan, François 56
Davignon, Étienne 120
Dehio, Ludwig 25, 72
Deighton, Anne 10
Delors, Jacques 83, 199
Doering-Manteuffel, Anselm 36
Draghi, Mario 205, 206
Dröscher, Wilhelm 112, 113, 114
Dumas, Roland 199
Duroselle, Jean-Baptiste 150

E

Enzensberger, Hans Magnus 99
Erasmus von Rotterdam 157
Erhard, Ludwig 72, 76, 126, 141, 153, 178

F

Faure, Edgar 216
Fischer, Joschka 100
Friedell, Egon 149
Funk, Walther 55

G

Gallienne, Georges 222
Gasperi, Alcide de 28, 143
Gaulle, Charles de 75, 77, 94, 106, 113, 141, 194
Genscher, Hans Dietrich 198, 200, 201
Geppert, Dominik 10
Gerbet, Pierre 27
Giscard d'Estaing, Valéry 77, 101, 197
Goebbels, Joseph 55, 56
Gorbatschow, Michail 198, 200
Göring, Hermann 55, 56
Greiner, Florian 64
Guterres, António 116

H

Haas, Ernst B. 26
Habermas, Jürgen 103, 104
Haider, Jörg 116
Hallstein, Walter 28, 81, 82, 83, 91, 93, 95, 98, 176, 221
Hegel, Georg Wilhelm 150
Heine, Heinrich 45
Henkel, Hans-Olaf 206
Hermes, Andreas 124
Herren, Madeleine 48
Herzog, Roman 101, 162

Hirsch, Etienne 91
Hitler, Adolf 54, 57, 62
Hoffmann, Stanley 27
Hugo, Victor 46, 48
Humboldt, Wilhelm von 38, 43

J
Jaspers, Karl 150
Jenkins, Roy 197
Joas, Hans 150

K
Kaelble, Hartmut 105, 175
Kant, Immanuel 138
Kennedy, John F. 80
Keynes, John Maynard 193
Kohl, Helmut 77, 111, 198, 199, 201
Kohnstamm, Max 28
Kreyssig, Gerhard 114

L
Lahr, Rolf 114
Langenschwarz, Maximilian 46
Langewiesche, Dieter 36
Las Cases, Emmanuel de 45
Laval, Pierre 56
Lenin, Wladimir Iljitsch 81
Lipgens, Walter 27
Loucheur, Louis 53
Lucke, Bernd 206
Luhmann, Niklas 103
Lundestad, Geir 80

M
Macron, Emmanuel 77, 115
Mansholt, Sicco 87, 94, 95, 106, 112, 125
Marshall, James C. 131
Marx, Karl 47, 109, 150
Mayrisch, Émile 60, 65
May, Theresa 9
Mazower, Mark 151
Mazzini, Giuseppe 45, 157
Merkel, Angela 77, 207
Metternich, Klemens W. L. Fürst von 37
Michel, Charles 117
Milward, Alan 128, 143, 144
Misa, Thomas J. 185
Mitrany, David 26, 108
Mitterrand, François 77, 140, 199
Mollet, Guy 70
Molotow, Wjatscheslaw M. 81
Moltke, Helmuth James von 57
Mommer, Karl 113
Monnet, Jean 28, 60, 90, 91, 94, 97, 106, 139
Moravcsik, Andrew 143
Morse, Samuel 185
Mosley, Oswald 56
Müller-Armack, Alfred 126, 140
Müller, Hermann 51, 53, 54, 66, 75
Müller, Wolfgang 81
Mussolini, Benito 57

N
Napoleon III. 37, 40
Nederhorst, Gerard 178
Neurath, Konstantin von 62
Nixon, Richard 195

P
Paulmann, Johannes 36
Pétain, Philippe 56
Philip, André 91
Pöhl, Karl Otto 199
Poidevin, Raymond 27
Pontillon, Robert 112
Pradt, Dominique Frédéric de 46

R
Rauterberg, Hanno 160
Rehwinkel, Edmund 125
Reinfeldt, Alexander 158
Renouvin, Pierre 25
Ribbentrop, Joachim von 57
Ricardo, David 137
Röhl, Hans Christian 119
Rossi, Ernesto 26
Rousseau, Jean-Jacques 157

S
Salter, Arthur 60
Schäuble, Wolfgang 207
Schaus, Lambert 217
Schiller, Friedrich 158
Schmale, Wolfgang 20, 152
Schmalz, Hellmut 125

Schmidt, Helmut 77, 113, 114, 197, 201
Schmidt-Phiseldeck, Konrad 45, 48
Schmitt, Carl 56
Schot, Johan 185
Schröder, Gerhard 111
Schubert, Carl von 53
Schulz, Klaus-Peter 113, 114
Schulz, Matthias 35, 36
Schuman, Robert 28, 82, 90, 91, 143, 159, 160
Schüssel, Wolfgang 116
Seefeld, Horst 224
Sinn, Hans-Werner 206
Smith, Adam 137
Spaak, Paul-Henri 92, 143
Spencer, Herbert 43
Spierenburg, Dirk 90
Spinelli, Altiero 26
Stalin, Josef W. 58, 80, 81
Starbatty, Joachim 206
Stoltenberg, Gerhard 199
Stresemann, Gustav 51, 53, 54, 67, 75

T

Tharradin, Lucien 180
Thatcher, Margaret 10, 71, 72
Thomas, Albert 212
Thyssen, Fritz 60
Trautmann, Catherine 160
Trunk, Achim 153

V

Varoufakis, Yanis 207
Vietta, Silvio 150
Viscount Castlereagh (Robert Stewart) 36

W

Waldheim, Kurt 116
White, Harry Dexter 194
Wilson, Woodrow 51